VIS à VIS
St. Petersburg

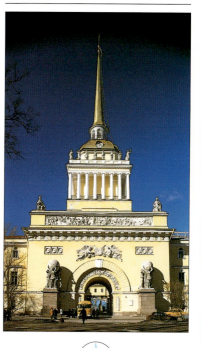

ST. PETERSBURG

Hauptautoren: CATHERINE PHILLIPS,
CHRISTOPHER UND MELANIE RICE

DORLING KINDERSLEY
www.dk.com

Ein Dorling Kindersley Buch

www.dk.com

TEXTE
Catherine Phillips, Christopher und Melanie Rice

FOTOGRAFIEN
Demetrio Carrasco, John Heseltine

ILLUSTRATIONEN
Stephen Conlin, Maltings Partnership, Chris Orr & Associates, Paul Weston

KARTOGRAFIE
Rob Clynes, Maria Donnelly, Ewan Watson
(Colourmap Scanning Ltd)

•

REDAKTION UND GESTALTUNG
Dorling Kindersley Ltd.

•

© 1998 Dorling Kindersley Limited, London
Titel der englischen Originalausgabe:
Eyewitness Travel Guide *St. Petersburg*
Zuerst erschienen 1998 in Großbritannien
bei Dorling Kindersley Ltd.
A Penguin Company

•

Für die deutsche Ausgabe:
© 1999, 2000 Dorling Kindersley Verlag GmbH, München
Aktualisierte Neuauflage 2005

Alle Rechte vorbehalten, Reproduktionen, Speicherung in Datenverarbeitungsanlagen oder Netzwerken, Wiedergabe auf elektronischen, fotomechanischen oder ähnlichen Wegen, Funk und Vortrag – auch auszugsweise – nur mit Genehmigung des Copyrightinhabers

ÜBERSETZUNG Pesch & Partner, Bremen
REDAKTIONSLEITUNG Dr. Jörg Theilacker, Dorling Kindersley Verlag
REDAKTIONSASSISTENZ Birgit Walter, Dorling Kindersley Verlag
REDAKTION Matthias Liesendahl, Berlin
SATZ UND PRODUKTION Dorling Kindersley Verlag, München
LITHOGRAFIE Colourscan, Singapur
DRUCK South China Printing Co. Ltd., Hongkong, China

ISBN 3-928044-43-5

6 7 8 9   07 06 05

Dieser Reiseführer wird regelmäßig aktualisiert. Angaben wie Telefonnummern, Öffnungszeiten, Adressen, Preise und Fahrpläne können sich jedoch ändern. Der Verlag kann für fehlerhafte oder veraltete Angaben nicht haftbar gemacht werden.
Für Hinweise, Verbesserungsvorschläge und Korrekturen ist der Verlag dankbar. Bitte richten Sie Ihr Schreiben an:

Dorling Kindersley Verlag GmbH
Redaktion Reiseführer
Gautinger Straße 6
D-82319 Starnberg

INHALT

BENUTZER-HINWEISE 6

Schiffsmodell aus Bronze, ein Symbol für St. Petersburg

ST. PETERSBURG STELLT SICH VOR

ST. PETERSBURG AUF DER KARTE *10*

DIE GESCHICHTE VON ST. PETERSBURG *16*

ST. PETERSBURG IM ÜBERBLICK *32*

DAS JAHR IN ST. PETERSBURG *50*

St. Petersburger genießen den Schnee vor der Admiralität

FÜHRER DURCH DIE STADTTEILE

WASSILJEWESKI-INSEL *56*

PETROGRADSKAJA *64*

PALASTUFER *74*

Die Kleine Marstallbrücke führt über die Moika

ANREISE
210

IN ST. PETERSBURG UNTERWEGS
213

STADTPLAN
222

TEXTREGISTER *238*

GOSTINY DWOR
96

SENNAJA PLOSCHTSCHAD *114*

GROSSRAUM ST. PETERSBURG
124

ZWEI SPAZIERGÄNGE
132

UMGEBUNG VON ST. PETERSBURG *138*

LÄDEN UND MÄRKTE
186

UNTERHALTUNG *192*

Pelmeni, aus Sibirien stammende Fleisch- oder Fischklöße

GRUND-INFORMATIONEN

PRAKTISCHE HINWEISE *200*

Ikone des hl. Georg mit dem Drachen (15. Jh.), Russisches Museum

DANKSAGUNG UND BILDNACHWEIS *250*

SPRACHFÜHRER UND TRANSKRIPTION
252

Peterhof: vergoldete Skulptur an der Großen Kaskade

ZU GAST IN ST. PETERSBURG

ÜBERNACHTEN *166*

RESTAURANTS UND CAFÉS *174*

Die Isaakskathedrale ist innen mit mehr als 40 verschiedenen Steinen und Mineralien verschwenderisch geschmückt

BENUTZERHINWEISE

MIT SEINEN EMPFEHLUNGEN und praktischen Hinweisen soll dieser Reiseführer Ihren Besuch in St. Petersburg zu einem unvergesslichen Erlebnis machen. Der Abschnitt *St. Petersburg stellt sich vor* beschreibt den geographischen, historischen und kulturellen Hintergrund dieser Stadt, die Zeitskala vermittelt Ihnen einen Überblick über die russischen Herrscher und wichtige Ereignisse. *St. Petersburg im Überblick* stellt die bedeutendsten Sehenswürdigkeiten vor. Der *Führer durch die Stadtteile* begleitet Sie mit Karten, Fotos und Illustrationen durch St. Petersburg. Auf den vorgeschlagenen Spaziergängen durch St. Petersburg können Sie die Kanäle und Inseln der Stadt kennenlernen. Das Kapitel *Umgebung von St. Petersburg* schlägt ein- oder zweitägige Ausflüge vor. Empfehlenswerte Hotels, Restaurants, Einkaufs- und Unterhaltungsmöglichkeiten finden Sie im Abschnitt *Zu Gast in St. Petersburg*. Die *Grundinformationen* versorgen Sie mit Wissenswertem aus allen Bereichen.

ORIENTIERUNG IN ST. PETERSBURG

Jedes Kapitel hat eine eigene Farbe und beginnt mit einer Einführung zu Geschichte und Charakter des beschriebenen Gebiets. Detailkarten zeigen die interessantesten Teile des jeweiligen Stadtviertels. Sehenswürdigkeiten außerhalb von St. Petersburg sind in Übersichtskarten eingezeichnet. Die Nummerierung der Sehenswürdigkeiten entspricht den Zahlen auf den Karten. Wichtigen Sehenswürdigkeiten sind mehrere Seiten gewidmet.

1 Einführung
Zur Orientierung sind Sehenswürdigkeiten auf einer Stadtteilkarte (eventuell mit U-Bahn-Stationen) numeriert und nach verschiedenen Kategorien geordnet.

Eine Orientierungskarte zeigt Ihnen auf einen Blick, wo Sie sind.

Jeder Stadtteil hat eine eigene Farbkodierung.

Zur Orientierung

Den rosa unterlegten Teil der Übersichtskarte finden Sie auch als Detailkarte.

2 Detailkarte
Aus der Vogelperspektive werden interessante und wichtige Teile eines Stadtteils gezeigt. Die Nummern der Sehenswürdigkeiten korrespondieren mit denen der Übersichtskarte und den Beschreibungen auf den folgenden Seiten.

Routenempfehlungen sind rot gekennzeichnet.

BENUTZERHINWEISE

ÜBERSICHTSKARTE

Die Übersichtskarte von St. Petersburg *(siehe S. 14f)* gliedert sich in fünf farbig gekennzeichnete Bereiche. Diese und ihre Sehenswürdigkeiten beschreibt der *Führer durch die Stadtteile (siehe S. 54ff)* ausführlich. Diese Einteilung St. Petersburgs zieht sich durch den gesamten Reiseführer und vermittelt Ihnen ein Gefühl dafür, was sich wo befindet. Sie finden im Abschnitt *St. Petersburg im Überblick (siehe S. 32ff)* die Highlights der Stadt, die Sie nicht versäumen sollten. Die farbigen Ränder entsprechen den Farben der einzelnen Kapitel.

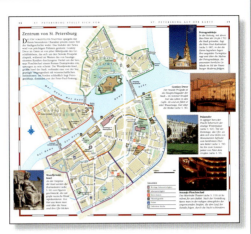

Die Zahlen beziehen sich auf die Karten und die Reihenfolge in den Kapiteln.

Unter den Überschriften finden Sie praktische Informationen sowie Verweise zum *Stadtplan (S. 230ff)*.

3 Detaillierte Informationen zu jeder Sehenswürdigkeit
Wichtige Sehenswürdigkeiten werden einzeln beschrieben. Die Reihenfolge entspricht der Nummerierung der Stadtteilkarte am Anfang jedes Kapitels. Die Legende der Symbole finden Sie auf der hinteren Umschlagklappe.

Die Infobox enthält praktische Informationen für die Organisation Ihres Besuchs.

Textkästen versorgen Sie mit Hintergrundinformationen.

4 Hauptsehenswürdigkeiten
Den Highlights werden immer zwei oder mehrere Doppelseiten gewidmet. Historische Gebäude zeigen wir im Aufriss, farbige Grundrisse von Galerien und Museen helfen Ihnen, die wichtigsten Exponate rasch zu finden.

Sterne kennzeichnen die wichtigsten Sehenswürdigkeiten.

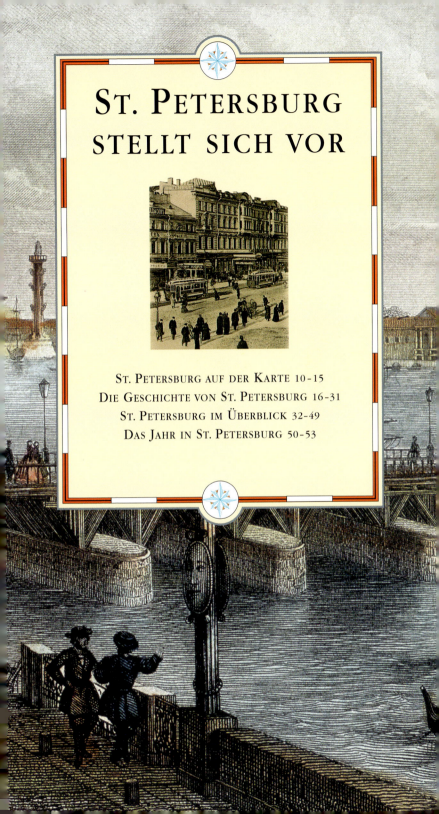

St. Petersburg stellt sich vor

St. Petersburg auf der Karte 10-15
Die Geschichte von St. Petersburg 16-31
St. Petersburg im Überblick 32-49
Das Jahr in St. Petersburg 50-53

St. Petersburg auf der Karte

DIE GEMEINSCHAFT UNABHÄNGIGER STAATEN, oder Russland, wie man sie normalerweise nennt, ist mit 17,07 Millionen Quadratkilometern das größte Land der Erde. Im Nordwesten dieses Landes liegt St. Petersburg, mit knapp fünf Millionen Einwohnern die zweitgrößte Stadt des Landes. Sie wurde im Sumpfgebiet erbaut, dort, wo die Newa auf den Finnischen Meerbusen trifft. Einst war sie Russlands Hauptstadt und als das »Tor zum Westen« *(siehe S. 20f)* bekannt.

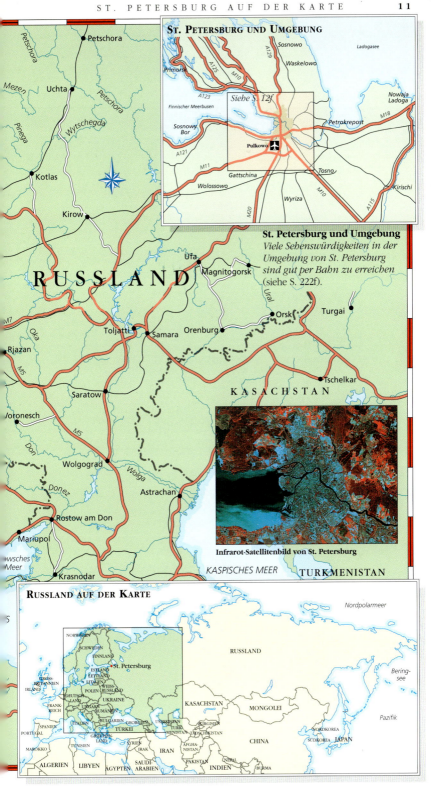

Infrarot-Satellitenbild von St. Petersburg

Großraum St. Petersburg

Die ersten Häuser von St. Petersburg standen auf Inseln am Nordufer der Newa, doch im Lauf der Zeit verlagerte sich das Stadtzentrum ans Südufer des Flusses. Heute erstreckt sich die Stadt über mehr als 40 Inseln. Die Fahrt zu den herrschaftlichen Landsitzen *(siehe S. 146ff)* führt fast ununterbrochen an Vorstadt-Hochhäusern vorbei. Sehenswürdigkeiten außerhalb des Zentrums sind leicht mit der U-Bahn oder den Nahverkehrszügen zu erreichen *(siehe S. 220f)*.

Zentrum von St. Petersburg

Die fünf vorgestellten Stadtteile spiegeln mit ihrem besonderen Charakter jeweils einen Teil der Stadtgeschichte wider. Das Südufer der Newa wird von prächtigen Palästen gesäumt. Gostiny Dwor im Osten ist von jeher Mittelpunkt des Geschäftslebens, das sich um den Newski Prospekt abspielt, während im Westen das von baumgesäumten Kanälen durchzogene Viertel um die Sennaja Ploschtschad einem Roman Dostojewskis entsprungen zu sein scheint. Die Wassiljewski-Insel, größte Insel der Stadt, verbindet eine von der See geprägte Vergangenheit mit wissenschaftlichen Institutionen. Im Norden schließlich liegt Petrogradskaja, dominiert von der Peter-Paul-Festung.

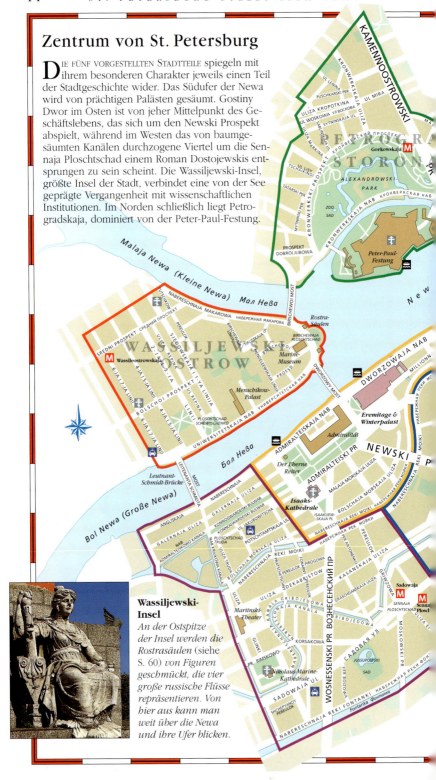

Wassiljewski-Insel

An der Ostspitze der Insel werden die Rostrasäulen (siehe S. 60) von Figuren geschmückt, die vier große russische Flüsse repräsentieren. Von hier aus kann man weit über die Newa und ihre Ufer blicken.

Petrogradskaja

In der Festung, mit deren Bau Peter der Große 1703 die Stadt gründete, liegt die Peter-Paul-Kathedrale (siehe S. 68f), in der die Zaren begraben liegen. Ihre vergoldete Turmspitze ragt weit über die Skyline der Petrogradskaja, die ansonsten herrliche Gebäude im Stil der Petersburger Moderne prägen.

Gostiny Dwor

Der Newski Prospekt ist die Hauptschlagader der Stadt – im Sommer brodelt hier das Leben in den Cafés. Ab und an führt er über Wasserwege, hier über die Moika (siehe S. 36).

Palastufer

In üppiger barocker Pracht beherrscht der einstige Winterpalast (siehe S. 92f), Teil der Eremitage, das Ufer, an dem sich eine Reihe von Monumenten befindet: vom berühmten Ehernen Reiter (siehe S. 78f) bis hin zum Sommerpalast von Peter dem Großen (siehe S. 95).

Sennaja Ploschtschad

Das Mariinski-Theater (siehe S. 119) ist berühmt für sein Ballett. Nach der Vorstellung kann man in der ruhigen Atmosphäre der angrenzenden Straßen, die dem Lauf der Kanäle folgen, durch die Nacht schlendern.

Legende

- Wichtige Sehenswürdigkeit
- Sehenswürdigkeit
- M Metro-Station
- Fähranlegestelle
- Polizei
- Orthodoxe Kirche

DIE GESCHICHTE VON ST. PETERSBURG

BINNEN ZEHN JAHREN *nach der Gründung im Jahr 1703 wurde St. Petersburg Hauptstadt des riesigen russischen Reiches und galt als eine der schönsten Städte Europas. Im 20. Jahrhundert überstand diese kaum 300 Jahre alte Stadt drei Namensänderungen, drei Revolutionen und eine 900tägige Belagerung.*

Etwa 850 Jahre bevor St. Petersburg Hauptstadt wurde, wählten slawische Stämme den Warägerhäuptling Rurik zu ihrem Anführer. Sein Nachfolger gründete Kiew (später ein großes Fürstentum). Großfürst Wladimir führte 988 das orthodoxe Christentum ein, das die russische Identität nachhaltig prägen sollte: Selbst die 250jährige Herrschaft der moslemischen Mongolen änderte daran nichts. 1237 eroberten diese alle Fürstentümer – außer Nowgorod. Im 14. Jahrhundert ließen sie den machthungrigen Großfürsten Moskaus, Iwan I. (1325–40), den Tribut anderer Fürstentümer eintreiben. Es begann nun das Ende der Mongolenherrschaft, denn da sich Moskau unter ihrer Milde prächtig entwickelte, wurde es zugleich zu einer wirklichen Bedrohung. Innerhalb von 50 Jahren besiegte eine Armee unter dem Moskauer Großfürsten Dmitri Donskoi die Mongolen, unter Iwan III. (1462–1505) wurden sie endgültig bezwungen. Die russische Nation war geboren.

Iwan der Schreckliche

Iwan der Schreckliche (1533–84) trug als erster den Titel »Zar der ganzen Rus«. Doch seine ruhmreich begonnene Herrschaft endete im Fiasko. Er hatte seinen einzigen Erben getötet, seine Nachfolger erwiesen sich als schwache Herrscher. Sie und in Moskau einfallende polnische Usurpatoren schufen chaotische Zustände.

DIE ERSTEN ROMANOW-ZAREN
Um das Chaos zu beenden, wählte 1613 der Dienstadel Michail Romanow zum Zaren. Russland erholte sich von den Wirren. Unter Michails Sohn Alexei, einem intelligenten und frommen Mann, wurde der Staat modernisiert, zahlreiche ausländische Architekten ins Land geholt, Gesetze verabschiedet und die Macht des Staates über die Kirche durchgesetzt.

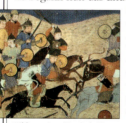

Bild aus einer Handschrift (14. Jh.): mongolische Krieger

ZEITSKALA

800	1000	1200	1400	1600
862 Rurik gründet in Nowgorod eine Warägerfestung	1147 Gründung Moskaus	1480 Iwan III. stellt die Tributzahlung an die Mongolen ein	1605–13 Zeit der Wirren	
863 Kyrill und Method entwickeln das Kyrillische		1462–1505 Herrschaft Iwans III.		Boris Godunow
988 Fürst Wladimir bekennt sich zum orthodoxen Christentum	1108 Gründung der Stadt Wladimir	1223 Erster Mongoleneinfall	1242 Alexandr Newski besiegt deutsche Ordensritter	1533–84 Herrschaft Iwans des Schrecklichen	1613 Michael Romanow wird erster Zar der Romanow-Dynastie
		1240 Die Mongolenherrschaft etabliert sich	1598 Boris Godunow erhält nach 12 Jahren Herrschaft den Zarentitel	

◁ Peter der Große gibt Anweisungen beim Bau von St. Petersburg (Alexander von Kotzebue, 1862)

Peter der Grosse

In der Übergangsphase vom Mittelalter zur Moderne wurde Peter der Große, der Begründer von St. Petersburg, geboren. Nach dem Tod seines Vaters Alexei wurde seine Kindheit von der Rivalität zwischen der Familie seiner Mutter, den Naryschkins, und der Familie der ersten Frau seines Vaters, den Miloslawskis, überschattet. Als Zehnjähriger bestieg Peter den Thron, doch die Strelitzen, angestiftet von den Miloslawskis, starteten eine blutige Revolte. Daraufhin wurde ihm sein geistesschwacher Halbbruder Iwan als Zar zur Seite gestellt, dessen Schwester Sophia wurde Regentin. Peter musste erleben, wie seine Familie brutal getötet wurde, was seinen Hass auf Moskau und sein Misstrauen gegenüber Moskaus konservativer Gesellschaft begründete.

Peter der Große (1682–1725)

Als Iwan 1696 starb, war der 24jährige Peter ein Mann voller Willenskraft und Elan. Er reformierte die Armee und träumte von einer russischen Marine. 1697 bereiste er Westeuropa, um Schiffbau und andere Errungenschaften zu studieren. Er verbrachte mehr Zeit auf den Docks als an den Höfen. Nach Russland zurückgekehrt, setzte er Reformen nach westlichem Vorbild in Gang.

Eine neue Hauptstadt

Peters Entschlossenheit, einen nördlichen Hafen mit Zugang zur Ostsee zu errichten, führte zum Krieg mit Schweden – zu dieser Zeit eines der mächtigsten Länder Europas. Im Mai 1703 hatte Peter die Newa gesichert und begann mit dem Bau der Peter-Paul-Festung sowie einer Schiffswerft *(siehe S. 20f)*. Nur ein Autokrat mit Peters Elan konnte eine Stadt in einem

Ansicht von St. Petersburg im frühen 17. Jahrhundert mit der Admiralitätswerft zur Linken

Zeitskala

- **1672** Geburt Peters des Großen im Kolomeskoke-Palast
- **1682** Strelitzenaufstand: Peter wird Zar mit seinem Halbbruder Iwan V., die Halbschwester Sophia hat Regierungsgewalt
- **1689** Peter verbannt Sophia ins Neue Jungfrauenkloster, Moskau
- **1696** Iwan V. stirbt; Peter wird Alleinherrscher
- *Regentin Sophia (1682–89)*
- **1697/98** Peter reist durch Westeuropa
- **1698** Peter richtet die Strelitzen hin *(siehe S. 20)*
- **1700** Krieg gegen Schweden beginnt
- **1703** Gründung von St. Petersburg
- **1709** Sieg über Karl XII. von Schweden in der Schlacht von Poltawa
- **1712** Regierungsumzug nach St. Petersburg
- **1714** Peter verbietet Steine für den Hausbau, außer in St. Petersburg

1680 — 1690 — 1700 — 1710

Leben am Hof Elisabeths

Wenn Elisabeth nicht über Architektenplänen saß, lag sie oft auf ihrem Bett und schwatzte mit ein paar Frauen, deren Hauptaufgabe darin bestand, ihr die Füße zu kitzeln. Aufgrund ihrer rastlosen Natur hatten ihre Höflinge endlose Jagdausflüge und Schlittschuhpartien zu ertragen und ihr jederzeit Gesellschaft zu leisten. Ihre wilden Maskeraden waren berühmt-berüchtigt, und ihre Garderobe soll 15 000 Kleider umfasst haben.

Zarin Elisabeth, umringt von eilfertigen Höflingen, lustwandelt in Zarskoje Selo

Die Ära der Zarinnen

Der Rest des 18. Jahrhunderts wurde überwiegend von Frauen geprägt, deren Geschmack in hohem Maß verantwortlich ist für die grandiose Architektur von St. Petersburg. Während der Herrschaft von Peters Frau Katharina I. (1725–27) und seinem Enkel Peter II. (1727–30) zog der Hof das bequemere Leben in Moskau dem in der Grenzstadt vor. Doch als Anna, Iwans Tochter, den Thron übernahm, beschloss sie, in St. Petersburg einen Hof nach europäischem Muster zu schaffen. Sie war 37 Jahre alt und hatte den Großteil ihres Lebens in Deutschland verbracht. Viele der von ihr ausgewählten Minister und Günstlinge stammten von dort. In Mode- und Stilfragen gab jedoch Frankreich den Ton an, während die Opern aus Italien kamen. Obwohl Anna selbst ernst und ein wenig grausam war, tat sie viel, um den Hof mit den frivolsten in Europa vergleichbar zu machen.

solchen übelriechenden Sumpf errichten, in dem Tageslicht und Baumaterial Mangelware und verheerende Überschwemmungen alltäglich waren. Über 40 000 schwedische Kriegsgefangene und Bauern wurden zur Arbeit an der neuen Stadt gezwungen.

Die Hauptstadt wurde St. Petersburg erst, nachdem Peter 1709 bei Poltawa der schwedischen Bedrohung durch den Entscheidungssieg ein Ende bereitet hatte. 1712 wurde St. Petersburg zur Hauptstadt Russlands ernannt. Als Peter 1725 starb, lebten 40 000 Einwohner in der Stadt und viele weitere in den Arbeitslagern im Umland.

Zarin Elisabeth war die ideale Nachfolgerin für diesen sinnenfrohen Hof. Sie war attraktiv, geistreich und voller Energie – und damit bei fast jedem beliebt, besonders bei der Wache, die ihr bei der Sicherung des Throns half. Die Staatsgeschäfte überließ Elisabeth ausgewählten Beratern. Daneben legte sie eine erstaunliche Frömmigkeit an den Tag, die sie dazu bewegte, sich von Zeit zu Zeit in ein Kloster zurückzuziehen. Als Haupterbe hat sie eine herrliche Barockarchitektur hinterlassen, die vor allem ihrem Lieblingsarchitekten Rastrelli *(siehe S. 93)* zu verdanken ist.

Elisabeth (1741–61)

1717 Peter reist nach Holland und Frankreich

1720

1721 Der Frieden von Nystad beendet den Krieg mit Schweden

1725 Nach dem Tod Peters des Großen wird Katharina I. Kaiserin

1727–30 Regentschaft Peters II.

1730

1730–40 Anna regiert

1733 Peter-Paul-Kathedrale nach 12 Jahren Bauzeit vollendet

1738 Russlands erste Ballettschule wird in St. Petersburg gegründet

Anna Iwanowna, Tochter Iwans V.

1740

1741 Annas Nachfolger, Iwan VI., wird abgesetzt; Elisabeth übernimmt die Macht

1745 Zarewitsch Peter heiratet die spätere Katharina die Große

1750

1754 Baubeginn von Rastrellis Winterpalast

1757 Gründung der Akademie der Künste

Ein Fenster zum Westen

PETER DER GROSSE wollte sein Land aus dem Mittelalter herausführen. Er bereiste als erster Zar Westeuropa und kehrte mit Reformplänen und architektonischen Neuheiten für seine neue Stadt zurück. 1710 – die schwedische Gefahr war gebannt – wurden die sich sträubende Herrscherfamilie und die Regierung in das frostige Sumpfgebiet umgesiedelt. Peter war hartnäckig: Bald wurde aus St. Petersburg eine blühende Hauptstadt mit guten Straßen, Gebäuden aus Stein und Akademien. Hier wurden Modeerscheinungen und Entdeckungen aus Europa ausprobiert, bevor sie in das restliche Russland durchsickerten.

AUSDEHNUNG DER STADT
1712   Heute

ENTWURF DER NEUEN STADT

Diese Karte von 1712 zeigt Peters ursprünglichen Plan für seine Hauptstadt. Die Wassiljewski-Insel liegt hier im Zentrum. Wegen Gefahren bei der Überquerung der Newa unterließ man den Plan.

Der Zimmermann-Zar
1697/98 arbeitete Peter (links im Bild) während seiner Europareise monatelang auf den Deptford Docks, um sich das Grundwissen im Schiffbau anzueignen.

Wie in Amsterdam sollte ein Netzwerk aus Kanälen das Stadtbild prägen, doch diesen Plan musste man ändern *(siehe S. 57)*.

Menschikow-Palast

Neue Mode
Die Verwestlichung führte zu einem Gesetz, wonach Höflinge ihre buschigen Bärte abrasieren mussten.

DER STRELITZENAUFSTAND

Als Folge des bösartigen Gerüchtes, Peters Verwandte würden den Mord an seinem Halbbruder Iwan planen, stürmten 1682 die Strelitzen den Kreml. Vor den Augen des zehnjährigen Peters gab es ein Gemetzel: die Ermordung seiner Erzieher und der Mitglieder seiner Familie. Das traumatische Erlebnis mag der Grund für Peters nervöses Gesichtszucken und seinen Wunsch nach einer anderen Hauptstadt gewesen sein. 1698 rächte er sich, indem er über tausend Strelitzen töten ließ.

Brutale Morde im Kreml, 1682

Die Schlacht von Poltawa
Die Auseinandersetzung mit Schweden um die Kontrolle über die Ostsee führte zu einem großen Krieg. Neun Jahre nach der Niederlage bei Narwa trugen Peters Reformen innerhalb der Armee Früchte. 1709 gewann er bei Poltawa die entscheidende Schlacht gegen Karl XII.

WEGWEISER ZUR STADT PETERS DES GROSSEN

Im Stadtzentrum existieren noch einige Gebäude aus dem frühen St. Petersburg: das Haus Peters des Großen (S. 73), der Sommerpalast (S. 95) und der barocke Menschikow-Palast (S. 62). Große Teile der Peter-Paul-Festung (S. 66f) stammen aus dieser Zeit. Auch ein Besuch von Monplaisir, Peters erstem Haus am Peterhof (S. 146f), lohnt sich sehr.

Peters erste Residenz, der Sommerplalast

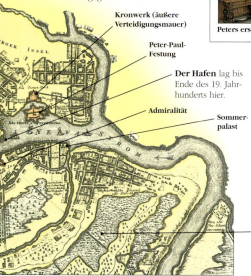

Kronwerk (äußere Verteidigungsmauer)
Peter-Paul-Festung
Der Hafen lag bis Ende des 19. Jahrhunderts hier.
Admiralität
Sommerpalast

Sumpfiger Boden und der Mangel an Steinen erschwerten den Bau – Tausende von Arbeitern starben in den ersten Jahren.

Weinkelch
Der Zar war recht trinkfest und liebte es, seinen Gästen Alkohol einzuflößen, bis sie umkippten. Dieser elegante Kristallkelch mit eingraviertem Wappen gehörte seinem engen Freund Menschikow.

Mäuse beerdigen die Katze
Zu Peters Zeit dienten farbige Holzschnitte als politische Karikaturen. Der Zar wurde wegen seines Schnurrbarts als Katze porträtiert.

Katharina I.
Nach der ersten gescheiterten Ehe verband sich Peter mit einer Litauerin, die der Armee seit den Kriegen 1704 gefolgt war. Alexander Menschikow (siehe S. 62) stellte dem Zaren das gutaussehende Mädchen vor. Obwohl nur zwei Töchter überlebten, führten sie eine glückliche Ehe. Nach Peters Tod wurde Katharina die erste Zarin Russlands.

KATHARINA DIE GROSSE

Katharina, eine deutsche Prinzessin, wurde von Elisabeth als Gemahlin für ihren Sohn Peter III. erwählt. Als Peter 1761 den Thron bestieg, lebte Katharina bereits seit 18 Jahren in Russland und beherrschte gewandt die Landessprache. Sie hatte bereits begonnen, in die später von ihr so geliebte russische Kultur einzutauchen. Auf dem Thron blieb Peter III. ein halbes Jahr. Katharina und ihre Verbündeten in der Königlichen Wache ließen ihn ermorden. Sie wurde Zarin Katharina II. Als sie im Alter von 67 Jahren starb, überschatteten ihre Reaktion auf die Französische Revolution 1789 und skandalöse Gerüchte über ihre ungezählten Liebesaffären ihren Ruf als aufgeklärte Herrscherin *(siehe S. 24)*. Doch sie hinterließ ein nach erfolgreichen Feldzügen gegen Polen und die Türkei enorm vergrößertes Land.

Katharina die Große 1762

KRIEG UND FRIEDEN

In den Napoleonischen Kriegen fand Russland unter Katharinas Enkel Alexander I. schließlich seinen Platz neben den anderen großen europäischen Mächten.

Von dem schönen Zar, einem Anhänger der Aufklärung, wurde viel erwartet. Inzwischen hatte Russland Reformen dringend nötig. Besonders die Not der in Leibeigenschaft gebundenen Bauern war sehr groß. Doch die Kriegsführung hatte Vorrang; während der Herrschaft Alexanders I. wurde an Russlands Autokratie nicht gerüttelt.

Alexander nutzte die Welle des russischen Patriotismus, verbündete sich mit England und zog 1805 gegen Napoleon. Die vernichtende Niederlage in der Schlacht von Austerlitz, in der der unerfahrene Zar den Rückzug antrat, brachte seiner Armee den Verlust von 11 000 Männern.

1807 nutzte Napoleon den Frieden von Tilsit, um Europa in eine französische und eine russische Zone aufzuteilen; damit wollte er Alexander in Sicherheit wiegen. 1812 schließlich marschierte Napoleon in Russland ein, scheiterte aber an Größe und Klima des Landes. Die russische Armee folgte der seinen bis nach Paris. Gemeinsam mit den Alliierten bezwang sie Napoleon in einem Feldzug – 1814 trat er zurück.

Ermordung Pauls I., 1801. Trotz aller Vorsichtsmaßnahmen wurde Katharinas labiler, paranoider Sohn in seinem Palast umgebracht *(siehe S. 101)*

ZEITSKALA

1760		1780		1800	
1762 Tod Elisabeths. Peter III. wird Zar, doch nach sechs Monaten ermordet; seine Frau übernimmt den Thron als Katharina II.		**1783** Annexion der Krim	**1787–92** Zweiter Türkenkrieg	**1801** Ermordung Pauls I.; Alexander I. wird Zar	**1805–1807** Der Krieg gegen Frankreich endet mit dem Frieden von Tilsit
1763 Katharina II. beginnt mit Voltaire zu korrespondieren	**1767** Katharina II. veröffentlicht ihren Großen Erlass	**1773–75** Pugatschow-Aufstand **1768–74** Erster Türkenkrieg	**1782** Falconets Statue, der Eherne Reiter, wird enthüllt	**1796** Tod Katharinas II.; Paul I. wird Zar *Alexander I. (1801–25)*	**1812** Napoleon überfällt Russland **1816** Alexander I. bremst Reformen

Niederschlagung des Dekabristenaufstands 1825

DER DEKABRISTENAUFSTAND

Die Offiziere der russischen Armee hatten die Freiheiten eines demokratischen Europas erlebt und waren enttäuscht von Alexanders Unlust, eine Verfassungsreform zu erwägen. Als dessen Bruder Nikolaus 1825 Zar wurde, zogen sie in der Hoffnung, der ältere Bruder Konstantin würde aufgeschlossener sein, ihre Truppen zusammen, um diesen zu unterstützen. Auf dem heutigen Dekabristenplatz *(siehe S. 78)* setzten sie sich gegen loyale Truppen des Zaren zur Wehr, doch diese töteten Hunderte, bevor sich die Anführer ergaben. Nikolaus I. behandelte sie mit einer für seine Herrschaft typischen Härte: Fünf Anführer wurden gehängt, über hundert Verschwörer nach Sibirien verbannt.

ARM UND REICH

Ein Bummel über den Newski Prospekt machte im 19. Jahrhundert das zunehmende Auseinanderdriften der Gesellschaft deutlich. Höflinge, Beamte und bessergestellte Bürger eilten, vorbei an Betrunkenen, Bettlern und Prostituierten, in Modegeschäfte oder Feinkostläden. Sie lebten oft über ihre Verhältnisse und verpfändeten Land und Leibeigene, um die astronomischen Kosten ihres Luxuslebens decken zu können. In St. Petersburg konnte sogar das Gehalt eines unteren Regierungsbeamten keine Familie ernähren. Auf dem Land wuchs der Unwille unter den Leibeigenen, die an die Ländereien der Aristokratie gefesselt waren. Die krasse gesellschaftliche Ungleichheit schrie nach politischen Reformen.

Nach der unerbittlichen Autokratie unter dem »Eisernen Zaren« Nikolaus I. begrüßten die Liberalen die Herrschaft des milderen Alexander II. 1861 hob er zwar die Leibeigenschaft auf, doch konnten die Bauern Land nur unter wenig gerechten Bedingungen erwerben. Schließlich kam die Industrialisierung in Gang, als die Bauern in die Städte strömten, um dort in den Fabriken Arbeit – und noch schlechtere Lebensbedingungen – zu finden.

DER EINMARSCH NAPOLEONS

Im September 1812 erreichte Napoleons Armee mit 600 000 Männern Moskau. Doch die Taktik des großen russischen Helden, General Kutusow, die Verweigerung des Kampfes, bescherte ihr eine bittere Niederlage. Napoleon fand sich in einer Stadt wieder, die die Herrscher verlassen und die Bewohner in Brand gesetzt hatten. Dazu kam die Härte des russischen Winters. Den Rückzug durch eine gefrorene Landschaft überlebten nur 30 000 Soldaten.

Die französische Armee auf dem Rückzug

Leo Tolstoi

1818 Baubeginn an der Isaakskathedrale

1822 Abschaffung der Freimaurer- und Geheimgesellschaften

1825 Dekabristenaufstand: Nikolaus I. wird Zar

1833 Puschkin schreibt das Gedicht *Der eherne Reiter*

1851 Eröffnung der Eisenbahnlinie zwischen Moskau und St. Petersburg

1855 Tod Nikolaus' I.; Alexander II. wird Nachfolger

1853–56 Krimkrieg

1861 Aufhebung der Leibeigenschaft

1864 Reform der Verwaltung sowie des Rechts- und Bildungswesens

1863–69 Tolstoi schreibt *Krieg und Frieden*

1874 3000 *narodniky* (Populisten) bringen ihre Ideen »zu den Menschen« aufs Land

Die aufgeklärte Herrscherin

Als unbedeutende deutsche Prinzessin geboren, war Katharina II. eine gelehrte und energiegeladene Frau. Sie erkannte die Bedeutung der aufklärerischen Philosophen Voltaire und Diderot, mit denen sie korrespondierte, sammelte europäische Kunst für die Eremitage *(siehe S. 84ff)*, Bücher für Russlands Gelehrte und sprach viel davon, die Not der russischen Leibeigenen zu lindern. Doch ein Bauernaufstand und die Französische Revolution rüttelten an ihren liberalen Ansichten. Als sie starb, ging es den meisten Russen ebenso schlecht wie zuvor.

Ausdehnung der Stadt

☐ 1790   ☐ Heute

Der Tempel spielt auf Katharinas Vorliebe für klassizistische Architektur an.

Die Medaille erhielt Graf Orlow für seinen Sieg über die Türken 1770 bei Cesme.

Treueschwur der Königlichen Garde
Nach geglücktem Staatsstreich gegen ihren Gatten Peter III. bestieg Katharina 1762 den Thron. Die Palastgarde unterstützte sie. Acht Tage später wurde der Zar ermordet.

KATHARINA DIE GROSSE
Katharina II. (1762–96) verfolgte eine expansionistische Außenpolitik. Hier wird allegorisch an Russlands ersten Sieg auf See erinnert, der zur Annexion der Krim führte.

Graf Alexei Orlow, Bruder des ehemaligen Liebhabers Katharinas, spielte eine wesentliche Rolle bei ihrer Thronübernahme.

Prätendent Pugatschow
Die größte Gefahr für Katharina war der Kosak Pugatschow, der Peter III. zu sein behauptete. Er wurde eingesperrt, floh und initiierte 1773 einen Volksaufstand, der erst durch Pugatschows Hinrichtung 1775 beendet wurde.

Katharinas Erlass
1767 veröffentlichte die 36jährige Katharina ihren Großen Erlass. Das 22 Kapitel umfassende Buch enthält eine Sammlung von Ideen für die Reform von Russlands Rechtssystem.

Die neue Akademie der Wissenschaften
Katharina gründete über 25 wichtige akademische Einrichtungen in Russland und gab Erweiterungen der bereits bestehenden in Auftrag. Quarenghi baute 1783–85 die Akademie der Wissenschaften.

WEGWEISER ZUR KLASSIZISTISCHEN STADT

Katharina ließ den Marmorpalast *(siehe S. 94)* und den Taurischen Palast *(S. 128)* bauen. Der Winterpalast wurde um die Kleine und die Große Eremitage sowie das Theater *(S. 84)* ergänzt. Ihr Architekt entwarf die Cameron-Galerie, den Achatpavillon, Zarskoje Selo *(S. 150f)* und den Palast von Pawlowsk *(S. 156ff)*.

Halle in Pawlowsk, 1782–86 von Charles Cameron erbaut

Katharina ist als Pallas Athene, die Göttin der Weisheit und Kriegskunst, mit Schild und Helm porträtiert.

Vase im Empirestil (1790)
Porzellan wurde am Hof sehr geschätzt. 1744 eröffnete die Königliche Porzellanfabrik in St. Petersburg.

Das Tuch, genutzt für einen Schirm, wurde 1770 von Pernons in Lyon hergestellt.

Michail Lomonossow
Als Philosoph, Historiker, Linguist und Naturwissenschaftler verkörperte Lomonossow (1711–65) den aufgeklärten Intellektuellen. Die Darstellung als Fischerjunge am Strand erinnert an seine Herkunft.

Grigori Potjomkin (1739–91)
Ihren Liebhaber Potjomkin, General und einflussreicher Berater, bewunderte und respektierte Katharina am meisten. Sie blieben Freunde bis zu seinem Tod.

Alexander II. wurde 1881 von Revolutionären ermordet, als er Pläne für ein russisches Parlament bei sich gehabt haben soll

Der Untergang des Zarenreichs

Die Forderung nach Reformen war so groß geworden, dass 1881 Revolutionäre Alexander II. ermordeten. Sein Nachfolger Alexander III. reagierte mit einem rabiaten Regierungsstil. Bei strenger Zensur war die Geheimpolizei aktiver denn je. Doch die Arbeiter organisierten sich. Trotz rascher Industrialisierung befand sich das Land am Rand des Zusammenbruchs, als Nikolaus II. es übernahm. Auf einen erfolglosen Krieg gegen Japan (1904/05) folgte der »Blutsonntag«: Am 22. Januar 1905 brachte eine friedliche Demonstration dem Zaren eine Petition, wurde jedoch mit Kugelfeuer empfangen. Schnell war die Nachricht verbreitet, und begleitet von Streiks im ganzen Land, brach die Revolution aus. Zur Beschwichtigung versprach Nikolaus II. grundlegende Bürgerrechte und eine gewählte Volksvertretung, ausgestattet mit einem Vetorecht. Doch der Zar löste das Parlament auf, wann immer es ihm passte. Seine Überheblichkeit und die unbeliebte enge Freundschaft der Zarenfamilie zu Rasputin *(siehe S. 121)* schadeten dem Ruf der Romanows.

Der Ausbruch des Ersten Weltkriegs verursachte eine Welle des Patriotismus, die der Zar nutzen wollte. Ende 1916 hatte Russland dreieinhalb Millionen Männer verloren, die Moral befand sich auf dem Tiefstand, Lebensmittel waren extrem knapp.

Rote-Armee-Abzeichen

Trends in der Kunst

Kostümentwurf von Léon Bakst, 1911

Das repressive politische Klima der Zeit um 1900 hatte kaum Einfluss auf die Kunst. Aus einer kleinen Künstlergruppe aus St. Petersburg, darunter Bakst und Benua, entstand unter Sergej Diaghilew eine einflussreiche kreative Bewegung. In ihre elegante Zeitschrift *Die Welt der Kunst* fand westliche Kunst Eingang, während die Bühnenbilder und -kostüme für die Ballets Russes *(siehe S. 118f)* die russische Kunst in den Westen brachten.

Revolution und Bürgerkrieg

Im Februar 1917 gab es in der Hauptstadt (jetzt Petrograd genannt) Streiks. Der Zar musste abdanken, seine Familie stand unter Arrest, eine provisorische Regierung formierte sich. Aus dem Exil zurückkehrende Revolutionäre übernahmen im Oktober mittels eines Aufstands die Macht *(siehe S. 28f)*.

Zeitskala

Die Familie Romanow 1913

1880		1900		
1881 Alexander II. fällt einem Anschlag der Gruppe »Volkswille« zum Opfer. Alexander III. wird Zar		**1902** Lenin veröffentlicht *Was tun?*		
		1898 Gründung der Sozialdemokratischen Arbeiterpartei. Eröffnung des Russischen Museums		**1913** 300 re Roman Herrschaf
1881/82 Antisemitische Programe		**1903** Gewaltbefürworter (unter Lenin) spalten sich von der Sozialdemokratischen Partei ab		**1905** Auf die Revolution von 1905 folgt 1906 die erste Duma
1887 Lenins Bruder wegen Attentatsversuchs auf den Zaren erhängt	**1894** Alexander III. stirbt, Nikolaus II. wird sein Nachfolger	**1904/05** Russisch-Japanischer Krieg		**1914** Beginn des Ersten Weltkriegs, St. Petersburg nennt sich Petrograd

Die Bolschewiken kümmerten sich ebenso wenig um Demokratie wie der Zar, schlossen aber 1918 einen Friedensvertrag mit Deutschland. Die Armee wurde zu Hause als Waffe im entstehenden Bürgerkrieg gebraucht.

Die Bolschewiken (»Roten«) fanden ihren Gegner in einer Koalition anti-revolutionärer Gruppen, den ursprünglich vom Ausland unterstützten »Weißen«, die sich um die Zarenfamilie scharten. Die von ihnen ausgehende Bedrohung führte zur Exekution der Zarenfamilie im Juli 1918. Als im November 1920 die letzten Truppen aufgaben, hatte die Auseinandersetzung zwischen Weißen und Roten eine verwüstete Sowjetunion hinterlassen, in der zwei Jahre lang eine Hungersnot tobte. Lenin musste seinen »Kriegskommunismus« zugunsten der »Neuen Ökonomischen Politik« aufgeben, die Privatunternehmen zuließ.

Die Paläste um St. Petersburg – hier Pawlowsk 1944 *(siehe S. 156ff)* – wurden im Zweiten Weltkrieg von der Wehrmacht zerstört

DIE JAHRE UNTER STALIN

Fünf Jahre nach Lenins Tod 1924 hatte Iossif Stalin, Generalsekretär der kommunistischen Partei, alle Rivalen beseitigt. Seine Diktatur begann.

Nackter Terror machte sich mit der Kollektivierung der Landwirtschaft breit, als man die Bauern zwang, ihr gesamtes Vieh, die Maschinen und das Land an Kollektive abzugeben. In dieser Zeit und während der folgenden Hungersnot (1931/32) sollen bis zu 10 Millionen Menschen gestorben sein. Die ersten »Intellektuellensäuberungen« in den Städten fanden 1928/29 statt. Dann wurde angeblich von einer antikommunistischen Zelle, tatsächlich aber auf Anordnung Stalins Sergej Kirow, Parteiführer in Leningrad, im Dezember 1934 ermordet *(siehe S. 72)* – Startschuss für eine fünfjährige »Säuberungsaktion«. 15 Millionen Menschen wurden eingesperrt, viele in ein Gulag (Arbeitslager) verschleppt; ungezählte wurden getötet.

Iossif Stalin auf einem Propagandaplakat 1933

Stalins »Säuberung« der Roten Armee ließ für den Zweiten Weltkrieg Böses ahnen, denn er hatte drei Viertel der Offiziere beseitigt. So konnten die Deutschen, als sie 1941 Russland überfielen, Leningrad in weniger als drei Monaten isolieren. Während der 900-tägigen Belagerung der Stadt *(siehe S. 131)* kamen zwei Millionen, davon etwa die Hälfte Zivilisten, ums Leben. Leningrad wurde die »Heldenstadt«.

Nach der Niederlage der Deutschen terrorisierte Stalin die Russen, die 20 Millionen Landsleute verloren hatten, erneut, bis er im März 1953 starb.

1917 Russische Revolution *(siehe S. 29)*
1918 Beginn des Bürgerkriegs, Moskau wird Hauptstadt
1921 Nach dem Kronstädter Aufstand verbannt Lenin die Opposition
1922 Stalin wird Generalsekretär der Partei
1924 Tod Lenins; Petrograd wird Leningrad
1925 Trotzki wird aus dem Politbüro ausgeschlossen
1929 Kollektivierung von privatem Land
1932 Der Sozrealismus wird die offizielle Kunstrichtung
1934 Ermordung Kirows, Stalinistische »Säuberungen« nehmen zu
Sergej Kirow
1939 Pakt zwischen Hitler und Stalin
1941 Deutschland überfällt Russland; Belagerung Leningrads
1942 Uraufführung von Schostakowitschs *7. Sinfonie* im belagerten Leningrad
1944 Ende der Belagerung
1947 Erstmalige Verwendung des Begriffs »Kalter Krieg«

Die Russische Revolution

ST. PETERSBURG IST BEKANNT als Wiege eines zentralen Ereignisses des 20. Jahrhunderts: der Russischen Revolution. Nach der Februarrevolution 1917, die zur Abdankung des Zaren Nikolaus II. führte, erließ die provisorische Regierung eine politische Amnestie. Revolutionäre wie Lenin und Trotzki kamen aus dem Exil zurück nach St. Petersburg. Mit Hilfe eines Netzwerks aus Arbeitern und Soldaten, vom Volk gewählten Räten, stellten sie eine Alternativregierung auf. Als im Oktober Soldaten in Scharen von der Front flohen, gelangten die Kommunisten durch einen bewaffneten Aufstand an die Macht.

AUSDEHNUNG DER STADT
1917 | Heute

Der Zar
Nikolaus II., der hier während seines Hausarrests in Zarskoje Selo im März 1917 Schnee schippt, wurde später mit seiner Familie in Jekaterinburg ermordet.

Zu Plünderungen verführten besonders die Weinkeller des Palastes die Horde der Matrosen und Soldaten.

Soldat der Roten Garde

STURM AUF DEN WINTERPALAST
Am Abend des 7. November 1917 feuerte der Kreuzer *Aurora (siehe s. 73)* einige Blindschüsse auf den Winterpalast ab. Die Rote Garde, von Trotzki im Smolny-Institut geschult, nahm die provisorische Regierung fest. 300 Kosaken versuchten erfolglos, den Palast zu verteidigen.

Die Kosaken, die den Palast mit Kadetten und Mitgliedern des Frauenbataillons verteidigten, waren zahlenmäßig unterlegen.

Lenin, Führer des Volkes
Das Bild von Iwanow zeigt Lenin, aus dem Exil zurückgekehrt, als charismatischen Redner. Bis 1918 wurde die Entschlossenheit der Bolschewiken zu regieren deutlich.

Revolutionsteller
Zur Erinnerung an besondere Ereignisse wurden Keramikarbeiten mit Revolutionsmotiven, gemischt mit russischer Folklore, produziert. Diese erinnert an die Gründung der Dritten Internationalen 1919.

Leo Trotzki
Der Intellektuelle spielte in der Revolution eine militärisch entscheidende Rolle. Im Machtkampf nach Lenins Tod wurde er 1929 von Stalin verbannt und 1940 in Mexiko von einem sowjetischen Agenten ermordet.

Propaganda
Ein Markenzeichen des Sowjetregimes war der mächtige Propagandaapparat. Viele talentierte Künstler schufen eindrucksvolle Plakate, die den Sozialismus propagierten. Während des Bürgerkriegs (1918–20) rühmten Plakate wie dieses den Einsatz der »pazifistischen Arbeiterarmee« im Kampf für den Kommunismus.

Avantgardekunst
Schon vor der Revolution von 1917 schufen russische Künstler die ersten wirklich abstrakten Gemälde. Ein schönes Beispiel ist das avantgardistische Supremus Nr. 56 von Kasimir Malewitsch.

Minister der provisorischen Regierung versuchten, die Ordnung zu wahren, wurden aber verhaftet.

Neue Werte
Die Revolution brach mit bürgerlichen Traditionen. Statt in der Kirche heiratete man unter dem roten Banner. Die propagierte Gleichberechtigung von Mann und Frau bedeutete in der Praxis, dass Frauen doppelt soviel arbeiten mussten: zu Hause und in den Fabriken.

ZEITSKALA

Februarrevolution in St. Petersburg	**März** Der Zar tritt ab, die provisorische Regierung wird von Fürst Lwow geführt	**November** Bolschewiken stürmen den Winterpalast in St. Petersburg und stürzen die Regierung	**März** Der Friedensverrtrag von Brest-Litowsk mit Deutschland beendet den Krieg für Russland. Moskau wird wieder Hauptstadt
1917		1918	
	Juli Kerenski wird Premierminister der provisorischen Regierung *Kreuzer Aurora*	**Januar** Trotzki leitet die Friedensverhandlungen mit Deutschland **Dezember** Lenin gründet die Tscheka (Geheimpolizei)	**Juli** Beginn des Bürgerkriegs; der Zar und seine Familie werden in Jekaterinburg ermordet

Friedenstaube aus Washington (1953): eine russische Karikatur aus dem Kalten Krieg

Hinter dem Eisernen Vorhang

Drei Jahre nach Stalins Tod verurteilte sein Nachfolger Nikita Chruschtschow dessen Verbrechen öffentlich auf dem 20. Parteitag, was das »Tauwetter« einleitete. Tausende politische Gefangene wurde freigelassen, kritische Bücher über Stalin erschienen. In der Außenpolitik gab man sich weniger liberal. 1956 fuhren sowjetische Panzer in Ungarn ein, und die Stationierung von Atomraketen auf Kuba führte 1962 fast zu einem Atomkrieg.

Pioniere im All

Unter Chruschtschow landete die Sowjetunion ihren größten Coup gegen den Westen, als im Jahr 1957 *Sputnik 1* ins All geschickt wurde. Im selben Jahr noch startete *Sputnik 2* mit der Hündin Laika an Bord, dem ersten Lebewesen im Weltall. Laika kam nie zurück, doch nur vier Jahre später kehrte der Kosmonaut Juri Gagarin vom weltweit ersten bemannten Raumflug als Held zurück. Das Rennen um den ersten Mondflug verloren die Russen, doch ihr Raumfahrtprogramm diente als Beweis für die Prognosen russischer Politiker, dass Russland den Westen bald überholen würde.

Sputnik 2 und die Hündin Laika, 1957

Mit Leonid Breschnew begann das intellektuelle Klima wieder frostiger zu werden. In den ersten zehn Jahren seiner Regierung herrschte relativer Wohlstand, dahinter standen aber ein großer Schwarzmarkt und steigende Korruption. Die Parteiapparatschiks, die davon profitierten, waren an Änderungen nicht interessiert. Als Breschnew 1982 starb, wollte das Politbüro mit allen Mitteln einen jungen Nachfolger verhindern. Auf Breschnew folgt der 68jährige Andropow und der 72jährige Tschernenko.

Glasnost und Perestroika

Erst als der 53jährige Generalsekretär Michail Gorbatschow 1985 seinen neuen Kurs von *perestroika* (Umgestaltung) und *glasnost* (Transparenz) verkündete, trat die Brüchigkeit des Systems vollends zu Tage. Gorbatschow ahnte noch nicht, was er damit auslöste. Das erste Mal seit 1917 gab es bei der Wahl zum Volksdeputiertenkongress 1989 so etwas wie Auswahl, Rebellen wie der Dissident Andrei Sacharow und Boris Jelzin wurden gewählt. Im Herbst 1989 der Warschauer Pakt: Immer mehr Länder lösten

Michail Gorbatschow und George Bush

sich von der Sowjetunion. Bei den lokalen Wahlen innerhalb der Union 1990 kamen in den Republiken meist nationalistische Kandidaten an die Macht, in den wichtigsten russischen Räten hingegen Demokraten.

Zeitskala

1953 Tod Stalin			
1955 Chruschtschow an der Macht, Warschauer Pakt	1964 Breschnew wird Generalsekretär	1968 Sowjetische Truppen marschieren in Prag ein; Ende des »Prager Frühlings«	1969 Gespräche zur Begrenzung strategischer Waffen
1962 Kubakrise			

1950	1960	1970
1950–54 Koreakrieg	1961 Stalins Leichnam wird von Lenins Seite auf dem Roten Platz entfernt;. Juri Gagarin ist der erste Mensch im All	1970 Solschenizyn erhält den Nobelpreis für Literatur
1956 Chruschtschow verurteilt Stalin beim 20. Parteitag; Aufstand in Ungarn	1957 *Sputnik 1* wird gezündet	

Leonid Breschnew (1906–82)

Demonstrationen auf dem Palastplatz während des Putsches 1991

Russland und die baltischen Republiken trennten sich 1991 von der Sowjetunion. Die Bewohner Leningrads, unter der Leitung des Juraprofessors Anatoli Sobtschak, benannten ihre Stadt wieder in St. Petersburg um.

Die Wahlen zum Präsidenten der Russischen Sowjetrepublik endeten mit einem überragenden Sieg Boris Jelzins. Das Ende der Sowjetunion war nahe. Nach dem Putsch gegen Gorbatschow im August 1991 galt Jelzin (in Moskau stand er Panzern gegenüber) als nationaler Held. In St. Petersburg waren zwar keine Panzer in den Straßen, aber nichtsdestotrotz versammelte Sobtschak Befürworter der Demokratie um sich. Nach Gorbatschows Arrest auf der Krim zwang ihn Jelzin zum Rücktritt. Am Jahresende schließlich existierte die Sowjetunion nicht mehr.

Neues russisches Staatswappen

ST. PETERSBURG HEUTE

Die ökonomischen Reformen seit 1991 öffnen die Schere zwischen Arm und Reich immer mehr. Die einen feiern die neuen Arbeits- und Reisemöglichkeiten, die anderen wünschen sich hingegen das kommunistische System mit seiner sozialen Absicherung zurück.

Während man die sozialen Probleme zu lösen versucht, locken die wachsende wirtschaftliche Stabilität sowie die Währungsreform von 1998 zunehmend Investitionen in die Stadt – seien es Fabriken oder Tourismusunternehmen.

Bei den Wahlen im Dezember 1999 wurden die Kommunisten dramatisch geschwächt – junge liberale Reformer wurden zum Sinnbild für Russlands Zukunft. Die Religion erlebt einen neuerlichen Aufschwung. Kirchen, die einstmals als Warenhäuser dienen mussten, erfüllen wieder ihren ursprünglichen Zweck.

Im März 2000 wurde Wladimir Putin zum Präsidenten der russischen Republik gewählt. Der frühere Geheimdienstmann gewann auch im März 2004 die Präsidentschaftswahlen und ging in seine zweite Amtszeit.

Seit die Religion an Bedeutung zurückgewinnt, sind kirchliche Trauungen wieder beliebt

1980 Der Westen boykottiert die Olympiade in Moskau	1982 Breschnews Tod; Andropow wird sein Nachfolger	1991 Jelzin wird Russlands Präsident. Auflösung der Sowjetunion am 25. Dezember	Boris Jelzin mit russischer Flagge (1991)	2000 Putin wird Präsident Russlands
1980		1990		2000
1979 Einmarsch in Afghanistan	1984 Andropow wird von Tschernenko abgelöst	1985 Gorbatschow wird Generalsekretär der KPdSU	1998 Der letzte Romanow-Zar, Nikolaus II., wird samt Familie am 17. Juli in der Peter-Paul-Kathedrale bestattet 1990 Unabhängigkeit von Lettland, Litauen und Estland. Gorbatschow erhält den Friedensnobelpreis	

St. Petersburg im Überblick

GLEICHSAM AUF DEM WASSER erbaut, bietet St. Petersburg eine große Vielfalt an Sehenswürdigkeiten. Die Peter-Paul-Festung *(siehe S. 66f)*, das erste Gebäude der Stadt, bildet einen Kontrast zu Barockklöstern und klassizistischen Palästen. Die kurze, aber stürmische Stadtgeschichte spiegelt sich in den Museen wider, in denen man von der Kunstsammlung Katharinas in der Eremitage bis zu Memorabilien der Revolution in der Villa Kschessinskaja *(siehe S. 72)* alles findet.

Um Ihnen die Qual der Wahl zu erleichtern, zeigen wir Ihnen auf den folgenden Seiten die besten Museen und Paläste, die interessantesten Brücken und Wasserstraßen sowie Persönlichkeiten aus Kunst und Kultur, die St. Petersburg zu einer der bedeutendsten Städte Europas machten.

Zehn Hauptattraktionen in St. Petersburg

Russisches Museum
Siehe S. 104ff

Mariinski-Theater
Siehe S. 119

Newski Prospekt
Siehe S. 46ff

Eremitage
Siehe S. 84ff

Schtigliz-Museum
Siehe S. 127

Erlöserkirche
Siehe S. 100

Kasaner Kathedrale
Siehe S. 111

Isaakskathedrale
Siehe S. 80f

Peter-Paul-Kathedrale
Siehe S. 68

Alexandr-Newski-Kloster
Siehe S. 130f

◁ Die klassizistische Kasaner Kathedrale mit ihren beeindruckenden Granitsäulen

Highlights: Brücken und Wasserstraßen

Wie ihre Schwesterstädte Amsterdam und Venedig durchziehen St. Petersburg Kanäle und Flüsse – sie sind die Lebensadern der Stadt. Ihr Beitrag zu der einmaligen Atmosphäre sind im Winter der unheimlichen, vom eistragenden Wasser aufsteigenden Nebel und im Sommer der glitzernde Spiegel der Fassaden bei Sonnenuntergang oder in den Weißen Nächten.

Die Brücken, die die einzelnen Inseln verbinden, sind mit Skulpturen, kunstvollen Laternenpfählen und schmiedeeisernen Arbeiten geschmückt.

Diese Juwele kann man bei einem Spaziergang oder einem Bootsausflug *(siehe S. 134f u. 218f)* genießen.

Winterkanal
Er wurde 1718–20 angelegt; ihn kreuzen drei Brücken und das Foyer des Eremitage-Theaters (1783–87).

Leutnant-Schmidt-Brücke
Sie wurde 1936–38 wiederaufgebaut und besitzt noch ihre gusseisernen Seepferdchen-Geländer von Brjullow.

Löwenbrücke
Eine der ersten Fußgänger-Hängebrücken wurde 1825/26 gebaut. Ihre Aufhängung ist in vier gusseisernen Löwen verankert, die Pawel Sokolow schuf.

Ägyptische Brücke
1826, als die Brücke über die Fontanka gebaut wurde, war der ägyptische Stil in Mode.

BRÜCKEN UND WASSERSTRASSEN

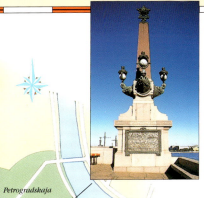

Dreifaltigkeitsbrücke
Die zehnbogige Dreifaltigkeitsbrücke (1897–1903) ist berühmt für ihre Laternen und Geländerverzierungen, die die französischen Ingenieure Vincent Chabrol und René Patouillard schufen.

Schwanenkanal
Der baumgesäumte Kanal (1711–19), der zur Newa führt, verdankt seinen Namen Schwänen, die einst an seinen Ufern lebten.

Brückenpassage
Wo Moika und Gribojedow-Kanal zusammenfließen, umspannt das Ganze ein Theater und die Kleine Marstall-Brücke, gebaut von Traitteur und Adam 1829–31.

Anitschkow-Brücke
Auf der 1839–41 erbauten Brücke über die Fontanka verläuft der Newski Prospekt. An jeder Ecke steht ein beeindruckender Rossbändiger, geschaffen vom Bildhauer Pjotr Klodt.

Lomonossow-Brücke
In den unverwechselbaren Granittürmen, gebaut 1785–87, befand sich einst der Öffnungsmechanismus der Brücke. Bei der Restaurierung 1912 wurden sie belassen.

Bankbrücke
Sie stammt vom selben Erbauerteam und aus derselben Zeit wie die Löwenbrücke. Vier gusseiserne Greifenfiguren schmücken die Brücke, die ihren Namen von der Assignatenbank ableitet.

Überblick: Brücken und Wasserstraßen

HÖHEPUNKT EINES JEDES AUFENTHALTS in St. Petersburg ist eine Bootsfahrt auf den Kanälen und Wasserwegen. Von der Anitschkow-Brücke aus fahren die Boote (siehe S. 217f) unter beeindruckenden Brücken und vorbei an manchen Sehenswürdigkeiten einen Bogen über Newa, Fontanka und Moika. Per Wassertaxi (siehe S. 219) kann man sich auch seine eigene Route wählen. Ein Bummel an den Ufern des Gribojedow-Kanals führt an imposanten Wohnhäusern aus dem 19. Jahrhundert und an prächtigen Brücken vorbei. Im Winter kann man auf der zugefrorenen Newa spazierengehen.

BRÜCKEN-WEGWEISER

Die Kartenverweise beziehen sich auf den Stadtplan (S. 222ff).
Ägyptische Brücke **5 B5**
Alexandr-Newski-Brücke **8 F3**
Anitschkow-Brücke **7 A2**
Bankbrücke **6 E2**
Dreifaltigkeitsbrücke **2 E4**
Kleine Marstallbrücke **2 F5**
Laternenbrücke **5 C2**
Leutnant-Schmidt-Brücke **5 B1**
Liteiny-Brücke **3 A3**
Löwenbrücke **5 C3**
Lomonossow-Brücke **6 F3**
Panteleimonbrücke **2 F5**
Palastbrücke **1 C5**
Peter-der-Große-Brücke **4 F5**
Rote Brücke **6 D2**
Sängerbrücke **2 E5**
Theaterbrücke **2 F5**

Eis auf der Newa – im Hintergrund die Peter-Paul-Festung

DIE NEWA UND IHRE SEITENARME

DIE GRÖSSTE Wasserstraße der Stadt, die Newa, beginnt im östlich der Stadt gelegenen Ladogasee und führt über eine Strecke von 74 Kilometern bis zum Finnischen Meerbusen, in den sie mündet. Die Wassiljewski-Insel, eine von über 100 Inseln des Newa-Deltas, teilt den Fluss in zwei Arme: in die Große Newa und die Kleine Newa.

Nachdem sie mindestens vier Monate im Winter zugefroren ist, zeigt die Newa normalerweise im März die ersten Risse im Eis. Mitte April wird sie offiziell für die Schifffahrt freigegeben. Bis zur Revolution wurde dieses Ereignis groß gefeiert: An der Spitze einer Flotille schöpfte der Kommandant der Peter-Paul-Festung (siehe S. 66f) etwas Eiswasser in einen silbernen Kelch, den er dem Zaren in den Winterpalast (siehe S. 92f) brachte.

FLÜSSE UND KANÄLE

INSPIRIERT VON Amsterdam, ließ Peter der Große die vielen Wasserläufe des Deltas als Kanäle erhalten, was bei der Trockenlegung des sumpfigen Bodens hilfreich war. Als die Stadt größer wurde, hob man weitere Kanäle aus.

Ursprünglich entsprang die **Moika** einem Sumpf in der Nähe des Marsfeldes *(siehe S. 94)*. Im 19. Jahrhundert baute die Aristokratie ihre klassizistischen Häuser an ihre Kais; bis heute sind sie ihre Hauptattraktion. Auf der sieben Kilometer langen Fontanka, der breitesten und belebtesten Wasserstraße (einst Stadtgrenze), fahren Boote und Frachtkähne. Beide Flüsse verbindet der **Krjukow-Kanal** aus dem 18. Jahrhundert.

Der **Gribojedow-Kanal**, zunächst zu Ehren der Zarin Großer Katharinenkanal genannt, diente der Frachtschifffahrt von Sennaja Ploschtschad. Besonders reizvoll ist die Strecke von der Löwenbrücke aus gen Süden. Der **Winterkanal** östlich des Winterpalasts ist die engste Wasserstraße. In der Nähe liegt der schöne **Schwanenkanal**, der durch den Sommergarten *(S. 95)* führt. Im Zuge der Industrialisierung im 19. Jahrhundert wurde 1834 der **Obwodnow-Kanal** gebaut, damit die zunehmende Menge an schweren Frachtkähnen an den Stadtrand gelangen konnte.

NEWA-BRÜCKEN

IHRE HEUTIGE FORM erhielt die **Schlossbrücke** Anfang des 20. Jahrhunderts. Sie ersetzte eine jahreszeitenabhängige Pontonbrücke, die die Wassiljewski-Insel mit dem Festland verband. Zu dieser Insel führt auch die **Leutnant-Schmidt-**

Ansicht der Moika und ihres Südufers

BRÜCKEN UND WASSERSTRASSEN

Nahe dem Smolny-Institut führt die Peter-der-Große-Brücke über die Newa

Brücke *(siehe S. 63),* benannt nach einem Revolutionsführer des Jahres 1905, der die Matrosen der Schwarzmeerflotte anführte. Die **Dreifaltigkeitsbrücke** *(siehe S. 73)* wurde in den Jahren 1897–1903 von der französischen Batignolles-Gesellschaft gebaut. Mit 582 Metern war sie die längste Brücke über die Newa, bis in den 1960er Jahren die etwa 900 Meter lange **Alexandr-Newski-Brücke** errichtet wurde. Dazwischen erstreckt sich die **Liteiny-Brücke**, erbaut in den Jahren 1874–79. Im Jahr 1917 versuchte die Stadtbehörde die Revolutionäre daran zu hindern, die Newa von der Wyborger Seite aus zu überqueren, indem sie den mittleren Brückenbogen hochzog. Dies schlug fehl, weil die Revolutionäre den Weg über das gefrorene Wasser nahmen.

Nahe dem Smolny-Institut liegt die **Peter-der-Große-Brücke** (Most Petra Velikovo). Sie hat eine Zugbrücke in der Mitte und unverkennbare Zwillingsbogen aus massivem Stahl; errichtet wurde sie 1909–11. Von April bis November werden alle Newa-Brücken nachts für den Schiffsverkehr zur Wolga *(siehe S. 201)* hochgezogen.

DEKORATIVE BRÜCKEN

ZUNÄCHST WAREN ES Holzbrücken, die sich über die Kanäle und Flüsse spannten. Man erkannte sie an ihrer Farbe – Rot, Blau, Grün usw. Die **Rote Brücke** über die Moika hat ihren Namen aus dieser Zeit behalten. Sie wurde in den Jahren 1808–14 gebaut und ist mit malerischen Laternen auf vier Granitobelisken verziert. Laternen zeichnen auch die **Laternenbrücke** aus, die über die Moika in der Nähe des Jussupow-Palasts *(siehe S. 120)* überquert. Die prächtig vergoldeten Laternenpfähle sind wie Notenschlüssel geformt.

Die **Sängerbrücke** am anderen Ende der Moika verdankt ihren Namen dem Chor der nahe gelegenen Glinka-Kapelle. Ihr Konstrukteur Jegor Adam entwarf auch das wie Spitzen wirkende Geländer.

Wo Gribojedow-Kanal und Moika zusammenfließen, bilden die breite **Theaterbrücke** und die **Kleine Marstallbrücke** ein interessantes Ensemble. Letztere ist so geschickt gestaltet, dass sie wie zwei eigenständige Brücken wirkt.

Zu den attraktivsten Brücken zählt die von Georg von Traitteur gestaltete Fußgängerbrücke, die **Bankbrücke** über den Gribojedow-Kanal. Ihre Taue werden von vier Greifenfiguren mit goldenen Flügeln gehalten.

Auch die **Löwenbrücke** stammt von Traitteur und zeigt einen ähnlichen Kunstgriff: Die Tauaufhängung führt aus dem Rachen von vier Löwen.

Die **Panteleimonbrücke** *(siehe S. 99)* über die Fontanka nahe dem Sommergarten war Russlands erste Kettenbrücke (1823/24). Zu den erhaltenen Dekorationselementen zählen vergoldete Liktorenbündel und doppelköpfige Adler auf Lorbeerkränzen.

Gleich am Newski Prospekt steht die bekannte **Anitschkow-Brücke**, auf der vier Bronzeskulpturen beeindrucken, die wilde Pferde und ihre kraftvollen Bändiger darstellen. Etwas weiter die Fontanka hinunter zeigt die **Lomonossow-Brücke** ungewöhnliche Steintürmchen.

Die **Ägyptische Brücke** führt nahe dem Krjukow-Kanal über die Fontanka. Sie ist mit Bronzesphingen und Brückenköpfen, die an einen ägyptischen Tempel erinnern, verziert. Die 1826 gebaute Brücke brach unter der Last einer Kavallerieschwadron zusammen, wurde aber 1955 wiederaufgebaut.

Laternenpfahl der Panteleimonbrücke

EINE STADT UNTER WASSER

Zeichnung einer der Überschwemmungen in St. Petersburg (19. Jh.)

Peter der Große hätte wissen müssen, dass dies nicht gerade die beste Stelle für eine Stadtgründung war. 1703, drei Monate nach Baubeginn der Festung, wurde sein Baumaterial hinweggeschwemmt. Das Wasser steigt jedes Jahr gefährlich hoch; vier Fluten richteten immensen Schaden an: 1777, 1824, 1924 und 1955. 1824 stand alles unter Wasser, 462 Gebäude wurden dabei zerstört. Das inspirierte Puschkin zu seinem Gedicht *Der eherne Reiter* *(siehe S. 78)*. Am Winterkanal und an der Peter-Paul-Festung sind die Wasserhöchststände markiert. 1989 begann man mit dem Bau eines Schutzdamms.

Highlights: Paläste und Museen

MEHR ALS 90 MUSEEN GIBT ES in St. Petersburg. Viele von ihnen sind in Palästen oder anderen historischen Gebäuden untergebracht. Manche sind weltberühmt, wie die Eremitage, die zunächst für die Privatsammlung europäischer Kunst von Katharina der Großen gedacht war. Andere wiederum präsentieren lokale Kunst, Geschichte und Kultur, so etwa das Russische Museum und der Sommerpalast. Einige der reizvollsten Museen sind jene, die an das Leben und Werk berühmter Künstler, Schriftsteller und Musiker erinnern.

Eremitage
Zur Eremitage gehören neben den atemberaubenden Räumen des Winterpalasts auch fast drei Millionen Exponate, die von den schönen Künsten bis zu archäologischen Funden reichen.

Menschikow-Palast
Dieser grandiose Barockpalast auf der Wassiljewski-Insel zeugt von der Macht des Prinzen Menschikow, ein Freund Peters des Großen.

Petrogradskaja

Kleine Newa

Wassiljewski-Insel

Große Newa

Palastufer

Sennaja Ploschtschad

HERRSCHAFTLICHE LANDSITZE

Um der Hektik der Stadt zu entkommen, bauten die russischen Herrscher im Hinterland von St. Petersburg luxuriöse Landsitze, die einen faszinierenden Einblick in den Lebensstil der Romanows geben.

Zarskoje Selos
Katharinenpalast gestaltete Rastrelli im aufwendigen Barockstil.

Palast und Pavillons von Peterhof werden von Kaskaden und Brunnen auf dem umliegenden Gelände geschmückt.

0 Kilometer 30

Pawlowsks Palast liegt in einem weitläufigen Landschaftspark, der mit Teichen, Pavillons und Denkmälern verschönert ist.

PALÄSTE UND MUSEEN

Villa Kschessinskaja
Die Jugendstil-Villa wurde für eine Primaballerina des Mariinski-Theaters gebaut, heute ist darin das Museum der politischen Geschichte Russlands mit Erinnerungsstücken der Revolution untergebracht.

Sommerpalast
Die Inneneinrichtung (mit dem Bett Peters des Großen) gibt einen Eindruck vom relativ einfachen Lebensstil des Zaren.

Schtigliz-Museum
Mesmachers wunderbares Gebäude, das an die italienischen Renaissance-Paläste erinnert, beherbergt eine reiche Kunstsammlung.

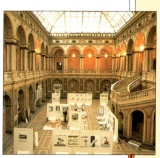

Russisches Museum
Carlo Rossis Michailow-Palast eignet sich wunderbar für die bemerkenswerte Sammlung russischer Kunst, die von mittelalterlichen Ikonen bis zu zeitgenössischen Gemälden und Skulpturen reicht. Diese Arbeit von Wassily Kandinsky stammt von 1917.

Puschkin-Museum
Antike Möbel und persönliche Habe wie dieses Tintenfass prägen die Atmosphäre in Alexandr Puschkins letztem Wohnhaus.

0 Meter 500

Überblick: Paläste und Museen

DIE BANDBREITE DER PALÄSTE reicht von zaristischer Grandeur bis zu geschmackvollen Heimen des Adels. In den Museen findet man alle Arten von Kunst, Kunsthandwerk sowie Informationen über die Geschichte von St. Petersburg; Einblick in die Kultur der Stadt gewinnt man dagegen vor allem in den Wohnungen der Schriftsteller, Komponisten und Künstler. Aber auch für Spezialgebiete – von Lokomotiven und militärischem Allerlei bis hin zu Insekten und Walen – hat man in St. Petersburg Museen eingerichtet.

Sommerpalast Peters des Großen an der Fontanka

Schlafzimmer im Chinesischen Palast, Oranienbaum

PALÄSTE

DER SAGENHAFTE REICHTUM des Zarenreichs spiegelt sich in der Pracht seiner Paläste wider. Ein Aufenthalt in St. Petersburg wird erst durch den Besuch von mindestens einer der üppigen Sommerresidenzen außerhalb der Stadt abgerundet: **Peterhof** *(siehe S. 146ff)*, **Pawlowsk** *(siehe S. 156ff)* oder der Katharinenpalast *(siehe S. 150f)* in **Zarskoje Selo**. Die unter der Herrschaft der Romanows errichteten Bauten und Anbauten illustrieren die Extravaganz des herrschaftlichen Hofes und den Reichtum an natürlichen Ressourcen. Überall stößt man auf Gold, Lapislazuli, Malachit, Marmor und andere wertvolle Mineralien, die oft das Palastinnere schmücken. Parks und Ländereien beherbergen Zierbauten und Denkmäler.

Im Stadtzentrum verkörpert der **Winterpalast** *(siehe S. 92f)* in der Eremitage den Prunk des Hofes. Der etwas intimere **Sommerpalast** *(siehe S. 95)* Peters des Großen steht dazu in deutlichem Kontrast. Peters Freund und Berater, Fürst Alexandr Menschikow, baute ebenfalls zwei luxuriöse Residenzen, den **Menschikow-Palast** *(siehe S. 62)* auf der Wassiljewki-Insel und einen Sommerlandsitz in **Oranienbaum** *(siehe S. 144)*.

Auf die Moika blickt der **Jussupow-Palast** *(siehe S. 120)*, der bekannt wurde, weil in ihm Rasputin ermordet wurde, der besondere Günstling mit unheilvollem Einfluss auf die Zarenfamilie.

Wer Ruhe sucht, sollte einen Tagesausflug zum **Jelagin-Palast** *(siehe S. 126)* auf der gleichnamigen Insel machen.

KUNSTMUSEEN

EINE DER WELTWEIT größten Sammlungen westlicher Kunst befindet sich in der **Eremitage** *(siehe S. 84ff)* mit fast drei Millionen Exponaten: ägyptische Mumien, skythisches Gold, griechische Vasen, kolumbianische Smaragde sowie Werke alter Meister, Impressionisten und Postimpressionisten.

Das **Russische Museum** *(siehe S. 104ff)* zeigt russische Kunst bis zur Avantgarde des 20. Jahrhunderts und der sie beeinflussenden Volkskunst. Es gibt wechselnde Ausstellungen aus Museumsbeständen im **Ingenieursschloss** *(siehe S. 101)*, **Marmorpalast** *(siehe S. 94)* und **Stroganow-Palast** *(siehe S. 112)*.

Die **Akademie der Künste** *(siehe S. 63)* zeigt Werke ehemaliger Studenten und Modelle bedeutender Gebäude.

Das **Schtigliz-Museum** *(siehe S. 127)* widmet sich dem Kunsthandwerk mit Arbeiten aus der ganzen Welt; darunter Keramiken, Holzschnitzereien, Eisenverzierungen und Stickereien. Bewundernswert sind auch Inneneinrichtung und Glasdach des Museums.

Der Fahrradfahrer (1913) von N. Gontscharowa, Russisches Museum

HISTORISCHE MUSEEN

DER DRAMATISCHEN 300jährigen Geschichte von St. Petersburg erinnert man sich stolz in einer Reihe von Museen. Das **Haus Peters des Großen** *(siehe S. 73)*, das erste Gebäude der Stadt, gewährt einen faszinierenden Einblick in den eher bescheidenen Lebensstil dieses Zaren.

Innerhalb der Peter-Paul-Festung gibt es viele historische Sehenswürdigkeiten: In der **Peter-Paul-Kathedrale** *(siehe S. 68)* sind – bis auf drei Ausnahmen – alle russischen Zaren seit Peter dem Großen bestattet. Hunderte von politischen Gefangenen verschwanden in den Zellen der **Trubezkoi-Bastion** *(siehe S. 69)*, nachdem man im **Kommandantenhaus** *(siehe S. 69)* über sie gerichtet hatte. Letzteres beherbergt heute eine Ausstellung über mittelalterliche Siedlungen in der Region. Im **Ingenieurshaus** *(siehe S. 68)* gewinnt man Einblick in den Alltag vor der Revolution.

Zahlreiche Erinnerungsstücke an die Revolution, darunter Stalin-Plakate und eine riesige Propagandawand aus Buntglas, findet man im **Museum der politischen Geschichte Russlands**. Es ist in der Villa Kschessinskaja *(siehe S. 72)* untergebracht, in der sich 1917 das Zentralkomitee der Bolschewiken eingerichtet hatte. Auch der **Kreuzer Aurora** *(siehe S. 73)* spielte eine Rolle in der Revolution: Er gab im November 1917 den Startschuss zur Erstürmung des Winterpalasts.

In den restaurierten Klassenräumen des **Lyzeums** in Zarskoje Selo *(siehe S. 153)*, in das auch der Dichter Alexandr Puschkin ging, erhält man einen Eindruck von dieser vorrevolutionären Prestigeschule.

Am südlichen Stadtrand erinnert auf dem Siegesplatz *(siehe S. 131)* das **Denkmal der Verteidiger Leningrads** nicht nur an die Belagerung von Leningrad (1941–44), sondern vor allem auch an die große Not, die die St. Petersburger während des Zweiten Weltkriegs zu erdulden hatten.

Arbeitszimmer des ZK-Sekretärs Sergej Kirow, Kirow-Museum

MUSEEN FÜR SPEZIALGEBIETE

IN DER **Kunstkammer** *(siehe S. 60 f)*, dem ältesten Museum der Stadt, wird das aufbewahrt, was von der Kuriositätensammlung Peters des Großen übriggeblieben ist. Dort befindet sich auch das **Museum für Anthropologie und Ethnographie** mit Exponaten aus aller Welt. Das **Zoologische Museum** *(siehe S. 60)* zeigt die bekanntesten Lebensformen, auch eine einzigartige Sammlung von Mollusken und blauen Korallen.

Das **Marinemuseum** *(siehe S. 60)* enthält Modellschiffe, kleine Boote, Galionsfiguren und Flaggen, das **Artilleriemuseum** *(siehe S. 70)* militärisches Material, von Piken bis zu Raketengeschossen. Eisenbahnfreunde haben im **Eisenbahnmuseum** *(siehe S. 123)* ihren Spaß, in dem man auch eine eigens für die Zarskoje-Selo-Bahn gebaute Lokomotive von 1835 bestaunen kann.

Das **Museum des musikalischen Lebens** im Scheremetjew-Palast *(siehe S. 129)* stellt Instrumente aus und informiert über die Familie Scheremetjew, im 19. Jahrhundert wichtige Förderer der Musik.

Neben Fotos und zahlreichen Bühnenmodellen sind im **Theatermuseum** auf dem Ostrowskiplatz *(siehe S. 110)* Bühnenkostüme sowie andere Theateraccessoires zu sehen.

WOHNHÄUSER ALS MUSEEN

EINIGE KLEINE Museen gedenkt der berühmtesten Bewohner der Stadt. Das **Puschkin-Museum** *(siehe S. 113)* und das **Dostojewski-Museum** *(siehe S. 130)* sind restauriert und zeigen etwas vom Leben und dem Charakter ihrer früheren Bewohner.

Das **Anna-Achmatowa-Museum** im einstigen Dienstlhaus des Scheremetjew-Palasts *(siehe S. 129)* zeichnet den dramatischen Lebensweg der Dichterin nach, die lange Jahre in diesen Räumen gelebt hat.

Das **Kirow-Museum** *(siehe S. 72)* ist dem mächtigen Kommunisten aus den 1930er Jahren gewidmet. Als der beliebte Spitzenpolitiker auf Stalins Befehl ermordet wurde, begannen die »Säuberungsaktionen« *(siehe S. 27)*.

Vor der Stadt liegt in **Repino** *(siehe S. 144)* das Haus des Malers Ilja Repin inmitten schöner Wälder.

Violine (18. Jh.) und Partitur im Musikmuseum, Scheremetjew-Palast

Highlights: Prominente in St. Petersburg

IN ST. PETERSBURG, im frühen 18. Jahrhundert Residenz der russischen Herrscherfamilie samt Hof, konzentrierte sich das Mäzenatentum. Die Stadt bot den perfekten Nährboden für eine Fülle an künstlerischer Kreativität und schöpferischen Ideen. In Institutionen wie der Akademie der Künste, der Universität, der Kunstkammer und der Ballettschule wurden Generationen von Künstlern und Wissenschaftlern ausgebildet. Zu Beginn des 20. Jahrhunderts war St. Petersburg eine der wichtigsten Kulturmetropolen Europas geworden.

Grigori Kosinzew
Der Regisseur untermauerte seinen guten Ruf im Westen mit einer eindrucksvollen Interpretation (1964) von Shakespeares Hamlet.

Nikolai Gogol
Der unbarmherzige Kritiker der St. Petersburger Gesellschaft lebte drei Jahre in der Malaja Morskaja Uliza (siehe S. 82).

Ilja Repin
Der berühmte naturalistische Maler und Professor bei einer Vorlesung in der Akademie der Künste (siehe S. 63).

Peter Tschaikowsky
Tschaikowsky absolvierte 1865 das Konservatorium (siehe S. 120), bevor er weltberühmte Opern und Ballettmusik schrieb.

Anna Pawlowa
Die Primaballerina des Mariinski-Theaters (siehe S. 121) eroberte 1909 Paris im Sturm. Sie tanzte in Les Sylphides *mit den Ballets Russes.*

PROMINENTE IN ST. PETERSBURG

Alexandr Puschkin
Die Wohnung des großen Poeten – er skizzierte sein Selbstporträt auf ein Manuskript – ist heute ein Museum (siehe s. 113).

Sergej Diaghilew
Die treibende Kraft hinter den Ballets Russes produzierte in seiner Wohnung am Liteiny Prospekt Nr. 45 die einflussreiche Zeitschrift Die Welt der Kunst. *Hier mit Jean Cocteau (links).*

Anna Achmatowa
Das berühmteste Gedicht der Poetin, Requiem, *ist eine ausdrucksstarke und bewegende Anklage des stalinistischen Regimes. Achmatowa – hier ein Porträt von Natan Altman – lebte im Diensthaus des Scheremetjew-Palasts* (siehe S. 129).

Dmitri Schostakowitsch
Schostakowitschs 7. Sinfonie wurde im August 1942 während der Belagerung der Stadt live aus dem Großen Saal der Philharmonie (siehe S. 98) *übertragen. Viele bestätigten, die Musik habe das Durchhaltevermögen der Bewohner gestärkt.*

Fjodor Dostojewski
Der Romancier lebte lange Jahre in den Elendsquartieren von Sennaja Ploschtschad (siehe S. 122f), *die er zum Schauplatz seines größten Werkes,* Schuld und Sühne, *machte.*

0 Meter 500

Überblick: Prominente in St. Petersburg

DIE STRASSEN VON St. Petersburg atmen den Geist von Literatur und Kunst. Faszinierende Kunstsammlungen, Theater und Konzertsäle erinnern an berühmte Bewohner der Stadt. Mühelos kann man sich in die Welt des genialen Lomonossow (18. Jh.) und der Schriftsteller Puschkin und Dostojewski (19. Jh.) hineinversetzen. Der Geist des zaristischen Balletts, als Stars wie Anna Pawlowa und Waslaw Nijinski die Vorstellungen des Mariinski-Theaters krönten, »schwebt« durch die Luft. Am Anfang des 20. Jahrhunderts schufen Maler, Musiker, Tänzer und Schriftsteller eine einzigartige Atmosphäre der Kreativität.

Der Symbolist Andrej Bely (1880–1934)

SCHRIFTSTELLER

DER ALS BEGRÜNDER der russischen Literatur geltende **Alexandr Puschkin** (1799–1837) liebte nicht nur die Schönheit St. Petersburgs, er hatte auch ein Gespür für das Klima von politischem Misstrauen und Intoleranz, dem die Schriftsteller als Nachwirkung des Dekabristenaufstandes von 1825 *(siehe S. 23)* ausgesetzt waren. **Nikolai Gogol** (1809–52) konterte diesen Druck mit der satirischen Darstellung des Status quo. In der *Nase* nahm er die Bürokraten mit ihrem übertriebenen Selbstwertgefühl und dem verstandtötenden Konformismus aufs Korn.

Einen weiteren Aspekt der Stadt legte **Fjodor Dostojewski** (1821–81) offen. Sein Roman *Schuld und Sühne* spielt im Schmutz der berüchtigten Elendsquartieren von Sennaja Ploschtschad *(siehe S. 122f)*. Die Geschichte des Mordes an einem alten Geldverleiher basiert auf einer wahren Begebenheit, ihre Veröffentlichung 1866 wurde dafür verantwortlich gemacht, dass es in der Stadt eine Reihe von gleichen Morden gab.

Die Dichtung mit ihrer Blüte im «Goldenen Zeitalter» Puschkins gewann im ersten Jahrzehnt des 20. Jahrhunderts, im «Silbernen Zeitalter», wieder die Oberhand über den Roman. Einige der aufregendsten Dichter, darunter **Alexandr Blok** (1880–1921), **Andrej Bely** (1880–1934), der später *Petersburg* schrieb, und Anna Achmatowa (1889–1966), trafen sich im »Turm«, einer Wohnung mit Blick über den Taurischen Garten *(siehe S. 128)*.

Achmatowa zu Ehren wurde das Museum im Scheremetjew-Palast *(siehe S. 129)* eingerichtet. Einen ihrer Protegés, **Joseph Brodsky** (1940–96), ehrte man 1987 mit der Verleihung des Nobelpreises für Literatur. Die Weigerung der Behörden, seine Werke zu veröffentlichen – sie wurden als pessimistisch und dekadent eingestuft –, trieb ihn 1972 schließlich in die Emigration.

MUSIKER

DER ERSTE bedeutende Komponist, der aus der nationalen Bewegung hervorging, war **Michail Glinka** (1804–57). 1862 gründete **Anton Rubinstein** (1829–94) das Konservatorium *(siehe S. 120)*, das zum Mittelpunkt des musikalischen Lebens avancierte. Hier lehrte 37 Jahre lang **Nikolai Rimski-Korsakow** (1844–1908). Er und weitere Komponisten wie **Modest Mussorgski** (1839–81) und **Alexandr Borodin** (1833–87) waren weitgehend Autodidakten und wollten eine musikalische Sprache entwickeln, die in der russischen Volksmusik und in slawischen Traditionen wurzelte. Viele ihrer Opern wurden am Mariinski-Theater *(siehe S. 119)* uraufgeführt.

Der geniale **Igor Strawinsky** (1882–1971) verbrachte zwar den Großteil seines Lebens im Ausland, doch wurzeln seine Werke fest in seiner russischen Heimat, wie *Le Sacre du Printemps* erkennen lässt.

Wichtigster Aufführungsort der Stadt ist der Große Saal der Philharmonie *(siehe S. 194)*, in dem 1893 die *6. Sinfonie* von **Peter Tschaikowsky** (1840–93) und 1942 die *7. Sinfonie* von **Dmitri Schostakowitsch** (1906–75) uraufgeführt wurden.

Porträt (1887) des Komponisten Michail Glinka von Ilja Repin

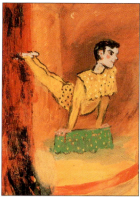

Der Zirkus (1919) des Avantgardisten Marc Chagall

BILDENDE KÜNSTLER

SEIT DEM 18. JAHRHUNDERT ist die Akademie der Künste *(siehe S. 63)* Zentrum des künstlerischen Lebens in St. Petersburg. Zu ihren Schülern zählen **Dmitri Lewizki** (1735–1822), **Orest Kiprenski** (1782–1836), **Silwestr Schtschedrin** (1791–1830) und der erste russische Künstler von internationalem Ansehen, **Karl Brjullow** (1799–1852).

1863 rebellierte eine Studentengruppe gegen die Akademie und gründete die Bewegung der Wanderaussteller *(siehe S. 106f)*. Die Gruppe und die Akademie söhnten sich aus, als der vielseitigste von ihnen, **Ilja Repin** (1844–1930), 1893 Professor für Malerei an der Akademie wurde.

Sergej Diaghilew (1872–1929) und der Maler **Alexander Benua** (1870–1960) gaben die Zeitschrift *Die Welt der Kunst (siehe S. 107)* heraus und proklamierten »Kunst um der Kunst willen«. **Léon Bakst** (1866–1924) entwarf die berühmtesten Kostüme der Ballets Russes. Er unterrichtete **Marc Chagall** (1887–1985), der später nach Frankreich zog und die Kunst in Russland wie im Westen stark beeinflusste. Ebenfalls zur russischen Avantgarde zählen **Kasimir Malewitsch** (1878–1935) und **Pawel Filonow** (1883–1941). Werke aller genannten Künstler hängen im Russischen Museum *(siehe S. 104ff)*.

TÄNZER UND CHOREOGRAFEN

DAS KÖNNEN russischer Tänzer ist legendär, die Aufführungen des Mariinski-Balletts begeistern auf der ganzen Welt. Seit 1836 werden die Tänzer an der ehemaligen zaristischen Ballettschule *(siehe S. 110)* geschult. 1855–1903 choreographierte der überragende **Marius Petipa** am Mariinski-Theater und inspirierte eine Generation von Tänzern, unter ihnen **Matilda Kschessinskaja** *(siehe S. 72)*, **Waslaw Nijinski** (1889–1950) und die legendäre **Anna Pawlowa** (1881–1931).

Der Nachfolger Petipas, **Michail Fokin** (1880–1942), gilt als einer der wichtigsten Choreographen der Ballets Russes *(siehe S. 119)*. Nach der Revolution wurde die Mariinski-Tradition von einer weiteren Absolventin der Ballettschule wiederbelebt: **Agrippina Waganowa** (1879–1951). Ihre Arbeit ebnete einer späteren Generation den Weg: **Rudolf Nurejew** (1938–93) sowie **Galina Mesenzewa** und **Emil Faschoutdinow**.

FILM-REGISSEURE

DIE LENFILM-STUDIOS *(siehe S. 70)* wurden 1918 an einem Ort gegründet, an dem 1896 der erste russische Film gezeigt worden war. Man produzierte hier 15 Filme pro Jahr. Die beiden bedeutendsten

Plakat für Die Jugend Maxims (1935) von Kosinzew

Regisseure, **Grigori Kosinzew** (1905–73) und **Leonid Trauberg** (1902–90), taten sich 1922 zusammen und machten kurze Experimentalfilme. Die beiden schufen *Das neue Babylon* (1929), dessen Schnitt und Lichteffekte beeindruckten, und *Die Maxim-Trilogie* (1935–39). Kosinzews Versionen von *Hamlet* (1964) und *König Lear* (1972), unterlegt mit Musik von Schostakowitsch, waren die Höhepunkte seines Erfolgs im Westen.

WISSENSCHAFTLER

Der große Universalgelehrte Michail Lomonossow

DIE GRUNDLAGE moderner russischer Wissenschaft wurde im 18. Jahrhundert von **Michail Lomonossow** (1711–65; *siehe S. 61*) gelegt, der mehr als 20 Jahre lang in der Kunstkammer *(siehe S. 60f)* arbeitete. Seine Abhandlung *Elementa Chymiae Mathematica* (1741) nimmt Daltons Theorie von der Atomstruktur der Materie vorweg.

1869 erstellte der Chemieprofessor **Dmitri Mendelejew** (1834–1907) das periodische System der Elemente.

Viele Leute glauben, dass **Alexandr Popow** (1859–1906) im Jahr 1896 aus dem Labor der St. Petersburger Universität das erste Radiosignal gesendet hat.

Der weltberühmte Physiologe **Iwan Pawlow** (1849–1936) erhielt für seine Theorie der konditionierten Reflexe, die er an Hunden demonstrierte, den Nobelpreis für Medizin.

Newski Prospekt
Von der Admiralität zum Gribojedow-Kanal

EIN BUMMEL ÜBER DIESEN TEIL von St. Petersburgs Hauptschlagader führt an zahlreichen schönen Gebäuden vorbei. Eine verschwenderische Fülle architektonischer Stile reicht von Barock am Stroganow-Palast über die klassizistische Kasaner Kathedrale bis zu Jugendstil-Gebäuden. Der Boulevard war einst als »Straße der Toleranz« bekannt; diesen Namen verdankte er einer Anzahl Kirchen verschiedener Konfessionen, die hier Ende des 18. und Anfang des 19. Jahrhunderts geweiht wurden *(siehe auch S. 108)*.

Literaturcafé
Als Wolf et Béranger war es für seine vornehme Kundschaft berühmt. Von hier brach Puschkin 1837 zu seinem tödlichen Duell auf (siehe S. 83).

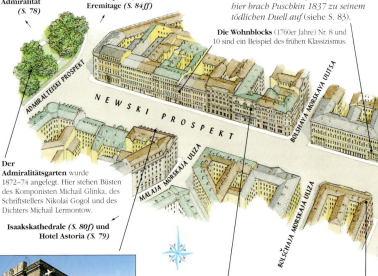

Admiralität *(S. 78)*

Schlossplatz *(S. 83)* und **Eremitage** *(S. 84ff)*

Die Wohnblocks (1760er Jahre) Nr. 8 und 10 sind ein Beispiel des frühen Klassizismus.

Der Admiralitätsgarten wurde 1872–74 angelegt. Hier stehen Büsten des Komponisten Michail Glinka, des Schriftstellers Nikolai Gogol und des Dichters Michail Lermontow.

Isaakskathedrale *(S. 80f)* und **Hotel Astoria** *(S. 79)*

Büro der Aeroflot
Marijan Peretjakowitschs strenges Granitgebäude (1912) ist untypisch für die Architektur der Stadt. Die oberen Etagen erinnern an den Palazzo Medici in Florenz, die Architektur an den Dogenpalast in Venedig.

0 Meter 100

Schild an der Schule (Nr. 210)
»Bürger! Während eines Artilleriebeschusses ist diese Straßenseite besonders gefährlich«, warnt dieses Schild aus der Zeit der Belagerung.

NICHT VERSÄUMEN

★ **Kathedrale Unseree Lb. Frau von Kazan**

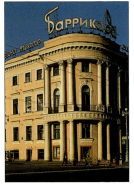

Barrikada-Kino
Dieses Haus, das heute als Kino dient, wurde 1768–71 für den Polizeichef der Stadt, Nikolai Tschitscherin, gebaut.

NEWSKI PROSPEKT

ZUR ORIENTIERUNG

Holländische Kirche
Hinter einem Portikus von Paul Jacots scheinbar weltlichem Gebäude (1831–37) verbarg sich die Holländische Kirche. In den länglichen Flügeln befinden sich nun Geschäfte, Büros und Wohnungen.

Stroganow-Palast
Die Fassade des Barockpalasts, eines der ältesten Bauten in der Straße (1753), schmücken plastische Ornamente und das Wappen der Stroganows (siehe S. 112).

Das Haus der Mode
Marijan Ljalewitsch entwarf dieses Gebäude (1912) für Mertens' Pelzhandlung. Das schöne Tafelglas verstärkt die Wucht der klassizistischen Säulen.

Dieses Gebäude – heute die Buchhandlung Dom Knigi – wurde 1902–04 von Pawel Sjusor für den Nähmaschinenfabrikanten Singer gebaut. Auf einem kegelförmigen Turm steht ein Globus aus Glas.

➤ **Fortsetzung (S. 48f)**

Die Evangelische Kirche
(1833) war ein wichtiges Zentrum für die evangelische Gemeinde. Unter den Sowjets zum Schwimmbad umfunktioniert, dient sie nun wieder als Kirche *(siehe S. 112)*.

Der Gribojedow-Kanal, ursprünglich der Katharinenkanal, wurde 1923 nach dem russischen Dramatiker Aleksandr Gribojedow umbenannt.

★ Kathedrale Unserer Lieben Frau von Kasan
Ein Bogen aus 96 korinthischen Säulen in vier Reihen schaut auf den Newski Prospekt. Der Architekt Andrei Woronichin ließ sich von Berninis Kolonnaden der Peterskirche in Rom inspirieren (siehe S. 111).

Newski Prospekt
Vom Gribojedow-Kanal zur Fontanka

SEIT MITTE DES 18. JAHRHUNDERTS ist der Newski Prospekt die wichtigste Geschäfts- und Unterhaltungsmeile in St. Petersburg. Folgt man dem Boulevard in Richtung der Anitschkow-Brücke, häufen sich Cafés, Bars und Restaurants. Man trifft auf drei historische Einkaufsarkaden: die Silberreihen-Arkaden, Gostiny Dwor und Passasch. Hier brodelt das Leben; doch auch auf dieser Höhe des Newski Prospekt gibt es viel architektonisch und historisch Sehenswertes, so den Anitschkow-Palast.

Erlöserkirche (S. 100)

Der Kleine Saal der Philharmonie war wichtigster Konzertsaal Anfang des 19. Jahrhunderts.

Die Katharinenkirche (1762–82) von Vallin de la Mothe vereint barocken und klassizistischen Stil. Sie ist die älteste katholische Kirche Russlands.

Passasch
Dieses beliebte Kaufhaus wird von einer 180 Meter langen Glasüberdachung geschützt. Es eröffnete 1848 und wurde 1900 wiederaufgebaut.

Grandhotel Europa (S. 101)

Russisches Museum (S. 104ff)

Die Armenische Kirche (1771–80) ist ein schönes Beispiel für Juri Feltens klassizistischen Baustil (siehe S. 108).

Gostiny Dwor

Newski Prospekt

Gostiny Dwor

Silberreihen-Arkaden (1784–87)

Der Turm der ehemaligen Duma wurde 1804 als Feuerwache gebaut. Das Gebäude war von 1786 bis 1918 Sitz des Stadtrats.

Die Russische Nationalbibliothek besitzt über 33 Millionen Werke, auch das erste handschriftliche russische Buch (1057).

Rusca-Portikus
Der sechssäulige Portikus von Luigi Rusca war ursprünglich der Eingang zu einer langen Arkade voller Geschäfte. Beim Bau der U-Bahn wurde er abgerissen, 1972 dann rekonstruiert.

★ ***Gostiny Dwor***
Die hübschen Arkaden waren St. Petersburgs erster Basar (Mitte 18. Jh.; siehe S. 108). Hier sind über 300 Geschäfte unter einem Dach vereint. Von Kleidern bis zu Schokolade gibt es alles.

0 Meter 100

★ **Jelissejew**
Dieser Gourmettempel (siehe S. 109) ist neben seinen Delikatessen auch berühmt für sein Jugendstil-Dekor.

ZUR ORIENTIERUNG

NICHT VERSÄUMEN

★ **Jelissejew**

★ **Gostiny Dwor**

Belosselski-Belosserski-Palast
Der luxuriöse Palast im Stil des Neobarock, heute Kulturzentrum und Wachsfigurenkabinett, wurde von Andrei Schtakenschneider 1847/48 gebaut. Die verblasste rote Fassade ist mit korinthischen Pfeilern und Atlanten als Stützen für die Balkone dekoriert.

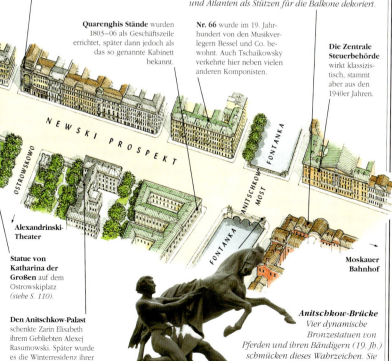

Quarenghis Stände wurden 1803–06 als Geschäftszeile errichtet, später dann jedoch als das so genannte Kabinett bekannt.

Nr. 66 wurde im 19. Jahrhundert von den Musikverlegern Bessel und Co. bewohnt. Auch Tschaikowsky verkehrte hier neben vielen anderen Komponisten.

Die Zentrale Steuerbehörde wirkt klassizistisch, stammt aber aus den 1940er Jahren.

Alexandrinski-Theater

Statue von Katharina der Großen auf dem Ostrowskiplatz *(siehe S. 110).*

Den Anitschkow-Palast schenkte Zarin Elisabeth ihrem Geliebten Alexej Rasumowski. Später wurde es die Winterresidenz ihrer Thronerben *(siehe S. 109).*

Moskauer Bahnhof

Anitschkow-Brücke
Vier dynamische Bronzestatuen von Pferden und ihren Bändigern (19. Jh.) schmücken dieses Wahrzeichen. Sie wurden von Pjotr Klodt (siehe S. 35) entworfen.

Das Jahr in St. Petersburg

Die Russen haben bei jeder Witterung Freude am Feiern, dementsprechend ernst nehmen sie ihre Feiertage. Blumen haben hohen Symbolgehalt, beispielsweise die Mimose für den Internationalen Frauentag oder der Flieder für den Sommeranfang. Alle offiziellen Feiertage werden sowohl im Stadtzentrum als auch gesondert in vielen Bezirken gefeiert. Zu diesen Anlässen veranstaltet man Regatten, Ballonfahrten und Feuerwerk bei Nacht, wenn die Fackeln auf den Rostrasäulen (siehe S. 60) angezündet sind. Oft steht klassische Musik im Mittelpunkt der Feierlichkeiten und lockt Talente aus aller Welt an. Doch auch ohne offiziellen Feiertag unternehmen die Russen gern etwas, ob Skifahren oder Eislaufen im Winter oder Pilzesammeln im Spätsommer und Herbst.

Flieder, Symbol des Sommers

Frühling

Der Frühling ist ausgebrochen, wenn die ersten Sonnenhungrigen an die Strände der Peter-Paul-Festung (siehe S. 66f) kommen und Anfang April die Brücken freigegeben sind.

Um sich nach den kälteren Monaten aufzuwärmen, feiern die Einheimischen *masleniza*, das Backen von Pfannkuchen (*bliny*) vor der Fastenzeit.

Dann sammeln sie Weidenzweige als Symbol des herannahenden Palmsonntags. Am Vorabend der Fastenzeit, dem »Versöhnungssonntag«, ist es Sitte, jene um Verzeihung zu bitten, die man im vergangenen Jahr gekränkt hat.

Sobald der Schnee schmilzt, beginnen die Ausflüge zur Datscha, um den Garten in Ordnung zu bringen.

Die ersten Sonnenhungrigen am Ufer der Peter-Paul-Festung

März

Internationaler Frauentag (*Meschdunarodny schenski den*), 8. März. Männer eilen durch die Stadt und kaufen Blumen für ihre Frauen.

Kerzen erhellen die russisch-orthodoxe Kirche zur Ostermesse

Man wünscht einander *s prasdnikom* (Gratulation zum Feiertag). Es gibt spezielle Theateraufführungen und Konzerte.

Von der Avantgarde zur Gegenwart (*Ot avangarda do naschi dnej*), Mitte März. In der ganzen Stadt wird Kunst und Musik des 20. Jahrhunderts gefeiert.

Virtuosi 2000, Ende März/Anfang April. Virtuose junge Musiker aus aller Welt kommen zum Auftritt nach St. Petersburg.

Ostersonntag (*Pascha*). Die genauen Daten von Fastenzeit und Ostersonntag variieren jedes Jahr. Am Ostersonntag füllen sich die Kirchen mit Gläubigen; geistliche Musik, himmlischer Gesang und Weihrauchduft liegen in der Luft. Man begrüßt sich mit *Christos woskres* (Christ ist auferstanden), worauf man *Wo istine woskres* (Er ist wirklich auferstanden) entgegnet.

April

Musikalischer Frühling in St. Petersburg (*Musikalnaja wesna w Sankt-Peterburge*), Mitte April. Nach dem langen Winter strömen die Menschen in die Konzertsäle, um das Verschwinden des letzten Schnees zu feiern.

Kosmonautentag (*Den kosmonawtiki*), 12. April. Die Sowjetunion war stolz auf ihre Weltraumforschung; Anlass genug, dies mit Feuerwerken um 22 Uhr zu feiern.

Mai

Tag der Arbeit (*Den Solidarnosti Trudjaschtschisja*), 1. Mai. Feiertag.

Peterhof-Fontänen, 1. Wochenende im Mai. Bands und Orchester spielen während des Aufdrehens der Fontänen.

Tag des Sieges (*Den pobedy*), 9. Mai. Nach einer recht düsteren und andächtigen Feier auf dem Piskarjow-Gedenkfriedhof (siehe S. 126) finden sich flott gekleidete Veteranen auf dem Newski Prospekt (siehe S. 46ff) und dem Schlossplatz (siehe S. 83) zum Gedenken des Siegs über die Nationalsozialisten im Jahr 1945 ein.

Stadttag (*Den goroda*), letzte Maiwoche. Zum Jahrestag der Stadtgründung ist rund um die Peter-Paul-Festung (siehe S. 66f) etwas los.

Stolzer Kriegsveteran am Siegestag

DAS JAHR IN ST. PETERSBURG

Sonnenstunden
St. Petersburgs Klima variiert sehr – heiße Sonnentage mit heftigen Regengüssen im Sommer werden abgelöst von Wintermonaten mit Schnee und Temperaturen unter Null Grad. Von Mitte Juni bis Mitte Juli wird es nicht richtig dunkel. Im Winter sind die Tage extrem kurz, zeigen aber manchmal eine strahlende Sonne.

SOMMER

BLÜHENDER FLIEDER ist das Symbol für die warme Jahreszeit, wenn die Luft über dem Marsfeld *(siehe S. 94)* vibriert. In den Sommermonaten ist die Stadt an den Wochenenden leer, weil sich die Bewohner auf ihre Datschas zurückgezogen haben, die in den Kiefernwäldern nordwestlich der Stadt liegen.

Die Weißen Nächte im Juni sind St. Petersburgs wichtigste Festzeit, in der die Sonne kaum untergeht und es niemals richtig dunkel wird. In der ganzen Stadt, in die Tausende von Menschen strömen *(siehe S. 193)*, gibt es Konzerte, Ballette und andere Veranstaltungen. In der Nacht treffen sich die Feiernden am liebsten am Newa-Ufer, um das Hochziehen der Brücken um 2 Uhr nachts mitzuerleben.

JUNI

Internationaler Kinderschutztag *(Den Zatschiti detej)*, 1. Juni. Veranstaltungen für Kinder finden in ganz St. Petersburg statt.
Unabhängigkeitstag *(Den nesawissimosti)*, 12. Juni. Der Tag, an dem Russland »unabhängig« von der Sowjetunion wurde, wird um 22 Uhr mit einem Feuerwerk gefeiert.
Trinitatis *(Troiza)*, 50 Tage nach Ostern. Gläubige wie Atheisten gleichermaßen bringen die Gräber in Ordnung und heben ein Glas Wodka auf das Wohl der Toten.
The White Nights Swing, Jazz Festival, Mitte Juni. Eine große Jamsession von ansässigen und Gastmusikern.
Stars der Weißen Nächte, Festival der klassischen Musik *(Swesdy Belych notschei)*, Ende Juni. Das ursprüngliche Fest der Weißen Nächte, mit Opern-, Musik- und Ballettaufführungen.
Weiße Nächte, Rockfestival *(Belyje notschi)*, Ende Juni. In der Peter-Paul-Festung *(siehe S. 66f)* gibt es zahlreiche Konzerte im Freien mit lokalen, aber auch international bekannten Gruppen.
Festival der Festivals *(Festiwal-festiwalei)*, letzte Juniwoche. Filmstars treffen sich in St. Petersburg. Auf dem internationalen Filmfestival werden die besten Filme des letzten Jahres gezeigt.
Zarskoje-Selo-Karneval *(Tsarskoselskiy karnaval)*, letztes Wochenende im Juni. Kostümierte Menschen und Musik füllen das Zentrum von Zarskoje Selo *(siehe S. 150ff)*.

Russische Schlachtschiffe auf der Newa am Flottentag

JULI

Sportveranstaltungen
St. Petersburg hat in den letzten Jahren interessante Sportveranstaltungen, vom Tennis bis zum Segeln, in die Stadt gebracht.
Flottentag *(Den wojennomorskowo flota)*, erster Sonntag nach dem 22. Juli. Die Newa gleicht mit geschmückten U- und Torpedobooten einer riesigen Werft.

AUGUST

Während der Schulferien und zugleich der heißesten Jahreszeit fliehen die meisten Familien auf ihre Datscha in den Kiefernwäldern vor der Stadt. Das Gros der Theatergruppen geht auf Tournee, viele Theater sind geschlossen.

Eine Brücke wird in einer Weißen Nacht hochgezogen

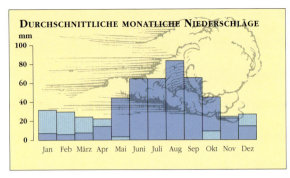

Regen und Schneefall
St. Petersburgs Sommer sind feucht, doch die Regengüsse bieten willkommene Erfrischung in der Sommerhitze. Im Winter sorgt ständiger Schneefall für meterhohe Verwehungen, die meist nicht vor März tauen.

 Regen
 Schnee

Herbst

Wenn die Menschen von ihrer Datscha zurückkehren und die Kinder sich auf die Schule vorbereiten (die Stadt hängt voller entsprechender Plakate, überall werden Schulsachen eingekauft), kommt das Stadtleben wieder in Gang.

Jetzt gibt es auch wieder Theatervorstellungen. Das Mariinski-Theater kehrt von Gastspielen zurück, neue Theaterstücke und Opern haben Premiere. Im Oktober beginnt die Festivalzeit mit Gastmusikern und Theatergruppen aus aller Welt.

Pfifferlinge

Das frische Herbstwetter eignet sich gut zum Pilzesuchen. Das Gebiet nordwestlich der Stadt, um Selenogorsk und Repino *(siehe S. 144)*, ist ein beliebtes Revier für Pilzsammler. Besonders Eifrige stehen früh auf, um Pfifferlinge, Austernpilze, *podberjosowiki* (braune Pilze) und *podossinowiki* (orangegelbe Rotkappen) zu suchen. Die Einheimischen sind erfahrene Pilzkenner, Amateure sollten sich vor Giftpilzen hüten.

Weniger gefährlich ist eine Fahrt mit dem Tragflächenboot nach Peterhof *(siehe S. 146ff)*, um noch einmal die Brunnen zu betrachten, bevor sie winterfest gemacht werden.

Kinder haben sich für den ersten Schultag fein gemacht

September

Tag des Wissens *(Den znanij)*, 1. September. Am ersten Schultag nach den Ferien sind die Schulkinder mit Blumen und Geschenken für die Lehrer beladen.

Oktober

Theaterfestival der baltischen Staaten *(Teatralny festiwal Baltiskich stran)*. Clowns, Schauspieler und Pantomimen aus dem gesamten Baltikum veranstalten in einigen Theatern zwei Wochen lang ein buntes kreatives Chaos.

November

Der **Versöhnungstag**, 7. Nov., würdigt die unterschiedlichen Religionen und Kulturen der russischen Föderation.
Klangwege *(Swukowyje puti)*, Mitte November. Dieses Festival bietet eine hervorragende Gelegenheit, neueste Trends der russischen und europäischen Jazz- sowie modernen klassischen Musik kennenzulernen. Für eine Teilnahme an diesem beliebten Festival sagen ausländische wie einheimische Musiker sogar andere lukrative Engagements ab.

Der Park von Zarskoje Selo im Herbstkleid

DAS JAHR IN ST. PETERSBURG

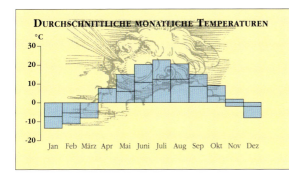

DURCHSCHNITTLICHE MONATLICHE TEMPERATUREN

Temperaturen

In St. Petersburg herrscht Seeklima, und es ist milder, als man erwarten mag. Die Sommer sind warm, oft hat schon der Mai heiße Tage, während im Winter die Temperaturen meist unter den Gefrierpunkt fallen. Die Tabelle zeigt die durchschnittlichen Tiefst- und Höchsttemperaturen im Verlauf eines Jahres in St. Petersburg.

WINTER

WENN DAS EIS AUF dem Wasser dicker wird und der Schnee zunimmt, gehen die Menschen wieder nach draußen. Kinderschlitten kosten nicht viel, alles andere kann man sich ausleihen. Skilanglauf macht ebenfalls immer Spaß. An den Skistationen *(lyschnyje basy)* in den Parks von Zarskoje Selo *(siehe S. 150ff)* und Pawlowsk *(siehe S. 156ff)* kann man sich Skier und Schlitten leihen. Schlittschuhe für die Eisbahn im Pobedy-Park bekommt man in der gleichnamigen Metro-Station; für die im Zentralpark für Kultur und Erholung in der Metro Krestovsky Ostrow. Die Hartgesottenen schlagen jeden Morgen das Eis an der Peter-Paul-Festung *(siehe S. 66f)* auf, um baden zu gehen.

Mitten in den winterlichen Aktivitäten fallen Weihnachten und Neujahr. Neujahr ist der große Festtag; Weihnachten wird nach dem orthodoxen Kalender am 7. Januar gefeiert. Viele feiern auch noch das alte Neujahr, das auf den

Ein Schlitten auf der gefrorenen Newa vor der Eremitage *(siehe S. 84ff)*

14. Januar fällt. Ein Glanzlicht ist die traditionelle Aufführung des Weihnachtsballetts *Der Nussknacker* im Mariinski-Theater *(siehe S. 119)*.

DEZEMBER

Verfassungstag *(Den konstituzii)*, 12. Dezember. Als Jelzins neue Verfassung die der Breschnew-Ära ersetzte, wurde auch der alte Verfassungstag von einem neuen abgelöst. Um 22 Uhr gibt es in der ganzen Stadt Feuerwerk.
Musikalische Begegnungen in der Nordpalmyra *(Musykalnyje ustretschi w Sewernoi Palmire)*, Dezember/Januar. Dieses Musik-Fest ist das letzte im Jahr; durch die verschneiten Straßen und gefrorenen Wasserwege gewinnt es zusätzlichen Reiz.
Silvester *(Nowy god)*, 31. Dezember. Den größten Feiertag des Jahres begeht man mit dem lokalen »Champagner«, *schampanskoje (siehe S. 179)*. Zum Familienfeiertag verkleidet man sich als Väterchen Frost (das russische Äquivalent zum Nikolaus) und Schneeflöckchen, die traditionellen Geschenkboten.

JANUAR

Russisch-orthodoxes Weihnachten *(Roschdestwo)*, 7. Januar. Weihnachten wird ruhiger gefeiert als Ostern. Traditionellerweise geht man am Vorabend in die Christmette, zu der die Glocken in der ganzen Stadt rufen.

FEBRUAR

Tag der Verteidiger des Vaterlandes *(Den saschtschitnikow rodiny)*, 23. Februar. Das männliche Gegenstück zum Frauentag – Herren erhalten Blumen und Geschenke.

FEIERTAGE

Neujahr (1. Jan.)
Russisch-orthodoxes Weihnachten (7. Jan.)
Internationaler Frauentag (8. März)
Ostersonntag (März/April)
Tag der Arbeit (1. Mai)
Tag des Sieges (9. Mai)
Unabhängigkeitstag (12. Juni)
Versöhnungstag (7. Nov.)
Verfassungstag (12. Dez.)

Erst wird das Eis aufgebohrt, dann wird geangelt

Führer durch die Stadtteile

Wassiljewski-Insel 56-63
Petrogradskaja 64-73
Palastufer 74-95
Gostiny Dwor 96-113
Sennaja Ploschtschad 114-123
Grossraum St. Petersburg 124-131
Zwei Spaziergänge 132-137

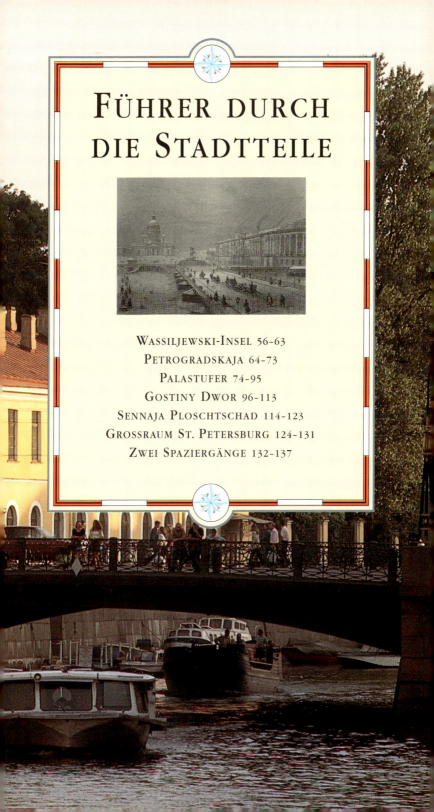

Wassiljewski-Insel

Eigentlich wollte Peter der Große die Wassiljewski-Insel, die größte Insel im Newa-Delta, zum Verwaltungszentrum der neuen Hauptstadt machen. Da die Stadt jedoch schwer zugänglich war (die erste Steinbrücke gab es erst 1850) und Fluten und Stürme die Flussüberquerung riskant machten, ließ man von dem Projekt ab. Das Zentrum entstand nun auf der anderen Seite des Flusses um die Admiralität *(siehe S. 78)*. Die Anordnung der Straßen – durchnummerierte Linien *(linii)*, von Norden nach Süden verlaufend – basiert auf der Anordnung von Kanälen, die allerdings nie ausgehoben wurden *(siehe S. 20)*. Den Mittelpunkt der Insel bildet die Strelka, die Inselspitze, mit ihren schönen öffentlichen Gebäuden. Die anderen Bereiche entwickelten sich im 19. Jahrhundert im Lauf der Industrialisierung, als sich hier die Mittelschicht niederließ. Früher gab es auch eine reiche deutsche Gemeinde mit evangelischen Kirchen. Heute wirkt die Insel mit ihren Alleen und Museen aus dem 19. Jahrhundert ein wenig verschlafen.

Allegorische Skulptur Neptuns an der Fassade des Marinemuseums

Sehenswürdigkeiten auf einen Blick

Museen und Sammlungen
Kunstkammer ❹
Marinemuseum ❷
Menschikow-Palast ❻
Zoologisches Museum ❸

Historische Gebäude und Denkmäler
Akademie der Künste ❾
Rostrasäulen ❶
Zwölf Kollegien ❺

Kirche
Andreaskathedrale ❽

Straßen und Brücken
Bolschoi Prospekt ❼
Leutnant-Schmidt-Brücke ❿

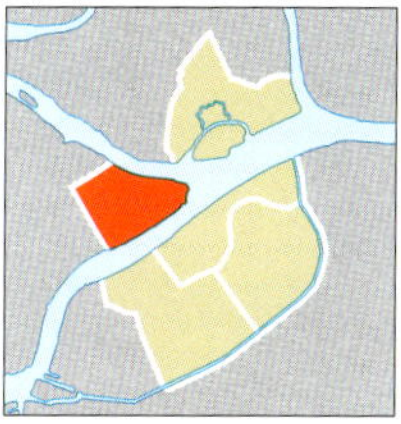

Legende

- Detailkarte S. 58f
- **M** Metro-Station
- Straßenbahnhaltestelle

◁ Eine der beiden imposanten Sphingen aus dem 14. Jahrhundert v. Chr. vor der Akademie der Künste

Im Detail: Strelka

DAS ALS STRELKA bekannte Ostende der Insel, früher das Handelszentrum von St. Petersburg, ist heute eine Stätte der Gelehrsamkeit. Neben der Akademie der Wissenschaften und der Universität von St. Petersburg gibt es hier mehrere Museen, Institute und Bibliotheken, die in ehemaligen Lager- und Zollhäusern untergebracht sind. Maritimes präsentiert sich im Marinemuseum und in Form der beiden Rostrasäulen. Auf dem Rasen vor den früheren Leuchttürmen lassen sich gern frisch getraute Paare fotografieren. Von dort sieht man am anderen Ufer der Newa die Peter-Paul-Festung *(siehe S. 66f)* und die Eremitage *(siehe S. 84ff)*.

Blick über die Newa auf Marinemuseum und Rostrasäulen

Das Lomonossow-Denkmal
ehrt Michail Lomonossow (1711–1765), Professor der Akademie der Wissenschaften.

Zwölf Kollegien
Für die zwölf Ministerien der Regierung Peters des Großen erbaut, bilden sie nun das Hauptgebäude der Universität von St. Petersburg. ❺

Die Akademie der Wissenschaften wurde 1724 gegründet. Das heutige Gebäude baute Giacomo Quarenghi von 1783 bis 1785.

★ **Kunstkammer**
Hier ist die Sammlung biologischer Kuriositäten Peters des Großen zu sehen. Der von einer Sonnenuhr gekrönte Turm ist ein Wahrzeichen der Stadt. ❹

Palastufer

Zoologisches Museum
Mit über 1,5 Millionen Exponaten ist das Museum weltweit eines der schönsten seiner Art. Es zeigt einige ausgestopfte Tiere, die Peter dem Großen gehörten, und eine weltberühmte Sammlung von Mammuts. ❸

NICHT VERSÄUMEN
★ **Marinemuseum**
★ **Kunstkammer**

STRELKA

In der Bibliothek der Akademie der Wissenschaften, 1714 von Peter dem Großen gegründet, stehen nun über 17 Millionen Bände.

ZUR ORIENTIERUNG
Siehe Stadtplan, Karte 1

Die neue Börse wurde Anfang des 19. Jahrhunderts von Quarenghi entworfen. Damals fand in dem klassizistischen Bau ein lebhafter Handel statt. Heute sind hier Abteilungen der Universität untergebracht.

Das Institut für russische Literatur, auch als Puschkin-Haus bekannt, wurde 1832 gebaut. Es beherbergt nun ein literarisches Museum.

★ **Marinemuseum**
Zu den schönen Modellbooten gehört ein botik, auch als »Großvater der russischen Marine« bekannt, auf dem Peter der Große segeln lernte. ❷

Rostrasäulen
Die 32 Meter hohen Säulen, ursprünglich Leuchttürme, die Schiffen den Weg durch den Hafen von St. Petersburg wiesen, sind ein markantes Merkmal der Skyline. Am Flottentag und bei anderen Wasserfesten leuchten die Gasfackeln. ❶

LEGENDE

- - - Routenempfehlung

0 Meter   400

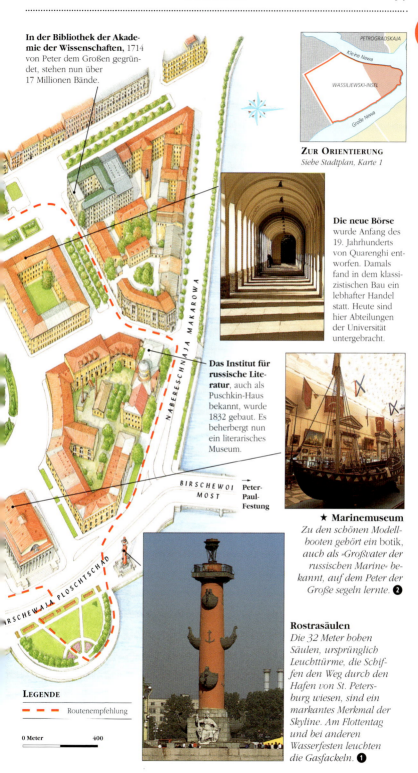

Rostrasäulen ❶
Ростральные колонны
Rostralnyje kolonny

Birschewaja Ploschtschad. **Karte** 1 C5. 🚌 *7, 10, 47, K-47, K-129, K-147, K-228, K-252.* 🚊 *1, 7, 10.*

DIE BEEINDRUCKENDEN rost-braunen Rostrasäulen vor dem Marinemuseum wurden 1810 von Thomas de Thomon als Leuchttürme entworfen. Im 19. Jahrhundert tauschte man die Öllampen gegen Gasfackeln aus, die noch heute bei Festen wie dem Flottentag *(siehe S. 51)* entzündet werden. Nach römischer Sitte sind die Säulen zum Gedenken an erfolgreiche Seeschlachten mit Schiffsbugen geschmückt. Die Figuren an den Sockeln repräsentieren vier der großen russischen Flüsse: Newa, Wolga, Dnjepr und Wolchow.

Rostrasäulen auf der Strelka

Marinemuseum ❷
Центральный
Военно-Морской музей
Zentralny Wojenno-Morskoi musei

Birschewaja Ploschtschad 4. **Karte** 1 C5. ☎ *328 2502.* 🚌 *7, 10, 47, K-47, K-128, K-129, K-147.* 🚊 *1, 7, 10.* ⏰ *Mi–So 11–18 Uhr.* 📷 🎫 ♿ *in Englisch.* 🌐 *www.museum.navy.ru*

DIE EHEMALIGE Börse *(birscha)* entstand von 1805 bis 1810 als Mittelpunkt der Strelka. Der Architekt Thomas de Thomon entwarf sie nach dem Vorbild eines griechischen Tempels im italienischen Paestum. Die Ostfassade ist von einer Skulptur des Meeresgottes Neptun gekrönt, dessen Wagen von Seepferdchen gezogen wird. Dies erinnert daran, dass St. Petersburg traditionell vom Seehandel lebte.

Nach der Revolution wurde die Börse überflüssig und 1940 zu einem Museum umfunktioniert. In der geräumigen Handelshalle mit ihrer schönen Kassettendecke zeigt eine Ausstellung die Geschichte der russischen und sowjetischen Marine von ihren Ursprüngen unter Peter dem Großen bis zur Gegenwart. Das Prunkstück ist ein *botik*, das Schiffchen, auf dem Peter der Große segeln lernte. Daneben gibt es viele andere interessante Dinge zu bestaunen, von Modellschiffen und Galionsfiguren bis zu Uniformen, Flaggen und ferngesteuerten U-Booten. Im zweiten Stock ist ein Diorama der Erstürmung des Winterpalasts *(siehe S. 28f)* zu sehen.

Schwerpunkt einer Fotoausstellung ist die Zeit der Revolution. 1955 wurde sie erweitert, unter anderem um die Beteiligung der Westmächte am Zweiten Weltkrieg deutlich zu machen und somit ein ausgewogeneres Bild von bestimmten Ereignissen zu präsentieren.

Die klassizistische Fassade des Marinemuseums auf der Strelka

Zoologisches Museum ❸
Зоологический музей
Zoologitscheski musei

Uniwersitetskaja Nabereschnaja 1/3. **Karte** 1 C5. ☎ *328 0112.* 🚌 *7, 10, 47, K-47, K-128, K-129, K-147.* 🚊 *1, 7, 10.* ⏰ *Sa–Do 11–18 Uhr.* (Do frei). 📷 🎫 ♿ *in Englisch.*

DAS IN EINEM ehemaligen, 1826 von Giovanni Lucchini entworfenen Zollagerhaus untergebrachte Museum enthält eine der weltweit größten Sammlungen zur Naturgeschichte. Einige der ausgestopften Tiere gehörten zur Kunstkammer-Sammlung Peters des Großen, darunter das Pferd, das er in der Schlacht von Poltawa ritt *(siehe S. 18)*.

Dioramen zeigen die natürlichen Lebensräume von Riesenkrabben, Walrossen, Polarbären und Blauwalen. Besonders sehenswert ist die Mammutsammlung. Das wertvollste Skelett, das fast 44 000 Jahre alt ist, wurde 1902 in Sibirien ausgegraben.

Wiesel im Zoologischen Museum

Kunstkammer ❹
Кунсткамера
Kunstkamera

Uniwersitetskaja Nabereschnaja 3. **Karte** 1 C5. ☎ *328 1412.* 🚌 *7, 10, 47, K-47, K-128, K-129, K-147.* 🚊 *1, 7, 10.* ⏰ *Di–Sa 11–18 Uhr.* 📷 ♿ *in Englisch.*

DER SCHLANKE MEERGRÜNE Turm der barocken Kunstkammer ist weithin sichtbar. Das Gebäude wurde 1718 bis 1734 von Georgi Mattarnowiy für die berühmt-berüchtigte Kunstkammer-Sammlung Peters des Großen gebaut. Während einer Reise durch Holland im Jahr 1697 besuchte Peter die Vorlesungen von Frederik Ruysch (1638–1731),

Die Barockfassade der Kunstkammer (1718–34), des ersten Museums von St. Petersburg

dem berühmtesten Anatomen seiner Zeit. Ruyschs Raritätensammlung, beeindruckte ihn derart, dass er 1717 die komplette Kollektion von über 2000 Exemplaren erwarb und sie nach seiner Rückkehr nach St. Petersburg einer staunenden, durch kostenlosen Wodka angelockten Öffentlichkeit vorführte. Damals umfasste Peters Sammlung auch so bizarre »Objekte« wie deformierte oder ungewöhnliche Menschen, etwa einen Hermaphroditen. Zu diesem ersten Museum Russlands gehörten außerdem eine Bibliothek, ein anatomischer Schauraum und ein Observatorium.

Heute ist in der Kunstkammer das Museum für Anthropologie und Ethnologie untergebracht; das, was von Peters Kuriositätensammlung erhalten blieb, ist in den Räumen ausgestellt. Zu den Exponaten gehören das Herz und das Skelett von Peters Kammerdiener, der stolze 2,27 Meter groß war, sowie eine Sammlung von Zähnen, die der Zar, ein begeisterter Amateurzahnarzt, gezogen hat. Am makabersten sind konservierte Exponate wie siamesische Zwillinge und ein zweiköpfiges Schaf.

In den die Rotunde umgebenden Sälen gibt es Sammlungen über die Völker der Welt zu sehen. Die meisten Besucher vernachlässigen sie, obwohl hier eine Vielfalt an Artefakten zu sehen ist, von einem Kajak der Eskimos bis zu javanischen Schattenfiguren.

Zwölf Kollegien ❺
Двенадцать коллегий
Dwenadzat kollegi

Uniwersitetskaja Nabereschnaja 7.
Karte 1 C5. 7, 47, K-47, K-128, K-129, K-147. 1, 10. für die Öffentlichkeit.

DAS VORNEHME Barockgebäude aus rot-weißem, mit Stuck verziertem Backstein ist beinahe 400 Meter lang. Es wurde seinerzeit für die Verwaltung Peters des Großen, die aus zwölf Kollegien (Ministerien) bestand, entworfen. Dabei sollte die lückenlose Fassade die gemeinsamen Ziele der Regierung symbolisieren, während sich die merkwürdige Ausrichtung im rechten Winkel zum Ufer hin mit Peters nie verwirklichtem Plan erklären lässt, einen großen Platz mit direktem Blick über die Strelka zu bauen. Einer anderen Theorie zufolge änderte Fürst Menschikow den Plan in Peters Abwesenheit so, dass das Gebäude nicht bis auf sein Grundstück reichte. Die Funktion des Gebäudes änderte sich im Lauf der Zeit, 1819 erwarb die Universität von St. Petersburg einen Teil davon. Hier studierten viele Revolutionäre, einschließlich Lenin 1891. Zu den berühmten russischen Dozenten der Universität gehörten der Chemiker Dmitri Mendelejew (1834–1907) und der Physiologe Iwan Pawlow (1849–1936).

Michail Lomonossow (1711–65)

Vor den Zwölf Kollegien steht, zur Newa hin gewandt, die Bronzestatue von Michail Lomonossow, dem großen Gelehrten des 18. Jahrhunderts, die 1986 enthüllt wurde. Der Sohn eines Fischers war das erste in Russland geborene Mitglied der nahe gelegenen Akademie der Wissenschaften. Das Universalgenie schrieb Gedichte, systematisierte die russische Grammatik und war ein Pionier in der Mathematik und der Physik. Seinen wissenschaftlichen Entdeckungen verdankt Russland die Kunst der Porzellan-, Glas- und Mosaikherstellung.

Ein Teil der Westfassade der Zwölf Kollegien

Menschikow-Palast ❻
Меншиковский дворец
Menschikowski dworez

Uniwersitetskaja Nabereschnaja 15.
Karte 5 B1. 323 1112. 7, 47, K-47, K-128, K-129, K-147. 1, 10. 1, 11. Di–So 10.30–16.30 Uhr. in Deutsch.

DER OCKERFARBENE barocke Menschikow-Palast mit seinen schönen Pfeilern war einer der ersten Steinbauten St. Petersburgs. Er wurde von Giovanni Fontana und Gottfried Schädel für den Fürsten Menschikow entworfen und 1720 fertiggestellt. Das Palastgelände erstreckte sich ursprünglich nach Norden hin bis zur Kleinen Newa.

Hier feierte Fürst Menschikow seine feudalen Feste, oft im Namen Peters des Großen, der den Palast als Zweitwohnung nutzte. Die Gäste kamen in einem Boot über die Newa und wurden von einem livrierten Orchester empfangen. Heute ist der Palast eine Zweigstelle der Eremitage *(siehe S. 84ff)* und beherbergt eine Ausstellung zur russischen Kultur des frühen 18. Jahrhunderts. Sie beschwört den damaligen Zeitgeist herauf und zeigt den Einfluss des Westens auf den Hof Peters des Großen.

Die Führung beginnt im Erdgeschoss: Neben der Küche sieht man Peters Schreinerwerkzeuge, zeitgenössische Kostüme, Eichenkommoden und Schiffskompasse. Im gewölbten Flur stehen Marmorstatuen aus Italien, darunter ein römischer Apollo (2. Jh. v. Chr.).

Die Zimmer der Sekretäre im Obergeschoss schmücken holländische Stiche (17. Jh.) von Leiden, Utrecht und Krakau. Eine Reihe atemberaubend schöner Zimmer ist mit handbemalten blau-weißen holländischen Kacheln geschmückt. Kacheln waren nicht nur modern, sondern auch ein sehr praktisches Mittel, um Fliegen und Staub fernzuhalten. Im gefliesten Schlafzimmer von Warwara (Menschikows Schwägerin und Vertraute) steht ein Himmelbett mit einer türkischen Tagesdecke aus Wolle, Seide und silbernem Garn. Hinter dem Bett hängt ein feiner flämischer Wandteppich aus dem 17. Jahrhundert.

Menschikow und Peter empfingen oft Gäste im Walnusssaal mit Blick auf die Newa. Der Mode entsprechend hängen Gemälde an bunten Bändern, so ein Porträt (17. Jh.) Peters des Großen, ein Werk des niederländischen Malers Jan Weenix. Die damals neuartigen Spiegel waren der orthodoxen Kirche ein Greuel.

In dem mit Gold und Stuck verzierten Großen Saal fanden Bälle und Bankette statt. Einmal war er Schauplatz einer »Zwergenhochzeit«, die Menschikow zur Unterhaltung seines Herrn arrangierte.

Die schöne *apteka* im Jugendstil, direkt am Bolschoi Prospekt

Bolschoi Prospekt ❼
Большой проспект
Bolschoi prospekt

Karte 1 A5. Wassileostrowskaja. 7, 128, 151, 152, K-47, K-124, K-128, k-129. 10.

DER IMPOSANTE Boulevard, der Menschikows Anwesen mit dem Finnischen Meerbusen verband, wurde Anfang des 18. Jahrhunderts eröffnet. Die Architekturstile reichen vom eleganten Klassizismus der evangelischen Katharinenkirche (1768–71; Nr. 1) bis zu dem einfachen Trojekurow-Haus (Nr. 13, 6-ja Linija) im Petersburger Barock des 17. Jahrhunderts. Erwähnenswert sind der Andreasmarkt (1789/90) und zwei Gebäude im Jugendstil. Eines davon ist die ehemalige Apotheke (1907–10) in der 7-ja Linija mit Mosaiken und Fliesen, das andere die Nr. 55, Adolf Gawemans Waisenhaus (1908).

FÜRST MENSCHIKOW

Menschikow (1673–1729), Berater, Waffenbruder und Freund Peters des Großen, stieg aus bescheidenen Verhältnissen bis zum ersten Gouverneur von St. Petersburg auf. Nach Peters Tod 1725 arrangierte Menschikow die Thronbesteigung Katharinas I. (Peters Frau und Menschikows Geliebte), womit er seinen Machteinfluss bis zu ihrem Tod sicherte. Extravaganz und Bestechlichkeit wurden ihm zum Verhängnis. Des Verrats angeklagt, starb er 1729 im Exil.

Die Akademie der Künste (1764–88) am Newa-Ufer, ein Beispiel des frühen russischen Klassizismus

Andreaskathedrale ❽
Андреевский собор
Andrejewski Sobor

6-ya Linija 11. **Karte** 5 B1. 323 3418. 7, 128, K-129. 10.

Die ursprüngliche Holzkirche, deren Bau auf eine Initiative von Katharina I. *(siehe S. 21)*, der zweiten Frau Peters des Großen, zurückgeht – sie spendete 3000 Rubel für die Errichtung des Gotteshauses –, wurde durch ein Feuer zerstört.

Die heutige Barockkirche mit ihrem spitzen Glockenturm wurde von 1764 bis 1780 von Alexander Wist gebaut. In ihrem Inneren ist vor allem die kunstvoll geschnitzte Ikonostase mit Ikonen aus der ursprünglichen Kirche sehenswert.

Die wunderschöne barocke Ikonostase der Andreaskathedrale

Direkt nebenan liegt Giuseppe Trezzinis kleine Kirche der drei Heiligen (1740–60), die Basilius dem Großen, Johannes Chrysostomos und Gregor von Nazianz gewidmet ist.

Akademie der Künste ❾
Академия Художеств
Akademija Chudoschestw

Uniwersitetskaja Nabereschnaja 17. **Karte** 5 B1. 323 3578. 7, 47, 129. 10. 1, 11. Mi–So 11–18 Uhr.

Die Akademie der Künste wurde 1757 gegründet, um einheimische Künstler in den bevorzugten westlichen Techniken und Kunststilen auszubilden. Aus ihr gingen unter anderem der Maler Ilja Repin *(siehe S. 42)* sowie die Architekten Andrej Sacharow (1761–1811) und Andrej Woronichin (1759–1814) hervor.

Der Konservatismus der Akademie verhinderte Innovation und Experimente. 1863 verließ eine Gruppe von 14 Studenten unter Protest die Abschlussprüfung. Die Kunstbewegung der so genannten Wanderer, der *peredwischniky (siehe S. 106f)*, war geboren.

Das Akademiegebäude, das 1764 bis 1788 von Alexandr Kokorinow und Vallin de la Mothe gebaut wurde, ist ein Musterbeispiel für den Übergang vom Barock zum Klassizismus. Im Inneren sind Werke der Studenten aus Vergangenheit und Gegenwart ausgestellt: Gemälde, Gipsabdrücke berühmter Skulpturen, architektonische Entwürfe sowie Modelle vieler bedeutender Gebäude der Stadt, wie des Smolny-Klosters *(siehe S. 128)*.

Großartig sind die klassizistischen Säle und Galerien. Sehenswert sind auch der Konferenzraum im ersten Stock mit der von Wassili Schebujew bemalten Decke sowie die angrenzenden Raffael- und Tizian-Galerien mit Kopien von Fresken aus dem Vatikan.

Die Freitreppe zur Newa wird von zwei Sphingen aus dem 14. Jahrhundert v. Chr. flankiert. Sie wurde unter den Ruinen von Theben entdeckt und 1832 hierher gebracht. Ihre Gesichter sollen Ähnlichkeit mit Pharao Amenophis III. haben.

Leutnant-Schmidt-Brücke ❿
Мост Лейтенанта Шмидта
Most Leitenanta Schmidta

Karte 5 B2. K-62, K-124, K-144, K-154, K-186, K-222, K-350. 1, 11.

Ursprünglich als Nikolausbrücke bekannt, war dies die erste Steinbrücke über die Newa. Sie wurde 1850 eröffnet und 1936–38 wiederaufgebaut. Dabei verwendete man Alexandr Brjullows originales, mit Seepferdchen verziertes Geländer. Die Brücke erinnert an Leutnant Pjotr Schmidt, einen Matrosen auf dem Kreuzer *Otschakow*, der beim Aufstand von 1905 die Schwarzmeerflotte anführte und kurz danach hingerichtet wurde.

Petrogradskaja

Als man 1703, während des Krieges mit Schweden *(siehe S. 18)*, auf einer Insel am Nordufer der Newa begann, St. Petersburg zu bauen, wurde die Gegend, die das heutige Petrogradskaja einnimmt, zu einem sumpfigen Vorort mit Holzhütten für die Arbeiter, die die neue Stadt Peters des Großen errichteten.

Das Gebiet um den Dreifaltigkeitsplatz war später ein kleines Kaufmannsviertel, entstanden um eine inzwischen zerstörte Kirche und die erste Börse von St. Petersburg.

Detail an der Brücke zur Peter-Paul-Festung

Petrogradskaja war bis zum Beginn des 20. Jahrhunderts nur dünn besiedelt. Dann verband die neu erbaute Dreifaltigkeitsbrücke das Viertel mit dem Stadtzentrum. Schnell schossen Häuser im Jugendstil aus dem Boden. Die Bevölkerung vervierfachte sich, das Viertel wurde zum Treffpunkt für Künstler und Akademiker.

Das architektonische Zentrum von Petrogradskaja, das ein Wohnviertel geblieben ist, stellt die Peter-Paul-Festung mit ihrer Kathedrale und ihren Museen dar.

Sehenswürdigkeiten auf einen Blick

Museen und Sammlungen
Artilleriemuseum ❼
Haus Peter des Großen ⓭
Ingenieurshaus ❷
Kirow-Museum ❿
Kommandantenhaus ❹
Kreuzer *Aurora* ⓬
Trubezkoi-Bastion ❻
Villa Kschessinskaja ⓫

Tore
Newa-Tor ❺
St. Peterstor ❶

Kathedrale
Peter-Paul-Kathedrale ❸

Straßen, Plätze und Parks
Alexandrowski-Park ❽
Dreifaltigkeitsplatz ⓮
Kamennoostrowski Prospekt ❾

◁ **Die barocke Peter-Paul-Kathedrale in der Peter-Paul-Festung**

Im Detail: Peter-Paul-Festung

Die Gründung der Peter-Paul-Festung am 27. Mai 1703 auf Befehl Peters des Großen bedeutete auch die Gründung der Stadt selbst. Die Festung wurde zunächst aus Holz erbaut; später ersetzte Domenico Trezzini das Holz durch Stein. Die Geschichte der Festung ist mit Blut getränkt, denn Hunderte Zwangsarbeiter starben bei diesem Bau; in den Bastionen wurden später viele politische Gefangene gefoltert, darunter auch Peters Sohn Alexei. Die ehemaligen Zellen der Gefangenen sind der Öffentlichkeit ebenso zugänglich wie einige Museen und die Kathedrale mit den Gräbern der Romanows.

Artilleriemuseum *(siehe S. 70)*

Kronwerkbrücke

Das Archiv des Kriegsministeriums steht an der Stelle des »Geheimen Hauses«, einst ein Gefängnis für politische Gefangene.

Sotow-Bastion

Trubezkoi-Bastion
Von 1872 bis 1921 dienten die dunklen, feuchten Einzelhaftzellen der Bastion als Gefängnis für Staatsfeinde. Heute ist die Bastion Besuchern zugänglich. ❻

Die Münze von 1724 stellt noch Sondermünzen, Medaillen und Abzeichen her.

Der Strand ist auch im Winter beliebt, wenn hartgesottene Schwimmer das Eis aufbrechen, um ein erfrischendes Bad zu nehmen.

Von der Naryschkin-Bastion (1725) schallt mittags ein Kanonenschuss. Diese Tradition wurde nach der Revolution aufgegeben, 1957 aber wieder eingeführt.

Newa-Tor
Der auch als »Todestor« bekannte Eingang führt zum Kommandantenpier, von dem aus Gefangene ihre Reise ins Exil oder zur Hinrichtung antraten. Der Wasserstand der Newa bei Hochwasser (siehe S. 37) ist unter dem Bogen angegeben. ❿

Kommandantenhaus
150 Jahre lang wurden in diesem Barockhaus politische Gefangene verhört und abgeurteilt. Das heutige Museum widmet sich der der Regionalgeschichte. ❹

PETER-PAUL-FESTUNG

★ **Peter-Paul-Kathedrale**
Marmorsäulen, glitzernde Kronleuchter und dekorative Malerei bilden mit Iwan Sarudnys geschnitzter und vergoldeter Ikonostase einen großartigen Rahmen für die Gräber der Romanow-Monarchen. ❸

ZUR ORIENTIERUNG
Siehe Stadtplan, Karte 2

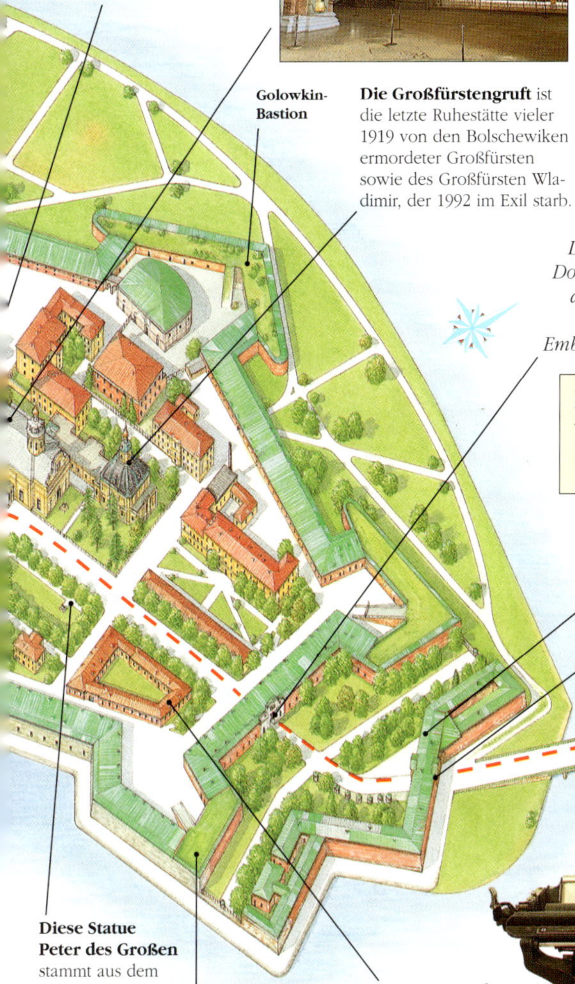

Das Bootshaus ist nun ein Souvenirladen.

Golowkin-Bastion

Die Großfürstengruft ist die letzte Ruhestätte vieler 1919 von den Bolschewiken ermordeter Großfürsten sowie des Großfürsten Wladimir, der 1992 im Exil starb.

St. Peterstor
Das Festungstor (1718) von Domenico Trezzini schmückt der doppelköpfige Adler der Romanows mit einem Emblem des heiligen Georg. ❶

NICHT VERSÄUMEN

★ Peter-Paul-Kathedrale

0 Meter — 100

Kartenverkauf

Das Iwanstor in der Außenmauer wurde 1731–40 gebaut.

Johannesbrücke

Kamennoostrowski Prospekt, Metro-Station Gorkowskaja und Dreifaltigkeitsbrücke

Diese Statue Peter des Großen stammt aus dem Jahr 1991.

Zarenbastion

Ingenieurshaus
In diesem Haus aus den Jahren 1748/49 werden Ausstellungen von Artefakten des St. Petersburger Alltagslebens vor der Revolution gezeigt. ❷

LEGENDE
--- Routenempfehlung

St. Peterstor

Петровские ворота
Petrowskije worota

Petropawlowskaja Krepost.
Karte 2 E3. **M** *Gorkowskaja.*

Der Haupteingang zur Peter-Paul-Festung führt durch zwei unterschiedliche Bogen: das schlichte Iwanstor (Neorenaissance, um 1735) und das imposantere St. Peterstor (1717/18), mit prunkvoller Barockstruktur einschließlich verschnörkelter Flügel und Ziergiebel. Domenico Trezzini entwarf das Peterstor neu, behielt aber Karl Osners Basrelief bei, das als Allegorie des Siegs Peters des Großen über Karl XII. von Schweden *(siehe S. 18)* interpretiert wird. Es zeigt, wie Petrus den Magier Simon bezwingt, der versucht, durch die Lüfte zu fliegen.

Peterstor, Eingang zur Festung

Ingenieurshaus

Инженерный дом
Inschenerny dom

Petropawlowskaja Krepost. **Karte** 2 D3.
C *232 9454.* **M** *Gorkowskaja.*
Do–Mo 11–18 Uhr, Di 11–16 Uhr.
in Englisch.

Im Ingenieurshaus, das von 1748 bis 1749 gebaut wurde, gibt eine Ausstellung Einblick in das Alltagsleben in St. Petersburg vor der Revolution. Neben historischen Gemälden sind zahlreiche Artefakte zu sehen, von alten Ladenfronten bis zu Modellbooten, Duellierpistolen und Ballmasken.

1915 gab es in der Stadt mehr als 100 Läden, die Musikinstrumente verkauften. Das Museum zeigt eine hervorragende Sammlung von Phonographen, Grammophonen und Akkordeons aus der damaligen Zeit.

In der Abteilung, die mit der Technologie der Zeit bekannt macht, stehen alte Singer-Nähmaschinen, Schreibmaschinen, Bakelit-Telefone und Boxkameras.

Ein Akkordeon und eine Orgel inmitten von Möbeln im Jugendstil

Peter-Paul-Kathedrale

Петропавловский собор
Petropawlowski sobor

Petropawlowskaja Krepost. **Karte** 2 D4. **C** *232 9454.* **M** *Gorkowskaja.*
Do–Mo 11–18 Uhr, Di 11–16 Uhr.
in Englisch.

Domenico Trezzini entwarf im Jahr 1712 diese herrliche Kirche innerhalb der Festung. Im Auftrag Peters des Großen, der der traditionellen russischen Kirchenarchitektur den Rücken zukehren wollte, schuf Trezzini ein barockes Meisterwerk von einzigartiger Eleganz. Um das Fundament zu testen, wurde als erstes der Glockenturm gebaut. Von dort aus konnte Peter die Arbeit an seiner neuen Stadt überwachen. Die Kathedrale wurde 1733 fertiggestellt, aber 1756 schwer beschädigt, als der Blitz in den 106 Meter hohen Turm einschlug und ein Feuer ausbrach. Beim Wiederaufbau auf 122 Meter erhöht, blieb der Turm mit seiner 39 Meter langen vergoldeten Spitze bis zum Bau des Fernsehsenders in den 1960er Jahren das höchste Gebäude St. Petersburgs.

Auch das Innere mit seinen glitzernden Kronleuchtern sowie rosafarbenen und grünen Säulen weicht stark von traditionellen russisch-orthodoxen Kirchen ab. Selbst die Ikonostase, die in einem Triumphbogen gipfelt, ist barock. Das Meisterwerk wurde von Iwan Sarudny entworfen und in den 20er Jahren des 18. Jahrhunderts von Handwerkern aus Moskau fertiggestellt.

Nach Peters Tod 1725 wurde die Kathedrale letzte Ruhestätte der Zaren. Ihre Sarkophage sind aus weißem Carrara-Marmor mit Ausnahme der Gräber von Alexander II. und

Die Peter-Paul-Kathedrale mit der Schlossbrücke im Vordergrund

seiner Frau Marija Alexandrowna, die aus Jaspis und Ural-Rhodonit geschnitzt sind. Das Grab Peters des Großen mit einer Bronzebüste befindet sich rechts neben der Ikonostase. Die einzigen nicht hier begrabenen Zaren sind Peter II. und Iwan VI.; die Gräber des letzten Romanow-Herrschers, Nikolaus' II., mit Familie sowie der Diener wurden 1998 nach einer umstrittenen Entscheidung in die Kathedrale verlegt. Ende des 19. Jahrhunderts wurde die Kathedrale um die Großfürstengruft, in der Verwandte des Zaren begraben sind, erweitert.

Das Newa-Tor führt vom Fluss in die Peter-Paul-Festung

Kommandantenhaus ❹

Комендантский дом
Komendantski dom

Petropawlowskaja Krepost. **Karte** 2 D4. 232 9454. **M** *Gorkowskaja.* Do–Mo 11–18 Uhr, Di 11–16 Uhr. *in Englisch.*

DAS SCHLICHTE zweistöckige Kommandantenhaus aus Backstein aus den 40er Jahren des 17. Jahrhunderts diente als Sitz des Festungskommandanten und als Gericht. Hier verhörte und verurteilte man politische Gefangene wie die Dekabristen *(siehe S. 23)*. Das Haus ist nun ein Museum mit Exponaten im Erdgeschoss zu mittelalterlichen Siedlungen im Gebiet von St. Petersburg und wechselnden Ausstellungen im ersten Stock.

Newa-Tor ❺

Невские ворота
Newskije worota

Petropawlowskaja Krepost. **Karte** 2 E4. **M** *Gorkowskaja.*

DIESER SCHMUCKLOSE Eingang zur Festung war früher als »Todestor« bekannt. Gefangene, die man in einem Boot zu der noch berüchtigteren Schlüsselburg-Festung (im Osten von St. Petersburg) zur Hinrichtung oder einem »lebendigen Tod« brachte, wurden die Granittreppen hinuntergeführt. Das trostlose, graue Tor stammt aus den Jahren 1784–87. Der einzige Schmuck ist ein Anker im Giebeldreieck. Im Torbogen markieren Messingschilder die höchsten Wasserstände der Newa. Der schrecklichen Überschwemmung vom November 1824 gedenkt Puschkin in seinem Gedicht *Der eherne Reiter (siehe S. 78).*

Trubezkoi-Bastion ❻

Трубецкой бастион
Trubezkoi bastion

Petropawlowskaja Krepost. **Karte** 2 D4. 232 9454. **M** *Gorkowskaja.* Do–Mo 11–18 Uhr, Di 11–16 Uhr. *in Englisch.*

ALEXEJ, DER SOHN Peters des Großen, war der erste politische Gefangene, der in dem trostlosen Festungsgefängnis saß. Nachdem sein herrischer Vater ihn 1718 des Verrats beschuldigt hatte, floh er ins Ausland, kehrte aber, durch das Versprechen der Begnadigung angelockt, nach Russland zurück. Er wurde zu Tode gefoltert, wahrscheinlich mit Peters Zustimmung und auch Beteiligung.

Die nächsten hundert Jahre wurden Gefangene im inzwischen zerstörten »Geheimen Haus« eingesperrt. 1872 eröffnete man einen neuen Gefängnistrakt in der Trubezkoi-Bastion, der seit 1924 ein Museum ist. Im Erdgeschoss sind zeitgenössische Fotos, Gefängnisuniformen und ein Modell der Wachstube ausgestellt. Die 69 Einzelzellen im Obergeschoss sind im Originalzustand erhalten, in zwei unbeheizten Dunkelzellen wurden Aufsässige 48 Stunden lang eingesperrt. Alle vierzehn Tage wurden die Gefangenen zum Badhaus auf dem Exerzierhof zur Entlausung geführt. Hier legte man ihnen auch Hand- und Fußschellen an, bevor sie in sibirische Straflager verfrachtet wurden.

POLITISCHE GEFANGENE

Noch lange Zeit nach der Revolution war die Festung Gefängnis für politische Aktivisten, die hier verhört und eingesperrt wurden. Leo Trotzki saß hier nach der Revolution von 1905 ein. Andere prominente Gefangene waren 1825 die Dekabristenführer *(siehe S. 23)*, im Jahr 1849 Dostojewski *(siehe S. 123)* und 1874–76 der anarchistische Fürst Pjotr Kropotkin. 1917 waren zuerst die Minister des Zaren, dann die Mitglieder der provisorischen Regierung an der Reihe. Während des Bürgerkriegs *(siehe S. 27)* hielten die Bolschewiken vier Großfürsten der Romanows als Geiseln. Sie wurden 1919 hingerichtet.

Leo Trotzki (1879–1940) in der Trubezkoi-Bastion

Raketenabschussgerät im Hof des Artilleriemuseums

Artilleriemuseum ❼
Музей Артиллерии
Musei Artillerii

Kronwerk. **Karte** 2 D3. 📞 232 0296.
Ⓜ *Gorkowskaja*. ⏲ Mi–So 11–17 Uhr.

Das riesige hufeisenförmige Backsteingebäude ist Teil des weitgehend zerstörten Kronwerks der äußeren Festungsanlage der Peter-Paul-Festung *(siehe S. 66f)*. Das Museum, von Pjotr Tamanski entworfen und von 1849 bis 1860 erbaut, diente ursprünglich als Waffenlager.

Es präsentiert über 600 Geschütze und Artilleriefahrzeuge. Zu sehen sind mittelalterliche Uniformen, Fahnen, Musketen und Kleinwaffen sowie zwei Räume, die dem Zweiten Weltkrieg gewidmet sind. Ein berühmtes Ausstellungsstück ist der Panzerwagen, mit dem Lenin im April 1917 im Triumph vom Finnischen Bahnhof *(siehe S. 126)* zur Villa Kschessinskaja *(siehe S. 72)* fuhr.

Alexandrowski-Park ❽
Александровский парк
Alexandrowski park

Kronwerkski Prospekt. **Karte** 2 D3.
Ⓜ *Gorkowskaja*. ♿

Der einzigartige Charakter des Parks als Freizeitzentrum wurde 1900 mit der Einweihung des Nikolaus-II.-Volkshauses begründet. Hier unterhielten einst Pantomimen, Dompteure, Zauberer und Zirkusartisten die Massen, während es ernsthaftere Menschen in die Vorlesungssäle, Leseräume und Teestuben zog. Hauptattraktion war die großartige, kuppelförmige Oper (1911), in der der legendäre Bass Fjodor Schaljapin zuweilen auftrat.

Heute bietet die Oper weniger anspruchsvolle Unterhaltung, was die Umbenennung in Musikhalle deutlich macht. Zu den angrenzenden, in den späten 1930er Jahren errichteten Gebäuden gehören auch das Baltische Theater und das Planetarium.

An Sommerwochenenden und Feiertagen zieht es Scharen von Besuchern in den Park, obwohl einige der Vergnügungen, vor allem der Tierpark, heute ziemlich geschmacklos sind.

Griffon, Kamennoostrowski Nr. 1–3

Kamennoostrowski Prospekt ❾
Каменноостровский проспект
Kamennoostrowski prospekt

Karte 2 D2. Ⓜ *Gorkowskaja oder Petrogradskaja*. 🚌 46, K-63, K-76, K-233.

Dieser ins Auge stechende Boulevard, der während des Baubooms Ende des 19. Jahrhunderts entstand, ist für seine Jugendstil-Architektur berühmt. Das erste Haus, Nr. 1–3 (1899–1904), wurde von Fjodor Lidwal, einem der führenden Vertreter dieses Stils, entworfen. Die typischen Charakteristika der russischen Version des Jugendstils sind eine Strukturvielfalt der Fassade, Fenster in unterschiedlicher Form und Größe, prunkvolle schmiedeeiserne Balkone und phantasievolle Verzierungen. Das Nachbarhaus (Nr. 5) wurde vom Grafen Sergej Witte bewohnt, einem Industriellen, der 1905 den Friedensvertrag mit Japan aushandelte.

Am Anfang des Boulevards liegt die einzige Moschee (1910–14) St. Petersburgs. Sie stammt von russischen Architekten; ihre Minarette, die Majolika-Fliesen und die Granitflächen der Wände passen zu der sie umgebenden Jugendstil-Architektur. Die Moschee ist nach dem Vorbild des Mausoleums in Samarkand von zentralasiatischen Handwerkern erbaut.

Nr. 10 mit der hohen Säulenhalle ist Sitz der Leningrader Filmstudios (Lenfilm). Hier zeigten die Brüder Lumière 1896 den ersten Film in Russland. Seit Gründung des Studios 1918 haben hier einige russische Regisseure wie Leonid Trauberg und Grigori Kosinzew *(siehe S. 45)* gearbeitet. Die Häuser an der Kreuzung zur Uliza Mira haben Ecktürme, Reliefs und Balkone. Interessant: Haus Nr. 24 (1896–1912) mit seiner roten Majolika-Terrakotta-Fassade, Nr. 26–28, in dem Sergej Kirow lebte *(siehe S. 72)*, und an der Ecke des Bolschoi Prospekt das »Eckturmhaus« mit neogotischem Portal.

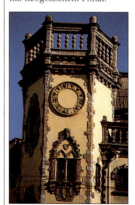

Eckturmhaus (1913–15), Kamennoostrowski Prospekt

Jugendstil in St. Petersburg

Vom letzten Jahrzehnt des 19. bis zum Beginn des 20. Jahrhunderts war in ganz Europa der Jugendstil in Mode. Diese Bewegung begann in der bildenden Kunst und setzte sich in der Architektur mit ornamentreichen Elementen fort. Von den neuen industriellen Techniken inspiriert, gingen die Künstler überaus verschwenderisch mit Natur- und Ziegelstein, Schmiedeeisen, Stuck, Buntglas und Keramikfliesen um.

Villa Kschessinskaja, Geländerdetail

Typisch für den Jugendstil sind geschwungene, wellenförmige Linien und blumenartige oder vegetative Elemente. Selbst traditionelle Bauformen wie Türen und Fenster werden durchbrochen oder verzerrt. Im St. Petersburg des Fin de Siècle blühte der Jugendstil im Zuge eines Baubooms, vor allem in Petrogradskaja. Die Stadt wurde die Bühne so talentierter Architekten wie Fjodor Lidwal und Alexander von Gogen.

Die Villa Kschessinskaja *zeigt von Gogens relativ strengen Jugendstil. Die asymmetrische Komposition wird durch Schmiedeeisen und glasierte Fliesen belebt (siehe S. 72).*

Jelissejew *zeugt von der Kunst Gawriil Baranowskis, der industrielle Techniken für große Fensterflächen nutzte. Der schmuckvollen Fassade entspricht ein Inneres mit eleganten Holztresen und Kristalllüstern (siehe S. 109).*

Das Haus Bolschaja Selenina Uliza Nr. 28 *gehört zu den besten Beispielen für die Verwendung stilisierter Tier- und Fischmotive sowie einer kunstvollen Oberflächendekoration. Fjodor von Postels Apartmentblock (1904/05) erinnert an die Arbeit des katalanischen Architekten Gaudí.*

Das Haus Kamennoostrowski Prospekt Nr. 1–3 *ist das Werk des Jugendstil-Meisters Fjodor Lidwal. Details wie Blumen- und Tierreliefs heben sich von einem Hintergrund dezent verlängerter Proportionen und ungewöhnlicher Fensterformen ab.*

Das Haus des Buches *(1910–14) zeigt Pawel Sjusors ungewöhnliche eklektische Stilmischung. Schmiedeeiserne Balkone im Jugendstil und dekorative Holzfenster verbinden sich mit Elementen der Renaissance und des Barock.*

Porträt von Sergej Kirow aus Federn (1930), Kirow-Museum

Kirow-Museum ❿
Музей С. М. Кирова
Musei S. M. Kirow

Kamennoostrowski Prospekt 26–28, 4. Stock. **Karte** 2 D1. 346 0217. *Petrogradskaja.* Do–Di 11–18 Uhr. in Englisch.

V ON 1926 BIS 1936 wohnte hier Sergej Kirow, einer der engsten politischen Verbündeten Stalins. Der charismatische erste Sekretär der Leningrader kommunistischen Partei gewann rasch an nationaler Bedeutung, seine wachsende Popularität machte ihn für Stalin zum potentiellen Rivalen. Am 1. Dezember 1934 wurde Kirow in seinem Büro im Smolny-Institut *(siehe S. 128)* von Leonid Nikolajew, einem Parteikritiker, erschossen. Stalin nutzte das Attentat als Vorwand für seine »Säuberungsaktion« *(siehe S. 27)*, obwohl die meisten Historiker glauben, dass Stalin selbst hinter dem Mord stand.

Kirow wurde nach seinem Tod als Märtyrer verehrt. Zahlreiche Gebäude erhielten seinen Namen. Seine Wohnung ist noch erhalten und ein einzigartiges Beispiel für den kultartigen Status der Parteiführer. Neben Dokumenten und Fotos, die Kirows politische Karriere zeigen, sind anrührende Memorabilien wie Kirows Jagdkleidung und seine Lieblingsbücher zu sehen.

Villa Kschessinskaja ⓫
Особняк М. Кшесинской
Ossobnjak M. Kschessinskoi

Uliza Kuibyschewa 4. **Karte** 2 E3. 233 7052. *Gorkowskaja.* Fr–Mi 10–17 Uhr. Englisch.

D IESES BEMERKENSWERTE Beispiel der Jugendstil-Architektur wurde für die Primaballerina Matilda Kschessinskaja in Auftrag gegeben. Der Hofarchitekt von Gogen entwarf das asymmetrische Gebäude 1904 mit nur einem achteckigen Turm. Auffallend die vielen unterschiedlichen Baumaterialien: Streifen rosafarbenen und grauen Granits, cremefarbene Ziegel, fein verzierte schmiedeeiserne Gitter und Majolikafliesen.

Innen beeindruckt vor allem der Konzertsaal mit seinen säulengestützten Torbogen und Palmen. Im Kschessinskaja-Gedenkraum sind persönliche Dinge der Tänzerin ausgestellt, wie Skizzen von Nikolaus II.

Im März 1917 machten die Bolschewiken die Villa zu ihrem Hauptquartier. Nach Lenins Rückkehr *(siehe S. 126)* sprach er vom Balkon der Villa zum Volk. Früher war in diesem Gebäude das Museum der Oktoberrevolution untergebracht, heute ist es Sitz des Museums der politischen Geschichte Russlands. Im ersten Stock kann man das Büro Lenins und des Sekretariats der Bolschewiken besichtigen. Außerdem gibt es eine faszinierende Sammlung von Memorabilien aus der Revolutionszeit mit kommunistischen Plakaten, und sogar eine Polizeiakte über den Mord an Rasputin *(siehe S. 121)* ist zu sehen.

Wechselnde Ausstellungen beschäftigen sich mit aktueller Politikgeschichte, der Theorie und den Konsequenzen der Perestroika und der Politik der regierenden Parteien.

MATILDA KSCHESSINSKAJA

Matilda Kschessinskaja (1872–1971), eine der überragenden Ballerinen in der Geschichte des Mariinski-Theaters *(siehe S. 119)*, machte 1890 ihren Abschluss an der zaristischen Ballettschule *(siehe S. 118)*. Kurz danach begann sie eine Affäre mit dem späteren Zaren Nikolaus II., die sie ebenso berühmt machte wie ihre Tanzkunst. 1920 emigrierte Matilda Kschessinskaja nach Paris, wo sie den Großherzog Andrej Wladimirowitsch heiratete, ein Mitglied der Zarenfamilie und Vater ihres elfjährigen Sohnes. In Paris schrieb sie später auch ihre Memoiren, in denen sie von ihrer Affäre mit dem letzten russischen Zaren berichtet.

Von Gogens eleganter Konzertsaal in der Villa Kschessinskaja

Der historische Kreuzer *Aurora* (1900) vor der neobarocken Nachimow-Schule (1912)

Kreuzer *Aurora* ⓬
Крейсер Аврора
Kreiser Awrora

Petrogradskaja Nabereschnaja 4.
Karte 2 F3. 230 8440. 6, 30, 54, 63. Di–Do, Sa, So 10.30–16 Uhr. in Englisch, Deutsch und Französisch; kostenpflichtig (tel. reservieren).

Den Annalen der Revolution zufolge gab die *Aurora* am 7. November 1917 um 21.40 Uhr aus ihrer Bugkanone den Startschuss für den Sturm auf den Winterpalast *(siehe S. 28)* ab.

Der Kreuzer wurde 1903 in Dienst gestellt, später als Ausbildungsschiff genutzt und zu Beginn der Belagerung Leningrads *(siehe S. 27)* versenkt. 950 Tage später, im Jahr 1944, wurde er gehoben. Seit 1956 dient er als Museum.

Zu sehen sind die berühmte Kanone, die Glocke und die Quartiere der Besatzung sowie eine Ausstellung über die Geschichte des Kreuzers.

Haus Peters des Großen ⓭
Музей-домик Петра I
Musei-domik Pjotra I

Petrowskaja Nabereschnaja 6. **Karte** 2 F3. 232 4576. Gorkowskaja. Mi–Mo 10–17 Uhr.

Diese Hütte aus Kiefernholz baute Peter der Große 1703 in drei Tagen. Peter wohnte hier sechs Jahre, um den Bau seiner neuen Stadt *(siehe S. 20f)* zu überwachen. Katharina die Große ließ 1784 um das Blockhaus einen steinernen Schutzbau errichten.

Das Häuschen zeugt vom einfachen Lebensstil des Zaren. Es gibt nur zwei Zimmer mit alten Möbeln und einen Flur als Schlafzimmer. Zu Peters persönlichem Besitz gehörten ein Kompass, ein Gehrock und sein Ruderboot.

Vor dem Häuschen wachen zwei mandschurische Skulpturen, mythische Wesen, halb Löwe, halb Frosch, die im Russisch-Japanischen Krieg *(1904/05)* hierher gebracht wurden.

Dreifaltigkeitsplatz ⓮
Троицкая площадь
Troizkaja ploschtschad

Karte 2 E3. Gorkowskaja. 46. 2, 6, 40.

Im frühen 18. Jahrhundert war Petrogradskaja als Dreifaltigkeitsinsel bekannt. Der Name ging zurück auf die Dreifaltigkeitskirche (1710 erbaut; in den 1930er Jahren abgerissen) auf dem Dreifaltigkeitsplatz, dem Kern des Kaufmannsviertels. Obwohl es bis ins frühe 20. Jahrhundert keine direkte Verbindung zum Festland gab, florierte das Viertel mit Geschäften, einer Druckerei und der ersten Börse der Stadt.

Während der Revolution von 1905 *(siehe S. 26)* kam es auf dem Platz am »Blutsonntag« zu einem der schlimmsten Massaker, als 48 Arbeiter von Regierungstruppen getötet wurden. Die Kommunisten benannten ihn zum Gedenken an die hier Getöteten in Ploschtschad Rewojuzii um.

Vom Platz führt die 600 Meter lange Dreifaltigkeitsbrücke *(siehe S. 35)* über die Newa. Der Errichtung der Brücke folgte ein Bauboom in Petrogradskaja *(siehe S. 65)*. Ihre Fertigstellung 1903 fiel mit dem zweihundertjährigen Bestehen der Stadt zusammen.

Die prunkvolle Dreifaltigkeitsbrücke über die Newa

PALASTUFER

Was Ausmass und Pracht angeht, findet das Südufer St. Petersburgs kaum seinesgleichen. Sein gewaltiger, zwei Kilometer langer Granitkai vom Senatsgebäude im Westen bis zum Sommerpalast Peters des Großen, die herrlichen aristokratischen Paläste und kunstvollen Kanalbrücken sind zu Recht weltweit berühmt. Das vornehme Viertel spiegelt zahlreiche Aspekte der Stadtgeschichte wider. Falconets Statue von Peter dem Großen, der Eherne Reiter, ist eine beredte Darstellung der Zarenmacht, während der Platz, auf dem sie steht, nach den Dekabristen benannt ist, die sich 1825 gegen das Zarenregime erhoben. Auf dem Schlossplatz vermittelt Rastrellis Winterpalast (Teil der Eremitage) den Reichtum des zaristischen Russland, die Ewige Flamme auf dem Marsfeld erinnert an die Opfer der Revolution.

Die Silhouette von St. Petersburg wird von der Kuppel der Isaakskathedrale und der vergoldeten Turmspitze der Admiralität dominiert. Schöne Eindrücke der Stadt erhält man bei einer Bootsfahrt über die Wasserstraßen *(siehe S. 218f)* oder bei einem Bummel durch den Sommergarten.

Alexander-Säule, Schlossplatz

SEHENSWÜRDIGKEITEN AUF EINEN BLICK

Paläste und Gärten
Marmorpalast ⑭
Sommergarten ⑯
Sommerpalast ⑰

Museum
Eremitage S. 84ff ⑫

Historische Gebäude und Denkmäler
Admiralität ①
Der Eherne Reiter ③
Fabergé-Haus ⑨
Manege der Gardekavallerie ④

Kirche
Isaakskathedrale S. 80f ⑤

Straßen und Plätze
Dekabristenplatz ②
Isaaksplatz ⑥
Malaja Morskaja Uliza ⑧
Marsfeld ⑮
Millionärsstraße ⑬
Schlossplatz ⑪

Hotels und Cafés
Hotel Astoria ⑦
Literaturcafé ⑩

LEGENDE
Detailkarte *Seite 76f*
Straßenbahnhaltestelle
Bootsanlegestelle

◁ Die goldene Kuppel der Isaakskathedrale erhebt sich über die eleganten Fassaden an der Newa

Im Detail: Isaaksplatz

Detail des Frieses auf dem Turm der Admiralität

Das Zentrum des Isaaksplatzes ist die imposante Kathedrale von 1858, die vierte Kirche an dieser Stelle. Wie der Platz wurde sie nach dem heiligen Isaak von Dalmatien benannt, weil der Geburtstag Peters des Großen auf dessen Festtag fiel. Der belebte Platz war in der ersten Hälfte des 19. Jahrhunderts ein Marktplatz und bildet nun das Herzstück eines Viertels, das reich an Gebäuden und Statuen von historischem und architektonischem Interesse ist. Hierzu gehören die Admiralität, der Marienpalast und der Eherne Reiter.

Manege der Gardekavallerie
Sie wurde nach Plänen von Giacomo Quarenghi als Reitschule der Garde erbaut (1804–07). ❹

Der Eherne Reiter
Etienne Falconets großartiges Standbild Peters des Großen, dessen Pferd die Schlange des Verrats zertritt, zeugt vom Geist des kompromisslosen, eigenwilligen Gründers der Stadt. ❸

Dekabristenplatz
Die Westseite des Platzes dominieren Carlo Rossis riesige, durch einen Triumphbogen verbundene Gebäude – Senat und Synode. ❷

Die Siegessäulen, gekrönt von Bronzeengeln, wurden 1845/46 errichtet.

Mjatlew-Haus

★ **Isaakskathedrale**
Die herrliche goldene Kuppel der Kathedrale, die aus 600 Kilogramm Blattgold besteht, ist von jedem Punkt der Stadt aus zu sehen. ❺

Die ehemalige deutsche Botschaft, 1911/12 von Peter Behrens entworfen.

0 Meter 100

ISAAKSPLATZ

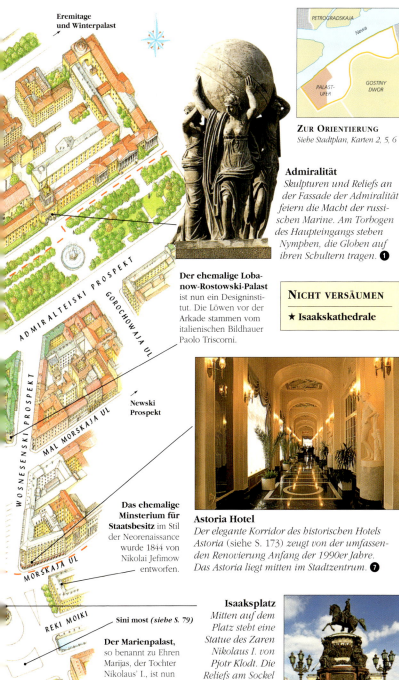

Eremitage und Winterpalast

Zur Orientierung
Siehe Stadtplan, Karten 2, 5, 6

Admiralität
Skulpturen und Reliefs an der Fassade der Admiralität feiern die Macht der russischen Marine. Am Torbogen des Haupteingangs stehen Nymphen, die Globen auf ihren Schultern tragen. ❶

Der ehemalige Lobanow-Rostowski-Palast ist nun ein Designinstitut. Die Löwen vor der Arkade stammen vom italienischen Bildhauer Paolo Triscorni.

Nicht versäumen
★ Isaakskathedrale

Newski Prospekt

Astoria Hotel
Der elegante Korridor des historischen Hotels Astoria (siehe S. 173) zeugt von der umfassenden Renovierung Anfang der 1990er Jahre. Das Astoria liegt mitten im Stadtzentrum. ❼

Das ehemalige Minsterium für Staatsbesitz im Stil der Neorenaissance wurde 1844 von Nikolai Jefimow entworfen.

Sini most *(siehe S. 79)*

Der Marienpalast, so benannt zu Ehren Marijas, der Tochter Nikolaus' I., ist nun das Rathaus von St. Petersburg.

Isaaksplatz
Mitten auf dem Platz steht eine Statue des Zaren Nikolaus I. von Pjotr Klodt. Die Reliefs am Sockel zeigen Episoden seiner Herrschaft, wie die Niederwerfung von Aufständen. ❻

Legende
— — — Routenempfehlung

Admiralität ❶
Адмиралтейство
Admiralteistwo

Admiralteiskaja Nabereschnaja 2.
Karte 5 C1 🚌 7, 10, K-129. 🚋 1, 7, 10, 17, 22.

Nachdem Peter der Grosse eine Stadt gegründet und eine Festung errichtet hatte, plante er den Aufbau einer Marine, um die Vorherrschaft über Schweden zu sichern.

Die Admiralität entstand an dieser Stätte von 1704 bis 1711 als befestigte Werft. Zwei Jahre später waren 10 000 Männer damit beschäftigt, das erste Kriegsschiff für die russische Marine zu bauen.

Andrej Sacharow, einer der genialsten Architekten Russlands, begann 1806 mit dem Umbau der Admiralität. Die Fassade ist 407 Meter lang und mit einer Vielzahl von Skulpturen und Reliefs geschmückt, die die Größe der russischen Flotte dokumentieren. Einige der ursprünglichen Charakteristika wie das Haupttor und der Turmturm blieben erhalten, wurden jedoch im klassizistischen Stil erneuert. Die Turmspitze wurde vergoldet und von einer Miniaturfregatte gekrönt. So wie die trompetenblasenden Engel an den Portalen der Fassade wurde sie zum Symbol der Stadt.

In den 40er Jahren des 19. Jahrhunderts verlegte man den Schiffbau stromabwärts und übergab die Admiralität der russischen Marine. Seit 1925 ist sie die Ingenieurschule der Marine.

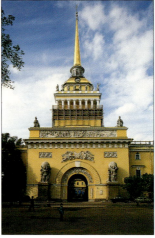

Turm und Turmspitze der Admiralität

Dekabristenplatz ❷
Площадь Декабристов
Ploschtschad Dekabristow

Karte 5 C1. 🚌 3, 10, 22, 27. 🚋 5, 22.

Der Name dieses Platzes spielt auf das bedeutsame Ereignis in der russischen Geschichte an, das hier am 26. Dezember 1825 stattfand *(siehe S. 23)*. Während der Inthronisierung von Nikolaus I. wollten liberal gesinnte Wachoffiziere auf diesem Platz einen Staatsstreich inszenieren, um eine konstitutionelle Monarchie durchzusetzen. Der unorganisierte Aufstand wurde jedoch von loyalen Truppen niedergeschlagen. Fünf Anführer wurden später hingerichtet, 121 weitere nach Sibirien ins Exil geschickt. Damit war der erste russische Revolutionsversuch beendet.

Die imposanten klassizistischen Gebäude auf der Westseite des Dekabristenplatzes sollten mit der Admiralität harmonieren. Sie wurden 1829–34 von Carlo Rossi entworfen und waren die Hauptsitze zweier wichtiger, von Peter dem Großen geschaffener Institutionen: dem Obersten Gerichtshof oder Senat und der Synode, verantwortlich für die Verwaltung der orthodoxen Kirche. Ein Triumphbogen verbindet die Gebäude, in denen heute historische Archive untergebracht sind. Er wird von korinthischen Säulen getragen und ist mit einem klassizistischen Fries und einer Fülle von Statuen geschmückt.

Der Eherne Reiter (1766–78)

Der Eherne Reiter ❸
Медный Всадник
Medny Wsadnik

Ploschtschad Dekabristow. **Karte** 5 C1. 🚌 3, 10, 22, 27. 🚋 5, 22.

Das von Katharina der Großen in Auftrag gegebene Standbild Peters des Großen wurde 1782 auf dem Dekabristenplatz enthüllt. Es ist seit Puschkins berühmtem Gedicht als Eherner Reiter bekannt. Über zwölf Jahre überwachte der französische Bildhauer Etienne Falconet das ehrgeizige Projekt. Allein der Sockel, der aus einem einzigen, vom Finnischen Meerbusen stammenden

»Der eherne Reiter« von Puschkin

Puschkin und das Standbild auf einer Briefmarke von 1956

Das berühmte Standbild von Peter dem Großen erwacht in Alexandr Puschkins epischem Gedicht *Der eherne Reiter* (1833) zum Leben. In einer eindringlichen Vision der Überschwemmung von 1824 *(siehe S. 37)* wird der Held von der beängstigenden Statue durch die dunklen Straßen gejagt. Puschkins Worte evozieren den unerbittlichen Willen des Zaren: »Wie schrecklich er war in der Dunkelheit! … Welche Kraft war in ihm! Und in diesem Ross, welches Feuer!«

Granitblock gehauen wurde, wiegt mehr als 1625 Tonnen. Er trägt die einfache Inschrift: »Für Peter I. von Katharina II.« auf Lateinisch und Russisch. Eine Schlange, Symbol des Verrats, wird von den Hufen des Pferdes zertreten.

Neuvermählte lassen sich häufig unter der Statue, die Glück bringen soll, fotografieren.

Manege der Gardekavallerie ❹

Конногвардейский манеж
Konnogwardeiski manesch

Die Isaakskathedrale mit dem Standbild Nikolaus' I. und dem Hotel Astoria

Issaakijewskaja Ploschtschad 1. **Karte** 5 C2. 312 2243. Fr–Mi 11–18 Uhr. 3, 22, 27. 5, 22.

DIE RIESIGE REITSCHULE der Gardekavallerie wurde 1804–07 von Giacomo Quarenghi nach dem Vorbild einer römischen Basilika erbaut. Der Fries eines Pferderennens unterhalb des Giebels und die Statuen zu beiden Seiten des Portikus weisen auf auf die ursprüngliche Funktion des Gebäudes hin. Die nackten Zwillingssöhne des Zeus als Pferdebändiger sind denen des Quirinalspalasts in Rom nachgebildet. Die Synode, schockiert durch die Nacktheit so nahe an der Isaakskathedrale, ließ sie entfemen. 1954 stellte man sie wieder auf.

Neben der für Ausstellungen zeitgenössischer sowie älterer Kunst genutzten Manege stehen zwei Marmorsäulen, gekrönt von imposanten Bronzeengeln.

Isaakskathedrale ❺

Siehe S. 80f.

Isaaksplatz ❻

Исаакиевская площадь
Issaakijewskaja ploschtschad

Karte 5 C2. 3, 10, 22, 27. 5, 22.

DIESER BEEINDRUCKENDE Platz mit der majestätischen Isaakskathedrale von Auguste de Montferrand wurde während der Herrschaft Nikolaus' I. erbaut, obwohl einige der früheren Gebäude aus dem 18. Jahrhundert stammen. Auch das Denkmal für Nikolaus I. im Zentrum des Platzes wurde von Montferrand entworfen. Von Pjotr Klodt geschaffen und 1859 enthüllt, zeigt es den Zaren in der Uniform der Gardekavallerie. Der Sockel ist mit allegorischen Skulpturen seiner Töchter und seiner Frau geschmückt, die Glaube, Weisheit, Gerechtigkeit und Macht repräsentieren.

Das Mjatlew-Haus (Nr. 9) auf der Westseite des Platzes ist ein klassizistisches Herrenhaus aus den 60er Jahren des 18. Jahrhunderts und war im Besitz einer der berühmtesten Familien Russlands. Der französische Enzyklopädist Denis Diderot wohnte 1773/74 auf Einladung von Katharina der Großen hier. In den 1920er Jahren war hier das staatliche Kunstinstitut untergebracht, in dem einige der einflussreichsten avantgardistischen Künstler Russlands, wie Kasimir Malewitsch und Wladimir Tatlin *(siehe S. 107)*, arbeiteten.

Das düstere Nachbargebäude ist die ehemalige deutsche Botschaft, 1911/12 vom deutschen Architekten Peter Behrens entworfen. Jenseits der 100 Meter breiten Blauen Brücke, die bis 1861 als Leibeigenenmarkt diente, dominiert der Marienpalast *(siehe S. 77)* das Südende des Platzes.

Hotel Astoria ❼

Гостиница Астория
Gostiniza Astorija

Bolschaja Morskaja Uliza 39. **Karte** 6 D2. 313 5757. 3, 10, 22, K-169, K-180, K-190, K-252, K-289. 5, 22. Siehe **Übernachten** S. 173. W www.astoria.spb.ru

DAS ASTORIA, eines der führenden Hotels St. Petersburgs, entwarf Fjodor Lidwal von 1910 bis 1912 im Jugendstil *(siehe S. 71)*.

Der amerikanische Schriftsteller John Reed, Autor von *Zehn Tage, die die Welt erschütterten*, wohnte hier, als die Bolschewiken an die Macht kamen.

1925 erhängte sich der Dichter Sergej Jessenin, Ehemann der Tänzerin Isadora Duncan, im Anbau; mit Blut schrieb er an die Zimmerwand: »Sterben ist nichts Neues – ebensowenig aber auch das Lebendigsein«.

Der Bankettsaal des Hotels sollte der Ort von Hitlers Siegesfeier sein – er war sich sicher, die Stadt zu erobern.

Das restaurierte Jugendstil-Foyer im Hotel Astoria

Isaakskathedrale ❺

Исаакиевский собор
Issaakijewski sobor

DIE ISAAKSKATHEDRALE, eine der größten Kathedralen der Welt, entwarf 1818 der damals unbekannte Architekt Auguste de Montferrand. Die Konstruktion des Gebäudes war eine Meisterleistung. Tausende Baumstämme wurden in den Sumpf getrieben, um zusammen mit den 48 Hauptsäulen 300 000 Tonnen Gewicht zu tragen. Die Kathedrale wurde 1858 eingeweiht und in der kommunistischen Ära zum Museum des Atheismus ernannt. Die Kirche, die offiziell noch immer ein Museum ist, enthält unzählige Kunstwerke aus dem 19. Jahrhundert.

Kuppel
Die Kuppel bietet einen Panoramablick auf die Stadt, einschließlich Admiralität (S. 78) und Eremitage (S. 84ff). Die Goldkuppel zieren Engel des Bildhauers Josef Hermann.

Die Mosaikikonen der Ikonostase stammen von Brjullow, Neff und Schiwago.

Engel mit Fackel
Iwan Witali schuf viele der Kathedralenskulpturen, so auch die Engelspaare, die die Gasfackeln an den vier Ecken tragen.

Diese Kapelle ehrt Alexandr Newski, der 1242 die Ordensritter besiegte *(siehe S. 17).*

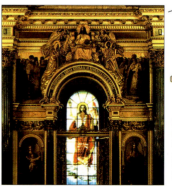

★ Ikonostase
Ungewöhnlich an dieser Ikonostase ist, dass durch die Königstür ein Buntglasfenster (1843) zu sehen ist. Über der Tür befindet sich ein vergoldeter Christus (1859) von Pjotr Klodt.

Das Giebeldreieck der Nordseite hat ein von François Lemaire geschaffenes Bronzerelief (1842–44) über die Auferstehung.

Ausgang

Säulen aus Malachit und Lapislazuli rahmen die Ikonostase ein. Rund 16 000 Kilogramm Malachit schmücken die Kathedrale.

Die Katharinenkapelle hat eine Marmorikonostase, gekrönt von einer Auferstehungsskulptur (1850–54) von Nikolai Pimenow.

ISAAKSKATHEDRALE

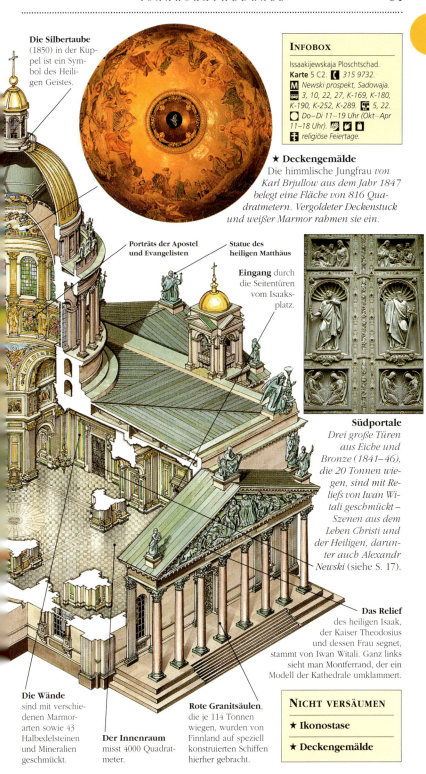

Die Silbertaube (1850) in der Kuppel ist ein Symbol des Heiligen Geistes.

INFOBOX

Issaakijewskaja Ploschtschad. **Karte** 5 C2. 315 9732.
M *Newski prospekt, Sadowaja.*
3, 10, 22, 27, K-169, K-180, K-190, K-252, K-289. 5, 22.
Do–Di 11–19 Uhr (Okt–Apr 11–18 Uhr).
religiöse Feiertage.

★ **Deckengemälde**
Die himmlische Jungfrau *von Karl Brjullow aus dem Jahr 1847 belegt eine Fläche von 816 Quadratmetern. Vergoldeter Deckenstuck und weißer Marmor rahmen sie ein.*

Porträts der Apostel und Evangelisten

Statue des heiligen Matthäus

Eingang durch die Seitentüren vom Isaaksplatz.

Südportale
Drei große Türen aus Eiche und Bronze (1841–46), die 20 Tonnen wiegen, sind mit Reliefs von Iwan Witali geschmückt – Szenen aus dem Leben Christi und der Heiligen, darunter auch Alexander Newski (siehe S. 17).

Das Relief des heiligen Isaak, der Kaiser Theodosius und dessen Frau segnet, stammt von Iwan Witali. Ganz links sieht man Montferrand, der ein Modell der Kathedrale umklammert.

Die Wände sind mit verschiedenen Marmorarten sowie 43 Halbedelsteinen und Mineralien geschmückt.

Der Innenraum misst 4000 Quadratmeter.

Rote Granitsäulen, die je 114 Tonnen wiegen, wurden von Finnland auf speziell konstruierten Schiffen hierher gebracht.

NICHT VERSÄUMEN

★ **Ikonostase**

★ **Deckengemälde**

Die Malaja Morskaja Uliza mit der Nr. 13 in der Mitte

Malaja Morskaja Uliza ❽

Малая Морская улица

Malaja Morskaja Uliza

Karte 6 D1. 3, 27, 22. 5, 22.

DIE MALAJA MORSKAJA ULIZA wird manchmal noch nach dem Schriftsteller Nikolai Gogol, der 1833–36 im Haus Nr. 13 lebte, Uliza Gogolja genannt. Hier schrieb Gogol die *Aufzeichnungen eines Wahnsinnigen* und *Die Nase*, zwei Satiren über den archetypischen Petersburger Bürokraten, der »in seiner trivialen, bedeutungslosen Arbeit ertrinkt, mit der er sein nutzloses Leben verbringt«. Gogols groteske Geschichten zeugen von einer sehr pessimistischen Sicht des modernen Stadtlebens.

Der Komponist Peter Tschaikowsky *(siehe S. 42)* starb in einer Wohnung im Obergeschoss von Nr. 13 kurz nach Vollendung der Sechsten Sinfonie im November 1893 angeblich an Cholera, doch man nimmt an, dass er auf Druck von Kollegen am Konservatorium, die wegen Tschaikowskys Homosexualität einen Skandal verhindern wollten, Selbstmord beging.

In Haus Nr. 23 wohnte von 1848 bis 1849 der Romancier Fjodor Dostojewski *(siehe S. 44, 123)*. Hier wurde er festgenommen und wegen seiner Zugehörigkeit zum sozialistischen Petraschewski-Kreis der politischen Verschwörung angeklagt *(siehe S. 123)*. Noch heute strahlt die Straße trotz der vielen Geschäfte und Büros die Atmosphäre des 19. Jahrhunderts aus.

Fabergé-Haus ❾

Дом Фаберже

Dom Farbersche

Bolschaja Morskaja Uliza 24.
Karte 6 D1. ● *für die Öffentlichkeit.*
 3, 27, 22, T167. 5, 22.

DAS WELTBEKANNTE Juweliergeschäft Fabergé wurde 1842 von Gustav Fabergé in der Bolschaja Morskaja Uliza gegründet. In den 1880er Jahren gaben seine Söhne Carl und Agathon konventionelle Goldschmiedearbeiten zugunsten komplizierter, äußerst fein gearbeiteter *objets d'art* auf. Ihre berühmtesten Arbeiten sind die Ostereier für den Zaren.

1900 verlegte Carl das Geschäft von Nr. 16–18 in die speziell gebauten Räumlichkeiten von Nr. 24, in denen es bis zur Revolution blieb. Das von seinem Verwandten Karl Schmidt entworfene Gebäude hat dreieckige Dachgiebel und ein Mauerwerk aus verschiedenen Materialien. Der ursprüngliche Ausstellungsraum mit roten Granitpfeilern war im Erdgeschoss. In den darüber liegenden Werkstätten wurden Lehrlinge in der Kunst des Emaillierens, Gravierens, Schleifens und Goldschmiedens ausgebildet.

1996 wurde der 150. Geburtstag von Carl Fabergé mit der Enthüllung einer Gedenktafel am Haus Nr. 24 und eines Denkmals an der Ecke Samnewski Prospekt und Prospekt Energetikow begangen, das der Bildhauer Leonid Aristow und andere entwarfen.

DIE FABERGÉ-EIER

Das Kelch-Bonbonnière-Ei

1885 beauftragte Alexander III. die Brüder Fabergé, ein Osterei für die Zarin Marija Fjodorowna zu kreieren. In der Schale aus Gold und weißem Emaille befand sich eine wunderschön geformte goldene Henne. Beim Ausbruch der Revolution gab es bereits 54 Fabergé-Eier, von denen keines dem anderen glich. Das großartigste war das »Sibirische-Eisenbahn-Ei«, das Nikolaus II. 1900 in Auftrag gab. Es enthält eine Miniaturreplik des Zuges mit Scheinwerfern aus Rubin, Fenstern aus Bergkristall und einer Lok. Das Bonbonnière-Ei ließ Kelch, ein reicher Industrieller, 1903 für seine Frau Warwara anfertigen.

TOD EINES DICHTERS

Im November 1836 erhielt Puschkin einen anonymen Brief, in dem ihm der Titel »Großmeister des durchlauchtesten Ordens der Hahnreie« verliehen wurde. Den Brief hatte Georges d'Anthès geschrieben, ein Kavallerieoffizier, der seit einiger Zeit Puschkins schöner Frau Natalija Gontscharowa den Hof gemacht hatte. Puschkin forderte d'Anthès zum Duell und traf ihn am Nachmittag

Naumows Gemälde von Puschkin, tödlich verwundet nach dem Duell

des 8. Februar 1837 in einem Wald im Norden der Stadt. D'Anthès schoss zuerst, Puschkin wurde schwer verwundet. Zwei Tage später starb er mit 37 Jahren. D'Anthès wurde später degradiert und aus Russland verbannt.

Schild am Literaturcafé

Literaturcafé ❿
Литературное кафе
Literaturnoje kafe

Newski Prospekt 18. **Karte** 6 E1.
C 312 6057. ○ tägl. 11–1 Uhr.
M Newski prospekt. &
Siehe **Restaurants und Cafés** S. 181.

Das Café, nach seinen ursprünglichen Besitzern auch als Café Wolf et Béranger bekannt, ist wegen seiner Verbindung zu Puschkin, dem größten russischen Dichter *(siehe S. 43)*, berühmt. Hier traf Puschkin seinen Sekundanten Konstantin Dansas vor dem Duell mit Baron d'Anthès. Das Café war von Anfang an bei Schriftstellern wie Fjodor Dostojewski oder Dichtern wie Michail Lermontow (1814–41) beliebt.

Trotz seiner literarischen Bedeutung und der vornehmen Umgebung in Wassili Stassows Gebäude von 1815 sind die hohen Preise in diesem Café nicht gerechtfertigt.

Schlossplatz ⓫
Дворцовая площадь
Dworzowaja ploschtschad

Karte 6 D1. 🚌 7, 10, K-128, K-129, K-147, K-47. 🚎 1, 7, 10.

Der Schlossplatz hat in der russischen Geschichte eine wichtige Rolle gespielt. Vor der Revolution war er Schauplatz von Militärparaden, oft vom Zaren zu Pferd angeführt.

Im Januar 1905 fand hier das Massaker des »Blutsonntags« *(siehe S. 26)* statt, als Truppen auf Tausende unbewaffneter Demonstranten schossen. Am 7. November 1917 erstürmten Lenins bolschewistische Anhänger von diesem Platz und von der Westseite aus den Winterpalast *(siehe S. 28)*. Heute ist er immer noch ein beliebter Ort für politische Versammlungen und für große Veranstaltungen *(siehe S. 51)*.

Der Platz ist das Werk des Architekten Carlo Rossi *(siehe S. 110)*. Gegenüber der Südseite des Winterpalasts steht Rossis Generalstabsgebäude, das Hauptquartier der russischen Armee. Hierfür wurde eine ganze Häuserreihe abgerissen. Die beiden eleganten, geschwungenen Flügel (der östliche ist nun Teil der Eremitage) sind durch einen Triumphbogen verbunden, der zur Bolschaja Morskaja Uliza führt. Der Bogen wird von einer Skulptur der Siegesgöttin in ihrem Streitwagen (1829) von Stepan Pimenow und Wassili Demut-Malinowski gekrönt. Die Ostseite des Ensembles bildet das Hauptquartier der Wache, entworfen von Alexandr Brjullow 1837–43. Im Westen liegt die Admiralität *(siehe S. 78)*.

Die Alexandersäule in der Mitte des Platzes ist dem Zaren Alexander I. für seine Rolle beim Triumph über Napoleon *(siehe S. 22 f)* gewidmet. Am Sockel findet sich die Inschrift: »Für Alexander von einem dankbaren Russland«. Die rote Granitsäule mit einem Gewicht von 600 Tonnen ist das größte unverankerte Denkmal der Welt. Sie wurde 1829 von Auguste de Montferrand entworfen; 2400 Soldaten und Arbeiter brauchten zwei Jahre, um sie fertigzustellen und hierher zu transportieren. Von 1830 bis 1834 wurde sie aufgestellt. Die 47 Meter hohe Säule wird gekrönt von einem Bronzeengel, der ein Kreuz hält.

Alexandersäule und Generalstabsgebäude, Schlossplatz

Eremitage ⓬
Эрмитаж
Ermitasch

DIE EREMITAGE, eines der berühmtesten Museen der Welt, beherbergt eine riesige, über ein großes Gebäudeensemble verteilte Sammlung. Der beeindruckendste Bau der Eremitage ist Rastrellis barocker Winterpalast *(siehe S. 92f)*, dem Katharina die Große schon bald die Kleine Eremitage hinzufügte. 1771–87 ließ sie die Große Eremitage für ihre Kunstsammlung bauen. Von 1785 bis 1787 entstand das Eremitage-Theater, in den Jahren 1839–51 schließlich die Neue Eremitage. Die Neue wie auch die Große Eremitage wurden 1852 von Nikolaus I. als Museum eröffnet. Zwischen 1918 und 1939 wurde der Winterpalast nach und nach in die Eremitage integriert.

Die Neue Eremitage (1839–51) wurde von Leo von Klenze als Ergänzung der Großen Eremitage entworfen. Sie ist der einzige als Museum konzipierte Bau des Eremitage-Komplexes.

Die Ministerien des Hofes waren bis etwa 1890 hier untergebracht.

Atlanten
Zehn Granitatlanten von jeweils fünf Meter Höhe tragen das, was von 1852 bis nach der Revolution der öffentliche Eingang zum Eremitage-Museum war.

Winterkanal *(siehe S. 36)*

Eine Galerie über den Kanal verbindet Theater und Große Eremitage und bildet das Theaterfoyer.

Die Große Eremitage wurde von Juri Felten für die Gemäldesammlung Katharinas entworfen.

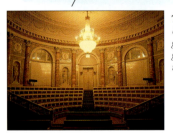

Theater
Unter Katharina gab es in Quarenghis Theater regelmäßig Aufführungen. Heute finden hier Ausstellungen und Konzerte statt (siehe S. 194).

★ Raffael-Loggien
Katharina war so beeindruckt von den Raffael-Fresken im Vatikan, dass sie 1787 Kopien von ihnen auf Leinwand in Auftrag gab. Dabei wurde zum Beispiel das Wappen des Papstes durch den zweiköpfigen Adler der Romanows ersetzt.

EREMITAGE

Hängender Garten
Der ungewöhnlich angelegte Garten ist voller Statuen und Brunnen. Während der Belagerung von Leningrad (siehe S. 27) wurde hier Gemüse angebaut.

INFOBOX
Dworzowaja Nab. 34–36. **Karte** 2 D5.
110 3420. 7, 10, 947, T129.
1, 7, 10. Di–Sa 10.30–18 Uhr; So 10.30–17 Uhr (letzter Einlass 17 bzw. 16 Uhr).
(Buchungen: 219 4751).
www.hermitagemuseum.org

Fassaden des Winterpalastes
Rastrelli verzierte die Fassaden mit 400 Säulen und 16 Fensterarten.

Die Kleine Eremitage
(1764–75) von Vallin de la Mothe und Juri Felten diente Katharina als Rückzugsort.

NICHT VERSÄUMEN
- ★ **Prunksäle des Winterpalasts**
- ★ **Pavillionsaal**
- ★ **Raffael-Loggien**

Palastplatz

Haupteingang

Newa

Der Winterpalast
(1754–62) war bis zur Revolution die offizielle Residenz der Zarenfamilie.

★ Pavillonsaal
Andrei Schtakenschneider gestaltete 1850–58 das ursprüngliche Interieur mit Gold und weißem Marmor neu. Hier ist die berühmte Pfauenuhr des Engländers James Cox ausgestellt, die früher Fürst Potjomkin, dem Geliebten Katharinas, gehörte.

★ Prunksäle des Winterpalasts
Der Zar scheute keine Kosten und Mühen für Räume, die Macht und Reichtum des zaristischen Russland symbolisieren sollten, wie zum Beispiel für den Georgssaal.

Die Sammlungen der Eremitage

KATHARINA DIE GROSSE erwarb zwischen 1764 und 1774 einige der besten Kunstsammlungen Westeuropas mit insgesamt 2500 Gemälden, 10 000 Edelsteinen, 10 000 Zeichnungen, Silber und Porzellan. Keiner ihrer Nachfolger brachte es zu einer solchen Menge an Neuerwerbungen. Nach der Revolution kamen durch die Verstaatlichung von zaristischem und privatem Besitz weitere Gemälde und Werke angewandter Kunst hinzu und machten die Eremitage damit zu einem der führenden Museen der Welt.

Madonna Litta
Dies ist eines von zwei hier ausgestellten Meisterwerken Leonardo da Vincis. Die Madonna (um 1491) wurde häufig kopiert.

NICHT VERSÄUMEN

★ *Abrahams Opfer* von Rembrandt

★ *Ea Haere Ia Oe* von Gauguin

★ *Der Tanz* von Matisse

KURZFÜHRER

Der Haupteingang befindet sich am Newa-Ufer, der für Gruppen am Schlossplatz. Beginnen Sie mit den Prunksälen des Winterpalasts, um einen Überblick über das Museum zu erhalten. Wählen Sie ein oder zwei Themen aus. Zur europäischen Kunst des 19. und 20. Jahrhunderts gelangt man am besten über eine der Treppen auf der dem Schlossplatz zugewandten Seite.

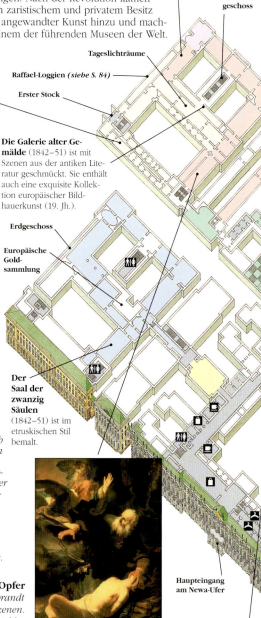

Der Rittersaal (1842–51) enthält Rüstungen und Waffen aus dem ehemaligen Reichsarsenal.

Treppe zum Erdgeschoss

Tageslichträume

Raffael-Loggien *(siehe S. 84)*

Erster Stock

Die Galerie alter Gemälde (1842–51) ist mit Szenen aus der antiken Literatur geschmückt. Sie enthält auch eine exquisite Kollektion europäischer Bildhauerkunst (19. Jh.).

Erdgeschoss

Europäische Goldsammlung

Der Saal der zwanzig Säulen (1842–51) ist im etruskischen Stil bemalt.

Haupteingang am Newa-Ufer

Eingang für Gruppen

★ **Abrahams Opfer**
1635 malte Rembrandt verschiedene religiöse Szenen. Die Aussagekraft dieser Bilder beruht eher auf dramatischen Gesten als auf Details.

SAMMLUNGEN DER EREMITAGE

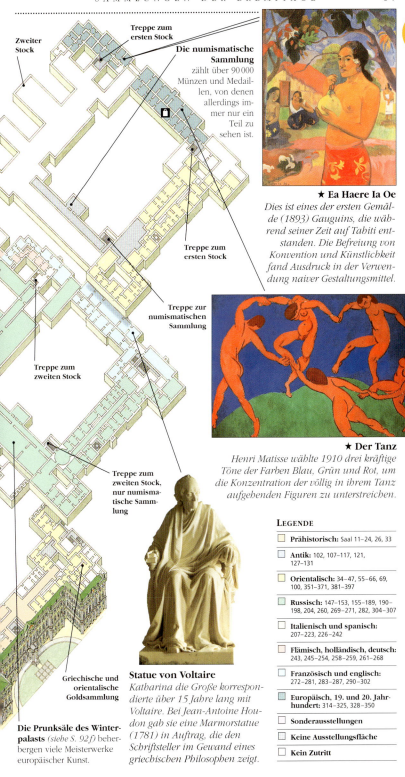

Zweiter Stock

Treppe zum ersten Stock

Die numismatische Sammlung zählt über 90 000 Münzen und Medaillen, von denen allerdings immer nur ein Teil zu sehen ist.

Treppe zum ersten Stock

Treppe zur numismatischen Sammlung

Treppe zum zweiten Stock

Treppe zum zweiten Stock, nur numismatische Sammlung

Griechische und orientalische Goldsammlung

Die Prunksäle des Winterpalasts *(siehe S. 92f)* beherbergen viele Meisterwerke europäischer Kunst.

★ **Ea Haere Ia Oe**
Dies ist eines der ersten Gemälde (1893) Gauguins, die während seiner Zeit auf Tahiti entstanden. Die Befreiung von Konvention und Künstlichkeit fand Ausdruck in der Verwendung naiver Gestaltungsmittel.

★ **Der Tanz**
Henri Matisse wählte 1910 drei kräftige Töne der Farben Blau, Grün und Rot, um die Konzentration der völlig in ihrem Tanz aufgehenden Figuren zu unterstreichen.

Statue von Voltaire
Katharina die Große korrespondierte über 15 Jahre lang mit Voltaire. Bei Jean-Antoine Houdon gab sie eine Marmorstatue (1781) in Auftrag, die den Schriftsteller im Gewand eines griechischen Philosophen zeigt.

LEGENDE

Prähistorisch:	Saal 11–24, 26, 33
Antik:	102, 107–117, 121, 127–131
Orientalisch:	34–47, 55–66, 69, 100, 351–371, 381–397
Russisch:	147–153, 155–189, 190–198, 204, 260, 269–271, 282, 304–307
Italienisch und spanisch:	207–223, 226–242
Flämisch, holländisch, deutsch:	243, 245–254, 258–259, 261–268
Französisch und englisch:	272–281, 283–287, 290–302
Europäisch, 19. und 20. Jahrhundert:	314–325, 328–350
Sonderausstellungen	
Keine Ausstellungsfläche	
Kein Zutritt	

Überblick: Die Eremitage-Sammlungen

ES IST KAUM MÖGLICH, alle Werke der Eremitage bei ein oder zwei Besuchen zu besichtigen und auf sich wirken zu lassen. Jeder Raum birgt fesselnde Dinge: skythisches Gold, antike Vasen oder iranisches Silber. Die russische Abteilung enthält Möbel, angewandte Kunst, Porträts und die prunkvolle Kleidung der Zarenfamilie. Die Sammlung europäischer Gemälde wurde nach dem Geschmack der Zarenfamilie zusammengestellt, während ein Großteil der europäischen Kunst des 19. und 20. Jahrhunderts, mit Arbeiten von Matisse und Picasso, nach der Revolution aus Privatsammlungen hinzukam. Diese Werke gehören heute zu den beliebtesten Exponaten.

Skythischer Goldhirsch, (6./7. Jh. v. Chr.)

PRÄHISTORISCHE KUNST

ZU DEN PRÄHISTORISCHEN Artefakten, die man im ehemaligen russischen Reich fand, zählen 24 000 Jahre alte Töpfe, Pfeilspitzen und Skulpturen von paläolithischen Stätten sowie Exponate aus Gold, die von skythischen Nomaden (7.–3. Jh. v. Chr.) stammen.

Die berühmte sibirische Sammlung feiner Goldarbeiten von Peter dem Großen enthält skythische Broschen, Schwertgriffe und Schnallen. 1897 fand man im sibirischen Kostromskaja einen großen stilisierten Hirschen, der einst einen Eisenschild schmückte. Diese und andere Goldkunstwerke liegen in der Goldsammlung (für die man gesondert Eintritt zahlen muss). Kopien befinden sich in den den Skythen gewidmeten Räumen.

Auch griechische Meister arbeiteten für die Skythen. Aus der Dnjepr-Region stammen ein Kamm (spätes 5. Jh.), der mit Figuren kämpfender Skythen verziert ist, und eine Tschertomlyk-Vase, die zeigt, wie wilde Tiere gezähmt werden. Grabungen im Altai zwischen 1927 und 1949 brachten vor allem bei Pasyryk 2500 Jahre alte Gräber zutage. Vieles wurde durch Frost konserviert, auch Textilien, ein Begräbniswagen und sogar die tätowierte Haut eines Mannes.

Gonzaga-Kamee (285–246 v. Chr.) aus Alexandria

ANTIKE KUNST

DIE VIELZAHL griechisch-römischer Marmorskulpturen reicht von der berühmten Taurischen Venus aus dem 3. Jahrhundert v. Chr., 1720 von Peter dem Großen erworben, bis zu römischen Porträtbüsten. Es sind jedoch die kleinen Objekte, die den wirklichen Stolz dieser Abteilung ausmachen. Die Kollektion attischer Vasen aus dem 6.–4. Jahrhundert v. Chr. sucht weltweit ihresgleichen. Diese sind mit Szenen von Trinkgelagen oder Episoden aus dem Trojanischen Krieg geschmückt, eine von ihnen mit einem Bild des Anblicks der ersten Schwalbe (um 510 v. Chr.).

Im 4. und 3. Jahrhundert v. Chr. war Tanagra das Zentrum der Herstellung eleganter Terrakottafigurinen. Sie wurden im 19. Jahrhundert entdeckt und waren so beliebt, dass unzählige Fälschungen hergestellt wurden. Die in der Eremitage gezeigten Figurinen sind Originale aus der Sammlung des russischen Botschafters in Athen, Pjotr Saburow, der diese bereits vor 1890 zusammengetragen hat.

Die Sammlung geschliffener Edelsteine geht auf die Leidenschaft Katharinas der Großen für diese Steine zurück; in nur zehn Jahren erwarb sie rund 10 000 davon. Die größte und schönste ist die Gonzaga-Kamee, die Napoleons Frau Josephine 1814 Zar Alexander I. schenkte.

Die Goldsammlung zeigt Goldschmuck aus Athen (5. Jh.). Die damaligen Künstler verwendeten eine so feine Filigrantechnik, dass Details nur durch ein Vergrößerungsglas erkennbar sind.

ORIENTALISCHE KUNST

DIESE SAMMLUNG zeigt Gegenstände aus verschiedenen Kulturen: vom alten Ägypten über Assyrien, Byzanz, Indien, den Iran, China, Japan bis nach Usbekistan und Tadschikistan. Die vollständigsten Funde stammen von Ausgrabungen, die man vor allem in China und der Mongolei vor der Revolution sowie in Zentralasien während der Sowjetherrschaft durchführen ließ.

Aus dem 19. Jahrhundert v. Chr. stammt eine Monumentalstatue des Pharaos

Fresko eines verwundeten Kriegers aus Tadschikistan (8. Jh.)

Sonnenuhr (1714–19) aus der Sammlung Peters des Großen

Frisierkommode aus Stahl (Tula 1801)

Ali (1813/14). Bei Ausgrabungen in und Expeditionen nach Zentralasien stieß man auf Teppiche, Bronzeobjekte und glasierte Kacheln. In Usbekistan und Tadschikistan fand man in herrlichen Gebäudekomplexen aus dem 8. Jahrhundert wunderschöne Fresken wie das berühmte Fresko vom verwundeten Krieger.

RUSSISCHE KUNST

Größere russische Kunstwerke wechselten 1898 vom Winterpalast ins Russische Museum *(siehe S. 104ff)*, doch wurde der Besitz der Zarenfamilie nach der Revolution verstaatlicht, darunter offizielle Porträts und Thronstühle, Spiegel und Unterröcke. Allein 300 Gewänder Peters des Großen sind noch erhalten. Später erwarb die Abteilung auch mittelalterliche russische Kunst wie Ikonen und Kirchenutensilien.

Seit Peter dem Großen luden die Zaren ausländische Handwerker und Künstler ein, damit sie den russischen Künstlern ihre Fertigkeiten vermittelten. Auch Peter der Große ließ sich von ihnen unterweisen. Seine Begeisterung für praktische Dinge spiegelt sich in seiner großen Sammlung von Sonnenuhren (darunter eine Arbeit des Meisters John Rowley), Instrumenten und Drehbänken wider. Eine Büste (1723–30) von Bartolomeo Carlo Rastrelli zeigt Peter jedoch nicht als Handwerker, sondern als grausamen Herrscher.

Russische Künstler verbanden traditionelle Kunstformen mit europäischen Fertigkeiten und schufen komplexe Werke, dazu zählen die Walross-Elfenbein-Vase (1798) von Nikolai Wereschtschagin sowie der große Silbersarkophag und das Denkmal (1747–52) für Alexander Newski.

Die Büchsenmacher aus Tula (südlich von Moskau) perfektionierten ihre Technik derart, dass sie imstande waren, einzigartige Stahlmöbel zu produzieren, die mit vergoldeter Bronze eingelegt waren. Ein Beispiel ist die dekorative Frisierkommode (1801) im Empirestil.

Die Prunksäle *(siehe S. 92f)* sind der Stolz der russischen Abteilung, denn hier befinden sich die Arbeiten einheimischer und ausländischer Künstler von der Mitte des 18. bis zum frühen 20. Jahrhundert. Die Entdeckung großer Vorkommen bunter Steine im Ural führte dazu, dass ganze Räume mit Malachit und jede Ecke des Winterpalasts mit Marmorvasen geschmückt wurden.

Amenemhet III. Das Prunkstück der ägyptischen Sammlung ist eine wertvolle kleine Holzstatue eines stehenden Mannes (15. Jh. v. Chr.).

Aus dem Fernen Osten – Japan, Indien, Indonesien und der Mongolei – kommt eine Vielzahl von Objekten, von buddhistischen Skulpturen und Stoffen bis zu winzigen Netsuken (Elfenbeinknebeln). Ausgrabungen beim Höhlentempel der tausend Buddhas nahe Dun Huan in Westchina brachten Ikonen aus dem 6.–10. Jahrhundert, Wandmalereien und Gipsskulpturen zutage. Während des Mongoleneinfalls im 13. Jahrhundert wurde die Stadt Hara-Hoto zerstört. Durch die Versandung der Stadt wurden viele Objekte, darunter Seidegewänder (12. Jh.) und Holzschnitte, konserviert.

Aus Byzanz stammen profane und religiöse Objekte wie Ikonen, Kirchenutensilien und ein Elfenbeindiptychon mit Szenen aus einem römischen Zirkus.

Im Iran stellte man viele Silber- und Bronzegefäße her, die im Mittelalter von Händlern nach Sibirien und in den Ural gebracht wurden, wo man sie im 19. Jahrhundert wiederentdeckte. Es gibt auch eine große Kollektion persischer Miniaturen und eine Ausstellung von Hofporträts (19. Jh.), die persische Elemente mit denen westlicher Ölmalerei verbinden. Beispielhaft hierfür ist das *Bildnis von Schah Fatkh*

Italienische und spanische Kunst

Die Ausstellung italienischer Kunst ist hervorragend. Einige frühe Werke zeugen vom Aufstieg der Renaissance im 14. und 15. Jahrhundert. Simone Martinis maskenhafte Madonna (1340–44) bildet einen Kontrast zu Fra Angelicos menschlicherem Fresko der *Madonna mit Kind* (1424–30).

Die Sammlung zeigt auch Werke der florentinischen und venezianischen Schule aus der Zeit um 1500. Aus der florentinischen Schule stammen *Madonna Litta* (um 1491) und *Madonna Benois* (1478) von Leonardo da Vinci, der marmorne *Hockende Knabe* (um 1530) von Michelangelo und zwei frühe Porträts der Madonna von Raffael (1502 und 1506). Zur venezianischen Schule gehören Giorgiones (1748–1510) *Judith* und einige Werke Tizians (um 1490–1576). Die Tageslichtträume bergen große Barockstücke, darunter Werke von Luca Giordano (1634–1704) und Guido Reni (1575–1642) sowie einige gigantische Meisterwerke Tiepolos. Bemerkenswert sind auch die Werke des Bildhauers Antonio Canova (*Cupido und Psyche*, *Die drei Grazien*), die in der Abteilung für antike Kunst untergebracht sind.

Die spanische Sammlung ist bescheidener, doch sind alle großen Maler vertreten: von El Greco mit dem Bild *Die Apostel Petrus und Paulus* (1587–92) bis zu Ribera, Murillo und Zurbaran mit dem *Heiligen Laurentius* (1636). Das *Bildnis des Grafen Olivares* (um 1640) von Velázquez kontrastiert mit seinem früheren Genrebild *Frühstück* (1617/18).

Venus und Cupido (1509) von Lucas Cranach d. Ä.

Flämische, niederländische, deutsche Kunst

Zu dieser kleinen Sammlung früher Werke aus den Niederlanden gehört die wunderschöne *Madonna mit Kind* (um 1430) vom Meister von Flémalle. Er gilt als Lehrer von Rogier van der Weyden, der mit dem Bild *Der heilige Lukas malt die Madonna* (um 1435) vertreten ist.

Zu den über 40 Werken von Rubens gehören religiöse Themen (*Die Kreuzabnahme*, 1617/18) und Szenen aus der klassischen Mythologie (*Perseus und Andromeda* 1620/21) sowie Landschaften und ein *Bacchus* (1636–40). Seine Porträts wie *Bildnis einer Kammerfrau der Infantin Isabella* (1625) zeigen deutlich die Gemeinsamkeiten mit van Dyck, zu dessen Gemälden eine Reihe offizieller Porträts und ein romantisches Selbstporträt (um 1630) gehören.

In der niederländischen Sammlung ist Rembrandt stark vertreten. Innerhalb kurzer Zeit vollendete er *Abrahams Opfer* (1636), die sanfte *Flora* (1634) und die brillante *Kreuzabnahme* (1634). Eines seiner letzten Werke war *Die Heimkehr des verlorenen Sohnes* (1668/69).

Zu den vielen kleineren Bildern gehört Gerard Terborchs *Ein Glas Limonade* (Mitte 17. Jh.). Die Elemente einer Genreszene sind durchdrungen von psychologischer Spannung und schwerem Symbolismus.

In der deutschen Sammlung lenken die Werke von Lucas Cranach d. Ä. die Aufmerksamkeit auf sich. *Venus und Cupido* (1509), das stilvolle *Weibliche Bildnis* und die *Madonna mit Kind unter dem Apfelbaum* zeigen die Facetten seiner Kunst.

Französische und englische Kunst

Französische Kunst war im 18. Jahrhundert für Sammler ein Muss. Ausgestellt sind auch Künstler des 17. Jahrhunderts und die vorzüglichen Maler Claude Lorrain und Nicolas Poussin sowie Antoine Watteaus *Verwirrendem Antrag* (um 1716), Jean Honoré Fragonards *Heimlichem Kuss* (um 1785) sowie François Bouchers füllgen und nicht sonderlich tugendhaften Heldinnen des 18. Jahr-

Der Lautenspieler **von Michelangelo Caravaggio (1573–1610)**

Stillleben mit den Attributen der Künste (1766) von Jean-Baptiste Chardin

hunderts. Katharina die Große hatte eher ein Faible für Erzieherisches und Lehrreiches; sie kaufte unter anderem *Stilleben mit Attributen der Künste* (1766) von Chardin und auf Anraten von Denis Diderot die *Früchte einer guten Erziehung* (1763) von Jean-Baptiste Greuze. Sie förderte auch Bildhauer und erstand Arbeiten von Etienne-Maurice Falconet (*Winter*, 1771) und Jean-Antoine Houdon (*Voltaire*, 1781).

Katharina erwarb zudem englische Arbeiten, einschließlich eines Porträts des Philosophen John Locke (1697) von Godfrey Kneller, der auch ein Porträt von Pjotr Potjomkin (1682) in einem Hofgewand des 17. Jahrhunderts schuf.

Bei Joshua Reynolds gab Katharina *Das Kind Herkules stranguliert die Schlangen* (1788) in Auftrag. Ihre gewagtesten Erwerbungen waren Arbeiten des noch unbekannten Joseph Wright aus Derby. Seine *Eisenschmiede* (1773) ist ein Meisterwerk der Wiedergabe von Licht, sein *Feuerwerk beim Schloss Sant'Angelo* (1774/75) ein feuriges Spektakel. Katharina ließ außerdem viele Möbel in England anfertigen und gehörte zu den Stammkunden von Josiah Wedgwood, bei dem sie das berühmte Frosch-Service für ihren Tscheschme-Palast bestellte *(siehe S. 130)*.

Das Frosch-Service, Wedgwood (1773/74)

EUROPÄISCHE KUNST DES 19. U. 20. JAHRHUNDERTS

V ON DER ZARENFAMILIE erfuhr die Kunst im 19. Jahrhundert keine Förderung, doch gab es Privatpersonen, deren Sammlungen nach der Revolution von 1917 verstaatlicht und den Eremitage-Beständen angegliedert wurden. Dank dieser Erwerbungen ist die Schule von Barbizon durch Werke wie Camille Corots *Bäume im Sumpf*, die französische Romantik durch zwei marokkanische Szenen von Delacroix und die deutsche Romantik durch Caspar David Friedrichs *Auf dem Segler* (1818–20) vertreten.

Den Sammlern Iwan Morosow und Sergej Schtschukin verdankt die Eremitage einige Gemälde der Impressionisten und Postimpressionisten. Von Monet sind die *Dame im Garten* und *Waterloo-Brücke, Nebeleffekte* (1903) zu bewundern. Renoir und Degas wählten immer wieder das Sujet der Frau, wie in Renoirs *Bildnis der Schauspielerin Jeanne Samary* (1878) und Degas' Pastellzeichnungen waschender Frauen. Pissarros *Boulevard Montmartre in Paris* (1897) ist typisch für seine Stadtszenen, während Alfred Sisley ein Meister in der Wiedergabe von Lichteffekten auf dem französischen Land war.

Nach und nach fand eine Änderung in Farbgebung und Technik statt. Van Gogh verwendete sattere Töne in seinen *Frauen von Arles* (1888) und eine stärkere Pinselführung in *Hütten* (1890). Gauguin ließ sich von einer anderen Kultur inspirieren, seine tahitische Periode ist durch rätselhafte Werke wie *Ea Haere Ia Oe* (1893) repräsentiert. Im *Raucher* (1890–92) und in *Montagne Sainte-Victoire* (1896–98) experimentierte Cézanne mit Flächen und nahm damit großen Einfluss auf die nachfolgende Generation.

Matisse spielte mit Farbe und Oberfläche. Beispiele sind *Das rote Zimmer* (1908/09) sowie *Die Musik* und *Der Tanz* (beide 1910). Nach seinem Marokkobesuch führte er neue Lichteffekte ein wie im *Arabischen Caféhaus* (1913). Schließlich war es Picasso, der Cézannes Experimente noch weiter führte. In frühen Werken wie dem *Besuch* (1902) konzentrierte er sich auf die Stimmung. Seine Werke der kubistischen Periode (1907–12), einschließlich *Mann mit verschränkten Armen*, füllen einen ganzen Raum.

Mann mit verschränkten Armen (1909) von Pablo Picasso

Winterpalast

Der heutige Winterpalast (1754–62), der am gleichen Standort drei Vorgänger hatte, ist ein hervorragendes Beispiel für den russischen Barock. Die prunkvolle, für die Zarin Elisabeth gebaute Winterresidenz war die größte Leistung von Bartolomeo Rastrelli. Das Äußere hat sich wenig geändert, doch das Innere wurde mehrmals neu gestaltet und 1837 nach einem Brand renoviert. Nach der Ermordung Alexanders II. 1881 wohnte die Zarenfamilie selten im Palast. Während des Ersten Weltkriegs wurde hier ein Feldlazarett eingerichtet. Im Juli 1917 machte die provisorische Regierung den Palast zu ihrem Hauptquartier, was zu dessen Erstürmung durch die Bolschewiken führte *(siehe S. 28)*.

Die Galerie des Krieges von 1812 (1826) zeigt Porträts russischer Generäle, die am Krieg gegen Napoleon teilnahmen.

Der Wappensaal (1839) mit den riesigen vergoldeten Säulen misst über 800 Quadratmeter. Er beherbergt die europäische Silbersammlung und eine restaurierte Zarenkutsche.

★ **Kleiner Thronsaal**
In diesem dem Andenken Peters des Großen gewidmeten Saal (1833) steht ein prachtvoller Thron aus dem Jahr 1731.

In der Feldmarschallshalle (1833), der Eingangshalle, brach 1837 ein verheerender Brand aus.

Der Georgssaal (1795) zeigt riesige Säulen und Wandverblendungen aus Carrara-Marmor.

Im Nikolaussaal, dem größten Raum des Palastes, fand stets der erste Ball der Saison statt.

Nordfassade, der Newa zugewandt

★ **Haupttreppe**
Die Haupttreppe (1762) ist ein Meisterwerk Rastrellis. Von hier aus beobachtete die Zarenfamilie am Dreikönigsfest die Taufzeremonie in der Newa, mit der Christi Taufe im Jordan gefeiert wurde.

★ **Malachitzimmer**
Für diesen luxuriösen Saal (1839), ausgestattet mit Malachitsäulen und -vasen, vergoldeten Türen, vergoldeter Decke und Parkettboden, verwendete man über zwei Tonnen Schmuckstein.

WINTERPALAST

Alexandersaal
Der Architekt Alexandr Brjullow gestaltete 1837 diesen Empfangssaal und gab ihm ein gotisches Gewölbe und klassizistische Stuck-Basreliefs mit militärischen Themen.

BARTOLOMEO RASTRELLI

Der italienische Architekt Rastrelli (1700–71) kam 1716 mit seinem Vater nach Russland, um für Peter den Großen zu arbeiten. Sein üppiger Barockstil wurde schnell sehr beliebt, 1738 ernannte man Rastrelli zum Haupthofarchitekten. Unter Elisabeths Herrschaft entwarf er den Winterpalast und das Smolny-Kloster *(siehe S. 128)*. Da Katharina die Große einen anderen Stil bevorzugte, setzte sich Rastrelli nach ihrer Thronbesteigung zur Ruhe (1763).

Die Französischen Zimmer, 1839 von Brjullow entworfen, beherbergen französische Kunst (18. Jh.).

Das Weiße Esszimmer wurde 1841 für die Hochzeit des zukünftigen Alexander II. hergerichtet.

Südfassade am Schlossplatz

Dunkler Korridor
Zu den französischen Wandteppichen gehört Die Hochzeit Kaiser Konstantins, *hergestellt nach einem Entwurf von Rubens (17. Jh.).*

Die Rotunde
(1830) verband die Privaträume im Westflügel mit den Repräsentationsräumen auf der Nordseite.

Westflügel

Die Gotische Bibliothek
und andere Räume auf der Nordwestseite des Palastes wurden dem bourgeoisen Lebensstil von Nikolaus II. angepasst. Die holzgetäfelte Bibliothek schuf Melzer 1894.

NICHT VERSÄUMEN

★ Kleiner Thronsaal

★ Malachitzimmer

★ Haupttreppe

Goldener Salon
Der Salon aus den 1850er Jahren wurde um 1875 mit vergoldeten Wänden und vergoldeter Decke ausgestattet. Er beherbergt eine Sammlung westeuropäischer geschliffener Edelsteine.

Millionärsstraße ⓭
Миллионная улица
Millionnaja uliza

Karte 2 E5.

Die Millionärsstrasse trägt diesen Namen, weil die prunkvollen Häuser früher von Aristokraten und Mitgliedern der Zarenfamilie bewohnt wurden. Da die Hauptfassaden und Eingänge zum Fluss hin liegen, korrespondieren einige Hausnummern mit denen des Palastufers.

Bei Ausbruch der Revolution war die Nr. 26 (am Ufer) Wohnsitz des Großherzogs Wladimir Alexandrowitsch, der dafür verantwortlich war, dass am »Blutsonntag« auf friedliche Demonstranten geschossen wurde *(siehe S. 26)*. Seine Gattin, Marija Pawlowna, gab Bälle, die selbst diejenigen des Zarenhofs übertrafen. Das Gebäude (1867–72), das von Alexandr Resanow im Stil der florentinischen Renaissance entworfen wurde, ist nun das Haus der Gelehrten.

Das Putjatin-Haus in der Millionärsstraße Nr. 12 sah das Ende der Romanow-Dynastie. Hier unterschrieb Großherzog Michail Alexandrowitsch, Bruder von Nikolaus II., im März 1917 den Verzicht auf den Thron. Nebenan, in Nr. 10, wohnte 1843 Honoré de Balzac, als er der Gräfin Eveline Hanska den Hof machte. Das aus der Mitte des 19. Jahrhunderts stammende Haus entwarf Andrei Schtackenschneider für die eigene Familie.

Prächtig gestaltete Fassade der Millionärsstraße Nr. 10

Prunktreppe des Marmorpalasts

Marmorpalast ⓮
Мраморный дворец
Mramorny dworez

Millionnaja Uliza 5 (Eingang vom Marsfeld). **Karte** 2 E4. (312 9196. 📍 2. 🚌 46. ⏰ Mi–So 10–17 Uhr, Mo 10–16 Uhr. 📷 in Englisch.

Den Marmorpalast ließ Katharina die Große als Geschenk für ihren Liebhaber Grigori Orlow erbauen, der ihr 1762 zur Macht verholfen hatte *(siehe S. 22)*. Das Gebäude (1768–85), ein frühes Beispiel klassizistischer Architektur, gilt als Antonio Rinaldis Meisterwerk.

Der Palast trägt seinen Namen wegen der vielen verschiedenen Marmorarten, die bei seinem Bau verwendet wurden. Die Inneneinrichtung wurde von Alexandr Brjullow neu gestaltet, die Prunktreppe und der Marmorsaal stammen noch von Rinaldi. Die Wände des Marmorsaals schmücken grauer, grüner, weißer, gelber und rosafarbener Marmor und Lapislazuli, außerdem das Deckengemälde *Triumph der Venus* aus den 1780er Jahren von Stefano Torelli.

Heute gehört der Palast, in dem 55 Jahre lang das Lenin-Museum untergebracht war, zum Russischen Museum *(siehe S. 104ff)*. Ausgestellt sind Arbeiten ausländischer, in Russland tätiger Künstler sowie moderne Kunst aus der Sammlung von Peter und Irene Ludwig wie ein Picasso, *Große Köpfe* (1969), sowie Werke von Jean-Michel Basquiat, Andy Warhol, Ilja Kabakow und Roy Lichtenstein.

Vor dem Palast steht eine Reiterstatue Alexanders III. Die oft verspottete Statue wurde 1911 auf der Ploschtschad Wosstanija enthüllt, 1937 jedoch von dort entfernt. Ihr Sockel wurde zerschlagen und für Statuen neuer Helden, wie für Lenin, verwendet.

Marsfeld ⓯
Марсово Поле
Marsowo Pole

Karte 2 F5. 🚌 46. 📍 2.

Das Gebiet, einst ein großer Sumpf, wurde im 19. Jahrhundert trockengelegt und für militärische Manöver, Paraden, Messen und andere Veranstaltungen genutzt. Nach Mars, dem römischen Kriegsgott, benannt, hatte das Marsfeld, damals ein Sandgebiet, zwischen 1917 und 1923 den Spitznamen »Petersburger Sahara«. Diese »Sahara« wurde bald in ein Kriegsdenkmal verwandelt.

Ein Ehrenmal (1917–19) von Lew Rudnew und die Ewige Flamme erinnern an die Opfer der Revolution von 1917 und des Bürgerkriegs *(siehe S. 27)*.

Ewige Flamme, Marsfeld

Die Westseite des Platzes dominiert ein prächtiges klassizistisches Gebäude (1817–19) von Wassili Stassow. Es war früher die Kaserne der Pawlowski-Garde, die 1796 von Zar Paul I. gegründet worden war. Der militärbegeisterte Zar soll nur Wachposten mit Stupsnasen, die seiner eigenen ähnelten, rekrutiert haben. Die Pawlowski-Offiziere gehörten zu den ersten, die sich während der Revolution von 1917 gegen das Zarenregime wandten *(siehe S. 28 f)*.

An lauen Frühlingsabenden ist der ganze Platz von Fliederduft erfüllt.

Sommergarten ⓰
Летний сад
Letni sad

Letni Sad. **Karte** 2 F4. 🚌 46. 🚇 2.
⏰ tägl. 8–20 Uhr (Mai–Okt bis
22 Uhr). ♿ 🅿 📷 Mai–Okt.

PETER DER GROSSE gab 1704 diesen wunderschönen Garten, einen der ersten der Stadt, in Auftrag. Ein Franzose entwarf ihn im Stil von Versailles, bepflanzte die Alleen mit importierten Ulmen und Eichen und schmückte sie mit Brunnen, Pavillons und rund 250 italienischen Statuen. 1777 zerstörte eine Überschwemmung den größten Teil des Sommergartens. Der heutige englische Garten verdankt sein Aussehen dem eher nüchternen Geschmack Katharinas der Großen. Das schmiedeeiserne Gitter (1771–84) zur Newa hin ist ein Werk von Juri Felten und Pjotr Jegorow.

Ein Jahrhundert lang war der Sommergarten dem Adel vorbehalten. Als Nikolaus I. ihn »anständig gekleideten Mitgliedern der Öffentlichkeit« zugänglich machte, entstanden zwei klassizistische Pavillons, das Teehaus und das Kaffeehaus mit Blick auf die Fontanka. Hier werden nun in wechselnden Ausstellungen die Werke moderner Künstler aus St. Petersburg vorgestellt.

Nicht weit entfernt steht eine Bronzestatue von Iwan Krylow, Russlands berühmtestem Fabeldichter, der bei russischen Kindern sehr beliebt ist. Sie wurde 1854 von Pjotr Klodt geschaffen. Die Basreliefs auf dem Sockel zeigen Tiere aus Krylows Fabeln.

Im Sommergarten: Iwan Krylows Statue zwischen Herbstlaub

Sommerpalast ⓱
Летний дворец
Letni dworez

Nabereschnaja Kutusowa. **Karte** 2 F4.
📞 314 0456. ⏰ Mi–Mo. 11–18 Uhr.
🚫 11. Nov–30. Apr. 🚌 46.
🚇 2. 📷 ♿

DER BESCHEIDENE zweistöckige Sommerpalast, gebaut für Peter den Großen, ist das älteste Steingebäude der Stadt. Es wurde im holländischen Stil von Domenico Trezzini entworfen und 1714 fertiggestellt. Der gefeierte preußische Bildhauer Andreas Schlüter schuf die herrlichen maritimen Basreliefs (1713), eine allegorische Anspielung auf die russischen Seesiege unter Peter dem Großen. Der Sommerpalast war die zweite Residenz des Zaren in St. Petersburg. Er ist größer als das Holzhäuschen *(siehe S. 73)*, doch nicht vergleichbar mit den Palästen seiner Nachfolger.

In der Empfangshalle im Erdgeschoss hängen Porträts des Zaren und seiner Minister. Außerdem steht hier der Admiralitätsstuhl Peters des Großen aus Eiche. Im Schlafzimmer ist das ursprüngliche Himmelbett mit einer Tagesdecke aus chinesischer Seide zu sehen sowie ein Deckengemälde, das den Triumph von Morpheus, dem Gott der Träume, zeigt. Nebenan liegt die Drechslerwerkstatt mit originalen russischen Drehbänken und einem kunstvoll geschnitzten meteorologischen Instrument, das 1714 in Dresden entworfen wurde.

Der Palast hatte das erste Wasserrohrsystem der Stadt. In der Küche sind noch das schwarze Marmorbecken, der schön gekachelte Küchenherd und viele Küchenutensilien aus dem frühen 18. Jahrhundert zu sehen. Von der Küche gelangt man in das Esszimmer, das phantasievoll renoviert wurde. Man benutzte es nur für kleinere Familienzusammenkünfte; größere Bankett fanden im Menschikow-Palast *(siehe S. 62)* statt.

Eine Treppe führt in den ersten Stock zur Suite von Peters zweiter Frau Katharina. Der Thron im so genannten Thronsaal ist mit Nereiden und anderen Meeresgöttern gestaltet. Die Glasvitrinen im Grünen Zimmer zeigten früher die faszinierende Kuriositätensammlung Peters des Großen, die nun in der Kunstkammer untergebracht ist *(siehe S. 60 f.)*.

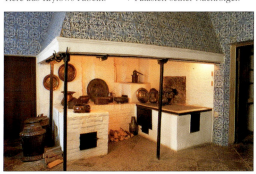
Küchenherd in der gefliesten Küche des Sommerpalasts

GOSTINY DWOR

GOSTINY DWOR war Anfang des 18. Jahrhunderts das kommerzielle Herz von St. Petersburg. Auch heute gibt es um den Newski Prospekt viele Einzelhandelsgeschäfte. In der Nachbarschaft haben sich zahlreiche ausländische Händler und Geschäftsleute niedergelassen.

Bis in die Mitte des 19. Jahrhunderts hinein bedienten die hier ansässigen Geschäfte vor allem die schier grenzenlosen Bedürfnisse der aristokratischen Haushalte, die nach Gold- und Silberwaren, Schmuck und Haute Couture verlangten. Mit den kommerziellen und finanziellen Aktivitäten entstand eine neue Schicht von Unternehmern. Bis zur Revolution wuchs die Zahl der Banken um den Newski Prospekt sehr schnell; ihre imposanten neuen Bürogebäude fügten dem hauptsächlich klassizistischen Stil der Umgebung neue Formensprachen hinzu. Heute drehen sich hier die Räder des Kapitalismus. Einen Kontrast zu dieser geschäftigen Atmosphäre bildet die Ruhe auf dem Platz der Künste, an dem das Russische Museum und andere Gebäude an das reiche kulturelle Erbe der Stadt erinnern.

Statuen an der Fassade des Russischen Museums

SEHENSWÜRDIGKEITEN AUF EINEN BLICK

Kirchen
Armenische Kirche ❼
Erlöserkirche S. 100 ❶
Evangelische Kirche ⓱
Kathedrale Unserer Lieben Frau von Kasan ⓯

Museen
Ingenieursschloss ❷
Puschkin-Museum ⓳
Russisches Museum S. 104 ff ❸

Straßen und Plätze
Newski Prospekt ❻
Ostrowskiplatz ⓫
Platz der Künste ❹
Uliza Sodtschewo Rossi ⓬

Läden und Märkte
Apraxin-Markt ⓮
Gostiny Dwor ❽
Jelissejew ❾

Paläste
Anitschkow-Palast ❿
Stroganow-Palast ⓰
Woronzow-Palast ⓭

Hotel
Grandhotel Europa ❺

Historische Gebäude
Akademische Kapelle ⓲
Marstall ⓴

LEGENDE
Detailkarte S. 98f
M Metro-Station
Straßenbahnhaltestelle

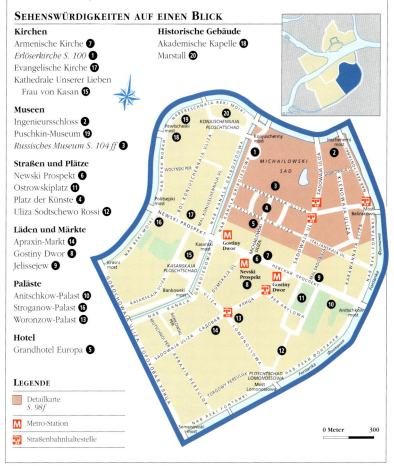

◁ Der belebte Newski Prospekt mit dem Duma-Turm (links) und der Admiralität (Hintergrund)

Im Detail: Rund um den Platz der Künste

Peter der Große

Der Platz der Künste, eine der schönsten Schöpfungen Carlo Rossis, trägt seinen Namen zu Recht. Die ihn säumenden Gebäude belegen das einzigartige kulturelle Erbe der Stadt. Der riesige Palast mit dem Russischen Museum wird von Theatern und der Philharmonie flankiert. Dahinter liegt der Michailow-Garten, ein beliebter Treffpunkt. Der Garten erstreckt sich bis zum Ufer der Moika, die mit der Fontanka und dem Gribojedow-Kanal einen glitzernden Rahmen für dieses malerische Viertel bildet.

★ Erlöserkirche
Bunte Mosaiken und kunstvolle Reliefs prägen das Äußere der Kirche, das dem traditionellen russischen Stil des 17. Jahrhunderts nacheifert. ❶

Michailow-Garten

★ Russisches Museum
Die Galerie des Michailow-Palasts birgt eine sagenhafte Sammlung russischer Gemälde, Skulpturen und angewandter Kunst. Das Große Vestibül und der Weiße Saal sind original erhalten. ❸

Platz der Künste
Sein jetziger Name ist auf die ihn umgebenden kulturellen Institutionen zurückzuführen. Das Mussorgski-Theater für Oper und Ballett liegt auf der Westseite; es wurde 1833 eröffnet. ❹

Puschkin-Denkmal (1957)

Newski Prospekt

Der Große Saal der Philharmonie ist einer der wichtigsten Veranstaltungsorte St. Petersburgs *(siehe S. 194)*.

Grandhotel Europa
Dieses berühmte Hotel wurde von Ludwig Fontana 1873–75 erbaut. Gewaltige Atlanten zieren die eklektische Fassade, die sich bis zum Newski Prospekt erstreckt. ❺

PLATZ DER KÜNSTE

ZUR ORIENTIERUNG
Siehe Stadtplan, Karte 6

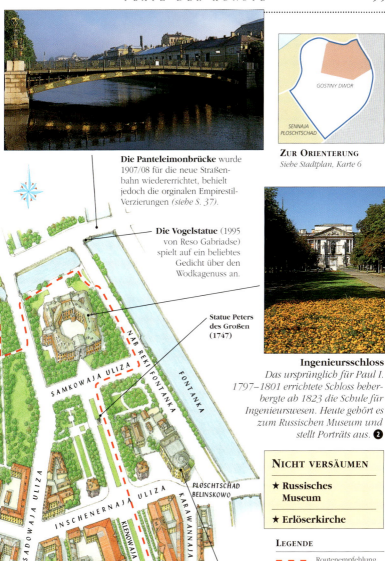

Die Panteleimonbrücke wurde 1907/08 für die neue Straßenbahn wiedererrichtet, behielt jedoch die orginalen Empirestil-Verzierungen *(siehe S. 37)*.

Die Vogelstatue (1995 von Reso Gabriadse) spielt auf ein beliebtes Gedicht über den Wodkagenuss an.

Statue Peters des Großen (1747)

Ingenieursschloss
Das ursprünglich für Paul I. 1797–1801 errichtete Schloss beherbergte ab 1823 die Schule für Ingenieurswesen. Heute gehört es zum Russischen Museum und stellt Porträts aus. ❷

NICHT VERSÄUMEN

★ Russisches Museum

★ Erlöserkirche

LEGENDE

– – – Routenempfehlung

0 Meter   100

Newski Prospekt

Das Hygienemuseum mit makabren Exponaten von konservierten menschlichen Organen wurde 1919 eingerichtet, um über Gesundheit und Hygiene zu informieren.

Der Zirkus, angekündigt von einem bunten Neonschild, tritt seit dem 19. Jahrhundert (damals als Ciniselli-Zirkus) auf. Er zeigt noch immer traditionelle Aufführungen *(siehe S. 193)* in seinem Quartier an der Fontanka.

Erlöserkirche ❶
Храм Спаса-на-Крови
Chram Spasa-na-Krowi

> **INFOBOX**
>
> Konjuschennaja Ploschtschad. **Karte** 2 E5. (315 1636. M *Newski Prospekt, Gostiny Dwor.* 12, 53. Mai-Sep Di-Do 10.30–19 Uhr; (Okt-Apr 11–18 Uhr).

DIE ERLÖSERKIRCHE, auch bekannt als Auferstehungskirche Unseres Erlösers, entstand an der Stelle, an der Zar Alexander II. am 13. März 1881 ermordet wurde (siehe S. 26). 1883 schrieb sein Nachfolger, Alexander III., einen Wettbewerb für eine Gedenkstätte aus. Gewinner waren Alfred Parland und Ignati Malyschew, deren Modell im neo-altrussischen Stil der Zar favorisierte. Der Grundstein wurde im Oktober 1883 gelegt, der Bau dauerte ein Vierteljahrhundert. Der Gesamteindruck der Kirche wird beherrscht von der Farbenpracht, die das Nebeneinander von Materialien erzeugt. Über 20 Gesteinsarten, darunter Jaspis, Rhodonit, Porphyr und Marmor, sind in den Mosaiken der Ikonostase, Ikonentafeln und Fußböden verarbeitet. Die Kirche wurde nach umfassender Restauration 1998 wiedereröffnet.

Mosaiktympanon
Mosaiktafeln mit Szenen aus dem Neuen Testament wurden nach Zeichnungen von Künstlern wie Wiktor Wasnezow und Michail Nesterow erstellt.

Mosaikwappen
Die 144 Mosaikwappen auf dem Glockenturm repräsentieren die Regionen, Städte und Provinzen des Russischen Reiches. Sie sollen den Kummer widerspiegeln, den die Ermordung Alexanders im Volk auslöste.

Der zeltförmige Kirchturm ist 81 Meter hoch.

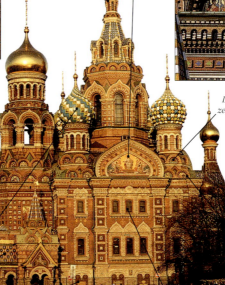

Details
Die vielfältigen Einzelheiten der im neo-altrussischen Stil gestalteten Kirche bilden einen auffallenden Kontrast zu den klassizistischen und barocken Gebäuden, die im Stadtzentrum vorherrschen.

Emailschmuck ziert die 1000 Quadratmeter Oberfläche der fünf Kuppeln.

Glasierte Keramikkacheln beleben die Fassade.

Mosaikporträts von Heiligen sind in den Reihen von *Kokoschniky*-Giebeln untergebracht. Fast 7000 Quadratmeter Mosaikfläche schmücken das extravagante Äußere der Kirche.

Auf zwanzig dunkelroten Tafeln aus norwegischem Granit werden mit eingravierten goldenen Buchstaben die wichtigsten Ereignisse aus Alexanders II. Regierungszeit (1855–81) erzählt. Dazu gehören auch die Aufhebung der Leibeigenschaft 1861 und die Eroberung Zentralasiens (1860–81).

Fensterrahmen
Die Fenster werden von behauenen Säulen aus prunkvollem estnischem Marmor eingerahmt. Die Verkleidung besteht aus Doppel- und Dreifachkokoschniky (gestufte dekorative Bogen).

Südfassade des Ingenieursschlosses mit der Statue Peters des Großen

Michailowski-Schloss ❷

Михайловский замок
Mikhaylovskiy zamok

Sadowaja Uliza 2. **Karte** 2 F5.
📞 *313 4173.* 🚌 *46, 134.* 🚋 *2.*
🕐 *Mi–So 10–18 Uhr; Mo 10–17 Uhr.*

Das rote Backsteingebäude, das zwischen Moika und Fontanka liegt, hieß ursprünglich Michaelsschloss. Wassili Baschenow und Vincenzo Brenna bauten es von 1779 bis 1801 für Zar Paul I. Der Zar fürchtete nichts so sehr wie ein Attentat, deshalb ließ er Gräben und Zugbrücken um sein neues Domizil sowie einen unterirdischen Gang zu den Kasernen auf dem Marsfeld *(siehe S. 94)* bauen. Doch alle Vorsicht war vergebens – nach nur 40 Tagen im neuen Zuhause wurde er Opfer eines militärischen Komplotts und ermordet *(siehe S. 22)*.

1823 zog die Militäringenieurschule in das Schloss ein, womit sich der heutige Name erklärt. Der bekannteste Absolvent dieser Schule war Dostojewski *(siehe S. 123)*. Heute ist in dem Komplex eine Abteilung des Russischen Museums untergebracht, die wechselnden Ausstellungen Platz bietet.

Durch die Ausstellung gelangt man zur Kirche des Erzengels Michael, die ein typisches Beispiel für Brennas klassizistischen Stil darstellt.

Vor dem Schloss steht eine Bronzestatue von Peter dem Großen auf dem Rücken eines Pferdes. Die Figur wurde von Bartolomeo Rastrelli entworfen und 1747 gegossen.

Russisches Museum ❸

Siehe S. 104 ff.

Platz der Künste ❹

Площадь Искусств
Ploschtschad Iskusstw

Karte 6 F1. Ⓜ *Newski Prospekt, Gostiny Dwor.*

Einige führende kulturelle Einrichtungen der Stadt liegen an diesem imposanten klassizistischen Platz – daher der Name. Anfang des 19. Jahrhunderts schuf Carlo Rossi ihn als Ergänzung zum Michailow-Palast (heute Russisches Museum), der auf seiner Nordseite steht.

Dem Platz gegenüber befindet sich der Große Saal der St. Petersburger Philharmonie, auch als Schostakowitsch-Saal bekannt *(siehe S. 43)*. Seit den 1920er Jahren ist er der Sitz der Philharmonischen Gesellschaft *(siehe S. 194)*. Nach dem Bau durch Paul Jacot 1834–39 diente die Philharmonie als Klub für Adlige, in dem Konzerte aufgeführt wurden. Dazu gehörten die Uraufführung von Beethovens *Missa Solemnis* (1824) und Tschaikowskys *(siehe S. 44)* 6. Sinfonie (1893).

Auf der Westseite des Platzes befindet sich das Mussorgski-Theater für Oper und Ballett *(siehe S. 194)*, das Mitte des 19. Jahrhunderts von Albert Kawos restauriert wurde. Auf dem Platz thront eine Statue von Alexandr Puschkin *(siehe S. 44)*. Sie ist das Werk des führenden Nachkriegsbildhauers Michail Anikuschin.

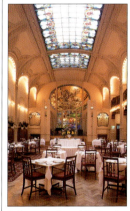

Restaurant im Jugendstil, Grandhotel Europa *(siehe S. 181)*

Grandhotel Europa ❺

Гранд Отель Европа
Grand Otel Ewropa

Michailowskaja Uliza 1/7. **Karte** 6 F1.
📞 *329 6000.* Ⓜ *Newski Prospekt, Gostiny Dwor.* ♿ Siehe **Übernachten** S. 173.

Das prunkvolle Grandhotel Europa, eines der berühmtesten Hotels Russlands, wurde von Ludwig Fontana entworfen. 1873–75 gebaut, wird das Haus vor allem durch die vom Jugendstil-Architekten Fjodor Lidwal durchgeführten Änderungen geprägt. Vor der Revolution trafen sich Mitglieder des diplomatischen Corps und der Geheimpolizei im Hotelrestaurant. Seit gut 20 Jahren ist das Hotelcafé ein beliebter Intellektuellen- und Künstlertreff.

Puschkin-Denkmal vor dem Russischen Museum, Platz der Künste

Die Erlöserkirche erinnert an das alte Russland ▷

Russisches Museum ❸

Русский Музей
Russki Musei

DAS MUSEUM im Michailow-Palast, eine der schönsten klassizistischen Schöpfungen von Carlo Rossi, wurde 1819–25 für den Großfürsten Michail Pawlowitsch errichtet. Mit der Eröffnung als öffentliches Museum im Jahr 1898 verwirklichte Nikolaus II. die Pläne seines Vaters Alexanders III. Heute besitzt das Haus eine der weltweit größten Sammlungen russischer Kunst.

Der Benua-Flügel (Hauptarchitekt war Leonti Benua) wurde 1914–19 angebaut.

Treppen zum Erdgeschoss

Das Mahl im Kloster
Perows Gemälde (1865–76) zeigt durch das Nebeneinander von Arm und Reich, Gut und Böse, falscher Pietät und wahrem Glauben die Scheinheiligkeit der Geistlichkeit.

★ **Prinzessin Olga Konstantinowna Orlowa**
Valentin Serow (1911) beherrschte zwar viele Genres, berühmt wurde er aber als bester Porträtmaler Russlands an der Schwelle zum 20. Jahrhundert.

Treppe zum ersten Stock des Benua-Flügels

KURZFÜHRER
Der Haupteingang führt zum Kartenverkauf im Untergeschoss. Die Ausstellung beginnt im ersten Stock, ist in durchnummerierten Räumen chronologisch geordnet, geht im Erdgeschoss des Hauptgebäudes und des Rossi-Flügels weiter und endet im ersten Stock des Benua-Flügels. Regelmäßiger Ausstellungswechsel.

Folklorespielzeug
Dieses Tonspielzeug von Dykomowo (um 1935) ist Teil einer bunten Sammlung von Lackschachteln, Keramiken und Textilien.

NICHT VERSÄUMEN

- ★ ***Prinzessin Olga Konstantinowa Orlowa** (Serow)*
- ★ ***Der letzte Tag von Pompeji** (Brjullow)*
- ★ ***Die Wolgatreidler** (Repin)*

RUSSISCHES MUSEUM

★ Der letzte Tag von Pompeji
Karl Brjullows Bild (1833) bringt die ästhetischen Prinzipien der Akademie der Künste seiner Zeit zum Ausdruck. Das Gemälde trug ihm den Grand Prix des Pariser Salons ein.

INFOBOX

Inschenernaja Uliza 4. **Karte** 6 F1.
595 4248. M Newski Prospekt, Gostiny Dwor. 3, 7, 22, K-128, K-129, K-169. 1, 5, 7, 10, 22. Mo 10–17 Uhr; Mi–So 10–18 Uhr (Kartenverkauf bis 1 Std. vor Schließung). Lift/Rampen werden gebaut. in Englisch (Tel. 314 3448). in Englisch.
W www.rusmuseum.ru

★ Die Wolgatreidler
Ilja Repin war der bekannteste Vertreter der »Wanderer«, die sich dem Sozialrealismus und russischen Themen verschrieben hatten. Seine kraftvolle Anklage (1870–73) verleiht den unterdrückten Menschen eine düstere Würde.

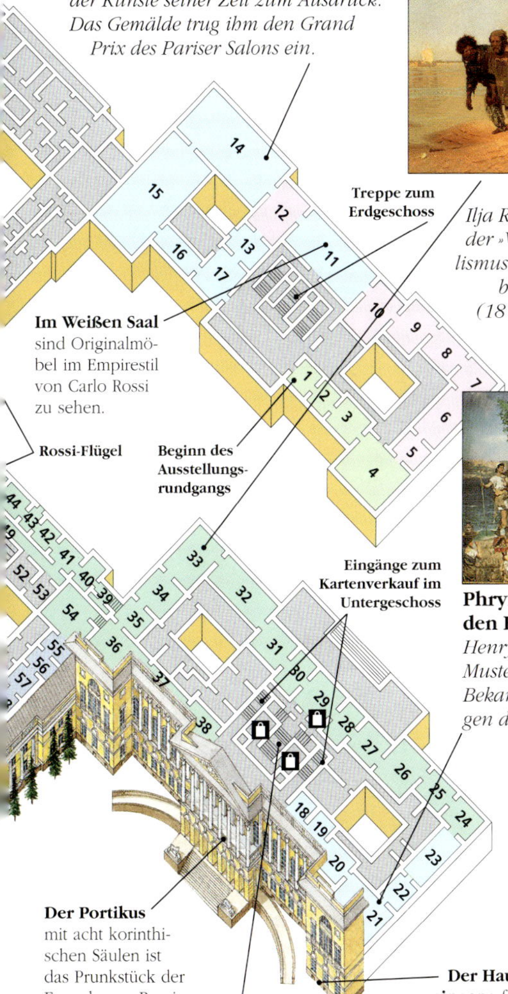

Treppe zum Erdgeschoss

Im Weißen Saal sind Originalmöbel im Empirestil von Carlo Rossi zu sehen.

Rossi-Flügel

Beginn des Ausstellungsrundgangs

Eingänge zum Kartenverkauf im Untergeschoss

Phryne bei den Poseidonfeiern in den Eleusinischen Gefilden (1889)
Henryk Siemiradzkis Gemälde sind Musterbeispiele des späten Klassizismus. Bekannt wurde er mit seinen Darstellungen des Lebens in der Antike.

Der Portikus mit acht korinthischen Säulen ist das Prunkstück der Fassade von Rossi. Dahinter liegt ein Fries antiker Figuren, von Rossi entworfen und von Demut-Malinowski ausgeführt.

Treppe zum ersten Stock

Der Haupteingang führt durch eine kleine Tür zum Untergeschoss, in dem sich Kasse, Garderobe, Toiletten und ein Café befinden.

LEGENDE

- ☐ Altrussische Kunst
- ☐ 18. Jahrhundert
- ☐ Frühes 19. Jahrhundert
- ☐ Spätes 19. Jahrhundert
- ☐ Spätes 19. bis frühes 20. Jh.
- ☐ 20. Jahrhundert
- ☐ Plastik des 18.–20. Jahrhunderts
- ☐ Volkskunst
- ☐ Wechselausstellungen
- ☐ Keine Ausstellungsfläche

Überblick: Russisches Museum

DAS MUSEUM VERFÜGTE ursprünglich nur über offiziell genehmigte Werke der Akademie der Künste *(siehe S. 63)*. Als es nach der Revolution verstaatlicht wurde, kamen Sammlungen aus Palästen, Kirchen und Privatbesitz hinzu. In den 1930er Jahren war der Sozrealismus Staatskunst; Werke der Avantgarde wurden aus den Ausstellungsräumen entfernt, tauchten aber im Zuge der Perestroika in den 1980er Jahren wieder auf.

Bildnis von E.J. Nelidowa (1773) vom Dmitri Lewizki

Der Engel mit dem Goldhaar, Ikone aus dem 12. Jahrhundert

ALTRUSSISCHE KUNST

DIE MUSEUMSSAMMLUNG beginnt mit Ikonen vom 12. bis zum 17. Jahrhundert. Russische Ikonen wurzeln in der orthodoxen Tradition; sie wirkten daher für gewöhnlich düster, ohne ein Zeichen von Bewegung und mit einer unnahbaren, mystischen Darstellung der Heiligen. Bestes Beispiel hierfür ist eine der ersten Ikonen, *Der Engel mit dem Goldhaar*, bei der die großen, ausdrucksvollen Augen und die feinen Gesichtszüge des Erzengels Gabriel eine himmlische Anmut vermitteln.

Die Nowgoroder Schule *(siehe S. 163)* förderte einen kühneren, farbigeren und weniger statischen Stil. Vielen gilt bis heute die poetisch ausdrucksvolle und technisch verfeinerte Arbeit von Andrej Rubljow (ca. 1360–1430) als Höhepunkt russischer Ikonenmalerei.

1700–1860

DIE ERSTEN WELTLICHEN Porträts (die auf der Statik der Ikonen aufbauen) erschienen in der zweiten Hälfte des 17. Jahrhunderts. Erst unter Peter dem Großen, der junge Künstler zum Studium ins Ausland schickte, löste sich die russische Malerei von ihren byzantinischen Wurzeln. Richtige Entfaltung erfuhr die weltliche Kunst erst durch die Gründung der Akademie der Künste im Jahr 1757 *(siehe S. 63)*; hier nahm die Hinwendung zu antiken und mythologischen Sujets ihren Anfang.

Europäischer Einfluss prägte die Arbeit der ersten wichtigen Porträtmaler, Iwan Nikitin (1688–1741) und Andrei Matwejew (1701–39). Unter Dmitri Lewizki (1735–1822), zu dessen besten Werken eine Porträtreihe von adligen Mädchen des Smolny-Instituts zählt, reifte die Porträtkunst.

Die russische Landschaftsmalerei erhielt ihre Anregungen von der Romantik und Künstlern, die im Ausland arbeiteten, wie Silwestr Schtschedrin (1791–1830) und Fjodor Matwejew (1758–1826).

Iwan Aiwasowskis (1817–1900) riesige Seebilder vermitteln mit ihrer Größe und Stimmung etwas sehr Russisch-Melancholisches. Die Romantik beeinflusste auch Historienmaler wie Karl Brjullow (1799–1852), deutlich zu sehen etwa in seinem Werk *Der letzte Tag von Pompeji*.

Unter Führung von Iwan Kramskoi (1837–87) rebellierte 1863 eine Gruppe von Studenten gegen die Akademie der Künste. Sieben Jahre später gründeten sie die Gemeinschaft der Wanderaussteller; sie wurden auch als »Wanderer« *(peredwischniky)* bekannt. Ihren Forderungen nach sollte die Malerei größere soziale Relevanz erhalten und russische Themen behandeln.

Der vielseitigste Künstler unter ihnen war Ilja Repin *(siehe S. 42)*, dessen Gemälde *Die Wolgatreidler* sowohl die Zwangsarbeit anprangert als

Ritter am Scheideweg (1882) von Viktor Wasnezow

Der sechsflügelige Seraph (1904) von Michail Wrubel

auch eine romantische Sicht russischer Menschen vermittelt. *Das Mahl im Kloster* von Wassili Perow (1833–82) ist dagegen eine satirische Attacke gegen soziale Ungerechtigkeit und kirchliche Heuchelei.

Die russische Geschichte diente Malern wie Nikolai Ge (1831–94) und Wassili Surikow (1848–1916) als Inspiration für das nationalistische Element in ihren Bildern. Dabei verliehen sie ihren Figuren eine neue psychologische Schärfe; so zeigte Ge Zar Peter den Großen bei einem Gespräch mit seinem Sohn, der ihm offensichtlich nur ungern Auskunft gibt.

Die Renaissance des Slawischen hauchte auch der Landschaftsmalerei neues Leben ein. Man konzentrierte sich auf die Schönheit der Landschaft. Darin war Issaak Lewitan (1860–1900) ein Meister; sein *Goldener Herbst. Vorstadt* von 1889 scheint im impressionistischen Stil gemalt zu sein.

Viktor Wasnezow (1848–1926) wandte sich der legendären Vergangenheit Russlands zu, wie in seinem Bild *Ritter am Scheideweg*, einer Metapher für die ungewisse Zukunft des Landes. Das Bild zeigt, dass Wasnezow sich schwerlich der Melancholie des Fin de Siècle und dem Mystizismus entziehen konnte, Strömungen, die vor allem die Symbolisten aufgegriffen haben.

Kunst des 20. Jahrhunderts

DIE DUNKLEN, grüblerischen Bilder des Symbolisten Michail Wrubel (1856–1910) verbinden russische und religiöse Themen mit einer internationaleren Art der Darstellung. Wrubel stellte sowohl mit Farbe als auch mit Form Emotionen dar. Sein *Sechsflügeliger Seraph* verdankt seine Spannung einer gebrochenen, dynamischen Oberfläche.

Einen weiteren wichtigen Beitrag zur Kunst des 20. Jahrhunderts verdanken wir der von Alexander Benua und Sergej Diaghilew gegen Ende des 19. Jahrhunderts gegründeten Bewegung »Die Welt der Kunst« (*siehe S. 26*). Sie lehnte »sozial nützliche Kunst« zugunsten

Bildnis des Direktors Wsewolod Meyerhold (1916), Boris Grigorjew

einer »reinen und freien Kunst« ab. Damit öffnete sich die russische Malerei dem Einfluss Westeuropas. Viele Anhänger der Bewegung, darunter Benua und Léon Bakst, entwarfen Bühnenbilder und Kostüme für Diaghilews Ballets Russes (*siehe S. 119*).

Die russische Avantgarde wurde auch von Cézanne, Picasso und Matisse beeinflusst. Michail Larionow (1881–1964) und Natalija Gontscharowa (1881–1962) nutzten russische Volkskunst für ihre Arbeiten wie *Waschen von Leinwand* (Gontscharowa, 1908). Später wandten sie sich dem Futurismus zu, so im *Fahrradfahrer* (1913; *siehe S. 40*). Eine Verbindung zwischen innovativer Malerei und Kunst im Allgemeinen zeigt sich in dem Meyerhold-Porträt von Boris Grigorjew.

Kasimir Malewitsch (1878–1935) war fasziniert von einfachen geometrischen Formen; daraus entstand der Suprematismus. Wassily Kandinsky (1866–1944), Mitglied der Münchner Gruppe »Der Blaue Reiter«, war ein herausragender Vertreter der russischen abstrakten Kunst. Marc Chagall (1887–1985), El Lissitzky (1890–1941) und Alexander Rodtschenko (1891–1956) sind ebenfalls vertreten.

Wegen der großen Nachfrage im Ausland nach Leihgaben wechseln die gezeigten Exponate häufig.

Volkskunst

ALS DER INDUSTRIELLE und Kunstförderer Sawwa Mamontow in den 1860er Jahren bei Moskau eine Künstlerkolonie gründete, gewann die Volkskunst immer mehr Einfluss auf die moderne russische Kunst. Wassili Polenow (1844–1927), Ilja Repin und Viktor Wasnezow zählten zu den Malern, die mit den Leibeigenen dieses Landguts arbeiteten und von ihnen lernten. Zu der abwechslungsreichen Museumssammlung folkloristischer Kunst zählen feinste gestickte Gobelins, traditionelle Kopfbedeckungen, Fliesen, Porzellanspielzeug, Lacklöffel und Lackgeschirr.

Newski Prospekt ❻
Невский проспект
Newski prospekt

Karte 6 D1–8 D3. Ⓜ *Newski Prospekt, Gostiny Dwor. Siehe auch S. 46 ff.*

Russlands berühmteste Straße, der Newski Prospekt, ist zugleich St. Petersburgs Hauptdurchgangsstraße. In den 1830er Jahren erklärte der Romancier Nikolai Gogol *(siehe S. 42)* stolz: »Es gibt nichts Schöneres als den Newski Prospekt ... Für St. Petersburg ist er alles ... Gibt es etwas Lebhafteres, Brillanteres, Glänzenderes als diese schöne Straße unserer Hauptstadt?« Bis heute hat dieser Boulevard seine Ausstrahlung erhalten.

Der Newski Prospekt wurde in der Gründungszeit der Stadt angelegt, hieß zunächst »Große Perspektive« und führte über 4,5 Kilometer von der Admiralität *(siehe S. 78)* bis zum Alexander-Newski-Kloster *(siehe S. 130f)*. Die hier lebenden Wölfe wurden vertrieben, und der unvorhersehbaren Überschwemmungen *(siehe S. 37)*, die dafür sorgten, dass man 1721 auf dem Boulevard Boot fahren konnte, wurde man Herr. Bald entstand der Stroganow-Palast *(siehe S. 112)*. Geschäfte und Basare für den Adel sowie Gasthäuser folgten. Mitte des 18. Jahrhunderts war der Boulevard zu einem Ort des Sehens und Gesehenwerdens geworden, ein beliebter Treffpunkt für Geschäft und Vergnügen.

Auch heute wimmelt es bis tief in die Nacht von Menschen. Zwischen der Admiralität und der Anitschkow-Brücke *(siehe S. 46f)* liegen viele Sehenswürdigkeiten. Gute Geschäfte *(siehe S. 186f)* findet man um Gostiny Dwor und im Kaufhaus Passasch. Der Newski Prospekt hat auch kulturell Interessantes zu bieten: den Kleinen Saal der Philharmonie *(siehe S. 194)*, den Belosselski-Belosserski-Palast *(siehe S. 49)*, die Russische Nationalbibliothek sowie eine ganze Reihe von Museen, Kirchen (etwa die Katherinenkirche, *siehe S. 48)*, Läden, Kinos und Restaurants.

Armenische Kirche (1771–79)

Armenische Kirche ❼
Армянская церковь
Armjanskaja zerkow

Newski Prospekt 40–42. **Karte** 6 F1.
📞 *318 4108.* Ⓜ *Gostiny Dwor.*
⊙ *9–21 Uhr.*

Der Architekt Juri Felten entwarf die schöne blau-weiße Armenische Kirche St. Katharina mit einem klassizistischen Portikus und einer einzelnen Kuppel. Die 1780 fertiggestellte Kirche wurde von dem armenischen Geschäftsmann Ioakim Lasarew aus dem Erlös eines persischen Diamanten finanziert, den einst Grigori Orlow für Katharina die Große *(siehe S. 22)* erworben hatte. Nach 1930 war die Kirche geschlossen, doch heute heißt die armenische Gemeinde interessierte Besucher gern willkommen.

Gostiny Dwor ❽
Гостиный двор
Gostiny Dwor

Newski Prospekt 35. **Karte** 6 F2.
📞 *110 5408.* Ⓜ *Gostiny Dwor.*
⊙ *tägl. 9–21 Uhr.*

Die Bezeichnung *gostiny Dwor* bedeutete ursprünglich »Gästehof«, doch als mit zunehmendem Handel die Kaufleute ihre Läden um die Gasthäuser errichteten, erhielt es die Bedeutung »Geschäftszeile«. Die ursprüngliche Holzstruktur dieses *gostiny dwor* wurde 1736 durch ein Feuer zerstört. Der neue Entwurf

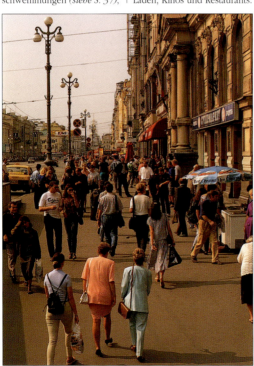

Der Newski Prospekt, Mittelpunkt von St. Petersburg

von Bartolomeo Rastrelli – 20 Jahre später – erwies sich als zu teuer. 1761 begann der Wiederaufbau, 1785 war er abgeschlossen. Vallin de la Mothe schuf die eindrucksvollen Säulenarkaden und Portiken. Das gelbe Gebäude, ein unregelmäßiges Viereck, ist an einer Seite mit dem Newski Prospekt verbunden. Seine Fassaden sind insgesamt fast einen Kilometer lang.

Im 19. Jahrhundert wurde die Galerie eine Wandelhalle mit mehr als 5000 Angestellten. Während der Belagerung im Zweiten Weltkrieg *(siehe S. 27)* erlitt sie schweren Schaden; die Ausbesserungen führten dazu, dass sie nun eher einem Wohnblock ähnelt. Doch noch immer hat sich die Galerie ihre »Ställe« mit einzelnen Geschäftszweigen bewahrt, zu denen heute auch Niederlassungen ausländischer Firmen zählen. Das Gostiny Dwor ist das wichtigste Kaufhaus der Stadt *(siehe S. 187)*.

Buntglasfenster in Jelissejews Gourmettempel

Arkaden im Gostiny Dwor

Jelissejew ❾
Елисеевский гастроном
Jelissejewski gastronom

Newski Prospekt 56. **Karte** 6 F1.
📞 312 1865. Ⓜ *Gostiny Dwor.*
🕐 *Mo–Fr 10–21 Uhr, Sa, So 11–21 Uhr.* ⚫ *1. Januar.*

VATER DER erfolgreichen Jelissejew-Dynastie war Pjotr Jelissejew, ein zielstrebiger Bauer, der 1813 einen Weinladen am Newski Prospekt eröffnete. Um 1900 erbten seine Enkel eine Schokoladenfabrik, zahlreiche Häuser, Gaststätten und sein berühmtes Geschäft. Es ist im prunkvollsten Jugendstil-Gebäude der Stadt untergebracht, das 1901–03 von Gawriil Baranowski entworfen und mit Bronzen, Heldenfiguren und riesigen Fenstern verziert wurde. Das Innere glänzt mit Buntglasfenstern, Marmortresen und Kristallüstern und stiehlt den Delikatessen *(siehe S. 190)* die Schau. Eine Gedenktafel am Haupteingang ehrt die Enkel.

Anitschkow-Palast ❿
Аничков дворец
Anitschkow dworez

Newski Prospekt 39. **Karte** 7 A2.
Ⓜ *Gostiny Dwor.* ⊘ *für die Öffentlichkeit, außer bei Veranstaltungen.*

IN FRÜHERER ZEIT war die Fontanka gesäumt von Palästen, die man hauptsächlich per Boot erreichte. Zu ihnen gehörte der Anitschkow-Palast (1741–50), der 1754 im Barockstil umgestaltet wurde. Er war ein Geschenk der Zarin Elisabeth für ihren Liebhaber Rasumowski und wurde nach Oberstleutnant Michail Anitschkow benannt, der in der Gründungszeit der Stadt an diesem Ort sein Lager aufschlug. Als Rasumowski starb, schenkte es Katharina die Große ihrem Liebhaber, Fürst Potjomkin *(siehe S. 25)*. Im Lauf der Zeit wurde der Palast oft umgebaut und verändert. Anfang des 19. Jahrhunderts fügte Carlo Rossi dem Gebäude klassizistische Details hinzu.

Der Palast wurde die traditionelle Winterresidenz der Thronerben. Doch als 1881 Alexander III. Zar wurde, beschloss er, das ganze Jahr über hier zu leben. Nach seinem Tod behielt auch seine Witwe Marija Fjodorowna diese Wohnung – bis zur Revolution.

Der Palast hatte einst einen großen Garten, der zum Westen hin lag, doch er wurde 1816 verkleinert, als man den Ostrowskiplatz *(siehe S. 110)* anlegte und zwei klassizistische Pavillons hinzufügte. Das östlich liegende säulengeschmückte Gebäude an der Fontanka wurde von Giacomo Quarenghi 1803–1805 angebaut. Eigentlich sollte es eine Arkade für die Lagerung der Fabrikwaren sein, bevor sie den Palästen zugeteilt wurden. Später wurden Regierungsbüros in den Räumen untergebracht, mittlerweile auch ein Kulturzentrum für die Arbeit mit Kindern.

Quarenghis Anbau an den Anitschkow-Palast vom Newski Prospekt

Fassade des Alexandrinski-Theaters (1828–32) am Ostrowskiplatz

Ostrowskiplatz ⓫
Площадь Островского
Ploschtschad Ostrowskowo

Karte 6 F2. Ⓜ *Gostiny Dwor.* **Russische Nationalbibliothek** ☏ 310 7137. ◯ tägl. 9–21 Uhr. **Theatermuseum** ◯ Do–Mo 11–18 Uhr; Mi 13–18 Uhr. ● Feiertage.

Einer der ersten großen Architekten Russlands, Carlo Rossi, schuf diesen Platz, der heute nach dem Dramatiker Alexandr Ostrowski (1823–1886) benannt ist. Wahrzeichen des Platzes ist das Alexandrinski-Theater *(siehe S. 194),* im Lieblingsstil Rossis gehalten, dem Klassizismus. Der Portikus mit sechs korinthischen Säulen wird von Apollo mit seinem Streitwagen gekrönt, eine Arbeit von Stepan Pimenow.

In das Gebäude zog das älteste Theater Russlands, das 1756 gegründet wurde. Stücke wie *Der Revisor* (1836) von Nikolai Gogol und *Die Möwe* (1901) von Anton Tschechow erlebten hier ihre Uraufführung. In der Sowjetzeit hieß das Theater Puschkin-Theater.

Im Garten vor dem Theater steht ein Denkmal Katharinas der Großen (1873) – das einzige in St. Petersburg. Es wurde von Michail Mikeschin gestaltet. Die Statue zeigt Katharina, umringt von berühmten Zeitgenossen, darunter auch die Präsidentin (1783–96) der Akademie der Künste, Fürstin Jekaterina Daschkowa. Die Bänke hinter dem Denkmal sind im Sommer von Schachspielern und Zuschauern besetzt.

Der elegante Säulengang auf der Westseite des Platzes gegenüber dem Anitschkow-Palast *(siehe S. 109)* ist mit klassizistischen Skulpturen verziert. Er gehört zur Russischen Nationalbibliothek und wurde 1828–34 von Rossi errichtet. Die Bibliothek, 1795 gegründet, umfasst über 28 Millionen Bände. Den wertvollsten Besitz bildet die persönliche Bibliothek des französischen Philosophen Voltaire, die Katharina die Große erwarb, um damit ihre Wertschätzung gegenüber ihrem Mentor zu zeigen.

Im Haus Nr. 6, am südöstlichen Ende des Platzes, residiert das Theatermuseum. Es dokumentiert die russische Theatergeschichte, die ihren Anfang in zaristischen und Leibeigenentheatern des 18. Jahrhunderts nahm. Unter einer Auswahl von Theaterplakaten, Fotos, Kostümen und Bühnenbildern sind auch Bühnenbilder des großen Erneuerers des modernen russischen Theaters, Wsewolod Meyerhold (1874–1940) ausgestellt.

Uliza Sodtschewo Rossi ⓬
Улица Зодчего Росси
Uliza Sodtschewo Rossi

Karte 6 F2. Ⓜ *Gostiny Dwor.*

Könnte es eine bessere Gedenkstätte für Carlo Rossi geben als das beinahe perfekte architektonische Ensemble identischer Arkaden und Kolonnaden in der »Architekt-Rossi-Straße«? Die 22 Meter hohen Gebäude stehen exakt 22 Meter voneinander entfernt und erstrecken sich über eine Länge von 220 Metern. Von der Ploschtschad Lomonossowa aus wird das betrachtende Auge geradezu hypnotisch auf das Alexandrinski-Theater gelenkt.

Im Haus Nr. 2 war die frühere zaristische Ballettschule untergebracht, die nach ihrer Lehrerin Agrippina Waganowa (1879–1951) benannt ist. Die Schule entstand, als 1738 Jean-Baptiste Landé Waisen und Kinder von Hofdienern für Vorstellungen am Hof trainierte. 1836 zog sie in ihr heutiges Quartier und hat seither viele berühmte Tänzer hervorgebracht *(siehe S. 118),* unter anderem Anna Pawlowa und Rudolf Nurejew.

Foto aus dem 19. Jahrhundert: Uliza Sodtschewo Rossi (1828–34)

DER ARCHITEKT CARLO ROSSI

Carlo Rossi (1775–1849) war einer der letzten großen Vertreter des Klassizismus in St. Petersburg. Sein idealer Auftraggeber war Alexander I., der mit ihm die Ansicht teilte, dass Architektur die Macht der Regierenden ausdrücken solle. Als er starb, hatte Rossi nicht weniger als zwölf der beeindruckenden Straßen der Stadt und dreizehn ihrer Plätze gestaltet, darunter den Schlossplatz *(siehe S. 83).* Es ging das Gerücht um, dass er der Spross einer Affäre zwischen dem Zaren Paul I. und einer italienischen Ballerina sei.

Ansicht des Woronzow-Palasts

Woronzow-Palast ⓫
Воронцовский дворец
Woronzowski dworez

Sadowaja Uliza 26. **Karte** 6 F2. ⬤ für die Öffentlichkeit. Ⓜ *Gostiny Dwor, Sennaja Ploschtschad.*

Die exklusivste Militärschule des russischen Reiches, das Corps des Pages, hatte 1810–1918 seinen Sitz im Woronzow-Palast. Zu den Privilegierten, die hier studieren durften, gehörten einige Dekabristen *(siehe S. 22f)* und Fürst Felix Jussupow *(siehe S. 121)*. Heute ist in den Räumen die Suworow-Militärakademie untergebracht.

Der Palast wurde von Bartolomeo Rastrelli *(siehe S. 93)* entworfen und für Fürst Michail Woronzow, der ein wichtiger Minister unter Zarin Elisabeth war, gebaut. Rastrellis anmutige Geländer zählen zu den frühesten ihrer Art in Russland.

Apraxin-Markt ⓮
Апраксин двор
Apraxin dwor

Sadowaja Uliza. **Karte** 6 E2. Ⓜ *Gostiny Dwor, Sennaja Ploschtschad.* ⏲ *9–17 Uhr.*

Der Ende des 18. Jahrhunderts gegründete Markt trägt den Namen der Apraxins, denen das Baugrundstück gehörte. 1862 zerstörte ein Feuer die ursprünglichen Holzstände. Nach dem Neuaufbau gab es 1900 über 600 Verkaufsstände, die Lebensmittel, Wein, Gewürze, Pelze, Möbel und Kurzwaren anboten. Heute erstrecken sich die Straßenstände über den gesamten Apraxin Pereulok; in einem Hof *(siehe S. 187)* hinter den Arkaden erhält man Spielzeug, Uhren, Zigaretten, Alkohol, Fernseher und Lederjacken.

Kathedrale Unserer Lieben Frau von Kasan ⓯
Собор Казанской Богоматери
Sobor Kasanskoj Bogomateri

Kasanskaja Ploschtschad 2. **Karte** 6 E1. ☎ *318 4528.* Ⓜ *Newski Prospekt.* ⏲ *tägl. 9–19.30 Uhr.*

Eine der erhabensten Kirchen von St. Petersburg ist die Kasaner Kathedrale, deren Bau – ein Auftrag von Paul I. ein Jahrzehnt lang dauerte (1801–11). Der Architekt Andrei Woronichin ließ sich von der Peterskirche in Rom inspirieren. Eine 111 Meter lange, gekrümmte Kolonnade verschleiert die Ausrichtung der Kirche, die parallel zum Newski Prospekt verläuft, wobei der Hauptaltar – wie es sich gehört – nach Osten ausgerichtet ist. Ursprünglich wollte Woronichin auf der Südseite eine zweite Kolonnade bauen.

Die Kathedrale wurde nach der Ikone der Gottesmutter von Kasan benannt. Das Bild soll die Rettung Moskaus vor den Polen im Jahr 1612 bewirkt haben und befindet sich heute in der Fürst-Wladimir-Kathedrale in Petrogradskaja.

Das Innere der Kirche wirkt gedämpft. Am beeindruckendsten sind die 80 Meter hohe Kuppel und die rosafarbenen Granitsäulen mit Bronzekapitellen und -füßen. Das in der kommunistischen Ära als Atheismus-Museum verwendete Gebäude dient seit 1999 wieder ausschließlich religiösen Zwecken.

Das Bauende der Kathedrale fiel mit dem Krieg gegen Napoleon *(siehe S. 22)* zusammen. 1813 wurde Marschall Michail Kutusow (1745–1813), der den Rückzug von Moskau gemeistert hatte, mit allen militärischen Ehren in der Nordkapelle beigesetzt, doch erst durch Tolstois großen Roman *Krieg und Frieden* (1863–69) wurde er unsterblich.

Die Denkmäler für ihn und Michail Barclay de Tolly (1761–1818), beides Werke von Boris Orlowski, stehen seit 1837 vor der Kathedrale auf der Kasanskaja Ploschtschad.

Granitsäulen und Mosaikboden im Hauptschiff der Kasaner Kathedrale

Stroganow-Palast ⓰
Строгановский дворец
Stroganowskiy dworez

Newski Prospekt 17. **Karte** 6 E1.
Ⓜ *Newski Prospekt*. ☏ 311 8238.
◯ Mi–So 10–18 Uhr (Mo 10–17 Uhr).

Dieses barocke Meisterwerk (1752–54) von Bartolomeo Rastrelli *(siehe S. 93)* wurde im Auftrag des reichen Grafen Sergej Stroganow gebaut, dessen Nachkommen den Palast bis zur Revolution bewohnten. Ihren Wohlstand verdankte die Familie dem Salzmonopol aus den Minen ihrer Ländereien im Norden.

Der grün-weiße Palast, der sowohl auf den Newski Prospekt als auch auf die Moika blickt, war eine der beeindruckendsten Privatresidenzen der Stadt. Die herrliche flusswärts gerichtete Fassade ist mit dorischen Säulen, Simsen, Giebeldreiecken und Fensterornamenten verziert.

Die Stroganows waren berühmt für ihre Sammlungen von ägyptischen Antiquitäten und römischen Münzen bis hin zu Ikonen und alten Meistern. Nach der Revolution wurde der Palast verstaatlicht und diente zehn Jahre als Museum des Lebens der dekadenten Aristokratie. Bei seiner Schließung wurden einige Objekte in den Westen versteigert, den Rest verlegte man in die Eremitage *(siehe S. 84 ff.)*. Das Gebäude gehört jetzt zum Russischen Museum *(siehe S. 104 ff.)*. Es wird für Wechselausstellungen genutzt; zu den ständig gezeigten Exponaten gehören Wachsfiguren von historischen Persönlichkeiten.

Neoromanisches Portal der Evangelischen Kirche (1832–38)

Evangelische Kirche ⓱
Лютеранская церковь
Ljuteranskaja zerkow

Newski Prospekt 22–24. **Karte** 6 E1.
Ⓜ *Newski Prospekt*.

Die evangelische Kirche, die dem heiligen Petrus geweiht ist, liegt ein wenig zurückgesetzt vom Newski Prospekt. Sie wurde in den 1830er Jahren im ungewöhnlichen neuromanischen Stil von Alexandr Brjullow für die deutsche Gemeinde *(siehe S. 57)* gebaut.

1936 wurde die Kirche zu einem Gemüsegeschäft, Ende der 1950er Jahre wurde daraus ein Schwimmbad gemacht. Das Bassin wurde in den Boden des Kirchenschiffs gehauen und unter der Apsis ein Brett zum Turmspringen errichtet. Inzwischen wurde das Gotteshaus der evangelischen Kirche Russlands zurückgegeben; derzeit wird sie restauriert, doch werden schon wieder Messen gehalten.

Konzertsaal, Akademische Kapelle

Akademische Kapelle ⓲
Академическая капелла
Akademicheskaya kapella

Nabereschnaja Reki Moiki 20. **Karte** 2 E5. ☏ 314 1058. 🚌 12, 53.
◯ nur für Konzerte.
Siehe **Unterhaltung** S. 194.

Der ockerfarbene Konzertsaal mit einer Fassade im Stil Ludwigs XV. liegt in einem Hof etwas abseits der Moika. Leonti Benua entwarf sie 1887–89 als Residenz des zaristischen Hofchors. Dieser Chor wurde unter Peter dem Großen gegründet, hat also eine ebenso lange Tradition wie die Stadt selbst. Zu den Chorleitern zählten russische Komponisten wie Michail Glinka (1804–57) und Nikolai Rimski-Korsakow (1844–1908).

Ihre exzellente Akustik macht die Akademische Kapelle zu einem der besten Konzertsäle der Welt. Vor ihren Mauern liegt die – passend benannte – Sängerbrücke (Pewtscheski most), von Jegor Adam 1837–40 gebaut.

Die kunstvolle Fassade des Stroganow-Palasts an der Moika

Puschkins Arbeitszimmer im Puschkin-Museum

Puschkin-Museum [19]
Музей-квартира
А. С. Пушкина
Musei-kwartira A. S. Puschkina

Nabereschnaja Reki Moiki 12.
Karte 2 E5. 311 3531. 12, 53. Mi–Mo 10.30–17 Uhr. Feiertage.

TREUE ANHÄNGER des größten russischen Dichters, Alexander Puschkin, legen jedes Jahr an seinem Todestag (10. Februar 1837) Blumen vor seinem ehemaligen Wohnhaus nieder. Puschkin wurde 1799 in Moskau geboren, verbrachte aber lange Zeit in St. Petersburg. Sein Haus ist nur einer der Orte in der Stadt, die an ihn erinnern.

Vom Herbst 1836 bis zu seinem Tod lebte er mit seiner Frau Natalija, seinen vier Kindern und Natalijas beiden Schwestern in dem recht prunkvollen Haus an der Moika. In seinem Arbeitszimmer verblutete er, nachdem er sich ein verhängnisvolles Duell mit Georges d'Anthès *(siehe S. 83)* geliefert hatte.

Sechs Zimmer wurden im Empirestil jener Jahre renoviert. In einem Raum befindet sich das Arbeitszimmer Puschkins, das so belassen wurde, wie es bei seinem Tod ausgesehen hatte. Auf dem Schreibtisch sieht man ein Papiermesser aus Elfenbein, das ihm seine Schwester geschenkt hatte, eine bronzene Handglocke und ein Tintenfass *(siehe S. 39)*, das mit einem äthiopischen Jungen verziert ist – eine Erinnerung an Puschkins Urgroßvater, der 1706 als Sklave an den russischen Botschafter in Konstantinopel verkauft wurde und als General unter Peter dem Großen diente. Er inspirierte Puschkin zu dem aufgrund des vorzeitigen Todes unvollendet gebliebenen Roman *Der Neger Peters des Großen*.

An der Wand vor dem Schreibtisch hängt ein türkischer Säbel; man schenkte ihn Puschkin im Kaukasus, wohin er 1820 aufgrund seiner radikalen Ansichten verbannt worden war. Ironischerweise verbrachte er dort einige seiner glücklichsten Jahre. Hier begann er auch Eugen Onegin, einen Roman in Versform.

Das beeindruckendste im Puschkin-Museum ist die Bibliothek, die mehr als 4500 Bände in 14 europäischen und orientalischen Sprachen enthält. Darunter finden sich auch Werke von Puschkins Lieblingsautoren: Shakespeare, Byron, Heine, Dante und Voltaire.

Marstall [20]
Конюшенное Ведомство
Konjuschennoje Wedomstwo

Konjuschennaja Ploschtschad 1.
Karte 2 E5. **Kirche** tägl. 10–19 Uhr.

IN DEM LANGEN, lachsfarbenen Gebäude entlang der Moika befanden sich früher die Kaiserlichen Stallungen. In der ersten Hälfte des 18. Jahrhunderts errichtet, wurden sie 1817–23 von Wassili Stassow wiederaufgebaut.

Nur der Bereich, hinter dem mittleren Teil der langen Südfassade, gekrönt von Silberkuppel und Kreuz, ist zugänglich. In dieser Kirche fand am 13. Februar 1837 Alexander Puschkins Begräbnis statt. Ihr klassizistisches Inneres in Form einer Basilika ist mit gelben Marmorsäulen und einer vergoldeten Ikonostase aus weißem Holz (frühes 19. Jh.) geschmückt.

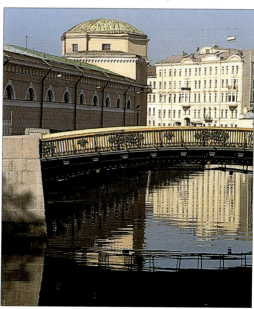

Nordfassade des Marstalls (links) und Kleine Marstallbrücke

Sennaja Ploschtschad

Der Westen von St. Petersburgs Zentrum ist voller Kontraste; hier existieren einige der prächtigsten Residenzen neben ärmlichsten Unterkünften. Welten liegen zwischen der feudalen Architektur am Englischen Kai und baufälligen Wohnvierteln um die Sennaja Ploschtschad, die sich seit Dostojewski *(siehe S. 123)* kaum verändert haben. Mittendrin findet man das alte Marineviertel, in dem einst die Schiffsbauer Peters des Großen lebten. Es zieht sich von den Lagerhäusern Neu-Hollands bis zur Nikolaus-Marine-Kathedrale. Der Theaterplatz ist seit Mitte des 18. Jahrhunderts ein Zentrum der Unterhaltung. Er wird dominiert von dem berühmten Mariinski-Theater und dem Rimski-Korsakow-Konservatorium, in dem viele der größten Künstler Rußlands ihre Karriere begannen. Vor 1917 wohnten in den vom Platz abgehenden Straßen Theaterdirektoren, Schauspieler, Ballerinen, Künstler und Musiker. Heute ziehen sich viele in dieses »Nest« zurück, um in der friedlichen Atmosphäre am Kanal zu leben.

Wappen am Jussupow-Palast

Sehenswürdigkeiten auf einen Blick

Kathedrale
Nikolaus-Marine-Kathedrale ❷

Theater
Mariinski-Theater S. 119 ❶

Historische Gebäude und Viertel
Hauptpostamt ❼
Neu-Holland ❺
Rimski-Korsakow-Konservatorium ❸

Palast
Jussupow-Palast ❹

Straßen und Plätze
Bolschaja Morskaja Uliza ❽
Englischer Kai ❻
Sennaja Ploschtschad ❾

Museum
Eisenbahnmuseum ❿

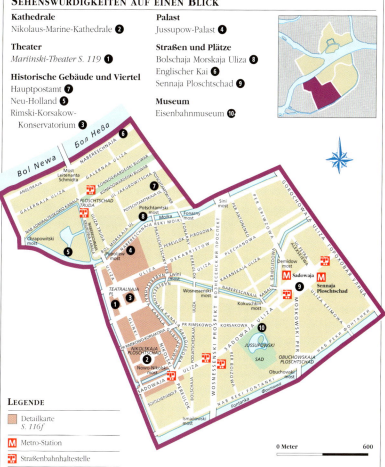

Legende
Detailkarte S. 116f
M Metro-Station
Straßenbahnhaltestelle

0 Meter 600

◁ **Das vergoldete barocke Innere der oberen Kirche der Nikolaus-Marine-Kathedrale**

Im Detail: Theaterplatz

Atlas auf dem Prospekt Rimskowo-Korsakowa

DER THEATERPLATZ hieß einst Karusellplatz und war Festplatz für Feiern und Festivals. Im 19. Jahrhundert, als St. Petersburg das kulturelle Zentrum Russlands wurde, etablierten sich hier das Mariinski-Theater und das Rimski-Korsakow-Konservatorium. In der Nachbarschaft siedelten sich viele Künstler an. Noch heute ist hier die Unterhaltungstradition lebendig; der Theaterplatz ist ein Zentrum des Theater- und Musiklebens geblieben *(siehe S. 194)*. In der Nähe kann man an den von Bäumen gesäumten Kanalufern und in dem Park rund um die Nikolaus-Marine-Kathedrale bummeln.

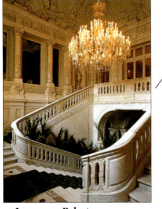

Das Denkmal für Rimski-Korsakow, der 37 Jahre am Konservatorium lehrte, wurde von Bogoljubow und Ingal geschaffen und 1952 aufgestellt.

Jussupow-Palast
Dieser große Palast, historische Stätte des Mordes an Rasputin (siehe S. 121), gehörte den Jussupows. Zur Innenausstattung zählen eine Marmortreppe und ein winziges Rokokotheater. ❹

Rimski-Korsakow-Konservatorium
Tschaikowsky, Prokofjew und Schostakowitsch (siehe S. 43) studierten an Russlands erstem Konservatorium, das Anton Rubinstein 1862 gegründet hatte. ❸

Michail-Glinka-Denkmal

★ Mariinski-Theater
In diesem Theater residiert seit 1860 das weltberühmte Mariinski-Ensemble (Opern- und Ballettaufführungen). In dem luxuriösen Auditorium hinter der imposanten Fassade sind viele große Tänzer Russlands (siehe S. 118) aufgetreten. ❶

THEATERPLATZ

Die Löwenbrücke zählt zu den originellen und kuriosen Hängebrücken über dem Gribojedow-Kanal *(siehe S. 34)*, die als Treffpunkte vor allem für romantische Stündchen bekannt sind.

Zur Orientierung
Siehe Stadtplan, Karte 5

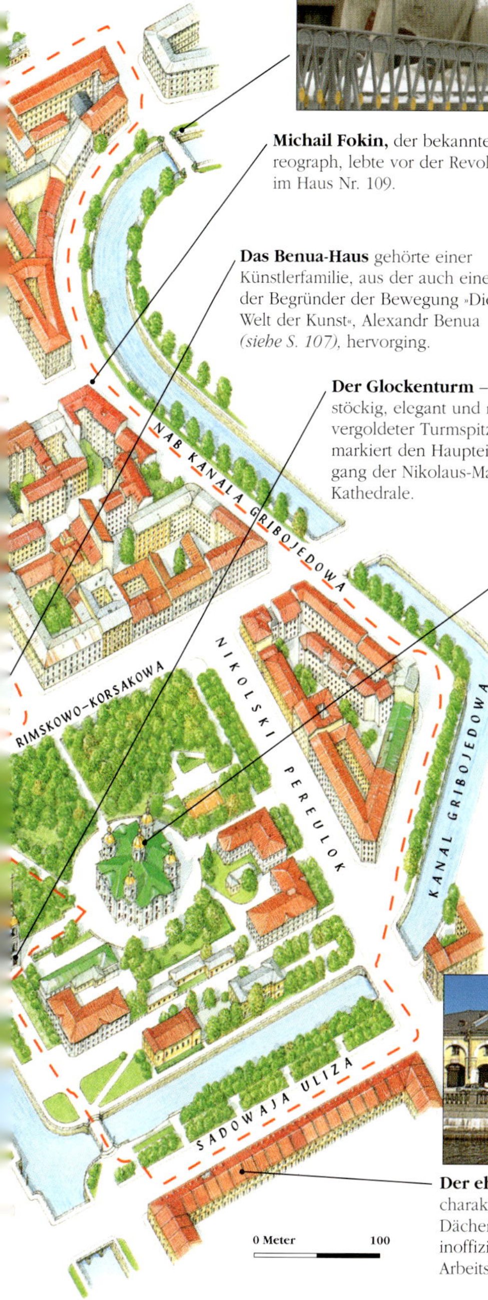

Michail Fokin, der bekannte Choreograph, lebte vor der Revolution im Haus Nr. 109.

Nicht versäumen

★ **Mariinski-Theater**

Das Benua-Haus gehörte einer Künstlerfamilie, aus der auch einer der Begründer der Bewegung »Die Welt der Kunst«, Alexandr Benua *(siehe S. 107)*, hervorging.

Der Glockenturm – vierstöckig, elegant und mit vergoldeter Turmspitze – markiert den Haupteingang der Nikolaus-Marine-Kathedrale.

Nikolaus-Marine-Kathedrale
Die obere Kirche, ein schönes Beispiel für russischen Barock, ist reich geschmückt mit Ikonen und Goldarbeiten. In der unteren, von Kerzen erhellten Kirche finden ebenfalls Gottesdienste statt. ❷

Legende

– – – Routenempfehlung

Der ehemalige Nikolausmarkt mit seinen charakteristischen langen Arkaden und steilen Dächern wurde im 19. Jahrhundert zum inoffiziellen Arbeitsamt, weil sich hier viele Arbeitslose trafen.

Ballett in St. Petersburg

DAS ÜBERALL in der Welt bewunderte russische Ballett hat seinen Ursprung im Jahr 1738, als ein französischer Tanzmeister, Jean-Baptiste Landé, in St. Petersburg eine Ballettschule für die Kinder der Hofangestellten gründete. Die zaristische Ballettschule, wie sie bald hieß, entwickelte sich unter ausländischen Lehrern und entfaltete sich vollends unter Marius Petipa (1818–1910), der über 50 Ballette choreographierte, unter anderem für berühmte Tänzer wie Matilda Kschessinskaja *(siehe S. 72)*.

Matilda Kschessinskajas Ballettschuhe

Nach der Revolution von 1905 wandte man sich ab vom Klassizismus und gründete private Kompanien wie die Ballets Russes, die die weitere Geschichte des Balletts entscheidend prägten (im Westen). Nach der Machtergreifung durch die Bolschewiken 1917 zerstreuten sich die zahllose Talente in alle Welt. Es war ein Glück für Russland, dass die Primaballerina Agrippina Waganowa blieb und die nächste Tänzergeneration trainierte. Die Ballettakademie trägt heute ihren Namen *(siehe S. 110)*.

Anna Pawlowas *(1881–1931) Paraderolle, den* Sterbenden Schwan, *kreierte Michail Fokin eigens für sie. 1913 verließ Pawlowa Russland und formierte eine eigene Truppe, die auf der ganzen Welt auftrat.*

Waslaw Nijinsky *(1889–1950) tanzte in* Scheherazade *den Lieblingssklaven und eroberte damit Paris im Sturm. Vor dem Ersten Weltkrieg revolutionierte er als Star der Ballets Russes die Rolle des Mannes im Ballett. Seine unvergleichliche Technik und große Ausdrucksfähigkeit beeinflussten Generationen von Tänzern.*

Rudolf Nurejew *(1938–93), hier in* Dornröschen *im Mariinski-Theater, setzte sich 1961 in den Westen ab. Als Tänzer und Choreograph faszinierte er das Publikum bis zu seinem Tod über 30 Jahre später.*

Das Mariinski-Ballett, *im Ausland meist als Kirow-Ballett bekannt, führt viele Ballettklassiker in der Inszenierung der Ballets Russes auf, darunter* Giselle.

DIE BALLETS RUSSES

Die legendäre Tourneetruppe, die von 1909 bis 1929 das Ballett reformierte, war das »Kind« des Impresarios und Kunstkritikers Sergej Diaghilew *(siehe S. 43)*. Dieser fand in Michail Fokin eine verwandte Seele, die seine Vision einer Vereinigung von Musik, Tanz und Dekoration zu einem künstlerischen Ganzen teilte.

Diaghilew hatte die besten Tänzer des Mariinski-Theaters versammelt, um mit ihnen erstmals 1909 in Paris aufzutreten und russisches Ballett im Westen bekannt zu machen.

Diaghilew gelang es, progressive zeitgenössische Komponisten, Maler und Dichter für die Arbeit mit den Ballets Russes zu gewinnen. Opulente Kostüme und Bühnenbilder von Léon Bakst und Alexandr Benua, Kompositionen von Igor Strawinsky und Sergej Prokofjew, Startänzer wie Waslaw Nijinsky, Anna Pawlowa und Tamara Karsawina – all dies trug dazu bei, die Grenzen in der Kunst weiter zu stecken. Nach Diaghilews Tod 1929 zerfiel die Truppe, aber viele der von ihr herausgebrachten Ballette werden heute noch in ihrer Originalfassung aufgeführt.

Nijinsky auf einem Programmheft der Ballets Russes

Eine der wichtigsten kulturellen Einrichtungen: das Mariinski-Theater

Mariinski-Theater ❶
Мариинский театр
Mariinskiy teatr

Teatralnaja Ploschtschad. **Karte** 5 B3. 114 4344. 3, 22, 27. 5, 22. 1, 11. nur zu Aufführungen (siehe S. 194f).

DIESES THEATER erhielt seinen Namen zu Ehren der Zarin Marija Alexandrowa, Gemahlin Alexanders I. Im Ausland ist es eher unter seiner sowjetischen Bezeichnung, Kirow, bekannt, doch die Russen nennen es wieder bei seinem ursprünglichen Namen. Das Gebäude wurde 1860 von dem Architekten Albert Kawos gebaut, der auch den Wiederaufbau des Bolschoi-Theaters in Moskau leitete. Das Mariinski-Theater steht an der Stelle eines früheren Theaters, das durch ein Feuer zerstört wurde.

1883–96 gestaltete Viktor Schröter die klassizistische Fassade neu und fügte einen Großteil der heutigen Verzierungen hinzu. Das luxuriöse Auditorium ist in Gold und Blassblau gehalten. Die Innenarchitektur (verdrehte Säulen, Atlanten, Putten und Kameemedaillons) blieb stets unverändert; vor kurzem wurden die Kaiseradler der Königsloge restauriert. Das

Kaiseradler an der Königsloge

Deckengemälde, auf dem Enrico Franchioli Mädchen und mehrere Liebesgötter tanzen lässt, stammt von 1856, während der wunderbare Bühnenvorhang 1914 hinzugefügt wurde. Auch das Foyer, verziert mit kannelierten Pfeilern, Basreliefs russischer Komponisten und Spiegeltüren, ist bewundernswert.

Mit dem Mariinski-Theater verbindet man im Ausland zwar vor allem Ballett, doch ist es auch eines der führenden Opernhäuser Russlands. Viele große Opern wurden hier uraufgeführt, so Mussorgskis *Boris Godunow* (1874), Tschaikowskis *Pique Dame* (1890) und die umstrittene *Lady Macbeth von Mzensk* (1934) von Schostakowitsch. Diese Oper wurde in St. Petersburg gefeiert, doch Stalin lehnte sie ab, weshalb sie sofort aus dem Programm genommen wurde, nachdem man den Komponisten in der *Prawda* denunziert hatte.

Der Bühnenvorhang des Mariinski-Theaters, 1914 von Alexandr Golowin entworfen

Nikolaus-Marine-Kathedrale ❷
Никольский собор
Nikolski sobor

Nikolskaja Ploschtschad. **Karte** 5 C4.
📞 *114 0862.* 🚌 *3, 22.* 🚊 *1, 11.*
🕐 *tägl. 7–12, 16–19 Uhr.*

Diese Barockkathedrale wurde 1753–62 von einem der größten Architekten Russlands erbaut: von Sawwa Tschewakinski. Sie diente den Seeleuten und Angestellten der Admiralität, die sich in der Nachbarschaft niedergelassen hatten, als Gotteshaus und ist nach dem Schutzpatron der Seeleute benannt. Bald hieß sie nur noch »die Seefahrerkirche«.

Das Äußere ist mit weißen korinthischen Säulen verziert und wird von fünf vergoldeten Kuppeln gekrönt. Ganz in der Nähe steht an der Kreuzung von Krjukow- und Gribojedow-Kanal ein vierrangiger Glockenturm.

Gemäß der russischen Tradition besitzt die Kathedrale zwei Kirchen. Die untere Kirche ist für den Alltag bestimmt und wird von Kerzen und Kronleuchtern erleuchtet. Die Ikonen (1755–57) sind die Arbeit der Brüder Fedot und Menas Kolokolnikow. Einen Kontrast dazu bildet die obere Kirche, die nur sonntags und für Trauungen genutzt wird. Sie wirkt freundlich und hell und zeigt mit italienischen Gemälden, vergoldeten und Stuckornamenten eine typisch barocke Fülle. Am beeindruckendsten ist die vergoldete Ikonostase (1755–60).

Islamische Bogen und Kassettendecke im Maurensaal des Jussupow-Palasts

Die Barockfassade der Nikolaus-Marine-Kathedrale

Rimski-Korsakow-Konservatorium ❸
Консерватория имени Римского-Корсакова
Konservatorija imeni Rimskowo-Korsakowa

Teatralnaja Ploschtschad 3. **Karte** 5 B3. 📞 *312 2519.* 🚌 *3, 22, 27.* 🚊 *5, 22.* 🚊 *1, 11.* 🕐 *nur zu Aufführungen.* 📷 🎧 *nach Vereinbarung.*

Russlands älteste Musikschule, das Konservatorium, wurde 1862 von dem Pianisten Anton Rubinstein (1829–94) gegründet. Das heutige Gebäude ist nach einem Entwurf (1896) von Wladimir Nikolas gebaut.

Tschaikowsky *(siehe S. 42)* und Sergej Prokofjew machten an dieser Schule ihren Abschluss. Auch während der Sowjetzeit gedieh die Schule weiter; aus dieser Ära stammen Persönlichkeiten wie Dmitri Schostakowitsch (1906–75; *siehe S. 43*).

Im Vorhof der Schule stehen zwei Denkmäler: Zur Linken (von 1952) die Statue des einflussreichen Lehrers Nikolai Rimski-Korsakow; zur Rechten ein Werk (1906) von Robert Bach, das Michail Glinka darstellt. Es erinnert daran, dass das Konservatorium an der Stelle steht, an der 1836 im alten Bolschoi-Theater die erste bedeutende russische Oper, *Ein Leben für den Zaren* von Glinka, uraufgeführt wurde.

Jussupow-Palast ❹
Юсуповский дворец
Jussupowski dworez

Nabereschnaja Reki Moiki 94. **Karte** 5 B3. 📞 *314 8893.* 🚌 *3, 22, 27.* 🚊 *1, 11.* 🕐 *tägl. 12–15 Uhr.* 📷

Vallin de la Mothe baute diesen gelben, säulenverzierten Palast an der Moika in den 60er Jahren des 18. Jahrhunderts. Er diente der Adelsfamilie Jussupow als Galerie für ihre Gemäldesammlung. Die Innenarbeiten wurden von Andrej Michailow und Ippolito Monighetti ausgeführt.

Man gelangt nur im Rahmen einer Führung ins Innere. Glanzstück ist der Maurensaal mit seinen Brunnen, bunten Mosaiken und Bogen. Im Keller (gesonderte Eintrittskarte) gibt es eine Ausstellung über Grigori Rasputin, den berüchtigten »Heiligen«, der hier von Fürst Felix Jussupow ermordet wurde. Im Rokoko-Familientheater finden 180 Zuschauer Platz – hier ein Konzert *(siehe S. 194)* mitzuerleben ist ein besonderes Ereignis.

Der schreckliche Tod Rasputins

Der Bauer und Mystiker Grigori Rasputin (1869–1916) besaß großen Einfluss auf den Hof und die Regierung Russlands (siehe S. 26). Die mysteriösen Umstände seines dramatischen Todes am 30. Dezember 1916 sind zur Legende geworden. Unter dem Vorwand, man lade ihn zu einem Fest, wurde er in den Jussupow-Palast gelockt. Man versuchte ihn zu vergiften, doch ohne Erfolg. Da erschoss ihn Fürst Jussupow – so dachte er. Doch Rasputin überlebte und floh nach einem Handgemenge. Die Verfolger schossen noch dreimal auf ihn, schlugen ihn brutal zusammen und versenkten ihn im Fluss. Als man drei Tage später seinen Leichnam an einen Brückenpfeiler geklammert fand, zeigte Wasser in seiner Lunge, dass er er letztlich ertrunken war.

Neu-Holland ❺
Новая Голландия
Nowaja Gollandija

Nabereschnaja Reki Moiki 103. **Karte** 5 B3. 🚇 3, 22. 🚌 1, 11.

Diese dreieckige Insel, einst ein Lagerplatz für Schiffbauholz, entstand, als man 1719 die Moika durch den Krjukow-Kanal mit der Newa verband. Mit ihrem Namen ehrt sie die holländischen Schiffsbauer, deren Künste Peter der Große so sehr bewunderte.

1765 wurden die einst hölzernen Lagerhäuser von Sawwa Tschewakinski aus rotem Ziegelstein wiederaufgebaut. Zur gleichen Zeit errichtete Vallin de la Mothe den strengen, aber romantischen Bogen über die Moika, der einen stimmungsvollen Eingang zum Holzhof bildet. Die Lastkähne glitten durch

Vallin de la Mothes eindrucksvoller Bogen über die Moika am Eingang zu Neu-Holland

den Bogen in ein Wendebecken und kehrten mit Holz beladen zurück. Die überwucherte Insel hat einen ganz besonderen Charme.

Englischer Kai ❻
Английская набережная
Angliskaja nabereschnaja

Karte 5 A2. 🚇 1, 11. 🚌 K-124, K-154, K-186.

In den 30er Jahren des 18. Jahrhunderts siedelten hier die ersten englischen Kaufleute und zogen einen Strom von Handwerkern, Architekten, Künstlern, Wirten und Fabrikanten nach sich. 30 Jahre später entstand die erste englische Kirche, das Ufer wurde als Englischer Kai bekannt. Am Ende des Jahrhunderts gab es hier eine Reihe von Villen; der Kai hatte sich zur ersten Adresse gemausert. An Marinefeiertagen liegen reichgeschmückte Schiffe entlang dem Ufer.

Das Haus Nr. 10, eine klassizistische Villa (um 1775), war der fiktive Ort, an dem der Debütantenball Natascha Rostowas, der Heldin aus Tolstois *Krieg und Frieden,* stattfand. Das Gebäude bildet einen deutlichen Kontrast zu der ländlichen Fassade des Hauses Nr. 28, das 120 Jahre später im florentinischen Renaissancestil für eine reiche Bankiersfamilie gebaut wurde. Später wohnte dort Großfürst Andrej Wladimirowitsch, der Liebhaber der Ballettänzerin Matilda Kschessinskaja (siehe S. 72). 1917 diente es als Hauptquartier der sozialistisch-revolutionären Partei. Dann wurde es als »Hochzeitspalast« (Standesamt) genutzt. Etwas weiter sieht man bei Nr. 32 ein weiteres elegantes Gebäude (1782/83) von Quarenghi.

Ein Stück zurückgesetzt liegt an der Ploschtschad Truda der Palast von Nikolai Nikolajewitsch (Sohn Nikolaus' I.), den Andrej Schtakenschneider 1853–61 erbaute. 1894 wurde er zu einer Schule für adlige Töchter, 1917 ging er in den Besitz der Gewerkschaft über. Hier finden Galas, Seminare und andere Veranstaltungen statt. Zurück am Ufer, stößt man bei Nr. 44 auf das Rumjanzew-Haus von 1827. Heute ist es Teil des Staatlichen Museums für die Geschichte St. Petersburgs. Es beherbergt eine Schau über Leningrad im Zweiten Weltkrieg sowie weitere Ausstellungen.

Nr. 56, die frühere englische Kirche, ist ein weiteres eindrucksvolles Gebäude (1814) von Quarenghi.

Nr. 32 am Englischen Kai, erbaut von Quarenghi

Hauptpostamt ❼
Главпочтамт
Glawpotschtamt

Potschtamtskaja Uliza 9. **Karte** 5 C2.
📞 *312 8302.* 🚌 *3, 22.* 🚎 *5, 22.*
🕙 *Mo–Sa 9–20 Uhr, So 10–18 Uhr.*
⬤ *Feiertage.*

Die Attraktion des Hauptpostamts ist eine Bogengalerie, die sich über die Potschtamtskaja Uliza spannt. Albert Kawos fügte sie 1859 an das Hauptgebäude von Nikolai Lwow an. Unter dem *Potschtamt*-Schild auf dem Bogen befindet sich eine Uhr, die die aktuelle Zeit der wichtigsten Städte der Welt anzeigt.

Hinter dem klassizistischen Portikus (1782–89) verbirgt sich eine herrliche Jugendstilhalle mit Eisenverzierungen und einer Glasdecke über dem riesigen gefliesten Boden. Die Halle stammt aus dem frühen 20. Jahrhundert, als man über die ehemaligen Hofställe ein Dach spannte.

Portikus des Hauptpostamts

Bolschaja Morskaja Uliza ❽
Большая Морская улица
Bolschaja Morskaja uliza

Karte 5 C2. 🚌 *3, 22, 27.*

Die Bolschaja Morskaja Uliza war eine der vornehmsten Straßen der Stadt und ist bis heute bevorzugte Adresse von Künstlern. Zwischen dem Isaaksplatz *(siehe S. 79)* und der Postamtsbrücke liegen einige wunderbare Villen (19. Jh.), zum Beispiel

Steinatlant (1840) an der Bolschaja Morskaja Uliza 43

jene von Nr. 61, die Albert Kawos in den 1840er Jahren für die St. Petersburger Postkutschengesellschaft baute. Die Architektengewerkschaft kaufte 1932 das Haus Nr. 52 (1835/36). Es stammt von Alexandr Pel und war einst Wohnhaus Alexandr Polowzows, des berühmten Förderers der Künste, der die beeindruckende Sammlung des Schtigliz-Museums *(siehe S. 127)* aufbaute. Maximilian Mesmacher und Nikolai Brullo dekorierten das Innere aufwändig mit Mahagonitäfelung, Gobelins und Deckenschnitzereien.

Gegenüber steht ein besonders schönes Beispiel für die St. Petersburger Jugendstil-Architektur: Das Haus Nr. 47 ist verziert mit Steinrosetten, eisernen Filigranmustern und einem hübschen Mosaikfries mit rosafarbenen Blüten (1901/02) – ein Werk von Michail Geisler und Boris Guslisti. Hier wuchs Wladimir Nabokow (1899–1977) auf; seit 1997 ist zu Ehren dieses großen Romanciers im Erdgeschoss des Hauses ein Museum eingerichtet. Nabokow, den man wegen seiner Sprachgewalt sowohl in englischer als auch in russischer Sprache bewundert, machte mit seiner *Lolita* von 1959 Schlagzeilen.

Nr. 45 nebenan, einst das Haus der zur feinen Gesellschaft gehörenden Fürstin Gagarina, ist heute Sitz des Komponistenverbands. Es wurde in den 1840er Jahren von Auguste de Montferrand erneuert, doch sind Teile des Originalgebäudes erhalten geblieben.

Auch das Haus Nr. 43, Residenz des Industriellen und Millionärs Pjotr Demidow, baute Montferrand. Es ist reich an Renaissance- und Barock-Elementen und zeigt auch Demidows Wappen.

Sennaja Ploschtschad ❾
Сенная площадь
Sennaja ploschtschad

Karte 6 D3. Ⓜ *Sennaja Ploschtschad, Sadowaja.*

Kioske besetzen den großen Platz, einen der ältesten der Stadt. Der Name bedeutet »Heumarkt« und stammt aus den 1830er Jahren, als hier Vieh, Futter und Feuerholz verkauft wurden. Obwohl er nahe am Stadtzentrum lag, lebten um den Platz herum die armen Leute St. Petersburgs – und machten die Gegend zu einer der lebhaftesten der Stadt.

Jugendstil-Mosaikfries (1901/02) an der Bolschaja Morskaja Uliza Nr. 47

Hauptwache und Wohnblocks auf der belebten Sennaja Ploschtschad

Fjodor Dostojewski

Der Schriftsteller Fjodor Dostojewski *(siehe S. 43f)* wurde 1821 in Moskau geboren, lebte aber meist in St. Petersburg, wo auch viele seiner großen Romane spielen. 1849 wurde er der revolutionären Verschwörung beschuldigt. Nach acht Monaten Einzelhaft in der Peter-Paul-Festung *(siehe S. 66f)* wurde er mit 21 weiteren »Verschwörern« des sozialistischen Petraschewski-Kreises zu einer makabren Scheinexekution geführt, bevor man ihn als Arbeitslager nach Sibirien schickte, aus dem er 1859 zurückkehrte. Er verarbeitete diese Erfahrung in den *Aufzeichnungen aus einem Totenhaus* (1861). Dostojewski starb 1881.

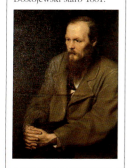

Das älteste Gebäude in der Mitte des Platzes ist die ehemalige Hauptwache, ein einstöckiges Gebäude mit Säulenportikus, das 1818–20 errichtet wurde. Die Wachleute beaufsichtigten die Händler und peitschten auch Leibeigene aus. Seit dieser Zeit gilt diese Gegend als Synonym für Elend, Verbrechen und Laster. Im Haus Nr. 3 befindet sich »Wjasemskis Kloster«, ein berüchtigtes Wohnhaus, in dem es in den 1850er und 1860er Jahren von Glücksspielern und Prostituierten wimmelte.

Dies war die elende Welt, die Fjodor Dostojewski in seinem Meisterwerk *Schuld und Sühne* so lebendig nachzeichnete. Wenn der Held des Romans, Raskolnikow, über den Markt schlendert, schlägt ihm »die Hitze in den Straßen ... der Luftmangel, das rege Treiben und das Pflaster, die Gerüste, Backsteine und der Schmutz ... dieser spezielle Gestank von St. Petersburg ... und die zahllosen Betrunkenen«, entgegen, die »das Bild des abstoßenden Elends abrunden«. Dostojewski wohnte westlich des Platzes in der Prschewalskowo Uliza Nr. 7, als er den Roman 1866 beendete.

In der Sowjetzeit wurde dem Platz ein neues Bild verliehen: Budenbesitzer wurden vertrieben, Bäume gepflanzt und der Name optimistisch in »Platz des Friedens« (Ploschtschad Mira) geändert. Man baute die heute dort stehenden fünfstöckigen, gelb und weiß verputzten Wohnblocks in einem Stil, den Stalin als Klassizismus verstand. Leider wurde das schönste Denkmal des Platzes, die Barockkirche Märiä Himmelfahrt von 1765, abgerissen, um einer U-Bahn-Station Platz zu machen.

Eisenbahnmuseum ⑩
Музей железнодорожного транспорта
Musei schelesnodoroschnowo transporta

Sadowaja Uliza 50. **Karte** 6 D4. 315 1476. Sennaja Ploschtschad, Sadowaja. So–Do 11–17 Uhr. in Englisch.

Über 6000 faszinierende Exponate zeichnen die Geschichte der russischen Eisenbahn seit 1813 nach. Am interessantesten sind die Abeilungen, die sich mit den frühen Bahnverbindungen beschäftigen, darunter die erste, die ab 1837 zwischen Zarskoje Selo und St. Petersburg eingerichtet wurde, sowie die 650 Kilometer lange Strecke zwischen Moskau und St. Petersburg (1851).

Zu besichtigen sind auch Modelle der ersten Dampflokomotive Russlands, die 1834 von Tscherepanow gebaut wurde, und des gepanzerten Zuges, den Trotzki im Bürgerkrieg *(siehe S. 27)* benutzte. Wie luxuriös die Zaren zu reisen pflegten, macht das mit Samtpolstern und Jugendstil-Dekorationen ausgestattete Erste-Klasse-Schlafabteil deutlich.

Lokomotivmodell der Zarskoje-Selo-Bahn im Eisenbahnmuseum

GROSSRAUM ST. PETERSBURG

Herdfliese (Ende 18. Jh.), Schtigliz-Museum

DIE MEISTEN Sehenswürdigkeiten von St. Petersburg findet man im Stadtzentrum, doch auch in den Außenbezirken gibt es Stätten von architektonischer, kultureller und historischer Bedeutung.

Im Osten liegt der Smolny-Komplex, der seinen Namen dem Teerhof verdankt, der im 18. Jahrhundert die kleine Schiffbauindustrie versorgte. Höhepunkt ist Rastrellis barockes Smolny-Kloster. Das Smolny-Institut ist für seine historische Rolle als Hauptquartier der Bolschewiken während der Oktoberrevolution *(siehe S. 28f)* berühmt.

Südöstlich liegt das Alexandr-Newski-Kloster, auf dessen Friedhof viele russische Künstler, Architekten und Komponisten begraben sind. In den südlichen Vororten erinnern bombastische Häuser aus den 1930er bis 1950er Jahren daran, dass Stalin das historische Herz der Stadt zerstören und das Zentrum in das Gebiet um die Moskowskaja Ploschtschad verlegen wollte. Im Süden stehen die Tscheschme-Kirche und das Denkmal aus den 1970er Jahren, das an das Leiden der St. Petersburger während der Belagerung im Zweiten Weltkrieg erinnert.

SEHENSWÜRDIGKEITEN AUF EINEN BLICK

Paläste
Jelagin-Palast ❶
Scheremetjew-Palast ❾
Taurischer Palast ❻

Museen
Dostojewski-Museum ❿
Schtigliz-Museum ❹

Kirchen
Alexandr-Newski-Kloster ⓫
Christi-Verklärungs-Kathedrale ❺
Smolny-Kloster ❼
Tscheschme-Kirche ⓬

Historische Gebäude und Denkmäler
Finnischer Bahnhof ❸
Piskarjowskoje-Friedhof ❷
Siegesdenkmal ⓭
Smolny-Institut ❽

LEGENDE

- Zentrum St. Petersburg
- Großraum St. Petersburg
- Flughafen
- Bahnhof
- Fährhafen
- Hauptstraße
- Nebenstraße

0 Kilometer 3

◁ Der barocke Scheremetjew-Palast am Ostufer der Fontanka

Ostfassade des Jelagin-Palasts am Ufer der Mittleren Newka

Jelagin-Palast ❶
Елагин дворец
Jelagin dworez

Jelagin ostrow 1. ☎ 239 0080. Ⓜ *Tschornaja Retschka.* 🚌 71, 134. 🚋 34. 🚎 17, 26. ⌚ Mi–So 10–17 Uhr. 📷 ♿ nur Erdgeschoss.

Eine der nördlichsten Inseln von St. Petersburg, die Jelagin-Insel, ist nach einem Hofmarschall benannt, der Ende des 18. Jahrhunderts hier einen Palast baute. Alexander I. kaufte dann 1817 die Insel für seine Mutter, Marija Fjodorowna, und beauftragte Carlo Rossi, den Palast umzugestalten. Der großartige klassizistische Bau (1818–22), mit einer Halbrotunde an der Ostfassade und mit zwei korinthischen Portiken flankiert, ist Teil eines Gebäudekomplexes, zu dem auch eine Orangerie, eine Stallanlage und ein Küchenhaus gehören.

Das Palastinnere wurde während des Zweiten Weltkriegs bei einem Brand zerstört, wird nun aber restauriert. Der Ovale Saal ist mit Statuen gefüllt, während die von ihm abgehenden Räume mit Stuck, *faux marbre* und künstlerisch wertvollen gemalten Friesen geschmückt sind.

Statue von Mütterchen Russland auf dem Piskarjowskoje-Friedhof

Während der Sowjetzeit wurde die gesamte bewaldete Insel zum Zentralpark für Kultur und Erholung *(siehe S. 136f)*. Hier finden Festivals statt, und in den Wirtschaftsräumen des Palasts gibt es eine Kunstausstellung.

Piskarjowskoje-Friedhof ❷
Пискаревское мемориальное кладбище
Piskarjowskoje memorialnoje kladbischtsche

Prospekt Nepokorennych 74. ☎ 247 5716. Ⓜ *Akademitscheskaja.* 🚌 123, 178. ⌚ tägl. 24 Std., Gedenkhallen tägl. 10–18 Uhr. ♿

Der riesige Friedhof ist eine beeindruckende Gedenkstätte für die zwei Millionen, die während der Belagerung ihrer Stadt 1941–44 starben *(siehe S. 27)*. Die Lebensmittelknappheit und das Fehlen von Elektrizität, Wasser und Heizung ließen viele Leningrader an Hunger, Kälte oder Krankheiten sterben. Die Toten wurden auf Schlitten zu Sammelstellen gebracht und dann zu Massengräbern in den Außenbezirken der Stadt geschafft. Mit 490 000 hier Beerdigten war Piskarjowskoje der größte Friedhof.

Heute pilgern die Menschen hierher, die in jener Zeit ihre Verwandten oder Freunde verloren. Die Gedenkstätte, von Jewgeni Lewinson und Alexandr Wassiljew entworfen, wurde 1960 übergeben. Zwei Gedenkhallen – eine mit einer Ausstellung zur Belagerung – flankieren die Treppe, die 300 Meter zu einer langen Allee hinabführt, an deren Ende eine heroische Bronzestatue von Mütterchen Russland von Wera Issajewa und Robert Taurit steht. An der dahinter liegenden Wand sind Verse von Olga Bergholz, einer Überlebenden der Belagerung, zu lesen. Die allgegenwärtige Trauermusik trägt zur gedämpften Atmosphäre bei.

186 Grashügel, versehen mit einer Granittafel, die das Todesjahr anzeigt, säumen die Allee. Ein roter Stern oder Hammer und Sichel geben zu erkennen, ob der Tote Soldat oder Zivilist war.

Lokomotive 293, Finnischer Bahnhof

Finnischer Bahnhof ❸
Финляндский вокзал
Finljandski woksal

Ploschtschad Lenina 6. **Karte** 3 B3. Ⓜ *Ploschtschad Lenina.* Siehe auch S. 221.

Am Abend des 16. April 1917 kamen der in der Schweiz im Exil lebende Wladimir Lenin und seine bolschewistischen Kameraden auf dem Finnischen Bahnhof an. Sie wurden begeistert empfangen. Lenin sprach zu einer applaudierenden Menge von Soldaten und Arbeitern. Eine Statue Lenins wurde 1926 vor dem Gebäude errichtet.

Der heutige Bahnhof wurde in den 1960er Jahren eröffnet. Auf Bahnsteig 5 steht eine riesige Glasvitrine mit der Lokomotive 293, mit der Lenin fuhr, als er im Juli 1917 zum zweiten Mal aus der Stadt floh. Nachdem er den Sommer als Flüchtling in Finnland verbracht hatte, kehrte er mit dem gleichen Zug zurück, um die Oktoberrevolution anzuführen *(siehe S. 28f)*.

Schtigliz-Museum ❹
Музей Штиглица
Musei Schtigliza

Soljanoi pereulok 13. **Karte** 3 A5.
📞 *273 3258.* 🚌 *46.* 🚋 *90.*
⏰ *Sept–Juli Di–Sa 11–16 Uhr.*
🗣 *Englisch, Deutsch.*

D ER MILLIONÄR und Industrielle Baron Alexandr Schtigliz gründete 1876 die Zentralschule für Industriedesign. Um sein Ziel zu verwirklichen, russische Studenten in den angewandten Künsten und Design auszubilden, ließ er sie an Originalwerken von höchster Qualität studieren.

Kristallvase (19. Jh.), Schtigliz-Museum

Da Schtigliz ein großes Budget zur Verfügung stand und sein Schwiegersohn Alexandr Polowzow *(siehe S. 122)* einen guten Geschmack hatte, wurde die Sammlung, die westeuropäische und orientalische Kunst umfasste, bald zu groß für die Schule, weshalb man 1896 nebenan ein Museum der angewandten Künste eröffnete. Beim Bau des Gebäudes ließ sich Maximilian Mesmacher von italienischen Renaissance-Palästen inspirieren. Säle und Galerien wurden in nationalen und zeit-
üblichen Stilen geschmückt. Sie erinnern an den französischen und deutschen Barock und an italienische Renaissance-Bauten.

Nach der Revolution wurde die Schule geschlossen und das Museum Teil der Eremitage *(siehe S. 84ff)*. Während der Belagerung von Leningrad *(siehe S. 27)* wurde das Gebäude schwer beschädigt; seine Restaurierung ist noch nicht abgeschlossen. Nach dem Krieg bildete man hier Vergolder und Bildhauer aus, die man für das gewaltige Programm zur Restaurierung der Stadt benötigte. Die Ausstellung im Erdgeschoss zeigt Glaswaren, Keramik und Majolika sowie Porzellan aller großen europäischen Hersteller. Ein Raum im Stil des mittelalterlichen Terem-Palasts im Kreml bildet den Hintergrund für die Sammlung bunt bestickter Kleider und Hüte, in Handarbeit hergestellt von russischen Bäuerinnen.

Einige dekorative Metallarbeiten, wie Schlösser, Schlüssel und Werkzeuge, stammen aus dem Mittelalter. Die Qualität der Holzmöbel ist atemberaubend. Das neogotische Schränkchen ist ein ausgezeichnetes Beispiel hierfür; die Einlegearbeiten der Türen zeigen Kirchenschiffe und biblische Szenen.

Beenden Sie die Führung mit einem Besuch des phantastischen Großen Ausstellungssaals mit einer Treppe aus italienischem Marmor und einem herrlichen Glasdach.

Christi-Verklärungs-Kathedrale ❺
Спасо-Преображенский собор
Spasso-Preobraschenski sobor

Preobraschenskaja Ploschtschad 1.
Karte 3 B5. 📞 *272 3662.*
Ⓜ *Tschernyschewskaja.* 🚌 *46, K-15, K-76.* 🚋 *49.* 🚋 *90.* ⏰ *tägl. 8–20 Uhr.*

T ROTZ DES monumentalen Klassizismus und des sie umgebenden Zauns aus Waffen aus den Türkenkriegen *(siehe S. 22)* strahlt Wassili Stassows Kirche Intimität aus. Die ursprüngliche Kathedrale wurde von der Zarin Elisabeth zu Ehren der Preobraschenski-Garde gebaut. Nach einem Brand 1825 wurde sie restauriert. Heute ist sie für ihren exzellenten Chor berühmt, der nur von dem des Alexandr-Newski-Klosters *(siehe S. 130f)* übertroffen wird.

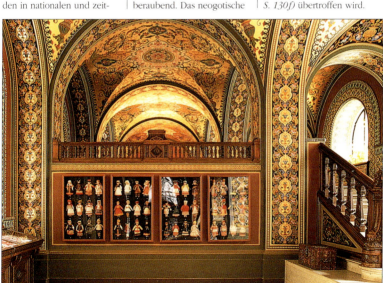

Puppen in Trachten des 17. bis 19. Jahrhunderts vor dem Terem-Zimmer, Schtigliz-Museum

Taurischer Palast ❻
Таврический дворец
Tawritscheski dworez

Schpalernaja Uliza 47. **Karte** 4 D4.
Ⓜ *Tschernyschewskaja*. 🚌 *46, 136*.
⬤ *für die Öffentlichkeit.*

Dieser wohl proportionierte Palast von Iwan Starow wurde 1783–89 als Geschenk Katharinas der Großen für ihren Liebhaber Grigori Potjomkin *(siehe S. 25)* gebaut. Dieser hatte 1783 für Russland erfolgreich die Krim (Tauris) annektiert und erhielt den Titel Fürst von Tauris – daher der Name des Palastes.

Das gelbe Gebäude mit seinem sechssäuligen Portikus und dem schmucklosen Äußeren war einer der ersten klassizistischen Bauten Russlands. Leider nahm das herrliche Innere durch Katharinas Sohn Paul I., der den Palast zu einer Kaserne umfunktionierte, sowie durch zahlreiche Umbauten großen Schaden.

Der Palast spielt eine wichtige Rolle im kulturellen und politischen Leben des 20. Jahrhunderts. 1905 organisierte der Impresario Sergej Diaghilew *(siehe S. 43)* hier die erste Ausstellung russischer Porträtmalerei. 1906 war der Palast Tagungsort des ersten russischen Parlaments. Nach der Februarrevolution von 1917 wurde er Sitz der provisorischen Regierung, des Sowjets der Arbeiter- und Soldaten-Deputierten. Auch heute ist er noch ein Regierungsgebäude.

Der hübsche Garten mit seinen Flüsschen, Brücken und einem künstlich angelegten See gehört zu den beliebtesten Grünflächen der Stadt.

Fassade der Smolny-Kathedrale mit angrenzendem Kloster

Smolny-Kloster ❼
Смольный монастырь
Smolny monastyr

Ploschtschad Rastrelli 3/1. **Karte** 4 F4.
📞 *278 1461.* 🚌 *46, 58, 134, 136.*
⬤ *Fr–Mi 11–17 Uhr.*
in Englisch.

Das Glanzstück dieses architektonischen Ensembles ist die Kathedrale, ein 85 Meter hoher Kreuzkuppelbau. Das Kloster, in dem viele junge Adelsdamen ausgebildet wurden, gründete Zarin Elisabeth. Bartolomeo Rastrelli *(siehe S. 93)* entwarf es 1748 und schuf eine brillante Mischung aus russischem Stil und westlichem Barock. Die Arbeiten gingen allerdings nur schleppend voran. Um das Fundament auf dem marschigen Boden zu sichern, brauchte man 50 000 Holzpfähle. Allein für sein Modell, das nun in der Akademie der Künste *(siehe S. 63)* zu sehen ist, benötigte der Architekt sieben Jahre.

Katharina der Großen missfiel Rastrellis Arbeit, zudem hegte sie wenig Sympathie für Elisabeth. Als sie 1762 an die Macht kam, wurde das vorläufig Projekt eingestellt. Erst im Jahr 1835 beauftragte Nikolaus I. den klassizistischen Architekten Wassili Stassow, die Kathedrale zu vollenden.

In der Kathedrale finden nun neben Ausstellungen auch Konzerte statt *(siehe S. 194)*. Vom Turm hat man eine atemberaubende Sicht auf die Stadt.

Smolny-Institut ❽
Смольный Институт
Smolny Institut

Ploschtschad Proletarskoi Diktatury.
Karte 4 F4. 📞 *276 1461.* 🚌 *22, 46, 136, K-15, K-129, K-136, K-147.*
5, 7, 11, 15, 16, 49. **Smolny-Museum** ⬤ *Mo–Fr nach Vereinb. 11–16 Uhr.* *in Englisch.*

Giacomo Quarenghi betrachtete dieses klassizistische Gebäude als sein Meisterwerk. Es wurde 1806–08 für die jungen Adelsdamen des zu klein gewordenen Smolny-Klosters gebaut.

Das Institut spielte eine wichtige Rolle während der Oktoberrevolution *(siehe S. 28 f)*. Von hier aus führte Lenin am 7. November 1917 den bolschewistischen Staatsstreich durch. Das zweite Gesamtrussische Zentralexekutivkomitee bestätigte Lenins Machtübernahme, das Smolny-Institut wurde sein Regierungssitz bis März 1918. Mit dem Vormarsch der Deutschen und dem Ausbruch des Bürgerkriegs *(siehe S. 27)* zog die Regierung nach Moskau um. Das Institut wurde von der Leningrader kommunistischen Partei übernommen.

Blick auf den Taurischen Garten und den Taurischen Palast

Isaak Brodskis Gemälde von Lenin (Aula, Smolny-Institut)

Am 1. Dezember 1934 wurde Parteisekretär Sergei Kirow *(siehe S. 72)* hier ermordet, ein Ereignis, das Stalin als Vorwand für seine »Säuberungsaktionen« in den 1930er Jahren diente *(siehe S. 27)*. Die Räume, in denen Lenin wohnte und arbeitete, können auf Anfrage besichtigt werden.

Scheremetjew-Palast ❾
Шереметьевский дворец
Scheremetjewski dworez

Nabereschnaja Reki Fontanki 34. **Karte 7 A1**. **Anna-Achmatowa-Museum** 272 2221 M Majakowskaja 3, 8, 15. 12, 54, 28, 90. Mo–Fr 10–18 Uhr. Exkursionen. **Museum des musikalischen Lebens** 272 4441. M Gostiny dwor. 3, 8, 15. 12, 28, 54, 90. Mi–So 12–18 Uhr.

Die Familie Scheremetjew lebte hier von 1712 bis zur Revolution. Wegen der zahlreichen Fontänen, die einst das Gelände schmückten, ist der Palast auch als Fontänenhaus bekannt. Das Barockgebäude, entworfen von den Architekten Sawwa Tschewakinski und Fjodor Argunow, stammt im Wesentlichen aus den 50er Jahren des 18. Jahrhunderts.

Scheremetjews Nachkommen waren unglaublich reich und hatten bis zu 200 000 Leibeigene. Sie gehörten auch zu den führenden Kunstmäzenen Russlands. Der Palast beherbergt heute das Museum des musikalischen Lebens (Musei Musykalnoi schisni), das den bedeutenden Beitrag der Familie zur Musik dieser Stadt zeigt. Im 18. und 19. Jahrhundert traten die auf den Landsitzen lebenden Komponisten, Musiker und Schauspieler in vielen Konzerten und Stücken im Palast auf. Zu den Bewunderern des großartigen Scheremetjew-Chors gehörte auch Franz Liszt. Unter den Exponaten des Museums findet man eine Vielzahl zeitgenössischer Instrumente und Partituren, von denen einige Kompositionen der Scheremetjews sind.

Eine von Russlands größten Dichterinnen des 20. Jahrhunderts, Anna Achmatowa, wohnte in den Jahren 1933–41 und 1944–54 im Palast. Ihre Wohnung, das heutige Anna-Achmatowa-Museum (Musei Anny Achmatowoi), ist über den Hof des Liteiny Prospekt Nr. 53 erreichbar. Als Anna Achmatowa in den Palast zog, war er in schmuddelige Gemeindewohnungen unterteilt worden. In den Zimmern zeugt ihre persönliche Habe von ihrem faszinierenden Leben. Hier sind auch Aufnahmen zu hören, auf denen sie ihre eigenen Gedichte vorträgt.

Anna Achmatowa

1914 gehörte Anna Achmatowa (1889–1966) zu den ganz Großen des »Silbernen Zeitalters« der Poesie *(siehe S. 44)*. Ihr Mann wurde von den Bolschewiken erschossen; ihr Sohn und ihr Geliebter waren während Stalins »Säuberungsaktionen« inhaftiert. Sie wurde von der Polizei observiert und zum Schweigen gezwungen. Ihr berühmtestes Gedicht *Requiem* (1935–61), zu dem sie die Festnahme ihres Sohnes inspirierte, schrieb sie in Fragmenten, die ihre Freunde auswendig lernten. Gegen Ende ihres Lebens wurde Achmatowa teilweise rehabilitiert und 1965 im Ausland mit Preisen ausgezeichnet.

Fassade des Scheremetjew-Palasts am Fontanka-Ufer

Dostojewski-Museum ❿
Музей Достоевского
Musei Dostojewskowo

Kusnetschny pereulok 5/2. **Karte 7**
B3. ☎ 311 4031. Ⓜ *Wladimirskaja.*
🚊 3, 8, 15. 🚌 2, 49, 90. ◯ *Di–So 11–18 Uhr.* 📷 🎧 *in Englisch.*

In diesem Gebäude lebte der berühmte russische Schriftsteller Fjodor Dostojewski *(siehe S. 44)* von 1878 bis zu seinem Tod 1881. Auf dem Höhepunkt seines Ruhmes vollendete er hier 1880 seinen letzten großen Roman *Die Brüder Karamasow*. Spielleidenschaft und Schulden zwangen ihn jedoch zu einem bescheidenen Lebensstil in seiner Fünfzimmerwohnung.

Obwohl Dostojewski in der Öffentlichkeit eher mürrisch wirkte, war er ein fürsorglicher, liebevoller Ehemann und Vater. Im Kinderzimmer findet man neben einem Schaukelpferd die Schattenrisse seiner Kinder und das Märchenbuch, aus dem er ihnen vorlas. In seinem Arbeitszimmer hängt auch eine Reproduktion seines Lieblingsgemäldes, Raffaels *Sixtinische Madonna*.

Die Tscheschme-Kirche (1777–80), ein frühes Beispiel des neugotischen Stils

Tscheschme-Kirche ⓬
Чесменская церковь
Tschesmenskaja zerkow

Uliza Lensoweta 12. Ⓜ *Moskowskaja.*
🚊 16. 🚌 29, 45. ◯ *tägl. 10–19 Uhr.*

Wenig Russisches scheint die ungewöhnliche, 1777–80 von Juri Felten entworfene Tscheschme-Kirche zu haben. Ihre terrakottafarbene Fassade ist mit dünnen vertikalen Formstücken geschmückt, die das Auge hoch zu dem zickzackförmigen First und den neugotischen Kuppeln lenken.

Der Name erinnert an den russischen Sieg auf See über die Türken 1770 bei Çeşme in der Ägäis. Während der kommunistischen Ära wurde die Kirche zum Museum umfunktioniert. Heute ist sie wieder ein Gotteshaus. Auf der anderen Seite der Uliza Lensoweta steht der neugotische Tscheschme Palast (1774–77), früher als »Froschsumpf-Palast« bekannt. Auch er wurde von Felten entworfen und diente als Zwischenstation für Katharina die Große auf dem Weg nach Zarskoje Selo *(siehe S. 150 ff)*. Wedgwoods berühmtes Essservice mit dem Froschemblem, nun in der Eremitage *(siehe S. 91)* zu sehen, wurde speziell für den Tscheschme-Palast entworfen.

Rasputin war nach seiner Ermordung 1916 *(siehe S. 121)* hier aufgebahrt. Der Palast dient heute als Altenheim.

Alexandr-Newski-Kloster ⓫
Александро-Невская лавра
Alexandro-Newskaja lawra

Ploschtschad Alexandra Newskowo.
Karte 8 E4. ☎ *274 1612 oder 274 1124.* Ⓜ *Ploschtschad Alexandra Newskowo.* 🚊 *8, 27, 46.* 🚌 *1, 14, 16, 22.* 🚊 *7, 65.* **Friedhöfe** ◯ *Fr–Mi 10–19 Uhr (Dez–Apr bis 16 Uhr).*
Verkündigungskirche ◯ *tägl. 11–17 Uhr.* 📷 *für Friedhöfe und Verkündigungskirche.* 🎧

Das Kloster, das 1710 von Peter dem Großen gegründet wurde, trägt seinen Namen zu Ehren Alexandr Newskis, des Fürsten von Nowgorod, der 1240 an der Newa die Schweden besiegte. Peter der Große bezwang sie dann 1709.

Vom Eingang führt ein Pfad zwischen zwei großen Friedhöfen hindurch, dann über

Dostojewskis Grabstein

ein Flüsschen und schließlich in die Hauptklosteranlage. Das früheste Gebäude links vom Eingangstor ist die Mariä-Verkündigungs-Kirche (1717–22), entworfen von Domenico Trezzini. Die nur im Erdgeschoss für die Öffentlichkeit zugängliche Kirche war früher Grabstätte der nicht regierenden Mitglieder der Zarenfamilie. Eine Reihe roter und weißer Klostergebäude (Mitte 18. Jh.), zu denen auch das Haus des Metropoliten gehört, umgeben den Hof.

Unter den Bäumen liegen die Gräber atheistischer Gelehrter und führender Kommunisten.

Der im Wesentlichen barocke Komplex wird von der klassizistischen Dreifaltigkeitskathedrale dominiert, 1776–90 von Iwan Starow erbaut. Ihr großes Mittelschiff wird von zwei korinthischen Säulen mit Statuen von Fedor Schubin flankiert. Es führt zu der beeindruckenden Ikonostase aus rotem Achat und weißem Marmor mit Kopien von Werken van Dycks, Rubens' und anderer. Der Reliquienschrein rechts von der

Reliquienschrein Alexandr Newskis, Dreifaltigkeitskathedrale

Siegesdenkmal ⓑ
Монумент Защитникам Ленинграда
Monument Saschtschitnikam Leningrada

Ploschtschad Pobedy. 373 6563
Ⓜ *Moskowskaja*. **Gedenkhalle** ☐
Do und Sa–Mo 10–18 Uhr; Di und Fr 10–17 Uhr.

Das 1975, 30 Jahre nach Ende des Zweiten Weltkriegs, errichtete Denkmal steht an der Stätte eines Triumphbogens, der zur Begrüßung der heimkehrenden Truppen erbaut wurde. Das Denkmal für die heroischen Verteidiger Leningrads ehrt nicht nur die rund zwei Millionen Opfer der Belagerung *(siehe S. 27)*, sondern auch die Überlebenden. Michail Anikuschin schuf es nach einem Entwurf von Sergej Speranski und Walentin Kamenski. Ein 48 Meter hoher Obelisk aus rotem Granit steht in der Nähe einer riesigen kreisförmigen Einfriedung, die den schraubstockartigen Griff der Belagerung symbolisiert. Rund um den Obelisken finden sich Skulpturen von Soldaten und trauernden Müttern.

Vom Moskowski Prospekt führt eine Unterführung zur unterirdischen Gedenkhalle. Hier hört man das unaufhörliche Schlagen eines Metronoms, das den trotzigen Herzschlag der Stadt symbolisieren soll. Die Beleuchtung besteht aus 900 schwachen orangefarbenen Lampen, eine für jeden Tag der Belagerung. An den Marmorwänden hängen Tafeln mit den Namen von 650 Helden der Sowjetunion, denen dieser Titel nach dem Krieg verliehen wurde. Ein Mosaik zeigt die Frauen, die ihre Männer bei der Heimkehr begrüßen.

In der Ausstellung um die Halle findet man Artefakte, die den Beitrag der Öffentlichkeit zu den Kriegsanstrengungen dokumentieren, wie Schostakowitschs Geige. Eine Reliefkarte zeigt die Frontlinien.

Heroische Partisanen blicken während der Belagerung Leningrads dem Feind entgegen (Detail, Siegesdenkmal)

Ikonostase birgt die sterblichen Überreste Alexander Newskis, die 1724 zur damals hier stehenden Kirche gebracht wurden. Hinter dem Reliquienschrein hängt ein Bild von Newski, der in Russland seit Mitte des 16. Jahrhunderts als Heiliger verehrt wird.

Viele führende Persönlichkeiten des kulturellen Lebens wurden auf den Klosterfriedhöfen beim Haupteingang begraben. Auf dem ältesten Friedhof der Stadt, dem Lazarusfriedhof im Osten, liegen der Universalgelehrte Michail Lomonossow *(siehe S. 45)* und berühmte Architekten wie Andrej Sacharow, Thomas de Thomon, Giacomo Quarenghi, Carlo Rossi *(siehe S. 110)* und Andrej Woronichin. An der Nordwand des Tichwiner Friedhofs (im Westen) sind die Gräber berühmter russischer Komponisten. Rechts vom Eingang liegt Fjodor Dostojewski begraben.

Interessante Gräber, Tichwiner Friedhof

1 Michail Glinka (Komponist, 1804–57)
2 Iwan Krylow (Dichter, 1768–1844)
3 Marius Petipa (Choreograph, 1818–1910)
4 Pjotr Klodt (Bildhauer, 1805–67)
5 Iwan Kramskoi (Maler, 1837–87)
6 Peter Tschaikowsky (Komponist, 1840–93)
7 Modest Mussorgski (Komponist, 1839–81)
8 Nikolai Rimski-Korsakow (Komponist, 1844–1908)
9 Fjodor Dostojewski (Schriftsteller, 1821–81)

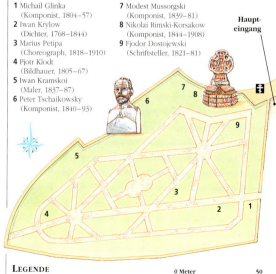

Legende

✝ Kirche

0 Meter — 50

ZWEI SPAZIERGÄNGE

ST. PETERSBURG KANN man gut zu Fuß erkunden und auf diese unmittelbare Weise viele Sehenswürdigkeiten erleben. Bei den Spaziergängen lernt man teils überraschende Aspekte der Stadt kennen. Da St. Petersburg auf einer Gruppe von Inseln an der Newa-Mündung liegt, spielt Wasser bei beiden Spaziergängen eine zentrale Rolle.

Urne (19. Jh.) auf den Stufen des Jelagin-Palasts

Der erste Spaziergang folgt zwei Wasserstraßen, der Moika und dem Gribojedow-Kanal, die den Kern der Stadt durchkreuzen, und stellt St. Petersburgs großartige Bauten aus dem 18. und 19. Jahrhundert vor. Er zeigt den Kontrast zwischen Palästen und überfüllten Wohnblocks, vergoldeten Brücken und dem Verfall des Viertels um die Sennaja Ploschtschad. Man kann auch eine Bootsfahrt auf den Kanälen machen *(siehe S. 218f)* und die historischen Gebäude aus einer anderen Perspektive betrachten.

Der zweite Spaziergang erforscht die Welt, in der die St. Petersburger seit dem 18. Jahrhundert einen Großteil ihrer Freizeit verbringen. Auf den Datschas der Jelagin- und Steininsel im Norden verlebten einst die Reichen die heißen Sommer, doch heute sind sie ein Rückzugsort für jedermann. Hier geht man im Sommer spazieren oder rudert, sammelt im Herbst Blätter, vergnügt sich im Winter mit Ski- und Schlittschuhlaufen oder genießt die frische Frühlingsluft.

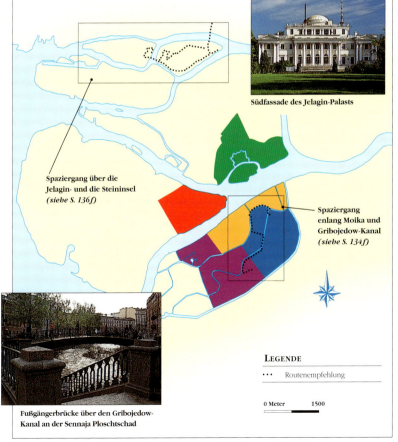

Südfassade des Jelagin-Palasts

Spaziergang über die Jelagin- und die Steininsel *(siehe S. 136f)*

Spaziergang enlang Moika und Gribojedow-Kanal *(siehe S. 134f)*

Fußgängerbrücke über den Gribojedow-Kanal an der Sennaja Ploschtschad

LEGENDE

··· Routenempfehlung

0 Meter 1500

◁ **Friedliche Stille an einem der Seen der Jelagin-Insel**

Entlang der Wasserstraßen St. Petersburgs

EIN BUMMEL entlang dem Newa-Ufer und dem Gribojedow-Kanal bietet die Möglichkeit, geschichtliche und architektonische Höhepunkte der Stadt zu erleben. Die Moika schlängelt sich entlang dem Winter- und dem Sommerpalast der Zaren und den feudalen Herrenhäusern, während den Gribojedow-Kanal Wohnungen aus dem 19. Jahrhundert säumen, in denen einst Kaufleute und Staatsbeamte sowie, in Richtung Sennaja Ploschtschad *(siehe S. 122)*, die Arbeiterklasse wohnten. Der Weg führt auch über den Newski Prospekt.

> **ROUTENINFOS**
>
> **Start**: Erlöserkirche.
> **Länge**: 5,8 Kilometer.
> **Anfahrt**: Metro-Station Newski Prospekt.
> **Rasten**: Café Minutka, Newski Prospekt 20; Bistro Layma, Nab Kanala Gribojedowa 16.

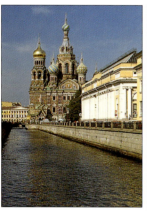

Blick auf die Erlöserkirche und den Gribojedow-Kanal

Die Moika

Beginnen Sie den Spaziergang bei der restaurierten Erlöserkirche ① *(siehe S. 100)*, an der Stelle erbaut, an der Alexander II. 1881 ermordet wurde *(siehe S. 26)*. Gehen Sie am Park um die Kirche herum, und überqueren Sie die Kanalbrücke zur Konjuschennaja Ploschtschad, auf der Sie den ehemaligen Marstall ② finden *(siehe S. 113)*. Dort, wo Moika und Gribojedow-Kanal zusammenfließen, gibt es zwei miteinander verbundene Brücken, die Kleine Marstallbrücke und die Theaterbrücke *(siehe S. 37)*.

Spazieren Sie über diese Brücken zum Nordufer der Moika und dem Adamini-Haus ③, das zwischen 1823 und 1827 von Domenico Adamini entworfen wurde. Von 1916 bis 1919 war im Untergeschoss ein Künstler- und Schriftsteller-Klub untergebracht, das »Biwak der Komödianten«. Zu den Besuchern zählten der Theaterdirektor Wsewolod Meyerhold, der Dichter Alexandr Blok und die Lyrikerin Anna Achmatowa *(siehe S. 44)*.

Biegen Sie links auf die Nabereschnaja Reki Moiki, und gehen Sie an dem 1790 von Giacomo Quarenghi erbauten Rundmarkt ④ mit seinen schönen Einkaufspassagen vorbei. Am Flussufer entlang gelangt man zur Großen Marstallbrücke und dem ehemaligen Herrenhaus (1913–15) von Fürst Abamelek-Lasarew ⑤. Die schöne Fassade stammt von Iwan Fomin. Am gegenüberliegenden Ufer findet sich der Wohnblock aus dem 17. Jahrhundert, in dem Puschkin die letzten Monate seines Lebens verbrachte. Seine Wohnung ist nun ein Museum ⑥ *(siehe S. 113)*.

Dort, wo die Millionnaja Uliza und der Winterkanal sich treffen, steht die Kaserne des Eliteregiments der Preobraschenski-Garde. Dieses Korps wurde in den 90er Jahren des 17. Jahrhunderts von Peter dem Großen gebildet.

Quarenghis Rundmarkt (1790) am Newa-Ufer

Legende

••• Routenempfehlung

Ⓜ Metro-Station

Der von Bäumen gesäumte Gribojedow-Kanal

Auf der anderen Seite des Winterkanals befindet sich die Neue Eremitage ⑦ *(siehe S. 84).* Wieder zurück an der Moika, führt der Weg vorbei an einem grünen, dreistöckigen Haus ⑧, das Fjodor Demerzow für Fürst Alexei Araktschejew, den Militärberater Alexanders I., baute. Die Moika schlängelt sich nun um die majestätischen Gebäude am Schlossplatz *(siehe S. 83),* zu denen das Stabsgebäude des Gardekorps ⑨ und der riesige Halbmond des Generalstabsgebäudes ⑩ von Carlo Rossi gehören. Überqueren Sie die Sängerbrücke ⑪ *(siehe S. 37),* und folgen Sie der Moika bis zur Polizeibrücke. Das gelbe Gebäude auf der anderen Seite der Moika ist das Literaturcafé ⑫, ein Treffpunkt für Schriftsteller zur Zeit Puschkins *(siehe S. 83).*

Der Newski Prospekt

Biegen Sie links auf St. Petersburgs Hauptstraße mit ihren verschiedenen Architekturstilen ein. Links verdeckt die elegante Fassade von Paul Jacots Holländischer Kirche ⑬ *(siehe S. 47)* eine Reihe von Läden. Gegenüber bildet die Barockfassade des Stroganow-Palasts ⑭ *(siehe S. 112)* einen Kontrast zur Glasfassade des Hauses der Mode im Jugendstil ⑮ *(siehe S. 47).* Ein wenig weiter sieht man den Säulengang der Kathedrale Unserer Lieben Frau von Kasan ⑯ *(siehe S. 111).*

Der Gribojedow-Kanal

Überqueren Sie den Newski Prospekt bei der Buchhandlung Dom Knigi *(siehe S. 47),* und folgen Sie dem Kanal gen Süden. Wenn Sie Georg von Traitteurs mit goldenen Greifenfiguren geschmückte Bankbrücke ⑰ *(siehe S. 35)* erreichen, überqueren Sie den Kanal und gehen am schmiedeeisernen Gitter auf der Rückseite der ehemaligen Assignatenbank ⑱ (nun eine Wirtschaftsuniversität) vorbei.

Weiter südlich auf der Steinbrücke überlebte im Jahr 1876 Alexander II. einen Anschlag der revolutionären Gruppe »Volkswille«. Auf der anderen Seite der Demidow-Brücke liegt an der Ecke der Kasanskaja Uliza ⑲ (Nr. 1) die Wohnung, in der Dostojewski die *Aufzeichnungen aus einem Totenhaus* (1861) und *Schuld und Sühne* schrieb. Im ehemaligen Swerkow-Haus ⑳ lebte der Dramatiker Nikolai Gogol *(siehe S. 44)* in den 30er Jahren des 19. Jahrhunderts.

Der Spaziergang endet auf der Sennaja Ploschtschad *(siehe S. 122f),* hier gibt es zwei Metro-Stationen.

Greifenfiguren (1826), Bankbrücke

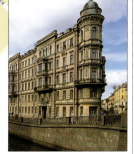

In diesem Wohnblock am Gribojedow-Kanal wohnte Dostojewski

Spaziergang über die Jelagin- und die Steininsel

DIE NÖRDLICHEN INSELN des Newa-Deltas mit ihrem welligen Grünland, ihren Birken- und Lindenwäldern und der schönen Sicht auf die Flüsschen bieten Erholung vom Stadtleben. Gegen Ende des 18. Jahrhunderts errichtete die Zarenfamilie hier Paläste, schon bald taten die Aristokratenfamilien es ihr nach. Vor der Revolution bauten hier viele Minister, Industriemagnaten und Berühmtheiten ihre Datscha. Heute verhilft die neue Wirtschaftselite den verwahrlosten Gebäuden, die stilistisch von der Neugotik über den Klassizismus bis zum Jugendstil reichen, zu neuem Glanz.

Holzfassade der Villa Dolgorukow

Südliche Steininsel

Starten Sie bei der Metro-Station Tschornaja Retschka, gehen Sie dann südlich zur Großen Newka und von dort hinüber zur Steininsel, einem Erholungsgebiet. Dort stoßen Sie zuerst auf die kleine Kirche Johannes' des Täufers ①, die Juri Felten 1776–78 im neugotischen Stil entwarf. In der Nähe führt ein gelber Torbogen zum Kamennoostrowski-Palast ② (nun ein Altenheim), von wo aus Alexander I. 1812 seinen Feldzug gegen Napoleon begann *(siehe S. 22)*.

Folgen Sie dem Kamennostrowski Prospekt zur Kleinen Newka. Biegen Sie rechts in die Nabereschnaja Maloi Newki ein. Nr. 11 ist ein imposantes Herrenhaus aus Holz ③ mit einem Portikus mit weißen Säulen. Die Villa Dolgorukow wurde 1831/32 von Smaragd Schustow für die Dolgorukows, eine der ältesten Aristokratenfamilien Russlands, gebaut. Die beiden Sphingen am Granitufer stammen von 1824. Von dort blickt man zur Apothekerinsel hinüber, benannt nach den von Peter dem Großen angelegten Heilkräutergärten. Hier liegt auch St. Petersburgs Botanischer Garten. Folgen Sie dem Pfad, der in die Nabereschnaja Reki Krestowki einmündet. In der Mitte stehen die Überreste der Eiche Peters des Großen ④, die der Zar 1718 selbst gepflanzt haben soll. Das Haus auf der Linken bei der Kleinen Krestowka-Brücke gehörte Sergej Tschajew ⑤, dem Chefingenieur der Transsibirischen Eisenbahn. Tschajew beauftragte den berühmten Architekten Wladimir Apyschkow, dieses herrliche Jugendstilhaus (1913/14) zu bauen.

Gehen Sie weiter Richtung Westen und über die Kanalbrücke zum Kamennoostrowski-Theater ⑥, einem Holzbau, der 1827 in nur 40 Tagen gebaut wurde. Obwohl etwas heruntergekommen, ist der klassizistische Portikus, den Albert Kawos 1844 schuf, immer noch beeindruckend. Die Ufer der Krestowka mit Blick auf die Bootswerften der Krestowski-Insel sind ideal für ein Picknick. Gehen Sie zum Pfad zurück und über die Erste Jelagin-Brücke zur Jelagin-Insel.

Jelagin-Insel

Die Insel ist eine bei St. Petersburgern beliebte Oase der Ruhe. Ein Schlagbaum zeigt den Eingang zum Gelände von Carlo Rossis Jelagin-

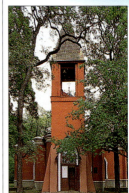

Turm der Kirche Johannes' des Täufers (1776–78)

JELAGIN- UND STEININSEL

Kamennoostrowski-Theater (1827)

Palast ⑦ *(siehe S. 126)*. Von der Westspitze der Insel aus kann man schöne Sonnenuntergänge über dem Finnischen Meerbusen, besonders während der Weißen Nächte *(siehe S. 51)*, beobachten. Jenseits der Zweiten Jelagin-Brücke, die südlich zur Krestowski-Insel führt, liegen das Petrowski-Stadion und der Siegespark, während die Dritte Jelagin-Brücke im Norden zum Primorski Prospekt und dem von Gawriil Baranowski 1909–15 errichteten buddhistischen Tempel führt.

Nördliche Steininsel

Kehren Sie über die Erste Jelagin-Brücke zur Steininsel zurück, und biegen Sie links auf die Teatralnaja Alleja ein. Von dort sehen Sie das ehemalige Herrenhaus von Alexander Polowzow ⑧, Außenminister unter Nikolaus II. Die herrliche klassizistische Villa mit Jugendstil-Elementen wurde 1911–13 von Iwan Fomin errichtet. Verlassen Sie die Teatralnaja Alleja, und durchqueren Sie den friedvollen Park mit seinen Teichen und Kanälen. Nahe der Kreuzung mit der Bolschaja Alleja stehen zwei weitere Herrenhäuser (frühes 20. Jh.). Follenweiders

Polowzow-Haus (frühes 10. Jh.)

Villa ⑨ zur Linken mit dem zeltförmigen Turm wurde 1904 von Roman Melzer entworfen und gehört nun dem dänischen Konsulat. Jewgenija Gauswalds Datscha ⑩ (1898) ist einer der ersten Jugendstil-Bauten St. Petersburgs. Schließlich führt der Spaziergang entlang der Beresowaja Alleja zurück zum Kamennoostrowski Prospekt und über die Uschakowski-Brücke zur Metro-Station Tschornaja Retschka.

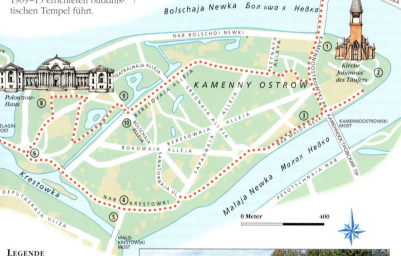

Legende

... Routenempfehlung

M Metro-Station

Routeninfos

Start: Metro-Station Tschornaja Retschka (siehe S. 215).
Länge: 6 Kilometer.
Rasten: Café in den ehemaligen Ställen des Jelagin-Palasts (nur im Sommer) und viele Picknickplätze.

Das von Bäumen gesäumte Ufer der Krestowka

Umgebung von St. Petersburg

Repino 144
Oranienbaum 144
Gattschina 145
Peterhof 146–149
Zarskoje Selo 150–155
Pawlowsk 156–159
Nowgorod 160–163

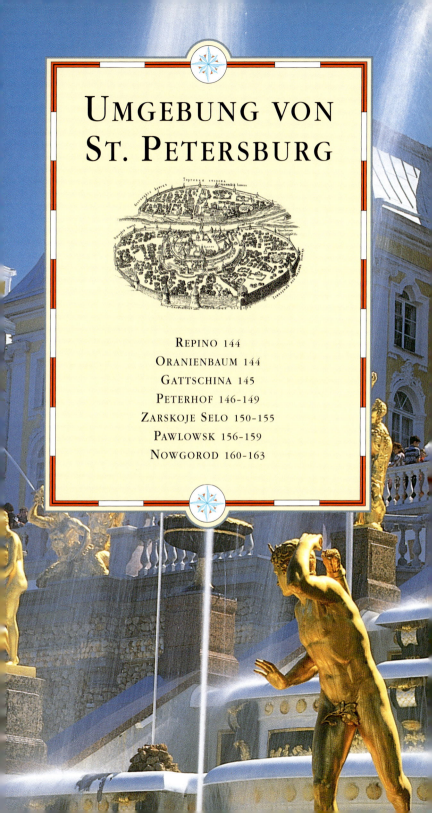

Umgebung von St. Petersburg

DIE UMGEBUNG VON ST. PETERSBURG *ist typisch für den Nordwesten Russlands. Neben weiten Ebenen, Kiefernwäldern und Seen gibt es hier kulturell interessante Sehenswürdigkeiten wie die Zarenpaläste und die mittelalterliche Stadt Nowgorod. Ein Ausflug in das Umland gewährt einen Einblick in dieses herrliche Land.*

Vor der Gründung St. Petersburgs 1703 war das Umland eine von Wölfen bewohnte marschige, unwirtliche Wildnis. Dennoch war das Gebiet vom Finnischen Meerbusen bis zum Ladogasee von strategischer Bedeutung für den Handel und gab Anlass zu ständigen Kriegen zwischen Schweden und Russland. Damals war Nowgorod, ein unabhängiges, reiches Fürstentum *(siehe S. 17)*, die einzige bedeutende Siedlung. Seine mittelalterliche Atmosphäre unterscheidet sich sehr von der mit Zarenpalästen durchsetzten Landschaft südlich von St. Petersburg. Die Paläste spiegeln den Geschmack ihrer Besitzer wider: Bei der Residenz Peters des Großen, dem Peterhof, spielt Wasser eine Hauptrolle – Zeichen seines Interesses an der Seefahrt. Elisabeth wünschte satte Farben und Prunk für ihre extravaganten Bälle – deshalb der große Barockpalast von Zarskoje Selo. Katharina die Große liebte die Intimität und errichtete in Zarskoje Selo Wohnungen sowie den Chinesischen Palast von Oranienbaum. Die Militärmanie Pauls I. ließ ihn Gattschina in eine »Burg« verwandeln, während seine Frau Marija Fjodorowna sich in Pawlowsk eine elegante Residenz schuf. Alle Paläste außer Oranienbaum wurden während des Zweiten Weltkriegs *(siehe S. 27)* schwer beschädigt, in den vergangenen 50 Jahren aber restauriert.

Die Landhäuser der Mittelklasse sind weniger extravagant. Die Datscha des Künstlers Repin nordwestlich der Stadt gibt einen Einblick in seinen unkonventionellen Lebensstil.

Muse der Liebe und Poesie, Pawlowsk

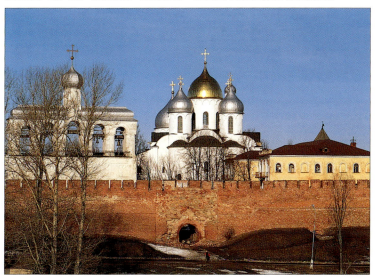

Nowgorod: Kreml mit Sophienkathedrale

◁ Die vergoldeten Verzierungen der Haupttreppe des Palastes von Peterhof

Überblick: Die Umgebung von St. Petersburg

Die meisten St. Petersburger verbringen die Wochenenden und Feiertage in ihrem Landhaus, der Datscha. Dem Besucher bieten sich zahlreiche Ausflugsmöglichkeiten in die Umgebung der Stadt. Im Süden sind viele herrliche Zarenpaläste wie auf einer Perlenkette aufgereiht. Jeder von ihnen hat eine prächtige Inneneinrichtung und großartig angelegte Parks und Seen. Die Landschaft, die das Künstlerstudio von Repino umgibt, ist typischer für das Baltikum. Kiefern- und Tannenwälder erstrecken sich bis zu den Kieselstränden des Finnischen Meerbusens.

Das weiter südlich gelegene mittelalterliche Nowgorod mit seinem Kreml und den Zwiebelturmkirchen ist ein großartiges Beispiel einer typisch russischen Stadt.

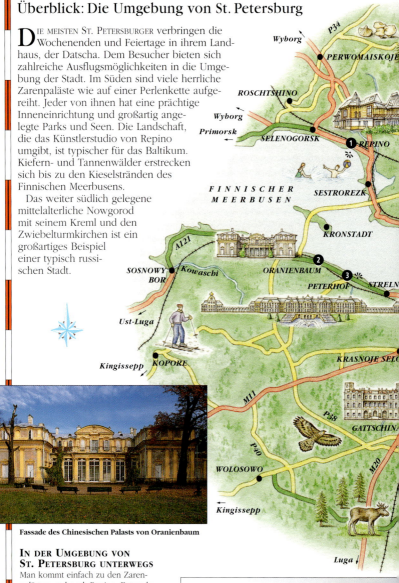

Fassade des Chinesischen Palasts von Oranienbaum

In der Umgebung von St. Petersburg unterwegs

Man kommt einfach zu den Zarenpalästen und nach Repino: Entweder nimmt man einen Vorortzug, oder man schließt sich einer organisierten Bustour an *(siehe S. 200)*. Mit dem Zug ist man meist schneller. Im Sommer kann man mit dem Tragflügelboot nach Peterhof fahren *(siehe S. 221)*. Dessen Sehenswürdigkeiten können an einem Tag besichtigt werden. Nowgorod liegt weiter entfernt, man sollte dort mehr Zeit verbringen; vom Moskauer Bahnhof *(siehe S. 221)* fahren Züge dorthin.

Küstenlandschaft am Finnischen Meerbusen

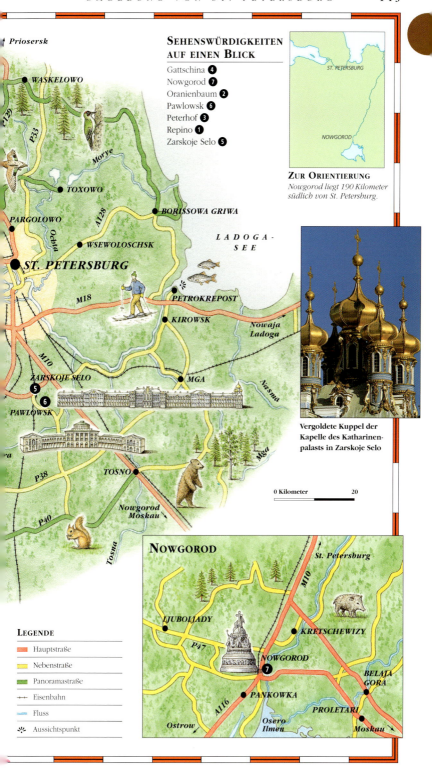

UMGEBUNG VON ST. PETERSBURG

SEHENSWÜRDIGKEITEN AUF EINEN BLICK

Gattschina ❹
Nowgorod ❼
Oranienbaum ❷
Pawlowsk ❻
Peterhof ❸
Repino ❶
Zarskoje Selo ❺

ZUR ORIENTIERUNG
Nowgorod liegt 190 Kilometer südlich von St. Petersburg.

Vergoldete Kuppel der Kapelle des Katharinenpalasts in Zarskoje Selo

LEGENDE

- Hauptstraße
- Nebenstraße
- Panoramastraße
- +++ Eisenbahn
- Fluss
- ☼ Aussichtspunkt

Repino ❶
Репино
Repino

47 km NW von St. Petersburg. 🚆 *vom Finnischen Bahnhof.* 🚌 *411 von der Metro-Station Tschornaja Retschka.* **Penaty**, Primorskoje Schosse 411. ☎ *231 6828.* ⏰ *Mi–Mo 10.30–18 Uhr (Okt–Apr bis 17 Uhr).* 📷 ♿ *nur Erdgeschoss.*

Studio des Künstlers Ilja Repin in seinem Haus in Repino

Nur etwa eine Autostunde – auf der Primorskoje Schosse, der nördlichen Küstenstraße – von St. Petersburg entfernt, findet man eine zauberhafte Landschaft von Seen, Kiefernwäldern und Sandstränden. Zwischen den grün gestrichenen Datschas und Sanatorien liegt Repino, der nach Ilja Repin *(siehe S. 42)*, einem der größten russischen Künstler, benannte Urlaubsort. Repin lebte hier über 30 Jahre lang, bis er 1930 im Alter von 86 Jahren starb. Seine verwinkelte Datscha mit einem Giebeldach aus Glas wurde nach dem Zweiten Weltkrieg restauriert und ist heute ein Museum.

Das Haus, das Repin zu Ehren der römischen Schutzgötter Penaty benannte, wurde von ihm selbst umgestaltet. Die glasverkleidete Veranda im Erdgeschoss diente als Winteratelier. Im Studio im ersten Stock sind die Pinsel des Künstlers und einige seiner Werke, darunter ein unvollendetes Porträt von Puschkin *(siehe S. 44)* sowie Repins letztes Selbstbildnis, zu sehen.

Werke des Künstlers schmücken das Esszimmer. Hierzu zählen Bildnisse des Sängers Fjodor Schaljapin und des Schriftstellers Maxim Gorki, zwei von Repins vielen Besuchern. An einem Tisch mit Drehplatte mussten sich die Gäste selbst bedienen und nach dem Essen ihr Geschirr wegräumen. Wer sich nicht an diese Regel hielt, hatte eine improvisierte Rede zu halten.

Repins Grab im Garten ist nur an einem Kreuz auf einer Hügelspitze zu erkennen.

Oranienbaum ❷
Ораниенбаум
Oranienbaum

40 km W von St. Petersburg. ☎ *422 3753 oder 423 1627.* 🚆 *vom Baltischen Bahnhof.* **Anlage** ⏰ *9–19 Uhr.* **Paläste und Rutschberg-Pavillon** ⏰ *Mo, Mi–So 11–17 Uhr, (Zeiten variieren für einzelne Gebäude).* **Chinesischer Palast und Rutschberg-Pavillon** ⏰ *Okt–Apr.* 📷

Das extravagante Projekt von Alexandr Menschikow *(siehe S. 62)*, engster Freund und Berater von Peter dem Großen, war weitaus ehrgeiziger als Peters Palast in Peterhof *(siehe S. 146ff)*, der zwölf Kilometer westlich liegt. Der grandiose Plan führte letztlich zu Menschikows finanziellem Ruin. Als er 1727 gestürzt wurde, fiel sein Anwesen an die Krone.

Der Große Palast von Oranienbaum, 1710–25 von Gottfried Schädel und Giovanni-Maria Fontana erbaut, hat wenig von seinem barocken Äußeren verloren. Seine weitläufigen Flügel gipfeln in zwei bemerkenswerten Pavillons. Teile des Palastes und des östlichen Pavillons sind nun öffentlich zugänglich.

1743–61 wurde der Palast Residenz des zukünftigen Peter III. Er baute eine Miniaturfestung mit einem See für seine »Marine« und einen Paradeplatz, auf dem er Kriegsspiele mit Soldaten spielte. Peter ließ auch von Antonio Rinaldi einen Palast bauen.

Peters Frau Katharina (später Katharina die Große) verabscheute die Abgeschiedenheit, doch nach Peters Ermordung *(siehe S. 22)* baute sich in Oranienbaum ihre private Datscha. Der in den 60er Jahren des 18. Jahrhunderts von Rinaldi gebaute Chinesische Palast ist berühmt für sein phantastisches Rokokointerieur und die Chinoiserien.

Das ungewöhnlichste Gebäude in Oranienbaum ist Rinaldis Rutschberg, der 1762 auf Wunsch Katharinas gebaut wurde. Schlittenfahren war eine der Lieblingsbeschäftigungen des russischen Adels. Katharinas Besucher kletterten zum blauweißen Pavillon, um dann mit einem Schlitten über eine 500 Meter lange Rutschbahn nach unten zu gleiten. Leider stürzte die Abfahrtsbahn 1813 ein, doch ein Modell kann im Pavillon besichtigt werden. Man kann

Fassade von Menschikows Palast (1710–25) in Oranienbaum

einige Zeit damit verbringen, über das Gelände mit seinen verschwiegenen Pfaden, Kiefernwäldern, Teichen und Brücken zu schlendern.

Oranienbaum war die einzige Palastanlage, die während des Zweiten Weltkriegs *(siehe S. 27)* nicht von den Deutschen besetzt wurde. 1948 wurde der Ort zu Ehren des berühmten Gelehrten des 18. Jahrhunderts, der in der Nähe eine Glas- und Mosaikfabrik gegründet hatte, Lomonossow genannt. Heute heißt die Anlage wieder Oranienbaum, eine Anspielung auf die Orangenbäume, die Menschikow angepflanzt hatte.

Die strenge Fassade des Palastes von Gattschina

Chinoiserien in Katharinas Chinesischem Palast in Oranienbaum

Peterhof ❸

Siehe S. 146ff.

Gattschina ❹
Гатчина
Gattschina

45 km SW von St. Petersburg. 🚉 Baltischer Bahnhof. 🚌 431 (Ploschtschad Pobedy). ☎ 0821-13492. 🕐 Di–So 10–17 Uhr. 🎫 📷 in Englisch. 🍴

KATHARINA DIE GROSSE schenkte das Dorf Gattschina 1765 ihrem Liebhaber Fürst Grigori Orlow. Er beauftragte Antonio Rinaldi, einen klassizistischen Palast zu bauen, der 1781 fertiggestellt wurde. Als Orlow zwei Jahre später starb, vermachte Katharina das Anwesen ihrem Sohn und Erben Paul (später Paul I.). Paul bat Vincenzo Brenna, den Palast entsprechend seinem soldatischen Geschmack umzugestalten. Der Palast wurde unter anderem um ein Stockwerk erweitert und erhielt einen Burggraben mit Zugbrücke.

Der nächste Romanow auf Gattschina war Alexander III., der den Palast im späten 19. Jahrhundert zu seiner Familienresidenz machte. Das Anwesen war ein Rückzugsort vor den sozialen Unruhen, die in der Hauptstadt ausbrachen *(siehe S. 26)*. Die Zarenfamilie führte hier ein einfaches Leben. In Übereinstimmung mit dem zunehmend bürgerlichen Geschmack des Adels in ganz Europa verachtete sie die Prunksäle und wohnte in den gemütlicheren Bedienstetenunterkünften.

1917 floh der Führer der provisorischen Regierung, Alexander Kerenski, nach der Machtergreifung der Bolschewiken nach Gattschina, um sich in letzter Minute die Unterstützung seiner Anhänger zu sichern. Kurz darauf ließ er seine Truppen im Stich und ging ins Exil.

Nach dem Zweiten Weltkrieg diente der beschädigte Palast lange als Militärakademie. Die Restaurierung ist noch nicht abgeschlossen. Die drei beeindruckendsten der bereits restaurierten Räume sind das Marmorne Esszimmer, das Schlafzimmer von Paul I. in einem von Brennas Türmen und der prächtige Weiße Ballsaal. Im Erdgeschoss sind Waffen ausgestellt.

Zu den Attraktionen des herrlichen Geländes gehören der kreisförmige Tempel der Venus (1792/93) auf der Insel der Liebe und das Birkenhaus (Ende 18. Jh.), das auf den ersten Blick nichts weiter als ein Stoß Holzstämme zu sein scheint. Tatsächlich verbergen sich aber dahinter wunderschöne Räume.

Am See kann man Boote mieten und im Sommer in seinem klaren Wasser schwimmen. Bringen Sie sich ein Picknick mit, denn in der Stadt gibt es kaum Restaurants, und genießen Sie die idyllische Ruhe.

Zarskoje Selo ❺

Siehe S. 150ff.

Gattschinas luxuriöser Weißer Ballsaal mit pseudoägyptischen Statuen

Peterhof ❸
Петергоф
Petergof

MIT SEINER SPEKTAKULÄREN Sicht auf die Ostsee ist Peterhof ein vollkommener Ausdruck des Triumphes. Der Große Palast (1714–21), von Jean Baptiste Le Blond entworfen, wurde unter Zarin Elisabeth von Bartolomeo Rastrelli umgestaltet, der ein drittes Stockwerk sowie Seitenflügel mit je einem Pavillon hinzufügte. Außerdem arbeitete er das Innere des Palastes entsprechend seiner Liebe für barocke Vergoldungen um. Peterhof steht im Zentrum eines herrlich gestalteten Parks mit einem französischen und einem englischen Garten.

Blick auf die Große Kaskade, die zum Finnischen Meerbusen hin abfällt

Neptunfontäne

Eichenfontäne

Mescheumny-Fontäne

Die oberen Gärten mit ihren schönen Zierteichen werden von Hecken eingerahmt.

Zarensuite
Die Zarensuite liegt im Ostflügel des Palastes. Peters Eichenkabinett gehört zu den wenigen Räumen, die Rastrelli nicht umgestaltete. Die geschnitzte Holztäfelung im Régence-Stil (1718–21) stammt von Nicolas Pineau.

Cottage-Palast

Orangerie

Römische Fontänen

Pyramidenfontäne

Monplais

Adamfontäne

0 Meter 25

★ **Große Kaskade**
Die Kaskade (1715–24), mit den 37 vergoldeten Bronzeskulpturen ist die größte Brunnenanlage der Welt. Das Wasser fließt von den Terrassen des Großen Palastes zum Meereskanal und schließlich ins Meer.

PALAST PETERS DES GROSSEN

Nach dem Sieg über die Schweden bei Poltawa 1709 beschloss Peter der Große, einen Palast zu bauen, »der dem höchsten der Monarchen angemessen ist«, und orientierte sich dabei an Versailles. Er beschäftigte über 5000 Arbeiter, Leibeigene und Soldaten, unterstützt von Architekten, Wasseringenieuren, Landschaftsgärtnern und Bildhauern. 1714 begonnen, wurde Peterhof 1723 offiziell eröffnet. Le Blonds Großer Palast (1721) hat sich im Verlauf der Zeit stark verändert. Katharina die Große beauftragte nach 1770 Juri Felten, einige der von Rastrelli gestalteten Räume, einschließlich des Thronsaals und des Tscheschme-Saals, neu herzurichten.

Jean Baptiste Le Blonds originaler zweistöckiger Großer Palast

INFOBOX

Petrodworez, 30 km W von St. Petersburg. 427 9527. *vom Baltischen Bahnhof* (siehe S. 220) *nach Nowy Petergof.* Eremitage *(Mai–Okt).* **Großer Palast** Di–So 10.30–17 Uhr. **Andere Pavillons** Mai–Sep Di–So 10.30–17 Uhr; Okt–Apr Sa, So 10.30–16 Uhr. **Fontänen** Mai–Sep 10–18 Uhr.
www.peterhof.org

★ Haupttreppe
Karyatiden und vergoldete Schnitzereien schmücken Rastrellis glanzvolle Treppe. Das Deckenfresko zeigt, wie Aurora und Genius die Nacht vertreiben.

Kaskade Goldener Berg

Marly-Palast und Eremitage

Eva-fontäne

Tragflächenboot, Finnischer Meerbusen

NICHT VERSÄUMEN

★ Große Kaskade

★ Haupttreppe

★ Prunksäle

Der Meereskanal ermöglichte es dem Zaren, vom Finnischen Meerbusen zum großen Palast zu segeln.

★ Prunksäle
Das Zentrum der Prunksäle ist der feudale Thronsaal, 1770 von Juri Felten neu gestaltet. Die maßvolle Stuckdekoration, die roten Samtvorhänge und die Parkettböden bilden einen festlichen Rahmen für die Porträts der Zarenfamilie.

Überblick: Peterhof-Park

ZUM GELÄNDE IN PETERHOF gehören die Oberen Gärten, der Untere Park und der Alexandra-Park mit einer Gesamtfläche von rund 607 Hektar. Die vielen Paläste und Fontänen erreicht man über Alleen und Waldpfade. Ein Teil der Anlage grenzt an die Ostsee. Le Blond entwarf das Gelände neben dem Großen Palast in formalem französischem Stil mit geometrischen Blumenbeeten, Skulpturen und Pergolen. Die Bäume und Sträucher, zu denen Linden, Ulmen und Rosen zählen, wurden aus ganz Russland und aus dem Ausland angeliefert.

Cottage-Palast im Alexandra-Park

Monplaisir (1714–22) am Ufer des Finnischen Meerbusens

Monplaisir

Dieser schlichte Palast wurde 1714 von Johann Braunstein entworfen. Selbst nach dem Bau des Großen Palastes lebte Peter weiterhin auf Monplaisir und unterhielt hier seine Gäste, die er gewöhnlich unter den Tisch trank. Zum Frühstück wurden die Kaffeetassen mit Schnaps gefüllt, und bei Einbruch der Dunkelheit torkelten die Gäste häufig betrunken im Park umher.

Das Innere, nicht so feudal wie das des Großen Palastes, ist dennoch beeindruckend, vor allem der holzgetäfelte Zeremoniensaal. Das Deckengemälde zeigt Apollo, umgeben von Charakteren aus einem Maskenspiel. Russische Ikonenmaler schufen die Dekoration des Lackkabinetts im chinesischen Stil. Peters Gemäldesammlung besteht aus Werken holländischer und flämischer Künstler. Vom Meereskabinett des Zaren hat man einen herrlichen Blick auf den Meerbusen.

Angrenzend an Monplaisir liegt der Katharinenflügel, 1747–54 von Rastrelli für Zarin Elisabeth gebaut. Katharina die Große erhielt hier 1762 von ihrem Liebhaber, Fürst Orlow, die Nachricht von der Ermordung ihres Gatten Peter III. *(siehe S. 22).*

Marly-Palast

Der herrliche Landsitz, benannt nach der Jagdhütte Marly-le-Rois des französischen Königs, die Peter der Große bei einer Westeuropareise 1717 besuchte, wurde für die Gäste des Zaren gebaut. Zu besichtigen sind das Eichen- und das Platanenkabinett, Peters Schlafzimmer und der Speisesaal. Marly liegt in einem Garten mit Skulpturen, Fontänen, einem großen Teich und der Kaskade Goldener Berg, die 1731–37 von Niccolo Michetti hinzugefügt wurde.

Eremitage

In diesem eleganten Pavillon (1721–25), den Braunstein an den Ufern des Finnischen Meerbusens errichtete, dinierte Peter der Große mit seinen Gästen. Das Gebäude wurde von einem Wassergraben mit einer Zugbrücke umgeben. Die Stuckfassade zieren korinthische Säulen, kunstvolle schmiedeeiserne Balkone und große Fenster. Die Dienerschaft durfte sich nur im Erdgeschoss aufhalten, die Speisen wurden mittels einer mechanischen Vorrichtung aus der Küche nach oben geholt.

Cottage-Palast

Der Cottage-Palast liegt im romantischen Alexandra-Park, benannt nach Alexandra, der Frau von Nikolaus I. Der neugotische Bau ist imposanter, als der Name Cottage vermuten lässt. Adam Menelaws, ein schottischer Architekt, entwarf es 1826–29 für Nikolaus I. und dessen Frau. Sie wünschten sich, ihrem bürgerlichen Geschmack entsprechend, eine häusliche Umgebung.

Der pseudogotische Stil zeigt sich am wirkungsvollsten im Salon, ausgestattet mit einem Teppich mit Fensterrosetten-Motiv und einer Stuckdecke mit spitzenartigem Filigranmuster. Das 5200teilige Essservice aus Kristall und Porzellan wurde von der zaristischen Porzellanfabrik hergestellt.

Kunstvoll gefliese Küche im Marly-Palast (1720–23)

Die Springbrunnen in Peterhof

JEAN BAPTISTE LE BLOND unterbreitete 1717 Peter dem Großen seinen »Wasserplan«. Den Mittelpunkt der herrlichen Anlage bildet die Große Kaskade, die von unterirdischen Quellen der 22 Kilometer entfernten Ropscha-Berge gespeist wird. Die Kaskade feiert den Triumph der Russen über die Schweden *(siehe S. 19)*, der durch Michail Koslowskis Skulptur von Samson, der den Löwen zerreißt, symbolisiert wird. Zu den schönsten Fontänen, die sich großteils im Unteren Park befinden, gehören die Triton- und die Löwenfontäne, die Schachbrettkaskade mit dem wasserspeienden Drachen und weitere kleinere Fontänen. Hinzu kommen die Scherzfontänen wie der Regenschirm, der auf alle »herabregnet«, die ihm zu nahe kommen.

Detail der Mescheumny-Fontäne

Die Römischen Fontänen *wurden 1738/39 von Iwan Blank und Iwan Dawydow nach dem Vorbild einer Fontäne auf dem Petersplatz in Rom entworfen.*

Die Adamfontäne *gab Peter der Große 1718 zusammen mit einer ähnlichen Statue von Eva bei Giovanni Bonazza in Auftrag. Die beiden Fontänen symbolisieren das irdische Paradies, das der Zar sich in Peterhof geschaffen hatte.*

Die Neptunfontäne *ist 50 Jahre älter als Peterhof. Die Barockskulptur wurde 1658 in Nürnberg zum Gedenken an das Ende des Dreißigjährigen Krieges aufgestellt und 1782 an Zar Paul I. verkauft, weil man sie aufgrund Wassermangels nicht betrieb.*

Die Große Kaskade *war ursprünglich mit Bleistatuen geschmückt, die nach 1799 jedoch in Bronze gegossen und vergoldet wurden. Zu den Bildhauern, die dieses grandiose Werk schufen, gehörten Schubin und Martos.*

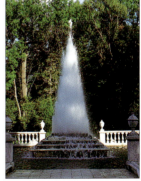

Die Pyramidenfontäne *(um 1725) zählt zu den Fontänen, deren Strahlen eine besondere Form bilden. Hier entsteht aus über 500 Strahlen ein »Obelisk«, der an den Sieg über die Schweden erinnert.*

Zarskoje Selo ❺
Царское Село
Zarskoje Selo

DER FEUDALE ZARENPALAST in Zarskoje Selo wurde 1752 von Rastrelli *(siehe S. 93)* für die Zarin Elisabeth gebaut. Zu Ehren ihrer Mutter, Katharina I., der das Anwesen gehörte, nannte sie ihn Katharinenpalast. Die nächste Herrscherin, die dem Palast ihre persönliche Note gab, war Katharina die Große. Sie beauftragte Charles Cameron, das barocke Innere gemäß ihrem klassizistischen Geschmack umzugestalten. Cameron baute auch den Achatpavillon, in dem man die traditionellen Bäder nahm, und die Cameron-Galerie. Die nach dem Krieg begonnene Restaurierung des Palastes dauert noch an. 20 Prunkräume und der Park können besichtigt werden.

★ **Großer Saal**
Viel Licht strömt in Rastrellis Saal und erhellt Spiegel, vergoldete Schnitzereien und das Deckengemälde Der Triumph Russlands *(um 1755) von Giuseppe Valeriani.*

Das Weiße Vestibül (1860) von Ippolito Monighetti führt zu den Prunksälen im ersten Stock.

Eingang

Atlanten
Die herrliche 300 Meter lange Barockfassade ist mit einer Vielzahl von Atlanten, Säulen, Pfeilern und dekorativen Fensterrahmen geschmückt.

0 Meter 25

Der Achatpavillon
(siehe S. 152), Teil der herrschaftlichen Bäder, ist mit Halbedelsteinen aus dem Ural geschmückt.

Die Cameron-Galerie
(siehe S. 152)

Parade-Speisezimmer
Der Tisch in dem von Rastrelli gestalteten gold-weißen Zimmer ist für die Kammerherren von Zarin Elisabeth gedeckt.

ZARSKOJE SELO

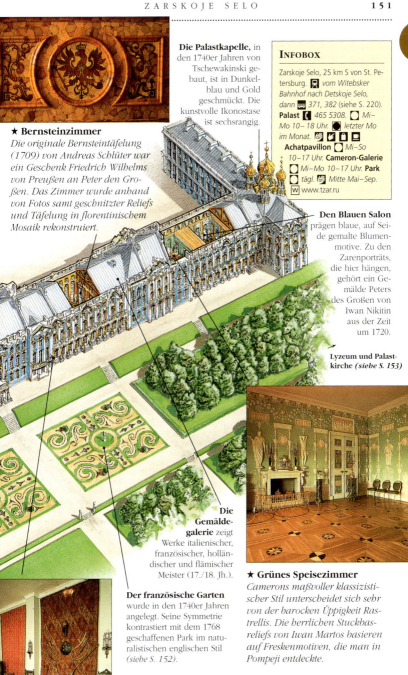

Die Palastkapelle, in den 1740er Jahren von Tschewakinski gebaut, ist in Dunkelblau und Gold geschmückt. Die kunstvolle Ikonostase ist sechsrangig.

INFOBOX

Zarskoje Selo, 25 km S von St. Petersburg. 🚆 *vom Witebsker Bahnhof nach Detskoje Selo*, dann 🚌 *371, 382 (siehe S. 220)*.
Palast 📞 465 5308. 🕙 Mi–Mo 10–18 Uhr. ⬤ letzter Mo im Monat. 🎫 📷 ♿ 🛍
Achatpavillon 🕙 Mi–So 10–17 Uhr. **Cameron-Galerie** 🕙 Mi–Mo 10–17 Uhr. **Park** 🕙 tägl. 🎫 Mitte Mai–Sep.
🌐 www.tzar.ru

★ **Bernsteinzimmer**
Die originale Bernsteintäfelung (1709) von Andreas Schlüter war ein Geschenk Friedrich Wilhelms von Preußen an Peter den Großen. Das Zimmer wurde anhand von Fotos samt geschnitzter Reliefs und Täfelung in florentinischem Mosaik rekonstruiert.

Den Blauen Salon prägen blaue, auf Seide gemalte Blumenmotive. Zu den Zarenporträts, die hier hängen, gehört ein Gemälde Peters des Großen von Iwan Nikitin aus der Zeit um 1720.

Lyzeum und Palastkirche *(siehe S. 153)*

Die Gemäldegalerie zeigt Werke italienischer, französischer, holländischer und flämischer Meister (17./18. Jh.).

★ **Grünes Speisezimmer**
Camerons maßvoller klassizistischer Stil unterscheidet sich sehr von der barocken Üppigkeit Rastrellis. Die herrlichen Stuckbasreliefs von Iwan Martos basieren auf Freskenmotiven, die man in Pompeji entdeckte.

Der französische Garten wurde in den 1740er Jahren angelegt. Seine Symmetrie kontrastiert mit dem 1768 geschaffenen Park im naturalistischen englischen Stil *(siehe S. 152)*.

Kleine Zimmerflucht
Möbel und Kunstobjekte sind in diesen Räumen zu sehen. Chinesische Lackmöbel und orientalische Teppiche gehören zu den Schätzen, mit denen der Palast im 19. Jahrhundert ausgestattet war.

NICHT VERSÄUMEN

★ **Großer Saal**

★ **Bernsteinzimmer**

★ **Grünes Speisezimmer**

Überblick: Zarskoje Selo

Die grossartige Parklandschaft von Zarskoje Selo wurde von Tausenden Soldaten und Arbeitern dort geschaffen, wo einst dichter Wald stand. 1744 begann die Arbeit am französischen Garten, doch 1768 gab Katharina die Große einen der ersten landschaftlich gestalteten Parks Russlands in Auftrag. Auf den 567 Hektar sind bezaubernde Pavillons um einen See angeordnet. Das Gelände wie auch die Stadt Zarskoje Selo im Nordosten von St. Petersburg lohnen einen Besuch.

Französischer Garten vor dem Katharinenpalast

Katharinenpark

Der geometrische französische Garten südöstlich des Palastes zeichnet sich durch strahlenförmig angelegte Alleen, Terrassen, Teiche, beschnittene Hecken, Pavillons und klassizistische Statuen aus. Direkt beim Palast liegt Camerons luxuriöser **Achatpavillon** (1780–87). Das rustikale untere Stockwerk bildet einen Kontrast zur oberen Etage, die einer Renaissance-Villa nachgebildet wurde. Die Räume sind mit Achat, Jaspis, Malachit und anderen Halbedelsteinen ausgestattet.

Die **Cameron-Galerie** (1783–87) hat ein rustikales Erdgeschoss aus Stein, gekrönt von einem klassizistischen Peristyl mit 44 ionischen Säulen. Entlang der Kolonnade finden sich Bronzebüsten alter Philosophen, Dichter und Herrscher. 1792–94 fügte Cameron eine lange Steinrampe hinzu, um der alternden Katharina der Großen den Zugang zu den Gärten zu erleichtern.

Das **Untere** und das **Obere Bad** wurden 1777–80 von Ilja Nejelow im klassizistischen Stil errichtet. Das kuppelförmige Untere Bad war für die Höflinge bestimmt, das Obere Bad für die Mitglieder der Zarenfamilie. Der Bau von Rastrellis **Grotte** begann 1749, die Ausschmückung des Inneren mit mehr als 250 000 Muscheln dauerte bis nach 1770. Die Hauptallee des Gartens führt zur **Eremitage** (1756), einem von Rastrelli erbauten Barockpavillon, in dem Elisabeth ihre Gäste empfing.

Der untere Parkteil wurde 1768 von Meistergärtnern wie John Bush begonnen, die unter Leitung des Architekten Wassili Nejelow arbeiteten. Man baute eine 16 Kilometer lange Wasserstraße, um die Kanäle, Kaskaden und künstlichen Seen, darunter den **Großen See,** zu speisen. Von Giacomo Quarenghis Pavillon (1786) auf der Insel brachten Musiker Katharina und ihren Höflingen, die in ihren vergoldeten Gondeln an ihnen vorbeitrieben, ein Ständchen.

Wassili Nejelows holländische, neogotische **Admiralität** (1773–77) und die 25 Meter hohe, mit Schiffsrümpfen geschmückte **Tscheschme-Säule** verbindet das Thema Seefahrt. Die von Antonio Rinaldi 1771 entworfene Säule feiert den Sieg der Russen über die Türken in der Ägäis. Die rosafarbene Kuppel und das Minarett des **türkischen Bads** spiegeln sich im stillen Wasser des Sees wider. In der Nähe befindet sich Nejelows **Marmorbrücke** (1770–76). Auf einem Hügel mit Blick auf den See sitzt das **Mädchen mit dem zerbrochenen Krug**, eine Statue von Pawel Sokolow. Die Figur inspirierte Puschkin zu dem Gedicht *Brunnen in Zarskoje Selo,* in dem er über das Mädchen sinniert, das »traurig oberhalb des zeitlosen Stromes sitzt«.

Beweise der Vorliebe des 18. Jahrhunderts für das Chinesische finden sich an der Grenze zum Alexanderpark; Cameron baute dort 1782–96 das **Chinesische Dorf**. Andere Beispiele sind Juri Feltens **Knarrende Laube,** so konstruiert, dass sie knarrt, wenn Besucher sie betreten, und Nejelows **Große Kaprice** (um 1775), eine gewölbte Brücke, gekrönt von einer pagodenartigen Säulenstruktur.

Das Mädchen mit dem zerbrochenen Krug (1816)

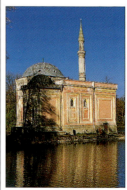

Türkisches Bad im maurischen Stil (1852) von Ippolito Monighetti

Knarrende Laube (1778–86)

Die Stadt Zarskoje Selo

Die Stadt mit rund 80 000 Einwohnern entstand im 19. Jahrhundert als Sommerurlaubsort für die Aristokratie. 1937 wurde sie nach dem Dichter Alexandr Puschkin *(siehe S. 43)* umbenannt, der von 1811–17 am örtlichen **Lyzeum** in Zimmer Nr. 14 unterrichtet wurde. Es war eine der angesehensten Schulen Russlands, die Alexander I. 1811 für Mitglieder des Adels gegründet hatte. 1998 erhielt die Stadt ihren ursprünglichen Namen zurück. Die **Palastkirche** von 1734 gehört zu den ältesten Gebäuden der Stadt. In einem Garten nebenan zeigt eine Statue von Roman Bach Puschkin in der Uniform des Lyzeums. Puschkin und seine Braut Natalija verbrachten den Sommer 1831 in dem herrlichen Holzhaus, das heute **Puschkins Datscha** genannt wird.

Am Westrand der Stadt liegt der **Alexanderpalast**, den Katharina die Große für ihren Enkelsohn, den zukünftigen Alexander I., in Auftrag gab. Das klassizistische Gebäude, das Giacomo Quarenghi 1792 entwarf, hat eine säulenverzierte Fassade. Es war die Residenz des letzten russischen Zaren Nikolaus II. und seiner Familie, die hier von 1904 bis zu ihrem Hausarrest 1917 *(siehe S. 28)* lebte. In der dortigen Ausstellung ist unter anderem Nikolaus' großartiges Jugendstil-Arbeitszimmer von Melzer zu sehen.

Lyzeum
Mi–Mo 10.30–16.30 Uhr.
Puschkins Datscha
Mi–So 10.30–16.30 Uhr.
Alexanderpalast
Mi–Mo 10.30–16.30 Uhr.

Alexandr-Puschkin-Statue (1900) von Roman Bach

ZENTRUM VON ZARSKOJE SELO

- Achatpavillon ②
- Admiralität ⑦
- Alexanderpalast ⑰
- Cameron-Galerie ③
- Eremitage ⑤
- Große Kaprice ⑬
- Grotte ⑥
- *Katharinenpalast S. 150 f* ①
- Knarrende Laube ⑫
- Lyzeum ⑭
- Mädchen mit dem zerbrochenen Krug ⑪
- Marmorbrücke ⑩
- Palastkirche ⑮
- Puschkins Datscha ⑯
- Tscheschme-Säule ⑧
- Türkisches Bad ⑨
- Unteres und Oberes Bad ④

Auf dem Katharinenpalast weht die Flagge der Romanows ▷

Pawlowsk
Павловск
Pawlowsk

ZUR GEBURT IHRES ERBEN schenkte Katharina die Große 1777 ihrem Sohn Paul dieses riesige Areal und ließ ihren Lieblingsarchitekten Charles Cameron Palast und Park entwerfen. Die Arbeiten in Pawlowsk (abgeleitet von Pawel bzw. Paul) begannen 1780 und wurden von Pauls trauernder Witwe Marija Fjodorowna noch lange nach seinem Tod fortgesetzt. »Englische Gärten« waren damals groß in Mode und inspirierten Camerons Entwurf einer scheinbar natürlichen Landschaft mit Pavillons (für zwanglose Feste), romantischen Ruinen und einer herrlichen Sicht auf die Slawjanka.

Kaltes Bad
Der schmucklose Pavillon wurde 1799 von Cameron als Sommerbad gebaut und mit einer eleganten Vorhalle, Gemälden und Möbeln ausgestattet.

Kolonnade des Apoll
Camerons Kolonnade (1782/83) umgibt eine Kopie des Apoll von Belvedere über einer romantisch verfallenen Kaskade.

Pavillon der drei Grazien

Die Kentaurenbrücke von Woronichin führt über eine Biegung der Slawjanka.

Voliere

Camerons Milchhof (1782) umfasste einen Melkstall und einen eleganten Salon.

★ **Palast von Pawlowsk**
Camerons palladianisches Herrenhaus (1782–86) bildet den Hauptbau des heutigen Palastes (siehe S. 158f). Die Flügelpavillons (1789) stammen von Vincenzo Brenna.

★ **Tempel der Freundschaft**
Ein Ring dorischer Säulen umgibt diesen Tempel (1780).

PAWLOWSK

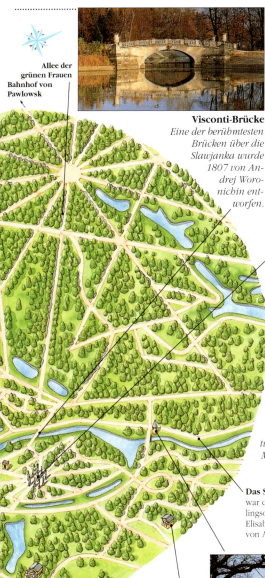

Allee der grünen Frauen
Bahnhof von Pawlowsk

Visconti-Brücke
Eine der berühmtesten Brücken über die Slawjanka wurde 1807 von Andrej Woronichin entworfen.

INFOBOX

Pawlowsk. 470 2155. vom Witebsker Bahnhof, dann Bus 370, 383 oder 383a (siehe S. 220). **Anlage** tägl. Mitte Mai – Mitte Okt 10 –18 Uhr. **Palast** Sa-Do 10 –18 Uhr. 1. Mo im Monat. in Englisch (Reservierungen: 470 6536). www.pavlovskart.spb.ru

Der Große Stern
Der Große Stern, der erste landschaftlich gestaltete Bereich des Parks (1780), ist ein Werk Camerons. Der Statuenkreis repräsentiert die neun Musen, die Schutzgöttinnen der Künste und Wissenschaften.

Das Schöne Tal
war der Lieblingsort von Elisabeth, Frau von Alexander I.

0 Meter 200

Pauls Mausoleum
(1808/09) trägt die Inschrift »Für meinen wohltätigen Gatten«.

Der Rosenpavillon war ab 1812 der Lieblingsort von Marija Fjodorowna. Hier veranstaltete sie Konzerte und literarische Abende.

NICHT VERSÄUMEN

★ **Tempel der Freundschaft**

★ **Palast von Pawlowsk**

Turm und Brücke
Brennas Turm (1795–97) war mit Wendeltreppe, Wohnzimmer und Bibliothek ausgestattet. Die Brücke wurde 1808 hinzugefügt.

Überblick: Palast von Pawlowsk

Westfassade des Palastes

KATHARINA BEAUFTRAGTE Charles Cameron, den Palast (1782–86) zu bauen, während Paul und seine Frau Marija Fjodorowna inkognito als Graf und Gräfin du Nord Westeuropa bereisten. Dort kauften sie alles nur Erdenkliche für ihr neues Heim: französische Uhren, Sèvres-Porzellan, Wandteppiche und Möbel. Zurück in Russland, engagierten sie Brenna, Camerons palladianischem Palast größere Flügelpavillons hinzuzufügen und ihn in ein wahres Schloss zu verwandeln.

Uhr (spätes 18. Jh.), Griechischer Saal

PALAST VON PAWLOWSK, ERSTER STOCK

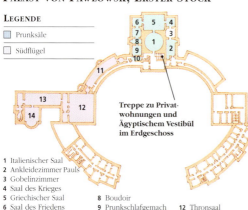

LEGENDE
- Prunksäle
- Südflügel

Treppe zu Privatwohnungen und Ägyptischem Vestibül im Erdgeschoss

1 Italienischer Saal
2 Ankleidezimmer Pauls
3 Gobelinzimmer
4 Saal des Krieges
5 Griechischer Saal
6 Saal des Friedens
7 Bibliothek von Marija Fjodorowna
8 Boudoir
9 Prunkschlafgemach
10 Ankleidezimmer
11 Gemäldegalerie
12 Thronsaal
13 Rittersaal
14 Kapelle

zu sehen ist. Darunter steht ein von ihr geschaffener Modelltempel aus Bernstein, Elfenbein und vergoldeter Bronze. Nebenan ist das Gobelinzimmer, benannt nach den Don-Quichotte-Wandteppichen von Gobelin, die Ludwig XVI. von Frankreich Paul zum Geschenk machte. Der Mahagonischreibtisch war für das Ingenieursschloss *(siehe S. 101)* gedacht, doch nach Pauls Ermordung 1801 *(siehe S. 22)* ließ Marija die meisten Möbel nach Pawlowsk bringen.

Die Eckräume bilden der Saal des Krieges für Paul und der Saal des Friedens für Marija, beide reich an Basreliefs. Dazwischen liegt der herrliche Griechische Saal, Camerons klassizistisches Meisterwerk.

Marija Fjodorownas Zimmerbereich beginnt mit einer Bibliothek. Ihr Schreibtischstuhl wurde von Woronichin entworfen. Im Boudoir finden sich mit Motiven der Raffael-Loggien des Vatikans bemalte Pfeiler und ein Porphyrkamin. Im Prunkschlafgemach soll sie nie geschlafen haben. Gegenüber dem Bett steht eine 64tei-

PRUNKSÄLE

Der Italienische Saal (1789) von Cameron and Brenna

FAST ALLE ZIMMER des Palastes von Pawlowsk sind von bescheidener Größe. Sie spiegeln den sehr weiblichen Geschmack Marija Fjodorownas wider, der Pawlowsk eher Charme denn Größe verliehen hat.

Nach einem Brand 1803 gestaltete Andrei Woronichin das Palastinnere um. Der Eingangshalle, dem Ägyptischen Vestibül, fügte er Bronzefiguren und Tierkreismedaillons hinzu. Eine Treppe führt zu Brennas Staatsvestibül, dessen Basreliefs Pauls Leidenschaft für das Militärische zeigen. Von dort gelangt man zum Italienischen Saal, der unter der Hauptkuppel liegt und mit Fenstern in Form von Laternen und Türen aus Rosenholz und Mahagoni ausgestattet ist.

Die Zimmer auf der Nordseite waren für Paul, die auf der Südseite für Marija bestimmt. Pauls Ankleidezimmer wird von Johann Lampis Bildnis Marijas (1794) dominiert, auf dem sie mit einer Zeichnung von sechs ihrer Kinder

Marija Fjodorownas Boudoir, 1789 von Brenna entworfen

Brennas Gemäldegalerie (1789) mit Kronleuchtern von Johann Zeck

lige Toilettengarnitur mit einer Augenbadewanne, die ihr Marie Antoinette schenkte. Ein weiteres Geschenk ist die Möbelgarnitur (1789) aus Stahl im Ankleidezimmer, die aus Frisierkommode, Stuhl, Vasen und Tintenfass besteht und von den berühmten Büchsenmachern aus Tula stammt. Sie war ein Geschenk Katharinas der Großen.

SÜDFLÜGEL

Von der geschwungenen Gemäldegalerie (1798) hat man eine bezaubernde Sicht. Nur wenige Gemälde, meist während der Frankreichreise des Paares erstanden, sind sehenswert, denn beide liebten eher die angewandte Kunst.

Der größte Raum im Palast ist der Thronsaal, der 1797 von Brenna entworfen wurde. Er wurde für Bälle und Staatsbankette genutzt. Die Tische sind mit Stücken aus einem 606teiligen vergoldeten Service gedeckt. Blaue Sèvres-Vasen auf Sockeln stammen direkt aus der Fabrik (Paul und Marija gaben allein für Porzellan riesige Summen aus). Die Decke wurde nach dem Zweiten Weltkrieg restauriert und nach einem ursprünglichen, vorher nie umgesetzten Entwurf bemalt.

Die Ritter des Johanniterordens erwählten Paul zu ihrem Großmeister, als sie 1798 vor Napoleon von Malta flohen. Das kam Pauls Liebe zum Militärischen entgegen. Er gab Lampen und Throne (nun in der Eremitage) sowie die Ritterhalle für Ordenszeremonien in Auftrag. Der blassgrüne Raum ist mit Statuen geschmückt, die im Zweiten Weltkrieg vor den deutschen Soldaten vergraben wurden. Die Zimmerflucht endet mit der Kapelle, einem außergewöhnlichen Gotteshaus (1797/98) von Brenna, in dem Kopien europäischer Gemälde hängen.

PRIVATGEMÄCHER

Im Erdgeschoss liegen die Privatgemächer. Das Pilasterkabinett (1800) mit seinen goldenen Pfeilern ist mit dunklem Mahagoni ausgestattet. Das Laternenkabinett, wenige Jahre später von Woronichin entworfen, verdankt seinen Namen dem Erkerfenster in Form einer Laterne.

Marija Fjodorownas Ankleidezimmer führt in das Schlafzimmer (1805), das sie im Gegensatz zum Prunkschlafgemach auch benutzte. Ein Teil der Seide überlebte den Krieg und wurde zum Einsäumen der neuen Vorhänge verwendet.

Im rosafarbenen und blauen Ballsaal gab es Privatfeste. Dort hingen Gemälde des damals modernsten Künstlers, Hubert Robert. In Pauls Arbeitszimmer sind Gemälde vom Palast von Gattschina zu sehen, die für das Ingenieursschloss bestimmt waren.

Das Laternenkabinett (1804) mit einer von Woronichins schönsten Innenausstattungen

---

MARIJA FJODOROWNA (1759–1828)

Pauls Frau, Marija Fjodorowna, gebar zehn Kinder – Pawlowsk galt als ihr elftes. Paul zog Gattschina *(siehe S. 145)* vor, 1788 erhielt Marija den gesamten Palast von Pawlowsk. Sie setzte all ihre Energie darauf, Palast und Park auszustatten. Designer und Architekten erhielten genaue Anweisungen und beklagten ihre Abhängigkeit. Marija, als Sophie von Württemberg geboren, hatte eine umfassende Erziehung genossen, die sie sinnvoll nutzte. Überall im Palast findet man ihre Arbeiten, von Möbeln bis zu Familienporträts.

Tintenfass (1795) nach einem Entwurf von Marija Fjodorowna

Nowgorod

Bronzetür der Sophienkathedrale (Detail)

Die Stadt Nowgorod (»Neustadt«) wurde 862 vom Waräger Rurik *(siehe S. 17)* gegründet. Die stolze Tradition der Selbstverwaltung dieser Stadt begann im 11. Jahrhundert und dauerte bis 1478, als Iwan III. die Stadt unterwarf. Günstig am Fluss Wolchow gelegen, mit guten Verbindungen von Skandinavien bis zur Ägäis, wuchs sie in dieser Zeit zu einer mächtigen Handelsstadt heran. 1570 überfiel Iwan der Schreckliche Nowgorod und massakrierte Tausende Einwohner. Dies löste letztlich den Aufstieg St. Petersburgs aus und besiegelte Nowgorods Untergang. Ein großer Teil des einmaligen Kulturerbes wurde im Zweiten Weltkrieg zerstört, vieles wird aber inzwischen restauriert und kann in den zahlreichen mittelalterlichen Kirchen und malerischen Straßen bewundert werden.

Wertvolle Metallverkleidung einer Ikone im Facettenpalast

Kreml

Die phantastischen roten Klinkermauern und kegelförmigen Türme des ovalen Kremls am westlichen Flussufer, der Sofiskaja Storona (Sophienseite), sind zwischen dem 11. und 17. Jahrhundert entstanden. Gemäß damaliger Praxis wurde der Grundstein der Originalmauer auf den Körper eines lebenden Kindes gelegt.

Der Kukui-Turm (17. Jh.) ist mit 32 Metern der höchste und sehenswerteste. Die unteren Stockwerke beherbergten einen Weinkeller und eine Schatzkammer, den achteckigen Raum unter dem Kuppeldach nutzte man, »um die ganze Stadt zu überblicken«.

Im Herzen der Festung liegt Nowgorods älteste und größte

Die Kremlmauer mit der Silberkuppel des Glockenturms (18. Jh.)

Kirche, die byzantinische Sophienkathedrale (1045–62). Eine gleichnamige Kathedrale in Kiew stand Modell, aber der Stil der Nowgoroder Schule zeigte sich bereits in der Schmucklosigkeit und der wegen der Kälte geringen Zahl von Fenstern. Ein Teil der weißen Tünche an der Nordwand wurde entfernt, um den ursprünglichen Mosaikeffekt der graugelben Steine und der Klinkerfassade zur Geltung zu bringen.

Die kunstvoll modellierten, einzigartigen Bronzetüren auf der Westseite wurden 1187 in der schwedischen Stadt Sigtuna erbeutet. Die untere linke Ecke zeigt Porträts der beiden Schöpfer, lateinisch Riquin und Waismuth genannt. Fragmente früherer Fresken sind erhalten. Die Ikonostase gehört zu den ältesten in Russland und ist mit Ikonen aus dem 11. bis 17. Jahrhundert ausgestattet. Der **Glockenturm** östlich der Kathedrale, 1439 errichtet, wurde häufig umgebaut. Die Glocken, die heute unten zu sehen sind, wurden im späten 16. und frühen 17. Jahrhundert gegossen.

Im Nordwesten des Kremls thront die **Residenz des Erzbischofs**, früher selbst eine machtvolle Institution mit Fiskus, Polizei und Militärwache. Unterhalb des Uhrturms aus dem 15. Jahrhundert führt eine schöne Treppe zur **Bibliothek**, die mittelalterliche religiöse Manuskripte beherbergt.

Mit seiner Rückseite zur Kathedrale liegt der **Facettenpalast**, das berühmteste Gebäude dieser Anlage. Der Empfangssaal mit dem Sterngewölbe stammt von 1433. Er zeigt Schätze aus der Kathedrale, wie Kelche, schmuckverzierte Mitren und Ikonenabdeckungen aus Edelmetallen.

Die Sophienkathedrale (11. Jh.) ist Nowgorods Wahrzeichen

NOWGOROD

Der Kreml beherbergt das **Museum für Geschichte, Architektur und Kunst** mit einer ausgezeichneten Ikonensammlung der Nowgoroder Schule des 12. bis 17. Jahrhunderts. Bemerkenswert ist die tragbare Ikone (12. Jh.) der wundertätigen Jungfrau, deren Bild Nowgorod 1169 vor der Armee des Fürsten Andrej Bogoljubski von Susdal gerettet haben soll. Schlachtenszenen sind auf einer Ikone (siehe S. 163) aus dem 15. Jahrhundert dargestellt. Zu sehen sind auch Arbeiten führender Künstler des 18. und des 19. Jahrhunderts, darunter Dmitri Lewizki, Karl Brjullow und Wassili Serow (siehe S. 106). Wertvolle Dokumente und Privatbriefe auf Birkenrinde, zum Teil aus dem 11. Jahrhundert, zeugen vom alltäglichen Leben und belegen die hohe Zahl von Einwohnern, die lesen und schreiben konnten.

Das monumentale, glockenförmige Denkmal »**Tausend Jahre Russland**« wurde von Michail Mikeschin modelliert und 1862 enthüllt, tausend Jahre nach Ruriks Ankunft in Nowgorod. Die Gestalt, die vor dem orthodoxen Kreuz kniet, stellt Mütterchen Russland dar, der Fries darunter Rurik, Iwan III., Michail (den ersten Romanow-Zaren), Peter den Großen und andere. Der Fries um den Grundstein zeigt über 100 Figuren: Helden, Politiker, Künstler, Komponisten, Fürsten und Chronisten.

Sophienkathedrale
081622-73556.
tägl. 8–20 Uhr.

Facettenpalast
081622-73770 oder 73608.
Do–Di 10–18 Uhr. in Englisch nach Vereinbarung.

Museum für Geschichte, Architektur und Kunst
081622-73770 oder 73608.
Mi–Mo 10–18 Uhr. in Englisch nach Vereinbarung.

Geschnitzte Königstür einer Ikonostase, Museum für Geschichte, Architektur und Kunst

Jaroslaw-Hof

Der Jaroslaw-Hof auf der anderen Flussseite war der offizielle Fürstensitz. Der Palast Jaroslaws des Weisen (1019–54) ist verschwunden, doch mehrere Kirchen haben überdauert. Neben dem Hof liegt das Handelszentrum

INFOBOX

190 km S von St. Petersburg. 240.000. vom Moskauer Bahnhof. vom Busbahnhof (siehe S. 221). Intourist Hotel, Uliza Dmitrewskaja 16, (81622) 73074. nach Vereinb. (73770).

Nowgorods, einst ein mittelalterlicher Markt, dessen Mauer noch vorhanden ist.

Die älteste Kirche auf dieser Flussseite ist die von Fürst Mstislaw 1113–36 errichtete **Nikolauskathedrale**. Sie beherrscht das Areal und symbolisierte die Macht des Fürsten.

Als Dank für Gottes Hilfe und ihren Reichtum finanzierten die Kaufleute Nowgorods den Bau vieler Kirchen. Die **Paraskewa-Pjatniza-Kirche**, 1207 errichtet und 1345 wiederaufgebaut, war der Schutzpatronin des Handels geweiht. Die schmuckvollere **Kirche der heiligen Frauen** und die **Prokopiuskirche** (beide 16. Jh.) wurden von reichen Moskauer Kaufleuten finanziert. Ihre Vorliebe für schmückende Verzierungen deutet das Ende des strengen Nowgoroder Stils an.

Das Denkmal »Tausend Jahre Russland« feiert Nowgorods lange Geschichte

Das Jurjew-Kloster, im Hintergrund die Georgskathedrale mit Glockenturm und Silberkuppeln

Umgebung des Jaroslaw-Hofs

Im 12. Jahrhundert war Nowgorod berühmt wegen seiner mehr als 200 Kirchen, heute sind es nur noch dreißig. Viele verstecken sich in den ruhigen Gassen im Stil des 19. Jahrhunderts östlich des Jaroslaw-Hofs. Die Anordnung von Fenstern, Nischen und eingefügten Kreuzen an der Fassade der **Christi-Verklärungs-Kirche** (1374) wirkt fast manieriert. Einige der Fresken im Innenraum schuf Feofan Grek (um 1340–1405) aus Konstantinopel, einer der größten mittelalterlichen Künstler Russlands, der 40 russische Kirchen verzierte. Er war der Lehrmeister Andrej Rubljows (um 1360– um 1430), des berühmtesten Ikonenmalers Russlands.

Die **Mariä-Erscheinungs-Kirche** (1682–88) mit den fünf Kuppeln hat ein schönes Portal und Fresken an den Außenwänden; das Innere schuf Iwan Bachmatow 1702.

Die **Theodor-Stratilates-Kirche** auf der Mstinskaja Uliza wurde 1360/61 von der Witwe eines Nowgoroder Kaufmanns errichtet. Die zarten rosafarbenen Fresken weichen von den grelleren Farben der meisten Nowgoroder Fresken des 14. Jahrhunderts ab. Die *Verkündigung* vereint Einfühlsamkeit und Zauber mit religiöser Kraft.

Fresko in der Mariä-Erscheinungs-Kirche

Außenbezirke

Ein schöner Spaziergang am Fluss drei Kilometer in Richtung Süden führt zum **Jurjew-Kloster**. Es ist das größte und bedeutendste der Region, 1030 gegründet und auf Anweisung des Fürsten Wsewolod gebaut. Die beeindruckende Georgskathedrale wurde 1119–30 von Meister Pjotr, dem ersten in russischen Chroniken erwähnten Architekten, errichtet. Die Kirche mit den schönen Proportionen und drei asymmetrischen Kuppeln wurde im 19. Jahrhundert restauriert. Leider sind viele der Malereien an den Innenwänden verlorengegangen. Einst gab es innerhalb des Komplexes zwanzig Klostergebäude, meist aus dem 19. Jahrhundert.

Das **Freilichtmuseum für Holzbaukunst** im Wald gegenüber zeigt Kirchen und Bauernhütten aus den umliegenden Dörfern. Von besonderem Interesse sind die zweistöckige Kurizko-Kirche und die kleine Nikolauskirche aus dem Dorf Tuchel.

Jurjew-Kloster
Jurjewskaja Nabereschnaja. 81622 73020. tägl. 8–20 Uhr.

Freilichtmuseum für Holzbaukunst
Jurjewo. 81622 73770. 24 Std.; Ausstellungen tägl. 10–18 Uhr (Mitte Okt–Mitte Apr 10–16.30 Uhr).

Freilichtmuseum für Holzbaukunst: Bauernhaus aus dem 19. Jahrhundert

Die Kunst der russischen Ikonenmalerei

DIE NACH STRENGEN REGELN angefertigten Ikonen der russisch-orthodoxen Kirche stellen nicht nur Glaubensinhalte dar, sondern werden auch angebetet, da die Kraft der dargestellten Heiligen, so glaubt man, auf die Ikone übergehe. Da der Inhalt die größte Rolle spielt, wurden alte Ikonen oft kopiert. Die ersten Ikonen brachte man aus Byzanz nach Russland, zahlreiche griechische Meister kamen als Lehrer ins Land. Die sich vom 13. bis zum 15. Jahrhundert entwickelnden nördlichen Schulen hielten sich weniger streng an die herkömmlichen byzantinischen Regeln, sondern schufen einen mit dem bäuerlichen Leben Russlands verbundenen Stil. In Nowgorod, nie unter mongolischem Joch und blühende Handelsstadt, entstanden die schönsten Ikonen der nördlichen Klöster.

Frühe Steinikone aus Nowgorod

Gottesmutter *von Wladimir*
Die meistverehrte Ikone Russlands wurde in Konstantinopel gemalt (12. Jh.). Sie hatte enormen Einfluss auf die russische Ikonenmalerei.

Schlacht von Nowgorod und Susdal
Diese Arbeit (Mitte 15. Jh.) der Nowgoroder Schule hält man für Russlands ältestes historisches Gemälde. Ikonen haben auch politischen Zwecken gedient, hier der Darstellung der großen Vergangenheit Nowgorods als Legitimation für die Unabhängigkeit von Moskau. Man beachte die vielen Rottöne – Rot war typisch für die Ikonen aus Nowgorod.

IKONOSTASE

Die Ikonostase trennt den Gemeinde- vom Altarraum der Kirche und symbolisiert auch die Grenze zwischen geistiger und materieller Welt. Die Ikonen sind in Reihen angeordnet (meist vier, fünf oder sechs), die alle eine bestimmte Bedeutung haben.

Der Festfries zeigt die zwölf Hauptfeste der Kirche, wie den Einzug in Jerusalem und die Kreuzigung. Solche Darstellungen förderten den Glauben der Analphabeten.

Die Königstür symbolisiert die Grenze zwischen Weltlichem und Spirituellem; durch diese Tür bewegen sich die Priester.

Christus auf dem Thron

Der Deesisfries über der Königstür zeigt Christus auf dem Thron. Maria und Johannes der Täufer leisten Fürbitte für die Sünden der Sterblichen.

Der Kirchenpatron, dem die Kirche geweiht ist, oder der örtliche Heilige hat hier seinen Platz.

Dreifaltigkeit *von Rubljow*
Andrej Rubljow war der größte Künstler der Moskauer Schule. Er wurde sehr von der byzantinischen Malerei beeinflusst, die die griechischen Meister nach Russland gebracht hatten. Diese Ikone stammt aus dem frühen 15. Jahrhundert.

Zu Gast in St. Petersburg

Übernachten 166–173
Restaurants und Cafés 174–185
Läden und Märkte 186–191
Unterhaltung 192–197

ÜBERNACHTEN

Die Zahl der Unterkunftsmöglichkeiten in St. Petersburg ist beschränkt, insbesondere im Zentrum und in der unteren Preiskategorie. Die meisten Besucher haben eine Pauschalreise gebucht und sind in einem der großen, modernen Hotels untergebracht, die früher von der staatlichen Tourismusagentur, Intourist, betrieben wurden. Meist anonym und selten zentral, bieten sie einen ordentlichen Service und Annehmlichkeiten wie Restaurants, Bars und Sporteinrichtungen. Heute ist man nicht mehr wie zu Sowjetzeiten gezwungen, organisiert zu reisen. Jeder kann sich sein Visum selbst besorgen und Hotels direkt oder über eine Reiseagentur buchen. Im Sommer, vor allem während der Weißen Nächte, ist man gut beraten, in den renommierten Hotels im Stadtzentrum frühzeitig zu reservieren.

Reisende mit kleinem Budget und ohne Russischkenntnisse sollten ihre Reise im Voraus organisieren. Die Anzahl der preiswerten Zimmer ist beschränkt, ohne Reservierung kann man abgewiesen werden.

Portier des Hotel Europa

Das Pribaltiskaja, ein beliebtes Hotel für Pauschalreisende

LAGE DES HOTELS

Nur wenige Hotels liegen zentral. Die in diesem Reiseführer aufgeführten sind über die ganze Stadt verteilt, oft weit vom Zentrum entfernt. Pauschalreisende finden sich meist in früheren Intourist-Hotels wie dem Pribaltiskaja oder dem Pulkowskaja wieder, die in modernen Hochhausvierteln in den Vororten liegen. Der Individualreisende muss sich frühzeitig hinsichtlich Lage, Preis oder Service entscheiden und entsprechend reservieren.

RESERVIERUNG

Hotels für die Zeit der Weißen Nächte *(siehe S. 51)* sollten Sie schon sechs Monate im Voraus reservieren. Eine Einzelbuchung erfolgt am besten per Fax. Große Hotels verlangen Ihre Kreditkartennummer. Stornieren Sie weniger als 24 Stunden vor dem Termin Ihre Reservierung, wird Ihr Konto dennoch belastet. Meist erhalten Sie vom Hotel eine Buchungsbestätigung, die Sie für den Visumsantrag brauchen *(siehe S. 202)*.

Das **St. Petersburg International Youth Hostel** nimmt Buchungen auch per E-Mail an. Eine Auswahl an Unterkünften in St. Petersburg bieten die Organisationen **Cosmos** und **MIR Travel Company,** die auch Führungen und Transportmöglichkeiten organisieren *(siehe S. 200)*.

AUSSTATTUNG

Alle in diesem Buch aufgeführten Hotels haben zumindest Dusche, Fernseher und Telefon. Gewöhnlich können Sie Ihr Gepäck nach dem Verlassen des Zimmers um 12 Uhr in einem Gepäckraum aufbewahren lassen.

Frühere Intourist-Hotels haben fast alle eine große Lobby, mehrere Restaurants, Cafés, Bars, Diskotheken und häufig eine Sauna. Sie wurden während des Touristenbooms der Sowjetära möglichst weit vom Zentrum gebaut, um Besucher dort zu konzentrieren. Busse transportierten die Reisenden, die sich kaum auf eigene Faust fortbewegen durften, zu den Sehenswürdigkeiten.

Mittlerweile wurde das System des öffentlichen Nahverkehrs so verbessert, dass auch diese Hotels Anschluss an alle Teile der Stadt besitzen.

PREISE

Mangelnde Konkurrenz ist der Hauptgrund für die immer noch relativ hohen Zimmerpreise in St. Petersburg. Hotels mittlerer Preisklasse (90–120 US-$) liegen alle außerhalb des Zentrums. Hier wiederum stehen, wenn

Der Fitnessraum, eine Annehmlichkeit im Grand Hotel Europa

Sie auf Annehmlichkeiten nicht verzichten wollen, ausschließlich Luxushotels zur Wahl, wie das Grand Hotel Europa, das vom exklusiven Einzelzimmer bis zu prächtigen Suiten für mehrere tausend US-Dollar pro Tag alles bietet.

Die Preise sind selten ausgehängt. Sie erhöhen sich oft in der Hauptsaison (Ende Mai bis Ende September).

Eingang des luxuriösen, modernen Newski Palace

ZUSÄTZLICHE KOSTEN

BEI DEN MEISTEN HOTELS ist die örtliche Steuer im Preis inbegriffen, Ausnahme ist das exklusive Grand Hotel Europa. Der Zimmerpreis schließt meist das Frühstück ein. Ist dies nicht der Fall, kann das in größeren Hotels einen beträchtlichen Posten der Endrechnung ausmachen. Sehr hoch kann auch die Telefonrechnung über internationale oder gar lokale Gespräche werden, denn die großen Hotels verfügen über Satellitenverbindungen, die sehr kostenintensiv sind. Im Ortsnetz geführte Gespräche sind billiger. Telefonkarten für internationale Gespräche erhalten Sie an Straßenkiosken *(siehe S. 208)*. Sogar BCL-Satellitenverbindungen sind billiger als Gespräche über die Hotelvermittlung.

Das Pribaltiskaja berechnet für Einzelbuchungen eine hohe Gebühr, die einen Kurzaufenthalt sehr verteuert. Einige Hotels erheben für die Passregistrierung eine geringe Gebühr *(siehe S. 202)*.

SICHERHEIT

DIE SICHERHEITSVORKEHRUNGEN sind in letzter Zeit strenger geworden. Die Luxushotels verwenden Metalldetektoren und durchsuchen die Taschen an den Eingängen. Kleinere Hotels haben einen Portier, der sich die Besucherkarte oder einen Ausweis zeigen lässt. Dies dient nur Ihrer Sicherheit.

Viele Hotels haben einen Safe auf den Zimmern und Schließfächer an der Rezeption. Größere Geldsummen und Wertsachen sollten Sie immer im Safe aufbewahren.

BEHINDERTE REISENDE

WEGEN DER DICKEN Schneeschicht im Winter haben fast alle St. Petersburger Gebäude Stufen vor ihren Eingängen, eine Hürde für behinderte Besucher. Das Grand Hotel Europa und das Newski Palace haben als einzige Rollstuhlrampen und entsprechend ausgebildetes Personal, das Behinderten behilflich sein kann.

Zimmer im Grand Hotel Europa

Inzwischen versuchen sich weitere Hotels, den Bedürfnissen Behinderter anzupassen, indem sie Rampen bauen und Türen verbreitern.

KINDER

ST. PETERSBURG war noch nie ein ideales Reiseziel für Kinder. Die wenigsten Hotels sind auf sie eingestellt. Im Grand Hotel Europa und im Newski Palace können Sie einen Babysitter engagieren; in den anderen Hotels sollten Sie das möglichst vermeiden.

Das elegante Wintergartenrestaurant im Hotel Astoria

Preisgünstige Hotels

Unterkunft ist in St. Petersburg keinesfalls billig. Jeder Reisende mit begrenztem Budget sollte mit Preisen von 40 US-Dollar und mehr pro Person und Nacht in Hotels der unteren Preiskategorie rechnen. Billige Hotels wie das Oktjabrskaja und das Rus haben eine gute Lage, sind aber etwas heruntergekommen. Das Mir, weiter vom Zentrum entfernt, hat eine nettere Umgebung; das Matissow Domik, zweifellos das beste unter den preisgünstigen Hotels, hat beides, persönlichen Service und eine gute Lage.

Lobby des kleinen Matissow Domik – ein Familienbetrieb

Jugendherbergen

Für Reisende, die sehr wenig Geld zur Verfügung haben und die in einigermaßen zentraler Lage eine akzeptable Unterkunft suchen, ist das **St. Petersburg International Youth Hostel** die beste

Hilfreicher Service im Reisebüro des St. Petersburg International Youth Hostel

Adresse. Die Jugendherberge, oft lange im Voraus ausgebucht, bietet ein Reisebüro, abends englischsprachige Videos und gute Tipps zu St. Petersburg. Sie stellt auch Einladungen für den Visumsantrag *(siehe S. 202)* aus.

Das etwas größere, weniger gepflegte **Holiday Hostel**, direkt hinter dem Finnischen Bahnhof *(siehe S. 126)*, ist bei Russen beliebt und ideal für Besucher, die etwas vom russischen Leben mitbekommen wollen. Hinter der Kasaner Kathedrale *(siehe S. 111)* befindet sich die **Herzen-Universitätsherberge**, die von der Universität geführt wird. Man kann sie direkt buchen, bekommt aber im Gegensatz zu Hotelbuchungen darüber keinen Visumsantrag.

Für alle, die etwas Unkonventionelles ausprobieren wollen, ist das in den früheren Ställen des Peterhof-Palastes *(siehe S. 146ff)* untergebrachte **Petrodworez-Sanatorium** eine gute Alternative. Hier hat man die Möglichkeit, in grüner Umgebung,

Petrodworez-Sanatorium in den ehemaligen Ställen im Peterhof

Auf einen Blick

Buchung von Unterkünften

Cosmos
Wassiljewski Ostrow, 2-Ja Linija 35. **Karte 1 A5.**
📞 07812-327 72 56.
🌐 www.guide.spd.ru

HOFA Host Families Association
Tawritscheskaja Uliza 5–25. **Karte 4 D5.**
📞 & FAX 07812-275 19 92. 🌐 www.hofa.ru

MIR Travel Company
Newski Prospekt 11.
Karte 6 D1.

📞 07812-325 71 22.
🌐 www.mirtc.ru

Olympia-Reisen
Siegburger Str. 49, 53229 Bonn.
📞 0228-40 00 30.
FAX 0228-46 69 32.
🌐 olympia-reisen.com

Jugendherbergen

St Petersburg International Youth Hostel
3-ja Sowetskaja Uliza 28.
Karte 7 C2.
📞 07812-329 80 18.
FAX 07812-329 80 19.
@ ryh@ryh.ru
🌐 www.ryh.ru

Herzen-Universitätsherberge
Общежитие Гос. Педагогического Университета имени Герцена
Obschtscheschitije Gostiniza Pedagogitscheskowo Uniwersiteta imeni Gerzena
Kasanskaja Uliza 6.
Karte 6 E2.
📞 07812-314 74 72.
FAX 07812-314 76 59.

Holiday Hostel
Хостел Холидей
Chostel Cholidey
Uliza Michailowa 1.
Karte 4 C3.
📞 07812-327 10 33.
FAX 07812-325 85 59.

Petrodworez-Sanatorium
Санаторий Петродворец
Sanatori Petrodworez
Uliza Awrowa 2, Novi Peterhof.
📞 07812-427 50 98.
FAX 07812-427 50 21.

Camping

Retur Camping
Ретур
Retur
26 km NW von St. Petersburg, Sestroretsk, Bolschaja Kupalnaja Uliza 28.
📞 07812-434 50 22.
FAX 07812-437 75 33.
🌐 www.retur.ru

Beeindruckende Fassade des Hotels Oktjabrskaja von 1847

aber mit guter Stadtanbindung zu übernachten. Die Preise sind recht niedrig, im Sommer fährt das Tragflügelboot *(siehe S. 221)* mitten ins Zentrum. Das Essen ist könnte besser sein, doch Peterhof hat einige nette Cafés.

PRIVATUNTERKÜNFTE

Möchte man einen authentischen Einblick in das russische Alltagsleben gewinnen, ist der Aufenthalt bei einer Familie eine interessante und preisgünstige Lösung. Diese Art der Unterbringung ist vergleichbar mit der in einer Pension. Das Frühstück ist in der Regel im Preis inbegriffen, andere Mahlzeiten können Sie gegen einen akzeptablen Preisaufschlag bekommen.

Die **HOFA (Host Familiy Association)** bietet eine große Auswahl an Familien, bei denen man übernachten kann. Ihre Gastgeber werden Sie extrem gastfreundlich empfangen und sie mit Essen überhäufen. In den meisten Fällen drängen sie danach, sich mit Ihnen über ihr Leben in Russland und die europäische Einstellung zu ihrem Land zu unterhalten.

Viele russische Wohnungen sind leider nur über ziemlich heruntergekommene Eingangshallen und -flure zu erreichen, aber von diesen dürfen Sie keinesfalls auf die jeweilige Wohnungseinrichtung schließen.

Alle Familien wurden von den Agenturen einzeln überprüft, und man wird sich alle erdenkliche Mühe geben, eine für Sie passende Familie zu finden.

WOHNEN IN EINER DATSCHA

Für einen längeren Aufenthalt in und um St. Petersburg kann es eine attraktive und ruhige Alternative zum Aufenthalt in der Stadt sein, eine Datscha oder ein Landhaus zu mieten. Eine der schönsten Jahreszeiten ist der Frühlingsbeginn mit der Schneeschmelze. Datschas können Sie in ganz unterschiedlicher Ausstattung mieten: Die einfachen, aus Holz gebauten Datschas haben elektrisches Licht, einen Ofen und eine Außentoilette, während teuerer, luxuriös ausgestattete Versionen über Gasheizung, heißes Wasser und Telefon verfügen.

Eine der besten Gegenden zum Mieten einer Datscha ist die waldreiche Umgebung um die Kleinstadt Komarowo am Finnischen Meerbusen. Ein kleiner Zug bringt Sie die sechs Kilometer zum nahe gelegenen Selenogorsk, von dort sind Sie in einer Stunde in St. Petersburg. Zu den Attraktionen der Region zählt im Sommer der klare Komarowo-See, im Winter dagegen die Langlaufmöglichkeiten.

Datscha nahe Repino und dem Finnischen Meerbusen

CAMPING

St. Petersburgs Wetter ist nicht gerade ideal für Camper. Sommerbesuchern steht nun ein exzellenter Campingplatz, **Retur**, in einem schönen Wäldchen am Finnischen Meerbusen zur Verfügung. Die Anlage bietet Chalets und Zeltplätze, einen Swimmingpool, eine Sauna und Tennisplätze. Der Herbst lädt zu Ausritten und zum Pilzesammeln ein.

ZEICHENERKLÄRUNG

Die Hotels auf den Seiten 172f sind nach Preiskategorie und Lage geordnet. Die Symbole erklären die Ausstattung.

- 🛁 Alle Zimmer mit Bad und/oder Dusche
- 1 Einzelzimmer erhältlich
- 🛏 Mehrbettzimmer oder Extrabett
- 24 24-Stunden-Zimmerservice
- TV Zimmer mit Fernseher
- 🍸 Zimmer mit Minibar
- 🗔 Zimmer mit Klimaanlage
- 💪 Fitness-Center
- 🏊 Swimmingpool
- 💼 Einrichtungen für Geschäftsleute: Entgegennahme von Nachrichten, Faxservice, Konferenzraum
- 🧒 Kinderfreundlich
- ♿ Behindertengerecht
- ↕ Lift
- P Hotelparkplatz
- Y Bar
- 🍴 Restaurant

- 💳 Kreditkarten:
- *AE* American Express
- *MC* MasterCard
- *DC* Diners Club
- *V* Visa

Preiskategorien für ein Doppelzimmer in der Hochsaison, inklusive Frühstück, Steuer und Service.
- $ unter 75 US-$
- $$ 75 – 120 US-$
- $$$ 125 – 200 US-$
- $$$$ 200 – 300 US-$
- $$$$$ über 300 US-$

Highlights: Hotels in St. Petersburg

DIE ÜBERNACHTUNGSMÖGLICHKEITEN in St. Petersburg haben sich in den letzten Jahren verbessert, doch die Auswahl beschränkt sich im Grunde noch immer auf ein Dutzend Hotels. Leider liegen nur wenige im Stadtzentrum. Sie müssen sich also oft zwischen Lage, Preis, Service und Ausstattung entscheiden. Unsere Auswahl zeigt die beliebtesten Hotels der Stadt.

Pribaltiskaja
Das dunkle Innere des Hotels für Pauschalreisen kontrastiert mit dem bezaubernden Blick über den Finnischen Meerbusen.

Matissow domik
Das intime, freundliche Ambiente macht das kleine Hotel zu einem der einladendsten und angenehmsten der Stadt.

Sowetskaja
Die Bar dieses Hotels aus den 1970er Jahren bietet eine schöne Aussicht mit besonderem Reiz bei Sonnenuntergang oder in den Weißen Nächten.

Astoria
Eines der luxuriösesten und zentralsten Hotels – ideal, um die Stadt zu Fuß zu erkunden. Das attraktive Gebäude blickt auf den Isaaksplatz und die Kathedrale.

St. Petersburg
Pauschalreisende, die gewöhnlich im St. Petersburg Unterkunft finden, genießen vom Café eine der schönsten Aussichten über die Newa und das Palastufer.

Grand Hotel Europa
Das historische Hotel im Zentrum ist die nobelste Adresse der Stadt. Elegantes Dekor und zuvorkommender Service werden von anderen Angeboten abgerundet.

Corinthia Newski Palace
Makelloses und gut geführtes Hotel mit hellem, modernem Interieur. Zentral am Newski Prospekt gelegen, bietet es exzellente Restaurants und einen Service für Geschäftsleute.

Pulkowskaja
Das komfortable, saubere und große Hotel hat viele Einrichtungen für Geschäftsleute, darunter ein Auditorium. Sein wichtigster Pluspunkt ist die Flughafennähe.

0 Kilometer 2

Hotelauswahl

DIE IN DIESEM FÜHRER GENANNTEN HOTELS wurden in verschiedenen Preisklassen aufgrund ihrer guten Einrichtungen und ihrer günstigen Lage ausgewählt. Alle Hotels sind kinderfreundlich und haben zumindest ein Café, in dem Snacks gereicht werden. Hotels einer Preiskategorie sind in alphabetischer Reihenfolge gelistet. Stadtplan siehe S. 230ff.

ST. PETERSBURG

Hotel	Preis	Kreditkarten	Zentrumsnah	Sauna	Anzahl der Zimmer
MATISSOW DOMIK Матисов домик Nab. Reki Prjaschki 3/1, 190121. **Karte 5 A3.** 318 5445. FAX 318 7419. W www.matisov.spb.ru Ein Refugium in einem modernen Gebäude. Freundlicher Service und Blick auf den Fluss. Ins Zentrum fährt nur die Tram, Taxis sind rar, zu Fuß sind es aber nur 15 Minuten.	$	MC V		●	24
MIR Мир Uliza Gastello 17, 196135. 108 4910. FAX 108 5165. Beliebtes Hotel aus den 1970er Jahren: In der Hochsaison ist es schwer, hier ein Zimmer zu bekommen. Die Metro-Station Moskowskaja und einige herausragende Beispiele stalinistischer Architektur sind gut erreichbar.	$			●	120
NEWA Нева Uliza Tschaikowskogo 17, 191187. **Karte 3 A4.** 278 0500. FAX 273 2593. Das Newa ist ein klassisches Sowjethotel. Die Leute im Service sind freundlich und stolz auf ihr Haus; die Einrichtung ist etwas einfach. Nur ein Katzensprung zum Sommergarten.	$	MC V	■		90
RUS Русь Artilleriskaja Uliza 1, 191104. **Karte 3 B5.** 273 4683. FAX 279 3600. Das billigste Hotel im Zentrum, aber Service und Zimmergröße lassen zu wünschen übrig. Nur 15 Minuten zu Fuß vom Newski Prospekt entfernt. Kein Restaurant, aber gute Lokale in der Umgebung.	$	AE DC MC V	■	●	163
OCHTINSKAJA-VICTORIA Охтинская-Виктория Bolscheochtinski Prospekt 4, 195027. 227 4438. FAX 227 2618. W www.okhtinskaya.spb.ru Das Hotel aus den 1970er Jahren mit sauberen, hellen Zimmern zu moderaten Preisen blickt auf das Smolny-Kloster auf der anderen Seite der Newa. Gute Anbindung ans Zentrum.	$$	AE DC MC V		●	290
OKTJABRSKAJA Октябрьская Ligowski Prospekt 10, 193172. **Karte 7 C2.** 277 6255. FAX 315 7501. Das Hotel liegt günstig und wird von treuen Besuchern wegen seines russischen Flairs bevorzugt. Dunkle Flure, traditionelle russische Kuchen im Café und die Reste vergangener Glorie in Form von Bronzestatuen am Fuß jeder Treppe machen seinen Charakter aus.	$$	AE DC MC V	■	●	672
SOWETSKAJA Советская Lermontowski Prospekt 43/1, 198103. **Karte 5 B5.** 140 2640. W www.sovetskaya.com Das Riga- und das Fontanka-Gebäude bieten herrliche Blicke auf die Fontanka und das Stadtzentrum. Die Zimmer sind modern und schlicht, der Service ist angenehm.	$$	AE DC MC V		●	976
HOTEL DESSON-LADOGA Отель Десон-Ладога Schaumiana Uliza 26, 195213. 528 5628. FAX 528 5220. W www.deson.lek.ru Hoher Standard zu moderatem Preis. Das Personal spricht Englisch. Die Zimmer sind hell und geräumig, die Badezimmer makellos. Im Preis sind das Frühstück sowie die Morgensauna enthalten.	$$	AE DC MC V		●	96
MOSKWA Москва Ploschtschad Alexandra Newskowo 2, 193317. **Karte 8 E3.** 274 0022. FAX 274 2130. Ein einfaches Hotel für Pauschalurlauber. Der riesige Block aus den 1970er Jahren ist im Inneren recht dunkel. Das Hotel weist dennoch persönlichere Züge als andere Intourist Hotels auf. Es gibt eine Concierge auf jedem Stockwerk, die bei allem Möglichen behilflich ist.	$$	AE DC MC V		●	770
NEPTUN Нептун Nab. Obwodnowo Kanala 93-a, 191 119. **Karte 6 F5.** 324 4610. @ hotel@neptun.spb.ru Das Hotel bietet tadellose Sauberkeit, darum ist es bei Geschäftsreisenden beliebt. Es liegt am Obwodny-Kanal, nahe dem Ligowski Prospekt und der Metro-Station Puschkinskaja.	$$	AE DC MC V		●	70

ÜBERNACHTEN

Preiskategorien für ein Doppelzimmer in der Hochsaison incl. Frühstück, Steuer und Service:
- ⑤ unter 75 US-$
- ⑤⑤ 75–125 US-$
- ⑤⑤⑤ 125–200 US-$
- ⑤⑤⑤⑤ 200–300 US-$
- ⑤⑤⑤⑤⑤ über 300 US-$

KREDITKARTEN
Folgende Kreditkarten werden akzeptiert: *AE* American Express, *DC* Diners Club, *MC* MasterCard, *V* Visa.

ZENTRUMSNAH
Das Hotel liegt in Fußnähe (maximal 20 Minuten) zum Zentrum und den wichtigsten Sehenswürdigkeiten.

SAUNA
Das Hotel verfügt über eine Sauna oder eine *banja* zur Nutzung für Hotelgäste. Bitte beachten Sie, dass der Besuch einige Stunden vorher angemeldet werden sollte.

	KREDITKARTEN	ZENTRUMSNAH	SAUNA	ANZAHL DER ZIMMER
ST. PETERSBURG Санкт-Петербург ⑤⑤⑤ Pirogowskaja Nab. 5/2, 194175. Karte 3 A2. ☎ 380 1909. FAX 380 1920. W www.hotel-spb.ru Das erste und kleinste Hotel im Intourist-Stil, die Atmosphäre ist provinziell. Die Zimmer haben einen herrlichen Ausblick auf die Newa. Oft gehen sie allerdings nach Südwesten hinaus, so dass man im Sommer fast die ganze Nacht über Sonnenlicht im Zimmer hat.	AE DC MC V			410
PRIBALTISKAJA Прибалтийская ⑤⑤⑤ Korablestroitelei Uliza 14, 199226. ☎ 356 3001. FAX 356 0094. W www.travel.spb.ru/pribalt Das Pribaltiskaja bietet einen einmaligen Blick auf den Finnischen Meerbusen. Das Hotel aus den 1980er Jahren mit fünf Restaurants und einem kleinen Café auf jeder Etage ist dunkel möbliert und nur spärlich beleuchtet.	AE DC MC V		●	1200
PULKOWSKAJA Пулковская ⑤⑤⑤ Ploschtschad Pobedy 1, 196240. ☎ 123 5122. FAX 264 6396. W www.pulkovskaya.com Ein weiteres anonymes Urlauberhotel, das oft von Reisegruppen gebucht wird. Die Restaurants wurden verbessert, es gibt nun auch orientalische Speisen.	AE DC MC V		●	840
ANGLETERRE Англетер ⑤⑤⑤⑤⑤ Bolschaja Morskaja Uliza 39, 190000. Karte 6 D2. ☎ 313 5666. W www.angleterrehotel.com Schwesterhotel des Astoria, mit dem es einige Einrichtungen teilt. Das moderne Haus bietet einen Nightclub und ein Casino sowie eine unüberbietbare Lage im Herzen von St. Petersburg.	AE DC MC V	■	●	232
ASTORIA Астория ⑤⑤⑤⑤⑤ Bolschaja Morskaja Uliza 39, 190000. Karte 6 D2. ☎ 313 5757. W www.de.astoria.spb.ru Gleicher Standort und gleicher Standard wie das Angleterre, aber mit historischem Interieur und der Würde eines alten Hauses. Die vorderen Zimmer gehen auf die Isaakskathedrale hinaus.	AE DC MC V	■	●	193
CORINTHIA NEWSKI PALACE HOTEL Коринтия Невский Палас Отель ⑤⑤⑤⑤⑤ Newski Prospekt 57, 191025. Karte 7 B2. ☎ 380 2001. FAX 380 1937. W www.corinthia.ru Das moderne Luxushotel verfügt über gute Restaurants; das Kafe Wena wird von Einheimischen und Besuchern gern besucht. Wegen seiner Lage ist es auch bei Geschäftsleuten beliebt.	AE DC MC V	■	●	283
GRAND HOTEL EUROPA Гранд Отель Европа ⑤⑤⑤⑤⑤ Michailowskaja Uliza 1/7, 191011. ☎ 329 6000. Karte 6 F1. W www.grandhoteleurope.com Das luxuriöseste Hotel der Stadt. Der tadellose Service vereint traditionelle Diskretion mit moderner Qualität. Der Innenhof ist ein lichtes und freundliches Atrium, in dem den ganzen Tag Kaffee und Kuchen serviert wird.	AE DC MC V	■	●	301
RADISSON SAS ROYAL HOTEL Рэдиссон САС Ройял Отель ⑤⑤⑤⑤⑤ Newski Prospekt 49/2, 191025. Karte 6 D1. ☎ 322 500. W www.radisson.com Das jüngste der Tophotels ist relativ klein. Seine Bars und Cafés sind sehr belebt; alle haben sie große Fenster auf den Newski Prospekt. In den oberen Stockwerken ist es erfreulich ruhig.	AE DC MC V	■	●	164
NOWGOROD				
WOLCHOW Волхов ⑤ Predtetschenskaja Uliza. 24. ☎ 8162 115548. FAX 8162 115526. W www.novtour.ru Günstig und komfortabel. Das Haus wird von den gleichen Eignern wie das Beresta betrieben, ist aber billiger und bietet etwas weniger Service.	AE DC MC V		●	132
BERESTA PALACE HOTEL Береста Палас Отель ⑤⑤ Studentscheskaja Uliza 2a, 173014. ☎ 8162 158010. FAX 8162 158025. W www.novtour.ru Flussblick, gutes Essen und effizienter Service. Günstige Wochenendangebote, oft mit Transfer von St. Petersburg.	AE DC MC V		●	226

Zeichenerklärung siehe hintere Umschlagklappe

RESTAURANTS UND CAFÉS

DIE RESTAURANTSZENE verändert sich in St. Petersburg schnell. Ständig werden neue Bistros, Cafés und Bars eröffnet. Das Essen mag nicht so interessant sein wie in anderen Städten Europas, doch verbessert es sich zunehmend.

In letzter Zeit werden mittags günstige Tagesmenüs zum Festpreis immer beliebter – und zwar nicht nur bei den großen Hotelrestaurants. Auch für einheimische Gäste versuchen Restaurants die Speisekarte durch besondere Angebote, wie Festivals einer ausländischen oder der traditionellen russischen Küche, attraktiver zu machen. In der englischsprachigen Presse *(siehe S. 209)* wirbt man dafür. Im Trend liegen ausländische sowie regionale Speisen der früheren Sowjetrepubliken, die für Abwechslung, auch für Vegetarier, sorgen.

Kleine Cafés bieten abseits des Newski Prospekt *(siehe S. 108)* ordentliches Essen. Frisches Gemüse und Salat, was noch vor wenigen Jahren in Lokalen selten zu bekommen war, wird heute in den meisten Restaurants und Cafés in guter Qualität und großer Bandbreite angeboten.

Schild des Tbilissi

Innenansicht des Restaurants Staraja Derewnja

LAGE

RESTAURANTS UND CAFÉS sind über die ganze Stadt verteilt, aber auch im näheren Umkreis des Newski Prospekt *(siehe S. 46ff)* findet man gutes Essen. Hauptklientel sind hier die Besucher, daher sind die Preise höher. Kreditkarten werden hier akzeptiert. Günstigere Lokale wie Pirosmani *(siehe S. 181),* Staraja derewnja *(siehe S. 182)* und Staroje kafe *(siehe S. 185)* sind oft ungünstiger gelegen, haben aber eine nette Atmosphäre. Der geringe Preis für das Essen wiegt meist die Taxikosten auf.

RESTAURANTS

DIE BESTEN RESTAURANTS servieren hauptsächlich westeuropäische und ausgesuchte russische Gerichte. Kleinere, intimere Treffpunkte wie 1913 God *(siehe S. 180)* und Staraja Derewnja legen großen Wert auf ihre russische Küche, im Wesentlichen gebratenes Fleisch oder Fisch mit Gemüse. Abwechslung bringen ethnische und regionale Restaurants. Die früheren Sowjetrepubliken Georgien und Armenien haben die russische Küche mit den scharfen *lobio*-Bohnen, *schaschlyk* *(siehe S. 176)* und *tolma* (gefüllte Weinblätter) bereichert. Eine große Auswahl serviert das georgische Pirosmani *(siehe S. 181)* und das armenische Krunk *(siehe S. 183).* Beliebt sind zudem indische, chinesische und »amerikanische« Lokale.

In den Restaurants wird gepflegte Kleidung verlangt, jedoch selten Anzug und Krawatte.

Terrassencafé in den Arkaden des Gostiny Dwor *(siehe S. 108)*

SPEISEKARTE

VIELE RESTAURANTS haben eine englische Zusammenfassung ihrer Speisekarte. In kleineren Lokalen gibt es oft nur eine russische Speisekarte. Die englischen Speisekarten sind manchmal irreführend, aber die Kellner geben sich Mühe, die Probleme zu lösen.

In Restaurants, die Kreditkarten akzeptieren, gibt es meist einen Englisch oder Deutsch sprechenden Kellner.

BEZAHLUNG

GROSSE RESTAURANTS nehmen gewöhnlich Kreditkarten, doch erkundigen Sie sich vorher. Dieser Führer macht Angaben über Preiskategorien in Dollar, Restaurants akzeptieren jedoch keine fremde Währung, obwohl manche eigene

Wechselstuben haben. Das Trinkgeld beträgt üblicherweise 10 Prozent, es sei denn, es ist im Preis enthalten.

Damit der Kellner es auch erhält, geben man es ihm besser bar, als es auf den Kreditkartenbeleg zu setzen.

ÖFFNUNGSZEITEN

OBWOHL DIE RUSSEN selten auswärts Mittag essen, haben die meisten Restaurants von mittags bis etwa 23 Uhr geöffnet; ist ein Kasino oder Nachtklub angeschlossen, bleiben sie bis 1 Uhr geöffnet.

Cafés schließen spätestens um 22 Uhr; Bars, besonders die mit Live-Musik *(siehe S. 196)*, sind in der Regel bis 2 oder 3 Uhr geöffnet. Nach 23 Uhr werden selten Essensbestellungen angenommen, auch nicht in Bars. Serviert wird häufig nur eine Stunde vor Lokalschluss. Im Zweifelsfall sollten Sie sich erkundigen.

Hinweisschild auf das Pirosmani

RESERVIERUNG

TISCHRESERVIERUNG IST in fast allen Restaurants notwendig. Manche, vor allem das Pirosmani, geben niemandem ohne Vorbestellung einen Tisch, auch wenn das Lokal nicht voll ist. In den großen Restaurants spricht man Englisch oder Deutsch, doch lassen Sie die Reservierung von Ihrer Concierge vornehmen. Außer in Hotelrestaurants kann man erst wenige Tage im Voraus einen Tisch reservieren. Die Mehrzahl der gehobenen Restaurants nimmt jedoch frühzeitige Reservierungen für die Weißen Nächte

Der schön dekorierte Russische Saal im Ambassador *(siehe S. 182)*

(siehe S. 51) entgegen. Die beliebtesten Lokale sind dann bis zu zwei Wochen vorher ausgebucht.

In Cafés sind kaum Reservierungen nötig. Da deren Geschäft von geschlossenen Veranstaltungen abhängt, können Sie schon einmal vor verschlossenen Türen stehen.

KINDER

OBWOHL WENIGE Restaurants Kinderteller servieren, verweigert man Kindern selten den Zutritt, es sei denn, das Restaurant ist auf Unterhaltung ausgerichtet.

Die Russen beginnen gerade erst damit, ihre Kinder mit ins Restaurant zu nehmen. Fastfood-Lokale und das Bistro Sadko *(siehe S. 183)* sind auf junge Gäste eingestellt.

Da die Russen eigentlich Kinder lieben, kann man das Personal oft dazu überreden, ein Gericht dem Kindergeschmack anzupassen.

VEGETARIER

DA DIE RUSSISCHE KÜCHE sehr fleischorientiert ist, gibt es kaum vegetarische Gerichte. Die großen Hotels bieten meist vegetarische Speisen an, und auch die georgische, armenische, indische und mexikanische Küche haben traditionell mehr vegetarische Gerichte. Wer auch Fisch isst, hat eine größere Auswahl, dennoch ist die Suche nach streng vegetarischem Essen in Russland eine schwierige und meist erfolglose Angelegenheit.

RAUCHEN

RAUCHEN IST IN nahezu allen Restaurants erlaubt, sogar während des Essens. Außer Hotelrestaurants haben nur wenige andere Lokale Nichtraucherzonen. In kleineren Cafés, die Essen servieren, ist Rauchen oft verboten, so dass mancher Raucher nach draußen geht.

BEHINDERTE REISENDE

KELLNER UND PORTIERS vieler Restaurants helfen Rollstuhlfahrern gern. Cafés und Bars sind da im Umgang problematischer. Fast immer gibt es Stufen, die Türen sind oft unüberwindbar schmal. Behinderte sind daher meist auf die teuersten Lokale und Bars wie die im Newski Palace *(siehe S. 173)* und im Grand Hotel Europa *(siehe S. 173)* angewiesen.

ZEICHENERKÄRUNG

Die Symbole auf den Seiten 180ff haben folgende Beudetung.

- 🍽 Tagesmenü
- **V** Vegetarische Gerichte
- 🧒 Kinderfreundlich
- ♿ Behindertengerecht
- 👔 Korrekte Kleidung
- 🗒 Klimaanlage
- 🌳 Tische im Freien
- 🎵 Live-Musik
- 🍷 Gute Weinkarte
- ★ Sehr empfehlenswert

Kreditkarten:
AE American Express
MC MasterCard
DC Diners Club
V Visa

Preiskategorien für ein Drei-Gänge-Menü inklusive Bedienung und Steuer (ohne Getränke):
- $ unter 25 US-$
- $$ 25–40 US-$
- $$$ 40–50 US-$
- $$$$ über 50 US-$

Was isst man in St. Petersburg?

Die verschiedenen Klimazonen und mannigfaltigen Kulturen trugen zu einer vielseitigen Küche bei, die zudem europäische und arabische Einflüsse verarbeitet. Traditionell hat jede Region ihre eigene Küche; regionale Spezialitäten, wie das *schaschlyk* Georgiens, sind jedoch im ganzen Land beliebt. Grundnahrungsmittel sind Kartoffeln, Kohl, rote Bete, Zwiebeln, Eingelegtes, Buchweizen *(kascha)*, Sauerrahm *(smetana)*, Weißkäse *(tworog)* und Kräuter wie Dill.

Dill

Chatschapuri
Die Brote in unterschiedlichen Formen und Größen sind mit Käse gefüllt. Die ursprünglich georgische Spezialität ist mit sulguni (Schafkäse) gefüllt.

Apfelscheiben — Sauerrahm
Eingelegte Pilze
Roggenbrot
Eingelegte Gurken
Heringsfilets

Sakuski
Sakuski heißen die Vorspeisen, die vor dem Mittag- oder Abendessen serviert werden und deren würziger und salziger Geschmack den Appetit anregt. Typisch sind Kaviar, Räucherwurst (kolbasa) und Käse.

Rassolnik
Die klassische Suppe gibt es in verschiedenen Versionen, so mit Nierchen, Hühnerfleisch oder Fisch. Unverzichtbare Zutat sind eingelegte Gurken.

Soljanka
Die würzige Suppe wird aus Fleisch oder Fisch zubereitet. Die Fleischversion schmeckt nach Tomaten.

Borschtsch
Diese klassische, süß-saure Suppe erhält ihre Farbe durch rote Bete. Sie wird im Winter heiß, im Sommer kalt serviert.

Schaschlyk
Häufig werden zwischen die Fleischstücke aus mariniertem Hammel- oder Lammfleisch Gemüsestücke (z. B. Zwiebeln oder Tomaten) gesteckt.

Kaviar und Blini

Schwarzer Kaviar *(ikra)* ist der Rogen von drei Störarten des Kaspischen Meeres. Am seltensten ist der Beluga-Kaviar mit dem nussigen Geschmack. Osetrowa-Kaviar unterscheidet sich durch den sahnigen Geschmack vom Sevruga-Kaviar, der nach Meersalz schmeckt. Roter Kaviar *(keta)*, Lachsrogen, wird wie *ikra* oft mit Blini (Pfannkuchen) und Sauerrahm serviert.

Roter Kaviar — Roter Kaviar
Sauerrahm — Blini — Schwarzer Kaviar

Ossetrina
Die Störart ist vor allem wegen des Rogens (Kaviar) bekannt. Der Fisch selbst wird gesalzen oder geräuchert verzehrt.

Würzige Piroggen
Diese kleinen Taschen haben verschiedene Füllungen, vor allem Fleisch und Kohl oder Weißkäse.

Kotlety po Kijewski
Mit Knoblauchbutter gefüllte panierte und fritierte Hühnchenbrust wird im Westen Kiew-Huhn genannt.

Pelmeni
Das ursprünglich sibirische Gericht besteht aus Fleisch- oder Fischklößen in Suppe oder mit Sauerrahm, Butter oder Essig.

Kulebjaka
Das Blätterteiggebäck, gefüllt mit Lachs, Reis, hartgekochten Eiern und Pilzen, wird in Scheiben serviert.

Golubzy
Mit Hackfleisch und Reis gefüllte Kohlrouladen, werden mit Tomatensauce oder saurer Sahne serviert.

Desserts

Desserts, wichtiger Teil russischer Mahlzeiten, sind oft wahre Kalorienbomben. Die russische Küche kennt unzählige Kuchen-, Torten-, Gebäck- und Eiscremesorten.

Bjow Stroganow und **kascha**
Sautierte Rindfleischstreifen in Sauerrahmsauce mit Zwiebeln und Pilzen werden mit gekochtem Buchweizen (kascha) serviert.

Watruschki sind süße Käsetörtchen.

Wareniki sind gekochte süße Klöße, gefüllt mit Obst.

Chworost heißen flache, fritierte Biskuits.

Süße Piroggen
Die süßen Hefeteigtaschen werden mit Obst oder Marmelade gefüllt und häufig mit Sahne serviert.

Scharlotka
Den mit Apfelstückchen gefüllten Kuchen erfand der französische Koch Antoine Carême für Zar Alexander I.

Moroschenoje
Eiscreme, traditionell ein beliebtes Dessert, wird gern mit frischem Obst gereicht.

Was trinkt man in St. Petersburg?

Ein Glas *Starka*

RUSSLAND IST BERÜHMT für seinen Wodka, der im 14. oder 15. Jahrhundert erstmals erwähnt wird. Die Firma Liwis in St. Petersburg ist der zweitgrößte Hersteller Russlands. Peter der Große *(siehe S. 22)* liebte besonders Pfeffer- und Aniswodka und verbesserte durch einige Veränderungen im Destillierprozess dessen Qualität.

Das andere russische Nationalgetränk ist Tee, traditionell im Samowar zubereitet und schwarz serviert. Seitdem Ende des 18. Jahrhunderts Tee (anfänglich aus China) erstmals importiert wurde, ist er in Russland unglaublich beliebt.

Eine russische Bauernfamilie (19. Jh.) trinkt Wodka und Tee vor ihrer Datscha

KLARER WODKA

RUSSISCHER WODKA wird aus Getreide, meist Weizen, manchmal Roggen, gebrannt.

Die St. Petersburger Liwis-Brennerei verwendet das reine Wasser des Ladogasees. Mit dem günstigeren Sankt-Peterburg bis zu den weichen Spitzenmarken Sinopskaja und Diplomat ist Liwis führend auf dem Wodkamarkt Nordrusslands. Liwis produziert auch Russlands berühmtesten Wodka, Stolitschnaja («aus der Hauptstadt»), allerdings hauptsächlich für den Export. Relativ neu ist russischer Smirnow, der bei Nowgorod *(siehe S. 160ff)* hergestellt wird und nicht mit dem im Westen erhältlichen Smirnoff zu verwechseln ist.

Kubanskaja

Smirnow   Sinopskaja   Stolitschnaja Cristall

Wodka wird fast immer zu Speisen serviert, oft mit *sakuski (siehe S. 176)*, einer Auswahl würziger Appetithäppchen.

AROMATISIERTER WODKA

FRÜHER AROMATISIERTE MAN WODKA aus praktischen Gründen. Als Wodka im Mittelalter erstmals gewerblich gebrannt wurde, waren Technik und Ausrüstung so primitiv, dass man nicht alle Unreinheiten entfernen konnte. Diese verursachten einen unangenehmen Beigeschmack, den man durch die Zugabe von Honig, Ölen und Gewürzen verdeckte. Allmählich entwickelte sich aromatisierter Wodka zu einer regelrechten Spezialität. Traditionelle Sorten sind Limonnaja mit Zitronenschalen und Perzowka mit roten Chilischoten. Ochotnitschja (Jägerwodka) ist mit Zutaten wie Wacholder, Ingwer und Nelken gewürzt, Starka (alter Wodka) eine Mischung aus Wodka, Weinbrand, Portwein und einem Aufguss aus Apfel- und Birnenblättern, die in Eichenfässern reift.

Perzowka

Limonnaja   Ochotnitschja   Starka

WEINANBAUGEBIETE

- Weinbauregion
- Moldawien
- Ukraine
- Russland
- Georgien
- Armenien
- Aserbaidschan
- — Staatsgrenze

WEIN

Die ehemalige Sowjetunion war weltweit der größte Weinproduzent. Auch wenn heute viele der wichtigen Weinbaugebiete zu unabhängigen Republiken gehören, sind ihre Weine immer noch in Moskau beliebt. Die verschiedenen Regionen produzieren nicht nur eine große Bandbreite einheimischer, sondern auch weltweit verbreiteter Sorten. Die besten Weine stammen traditionell aus Georgien und von der Krim. Zu den georgischen Weinen zählen auch die aus der *rkaziteli*-Traube, die sich durch blumiges Aroma und leicht fruchtigen Geschmack auszeichnet. Aus Süd- und Zentralmoldawien kommen weiße Schaumweine, bekannt sind auch die Rotweine des Südens. Seit 1799 keltert man in Moldawien zudem den süßen Schaumwein *schampanskoje*.

Georgische Weine   **Schampanskoje**

ANDERE ALKOHOLISCHE GETRÄNKE

Weinbrand *(konjak)*, einst ein Nebenprodukt der Weinherstellung, wird in Russland erst seit dem 19. Jahrhundert kommerziell gebrannt. Zu den Produzenten zählen die ehemaligen Sowjetrepubliken Georgien, Daghestan und Armenien, wobei der armenische als der bessere gilt. Sein Vanilleduft stammt von den Fässern aus 70 bis 100 Jahre alten Eichen, in denen er reift. St. Petersburger Bier *(pivo)* zählt zu den besten Russlands. Baltika, Vena und Stepan Razin stellen Flaschen- und Fassbier her. Lohnenswert sind auch Tver-Biere wie Afanasy.

Baltika-Bier   **Armenischer Weinbrand**

ANDERE GETRÄNKE

Das süße, leicht vergorene Getränk *kwas* aus Gerste und Roggen trinken Erwachsene und Kinder. In Russland gibt es unzählige Mineralwassersorten *(mineralnaja woda)*, von denen viele einen hohen Anteil an Mineralien haben. Besonders geschätzt und teuer sind die Sorten aus dem Kaukasus. Ferner gibt es Fruchtsäfte *(mors, sok, kompot)* und das traditionelle russische *shiten* aus Honig und Kräutern.

Mineralwasser   ***Kwas***   **Preiselbeersaft**

TEE

Russischer Tee, schwarz mit einer Zitronenscheibe serviert, wird aus einem hohen Glas oder einer Tasse getrunken. Häufig wird *tschai* anstatt mit Zucker mit Marmelade *(warenije)* gesüßt. Traditionell kommt das kochende Wasser aus einem Samowar. Man brüht eine Kanne sehr starken Tees auf, gibt etwas in die Gläser und verdünnt ihn mit kochendem Wasser.

Tee mit Marmelade *(warenije)* zum Süßen

DER SAMOWAR

Die traditionell aus Messing oder Kupfer hergestellten Samoware dienten früher als Heißwasserspender für verschiedene häusliche Zwecke. Heute werden sie oft elektrisch betrieben und aus rostfreiem Stahl gefertigt und nur für das Zubereiten von kochendem Teewasser verwendet. Gelegentlich kocht man darin auch Eier. Das Wort Samowar kommt von *samo*, »selbst«, und *warit*, »kochen«.

Restaurantauswahl

DIE RESTAURANTS IN DIESEM FÜHRER wurden aufgrund ihrer bemerkenswerten Küche, ihres guten Preis-Leistungs-Verhältnisses und ihrer günstigen Lage ausgewählt. Die Aufstellung beginnt – nach Vierteln gegliedert – in St. Petersburg; die Restaurants der Umgebung folgen auf Seite 183. In den meisten Lokalen sind Kinder zumindest mittags willkommen. Stadtplan siehe Seite 230ff.

		KREDITKARTEN	RUSSISCHE KÜCHE	LIVE-UNTERHALTUNG	MITTAGSMENÜ
WASSILJEWSKI-INSEL					
CSARDAS Ксардас Makarowa Nabereschnaja 22. **Karte** 1 B4. ▎323 8588. Eines der wenigen Restaurants am Nordufer der Wassiljewski-Insel. Das Csardas bietet exzellente ungarische Küche in pseudobäuerlicher ungarischer Einrichtung. ● *Do.* **V** 🚼	$$			■	●
RESTORAN Ресторан Tamoschenni Pereulok 2. **Karte** 1 C5. ▎327 8979. Schickes, minimalistisches Restaurant; der Name ist ganz schlicht das russische Wort für »Restaurant«. Gutes Essen, aufmerksamer Service.	$$	AE DC MC V	●		
STARAJA TAMOSCHNAJA Старая Таможня 1 Tamoschenni Pereulok. **Karte** 1 C5. ▎327 8980. Das »Alte Zollhaus« kämpft mit einer französischen Ausrichtung in Sachen Wein und *haute cuisine* um die anspruchsvolle Petersburger Klientel. Die offene Küche erlaubt ein kritisches Auge auf die Entstehung der Speisen. 🚼 ▤ 🍷	$$	AE DC MC V		■	
RUSSISCHER KITSCH Русский Китч Uniwersitetskaja Nabereschnaja 25. **Karte** 5 B1. ▎325 1122. Für alle, die sich an Sowjet- und *perestroika*-Zeiten erinnern, eine nostalgisch-romantische Zeitreise. In sechs Räumen, einem Café und einem Tanzsaal bietet das Russischer Kitsch dezidiert unsowjetisch gute und moderne internationale Küche. 🚼 🍷	$$$	AE DC MC V	●	■	●
NEW ISLAND Rumjanzewski Spusk. **Karte** 5 C2. ▎963 6765. Das Restaurant befindet sich auf einem Schiff, das während der eisfreien Zeit die Newa auf und ab fährt. Während Sie dinieren, können Sie gemütlich den Blick auf den vorbeiziehenden Winterpalast und die Smolny-Kathedrale genießen. 🚼 🍷 ★	$$$$	AE DC MC V	●	■	
PETROGRADSKAJA					
DEMYANOVA UKHA Демянова уха Kronwerkski Prospekt 53. **Karte** 1 C3. ▎232 8090. Es gibt nur Fisch, von *ucha* (klare Suppe mit Fischklößen) über Stör, Lachs, Hecht und Forelle bis zu Spezialitäten wie *woblja*, der hier im Mai gefangen wird und nach frischen Gurken riecht. 🚼 ★	$		●	■	●
AUSTERIA Аустерия Peter-Paul-Festung. **Karte** 2 E3. ▎238 4262. Im ältesten Gebäude der Stadt hält man die alte russische Liebe zu großen Portionen beim Essen und beim Trinken hoch. Gerichte und Service orientieren sich aber an den Standards heutiger Zeit, die Küche bietet traditionelle russische Fleischmahlzeiten. 🚼 🍴	$$	AE MC V	●	■	●
AKWAREL Акварель An der Birschewoi-Brücke. **Karte** 1 C4. ▎320 8600. Wegen seiner französischen Küche wurde das Lokal nahe der Strelka (mit herrlichem Blick über die Newa) kürzlich zu St. Petersburgs Restaurant des Jahres gewählt – und zwar von Kritikern und Gästen. Es gibt drei Bereiche: das Restaurant, eine Grillbar und ein Konditorei-Café. 🚼 🍷 ★	$$$	AE MC V			●
PALASTUFER					
KALIF Калиф Millionnaja Uliza 21/6. **Karte** 2 E5. ▎312 2265. Usbekische Einrichtung und usbekische Küche, dazu Live-Musik und sogar Bauchtanz am Abend. Wer erschöpft vom Kunstgenuss aus der Eremitage wankt, kann sich im Kalif wieder aufbauen lassen – das Lokal ist gerade mal drei Minuten Fußweg entfernt. **V** 🚼	$	MC V		■	

RESTAURANTS UND CAFÉS

Preiskategorien für eine Drei-Gänge-Mahlzeit, incl. Bedienung und Steuer, ohne Wein oder andere Getränke: ⑤ unter 25 US-$ ⑤⑤ 25–40 US-$ ⑤⑤⑤ 40–50 US-$ ⑤⑤⑤⑤ über 50 US-$	**KREDITKARTEN** Folgende Kreditkarten werden akzeptiert: *AE* American Express, *DC* Diners Club, *MC* MasterCard, *V* Visa. **RUSSISCHE KÜCHE** Es werden traditionelle russische Mahlzeiten serviert. **LIVE-UNTERHALTUNG** Es gibt – gelegentlich oder immer – Musik- oder Tanzdarbietungen. **MITTAGSMENÜ** Ein günstiges Mittagsmenü, oft ›Business Lunch‹ genannt, wird zum Festpreis angeboten.

	Preis	Kreditkarten	Russische Küche	Live-Unterhaltung	Mittagsmenü
LITERATURNOJE KAFE Литературное Кафе Newski Prospekt 18. **Karte** 6 E1. ☎ *312 6057*. Im früheren Café Wolf et Béranger, von dem aus Puschkin 1837 zu seinem Duell aufbrach *(siehe S. 83)*, ist die Leitung des Literaturcafés bemüht, die Kultur des 19. Jahrhunderts wiederaufleben zu lassen. 🚼	⑤	AE DC MC V	●	■	●
DAVIDOV'S Hotel Astoria, Bolschaja Morskaja Uliza 39. **Karte** 6 D2. ☎ *313 5815*. Das Restaurant im Hotel Astoria pflegt russische Küche und am Abend russische Musik. Daneben gibt es über das Jahr verteilt Spezialitätenwochen mit exzellenten Saisonprodukten. 🅥 🚼 🍽 *abends*. 🗏 🍷	⑤⑤	AE DC MC V	●	■	●
SENAT Сенат Galernaja Uliza 1. **Karte** 5 C1. ☎ *314 9253*. Die große Auswahl an Wein und Bier in Bar und Restaurant des niederländischen Besitzers hebt das Senat von anderen Lokalen ab. Eine Vinothek mit großem Angebot ist angeschlossen. 🅥 🚼 🗏 🍷	⑤⑤⑤	AE DC MC V	●		●
TALEON Талеон Nabereschnaja Reki Moiki 59. **Karte** 6 D2. ☎ *312 5373*. In-Treffpunkt für alle wohlhabenden Mittdreißiger. Die Karte ist russisch und georgisch geprägt, bietet aber auch einige europäische Gerichte. Die Einrichtung ist so verschwenderisch und üppig wie die Gerichte. 🅥 🚼 ♿ 🍽 *abends*. 🗏 🍷	⑤⑤⑤	AE DC MC V	●	■	●

GOSTINY DWOR

	Preis	Kreditkarten	Russische Küche	Live-Unterhaltung	Mittagsmenü
PUSCHKA INN Пушка инн Nabereschnaja Reki Moiki 14. **Karte** 2 E5. ☎ *314 0663*. Direkt neben dem Puschkin-Museum. Ein idealer Ort fürs Mittagessen, nur drei Gehminuten von der Eremitage entfernt im Herzen des historischen St. Petersburg. Abends oft von ausländischen Gästen überfüllt. 🅥 🚼	⑤	AE DC MC V	●		●
SADKO'S Michailowskaja Uliza 1/7. **Karte** 6 F1. ☎ *329 6000*. Hier lässt sich wunderbar entspannt sitzen und das Treiben auf dem Newski Prospekt beobachten. Während der Weißen Nächte stehen Tische auf dem Trottoir. 🅥 🚼 🗏 🎵	⑤	AE DC MC V	●	■	
LA STRADA Bolschaja Konjuschennaja Uliza 27. **Karte** 6 E1. ☎ *312 4700*. Eines der kinderfreundlichsten Lokale der Stadt, mit Kindermenü und Kinderstühlen. Italienische Standardküche mit gelegentlichen innovativen Ausflügen. 🅥 🚼 ♿ 🗏	⑤⑤	AE DC MC V			●
GRAF SUWOROW Граф Суворов Lomonossowa Uliza 6. **Karte** 6 F2. ☎ *315 4328*. Ideales Restaurant für ein romantisches Abendessen bei Kerzenlicht zu zweit (oder mehreren). Beste russische Küche und Live-Musik voll russischer Säälä! 🅥 🚼 🍽 🍷	⑤⑤⑤	AE DC MC V	●	■	●
KAWKAZ BAR Кавказ бар Karawannaja Uliza 19. **Karte** 7 A1. ☎ *312 1665*. Hier bekommen sie kaukasische Gerichte, wie sie sein sollen. Alle Gerichte werden auf Holztellern serviert, das *lyula*-Kebab zählt zu den besten der Stadt. Das Restaurant hat nur sieben Tische, ein angeschlossenes Café kann aber bei Überfüllung weitere Gäste aufnehmen. 🅥 🚼 ♿ 🍷 ★	⑤⑤⑤	AE DC MC V		■	
CAVIAR BAR Michailowskaja Uliza 1/7. **Karte** 6 F1. ☎ *329 6000*. Auch wenn Sie den Kaviar woanders billiger kriegen: Hier wird er mit einem erstaunlichen Variantenreichtum serviert. Kleine Portionen, große Finesse. 🚼 ♿ 🍽 🗏 🍷 ★	⑤⑤⑤⑤	AE DC MC V	●	■	

Zeichenerklärung siehe hintere Umschlagklappe

	Kreditkarten	Russische Küche	Live-Unterhaltung	Mittagsmenü

Preiskategorien für eine Drei-Gänge-Mahlzeit, incl. Bedienung und Steuer, ohne Wein oder andere Getränke:

ⓈⓈ unter 25 US-$
ⓈⓈ 25–40 US-$
ⓈⓈⓈ 40–50 US-$
ⓈⓈⓈⓈ über 50 US-$

Kreditkarten
Folgende Kreditkarten werden akzeptiert: *AE* American Express, *DC* Diners Club, *MC* MasterCard, *V* Visa.

Russische Küche
Es werden traditionelle russische Mahlzeiten serviert.

Live-Unterhaltung
Es gibt – gelegentlich oder immer – Musik- oder Tanzdarbietungen.

Mittagsmenü
Ein günstiges Mittagsmenü, oft ›Business Lunch‹ genannt, wird zum Festpreis angeboten.

Ewropa Европа   ⓈⓈⓈⓈ   AE DC MC V
Grand Hotel Europa, Michailowskaja Uliza 1/7. **Karte** 6 F1. (*329 6000*.
Haute cuisine in herrlicher Jugendstil-Einrichtung. Wenn Sie es intimer haben wollen, reservieren Sie sich ein Séparée. Billiger kommt der Sonntagsbrunch mit Kaviar, Austern, Wodka und an die 20 Desserts – die Portionen halten für den Rest der Woche vor. V 🚼 ♿ 🍴 📖 🍷 ★

Sennaja Ploschtschad

1913 God 1913 Год   Ⓢ   AE DC MC V
Wosnessenski Prospekt 13. **Karte** 5 C3. (*315 5148*.
Beste russische Küche und guter Service zu moderaten Preisen. Das Restaurant wartet mit ländlichen russischen Gerichten wie *draniki*, Kartoffelpfannkuchen mit Schinken und Sauerrahm, sowie internationalen Speisen wie Hummerfrikassee auf. V 🚼 🍴 🍷 ★

Krokodil Крокодил   Ⓢ   AE DC MC V
Galernaja Uliza 18. **Karte** 5 C1. (*314 9437*.
Schummriges Café-Restaurant, extrem gemütlich und mit internationaler Atmosphäre. Frisch zubereitete Speisen, gute Salate und Suppen. V 🚼 ★

Kotschubei Кочубей   ⓈⓈ   AE DC MC V
Konnogwardejski Bulwar 7. **Karte** 5 C2. (*312 8934*.
Im restaurierten Kotschubei-Palast diniert man echt aristokratisch – nicht zuletzt wegen der schweren Möbel aus dem späten 19. Jahrhundert (wuchtige Holztäfelungen und nicht weniger wuchtige Teller). V 🚼 🍷

Le Français   ⓈⓈⓈ   AE DC MC V
Galernaja Uliza 20. **Karte** 5 C1. (*315 2465*.
Live-Musik des Pianisten zum Candlelight-Dinner in einem echt französischen Restaurant. Bistro-Bar, grandiose Weinkarte. 🚼 🍴 🍷

Dworjanskoje Gnesdo Дворянское гнездо   ⓈⓈⓈⓈ   AE DC MC V
Dekabristow Uliza 21. **Karte** 5 C3. (*312 3205*.
Im Pavillon im Garten des Jussupow-Palasts speist man elegant in einer unverfälschten 19.-Jahrhundert-Atmosphäre. Ideal zum Abendessen vor oder nach einer Aufführung im Mariinski-Theater. V 🚼 🍴 🍷 ★

Grossraum St. Petersburg

Krunk Крунк   Ⓢ
Soljanoi Pereulok 14. **Karte** 3 A5. (*273 4523*.
Exzellente armenische Küche in einem Kellerrestaurant mit exzellentem Service. Direkt daneben bietet das Mucha-Zokotucha die gleiche Speisenfolge, aber mit Live-Jazz an den meisten Abenden. V 🚼 ★

Rioni Риони   Ⓢ   AE DC MC V
Schpalernaja Uliza 24. **Karte** 3 A4. (*273 3261*.
Einfache Einrichtung, aber eine exzellente Auswahl an georgischen Gerichten. Darunter sind echt exotische Dinge, aber die Küche geht gern auf Sonderwünsche ein, wenn Sie etwas ein wenig konventioneller wollen. V 🚼 ★

Sunduk Сундук   Ⓢ   AE DC MC V
Furschtatskaja Uliza 42. **Karte** 3 C4. (*311 5575*.
Das Sunduk nennt sich »Kunst-Café«, bietet Live-Jazz – und ist trotzdem bekannt für seine gute Küche. Die ist echt russisch (und damit nicht gerade leicht), während die Atmosphäre echt entspannt ist. Wenn Sie alleine essen wollen, müssen Sie das einzige Séparée reservieren. V 🚼 ★

7-40   ⓈⓈ   DC MC V
Bolschoi Sampsonjewski Prospekt 108. (*246 3444*.
7-40 ist ein bekanntes jüdisches Volkslied. Das Restaurant bietet eine große Auswahl an traditionell jüdischen Gerichten in typisch jüdischem Ambiente. Sichere Zuflucht für Vegetarier. V 🚼

BAGRATIONI Багратиони	$$ AE DC MC V
Liteiny Prospekt 5/19. **Karte** 3 A4. *272 7448.*	
Das Bagrationi ist nach einem georgischen Adligen und Veteranen der Napoleonischen Kriege benannt, und so gibt es fleischhaltige kaukasische Küche. Mitten im Raum steht ein großer Rost, auf dem Sie Ihr Schaschlik der Vollendung entgegengaren sehen können.	

MATROSSKAJA TISCHINA Матросская тишина	$$ MC V
Marata Uliza 54/34. **Karte** 7 B3. *164 4413.*	
Das Matrosskaja Tischina steht unter französischer Leitung und bietet feine französische Küche. Gute Auswahl in Fisch. *Mittagessen.*	

SCHINOK Шинок	$$ AE DC MC V
Zagorodni Prospekt 13. **Karte** 7 A3. *311 8262.*	
Ländliche ukrainische Küche. Der gesalzene Schweinebauch *(salo)* ist der ideale Begleiter des Wodkas, und das Schinok hat unterschiedlichste *salo*. Daneben gibt es eine herrlich saure Krautsuppe *(schtschi)* sowie auch eher westliches Essen. ★	

STARAJA DEREWNJA Старая деревня	$$ AE DC MC V
Sawuschkina Uliza 72. *431 0000.*	
Das Lokal besteht jetzt bald 15 Jahre und ist immer noch für Überraschungen gut. Weit entfernt vom Zentrum, bequeme Einrichtung, aufmerksames Personal und tagesfrisches russisch-jüdisches Essen. *Mo.*	

TROIKA Тройка	$$ AE DC MC V
Zagorodny Prospekt 27. **Karte** 6 F4. *113 2999.*	
Keine Live-Musik, aber ein wundervolles, lebendiges Varieté mit Zirkusnummern unterhält Sie beim Dinner. Das preiwerte *business lunch* gibts ohne Unterhaltungsprogramm. *So.* *Mittagessen.* *abends.*	

BARBAZAN Барбазан	$$ AE DC MC V
Radisson SAS Royal Hotel, Newski Prospekt 49/2. **Karte** 7 A2. *322 5000.*	
Das Barbazan hat zwei Abteilungen, eine vornehmer als die andere. Während Sie im Luxus schwelgen, können Sie das Treiben am Newski Prospekt beobachten und Ihre Zeit mit exzellentem Essen verbringen.	

DEMIDOW Демидов	$$$ AE DC MC V
Nabereschnaja Reki Fontanki 14. **Karte** 2 F5. *272 9181.*	
Hier ist man stolz auf traditionelle, anderswo längst vergessene russische Rezepte wie Wild mit Kirschen. Den Blick über die Fontanka und auf die Michail-Festung gibt's gratis dazu.	

LANDSKRONA Ландскрона	$$$ AE DC MC V
Corinthia Newski Palace Hotel, Newski Prospekt 57. **Karte** 7 B2. *380 2001.*	
Panoramablick über die Stadt und beste europäische Küche in elegantem Ambiente. Nur abends geöffnet.	

AUSSERHALB ST. PETERSBURGS

NOWGOROD: *Detinez* Детинец	$
Im Pokrowskaja-Turm, Detinez (Nowgorod, Kreml). *(8162) 27 46 24.*	
Das beste Restaurant der Stadt, mit exquisiter traditioneller Küche (alles frisch, daher müssen Sie mit Wartezeiten rechnen). ★	

PAWLOWSK: *Podworje* Подворье	$$ AE DC MC V
Filtrowskoje Schosse 16. *470 69 52.*	
Nirgendwo kriegen Sie »russische Säälä« besser präsentiert als hier – sogar die Russen mögen es. Das Lokal liegt in einem nachgebauten 17.-Jahrhundert-Holzpalast, fünf Minuten vom Bahnhof. ★	

PETERHOF: *Trapeza* Трапеза	$
Kalininskaja Uliza 9. *465 1399.*	
Sehr klein, sehr gemütlich, sehr freundlich und in einem kleinen Pavillon rechts neben dem Palast gut versteckt. Exzellentes traditionelles Essen und Trinken (versuchen Sie *sbiten'* oder den alkoholhaltigeren *medowukha*, eine Art Met). *Mo.* ★	

ZARSKOJE SELO: *Staraja Baschnja* Старая башня	$$ MC V
Akademitscheski Prospekt 14. *466 6698.*	
Nettes Restaurant mit Ziegelwänden, niedrigen Decken und umfangreicher Karte. ★	

Kleine Mahlzeiten und Imbisse

DAS ÄUSSERE eines Cafés sagt wenig über die Qualität seines Angebots aus, was eine rasche Unterscheidung zwischen guten und schlechten Cafés erschwert. Viele der neueren Lokale haben westliche Namen und bieten internationale Küche, sind aber häufig teuer. Russische Cafés dagegen servieren oft schmackhafte Mahlzeiten, vom einfachen Sandwich bis zum Drei-Gänge-Menü zu vernünftigen Preisen. Man findet sie über die ganze Stadt verteilt. Ein Unterschied zwischen Bars, Cafés und anderen Lokalen ist schwer auszumachen, da selbst kleine Lokale oder Stehcafés zu jeder Tageszeit Bier und alkoholische Getränke ausschenken und bis nach Mitternacht geöffnet sind.

RUSSISCH

TRADITIONELLE RUSSISCHE Gerichte wie Borschtsch, Pelmeni (eine Art Maultaschen) und Draniki (Kartoffelpfannkuchen) werden häufig angeboten. Das **Priboi** liegt gleich hinter der Eremitage *(siehe S. 84f)*. Das **Krokodil** ist bei der Boheme wegen seiner Events und Veranstaltungen sowie der traditionellen Küche beliebt. In der Nähe des Newski Prospekts *(siehe S. 79)* findet man das **Stroganowski Dwor** mit zwanzig verschiedenen Salaten und wechselnder Tageskarte, sowie das **Zhili-byli** und das **Khlebosolye**. Nahe dem Isaakplatz *(siehe S. 79)* liegt das **Idiot**, das auch Bücher zum Verkauf anbietet. Seine vegetarischen Gerichte gehören zu den besten der Stadt. Im Westen befindet sich das Restaurant **Sankt-Petersburg** mit Tischen im Freien, am Gribojedowa-Kanal.

Wer die russischen Blini (Pfannkuchen) in ihrer herzhaften oder süßen Variante probieren möchte, sollte das **Russkije Blini** besuchen. Man kann sie aber auch in kleinen Läden (Teremok) überall in der Stadt finden.

GEORGISCH UND ARMENISCH

GEORGISCHE UND ARMENISCHE Speisen sind in St. Petersburg ausgesprochen beliebt. **Metechi** und **Tbilisi** bieten Lobio-Bohnen, Saziwi (Hühnchen in würziger Walnusssauce), Chartscho (Fleischsuppe) und das allgegenwärtige Schaschlyk. Das kleine Kellerlokal **Lesnoi** serviert 25 Arten von Schaschlyk, während das **Rioni** eine Reihe verschiedener Speisen anbietet.

FASTFOOD UND PIZZA

AUSSER DEN internationalen Fastfood-Ketten bietet St. Petersburg auch einheimische Schnellrestaurants. Im **Grin Krest** bekommt man Salate, während die **Gusche** vegetarische Küche offeriert. Das **Layma** hat 24 Stunden geöffnet und ist bei Nachtschwärmern beliebt.

Pizzerien und Pasta-Restaurants servieren unkomplizierte Mahlzeiten. **Patio Pizza** bietet eigene Pizzakreationen an. **Ottolina** ist eine billige und stimmungsvolle Alternative.

DEUTSCH

DIE ERSTE DEUTSCHE Bar St. Petersburgs war das **Tschaika**, wo noch heute riesige Portionen Wurst mit Pommes oder Hering auf den Tisch kommen. Ein ähnliches Lokal ist das **Antwerpen**. **Schwabski Domik** und **Bierstube** haben eher traditionelle Speisekarten.

NORDAMERIKANISCH

FÜR STEAKLIEBHABER empfiehlt sich **Daddy's Steak Room**. Das **Bistro Sadko** ist eine amerikanische Bar mit einer abwechslungsreichen Speisekarte mit Hamburgern, vegetarischen Gerichten und leckeren Desserts.

KNEIPEN

VIELE KNEIPEN in der Innenstadt sind eine Mischung aus irischem Pub und deutscher Wirtschaft. Das Bier ist in diesen Etablissements in der Regel sehr gut, während das Essen und die Einrichtung eher langweilig sind.

SÜSSIGKEITEN UND GEBÄCK

DIE RUSSEN SIND süchtig nach Süßigkeiten. Zum Tee reicht man in Privathaushalten immer ein paar Kekse oder Kuchen. In den Cafés der Stadt bekommt man eine große Auswahl an Kuchen und Gebäck, auch Eis wird das ganze Jahr über verzehrt. Das **Sladkojeschka** hat sich ganz auf Sahnedesserts spezialisiert. Knuspriges Gebäck kann man im **Denisow-Nikolajew** einkaufen, oder im berühmten Sever/Nord servieren lassen. Üppige Torten oder Käsekuchen nach europäischer Art erhält man im **Ontromes**. Eine Besonderheit von St. Petersburg sind die Kaffeehäuser der **Idealnaja Tschaschka**, die alle individuell gestaltet sind und eine Auswahl an Kaffeesorten und Gebäck anbieten. Als weitere Alternative bietet sich der **Mokko Club** an.

TAGESAUSFLÜGE

AUSSERHALB DER STADT ein Lokal zum Mittagessen zu finden, ist nicht ganz einfach. In den Palästen von Pawlowsk *(siehe S. 156ff)* und Peterhof *(siehe S. 146ff)* sind gute Restaurants untergebracht, wobei im Sommer das Platzangebot oft nicht ausreicht. Oranienbaum *(siehe S. 144)* ist gastronomisch gesehen Brachland, am besten nimmt man ein Picknick mit. Die meisten Hotels und ein paar Cafés in St. Petersburg bieten Lunchpakete an. Nowgorod *(siehe S. 160ff)* hat kulinarisch weit mehr zu bieten. Das **Azia** serviert gute koreanische Küche; eine schnelle Pizza bekommt man im **Kafe Tscharodeyka**.

RESTAURANTS UND CAFÉS

AUF EINEN BLICK

RUSSISCH

Idiot
Идиот
Nab Reki Moiki 82.
Karte 5 C2.
315 1675.

Khlebosolye
Клебосолье
Bolschaja Konjuschennaja
Uliza 1. **Karte** 2 E5.
312 9554.

Kreatyur
Креатюр
Bolschaja Morskaja Uliza 6.
Karte 6 D1.
318 6132.

Krokodil
siehe S. 182.

Priboi
Прибой
Nab Reki Moiki 19.
Karte 2 E5.
311 8285.

Restaurant Sankt-Peterburg
Ресторан
Санкт-Петербург
Nab Kanala Gribojedowa 5.
Karte 6 E1.
314 4947.

Russkije Blini
Русские блины
Ul Gagarinskaja 13.
Karte 3 A4.
279 0559.

Staroje Kafe
Старое кафе
Nab Reki Fontanki 108.
Karte 6 E4.
316 5111.

Stroganowski Dwor
Строгановский Двор
Newski Prospekt 17.
Karte 6 E1.
315 2315.

Teremok
Теремок
Maneschnaja
Ploschtschad.
Sennaja Ploschtschad.

Zhili-byli
Жили-Были
Newski Prospekt 52.
Karte 6 F1.
314 6230.

GEORGISCH UND ARMENISCH

Lesnoi
Лесной
Lesnoi Prospekt 48.
245 6357.

Metechi
Метехи
Ul Belinskowo 3.
Karte 7 A1.
272 3361.

Rioni
siehe S. 182.

Tbilisi
Тбилиси
Sitninskaja Uliza 10.
Karte 2 D2.
232 9391.

U Mimino
У Мимино
Karawannaja Uliza 24.
Karte 7 A1.
315 3800.

FASTFOOD, PIZZA UND PASTA

Grin Krest
Грин крест
Wladimirski Prospekt 7.
Karte 7 A2.
113 1380.

Gusche
Гуме
Wladimirski Prospekt 1.
Karte 7 A2.

Layma
Лайма
Nab Kanala Gribojedowa 16. **Karte** 6 E1.
315 5545.

McDonalds
Kamennoostrowsky pr 39.
Sennaja pl 4.
Karte 6 E3.

Ottolina
Оттолина
Marata Uliza 33.
Karte 7 B3.
164 4686.

Patio Pizza
Патио-Пицца
Newski Prospekt 30.
Karte 6 E1.
314 8215.
Newski Prospekt 182.
Karte 8 E3.
271 3177.

DEUTSCH

Antwerpen
Антверпен
Kronwerkski Prospekt 13/2.
Karte 2 E2. *233 9746.*

Bierstube
Newski Palace Hotel,
Newski pr 57. **Karte** 7 B2.
275 2001.

Schwabski Domik
Швабский домик
Nowotscherkasski Prospekt
28/19. *528 2211.*

Tschaika
Чайка
Nab Kanala Gribojedowa
14. **Karte** 6 E1.
312 4631.

NORDAMERIKANISCH

Bistro Sadko
Бистро Садко
Michailowskaja Uliza 1/7.
Karte 6 F1. *329 6000.*

Daddy's Steak Room
Moskowski Prospekt 73.
Karte 6 D3. *252 7744.*

CAFÉS

Konfiterska Denisow-Nikolajew
Кондитерская
Денисов-Николаев
Bolschaja Puschkarskaja
Uliza 34. **Karte** 1 C2.
Sadowaja Uliza 22.
Karte 6 F2.

Idealnaja Tschaschka
Newski pr 15. **Karte** 6 D1.
315 0927. Newski Prospekt 112. **Karte** 7 B2
275 7140.

Mokko Club
Мокко Клуб
Newski Prospekt 27.
Karte 6 E1. *312 1080.*

Ontromes
Онтроме
Nab Kanala Gribojedowa
58. **Karte** 6 D3.
310 7339.

Republic of Coffee
Республика Кофе
Newski Prospekt 106.
Karte 7 B2. *272 7650.*

Sever/Nord
Север
Newski Prospekt 22.
Karte 6 E1.

Sladkojeschka
Сладоежка
Marata Uliza 2.
Karte 7 B2.
311 1420.
Sadowaja Uliza 60.
Karte 5 C4.
310 8144.

Vienna Café
Кафе Вена
Newski pr 57. **Karte** 7 B2.
380 2001.

KNEIPEN

James Cook
siehe S. 197.

Korsar
siehe S. 197.

Mollie's Irish Bar
Siehe S. 197.

Shamrock
siehe S. 197.

Tribunal
siehe S. 197.

TAGESAUSFLÜGE

Azia
Азия
Schteikowa Uliza 22,
Nowgorod.
(81622) 722 27.

La Chandeleur
Bolschaja Konjuschennaja
Uliza 1. **Karte** 2 E5.
314 8380.

Detinez
siehe S. 183.

Kafe Tscharodeyka
Кафе Чародейка
Wolossowa Uliza 1/1,
Nowgorod.
(81622) 751 54.

Podworje
siehe S. 183.

Trapeza
Siehe S. 183.

Zarskoje Selo
Царское Село
Bahnhof Dezkoje Selo,
Zarskoje Selo.
470 1349.

LÄDEN UND MÄRKTE

EIN RUNDGANG durch Geschäfte und Kaufhäuser St. Petersburgs vermittelt einen faszinierenden Einblick in das Leben der Stadt. Neben den Läden gibt es viele Straßenhändler mit einer großen Vielfalt an Waren.

In Russland einzukaufen erfordert einige Spontaneität, Flexibilität und Lust auf Unvorhergesehenes, da man nie weiß, wann und wo man etwas findet. Schaufensterauslagen sagen wenig über das Angebot eines Geschäfts aus. Leider haben in letzter Zeit Importwaren viele heimische Produkte verdrängt. Doch Wodka, Kaviar und arbeitsaufwendiges, kunstvolles Handwerk und Spielzeug lassen sich hervorragend verschenken. Die meisten Läden konzentrieren sich um die Hauptstraßen wie Kamennoostrowski, Newski und Bolschoi (Petrogradskaja) Prospekt.

Matrjoschka-Puppe

Ausstellungsraum der Modedesignerin Tatjana Parfjonowa

ÖFFNUNGSZEITEN

DIE ÖFFNUNGSZEITEN variieren, doch gewöhnlich sind Geschäfte von 10 bis 19 Uhr oder länger geöffnet. Viele schließen mittags, Lebensmittel- von 13 bis 14 und Konsumgüterläden von 14 bis 15 Uhr. Kaufhäuser öffnen sonntags von 11 bis 18 Uhr. Jedes Viertel hat ganztägig geöffnete Lebensmittelläden und eine Apotheke.

BEZAHLUNG

NUR RUBEL GELTEN bei Barzahlung, weshalb die Preise gegenwärtig selten in Fremdwährung ausgezeichnet sind. Bezahlung in fremder Währung ist strafbar. Höchstens auf einem Touristenmarkt kann man eventuell mit fremden Devisen zahlen. Von 10 bis 18 Uhr besteht auch kein Mangel an Wechselstuben *(siehe S. 206),* manche befinden sich im Laden selbst; hier bekommt man Rubel für Bargeld oder auf Kreditkarte. Nur wenige Läden, selbst solche, die Importwaren verkaufen, akzeptieren Kreditkarten. Antiquitätenläden bilden in der Regel eine Ausnahme.

Meistens sind die Waren hinter dem Tresen ausgestellt. Will man sie von nahem betrachten, zeigt man darauf und sagt *Moschno?* (»Darf ich?«). Beim Kauf zahlt man erst an der Kasse und kehrt dann zum Tresen zurück, um die Ware abzuholen. Wenn Sie nicht Russisch sprechen, notieren die Verkäufer meistens auf einem Zettel den Preis für den Kassierer.

Theoretisch kann man beschädigte Waren umtauschen, wenn man den Kassenbeleg behält.

HANDELN

IST EINE WARE mit einem Preis ausgezeichnet, kann man nicht handeln. Ansonsten ist es möglich, den Preis herunterzuhandeln, zumal Urlauber oft höhere Preise zahlen als Einheimische. Feilschen wird in Russland allerdings nicht als netter Zeitvertreib, sondern als ernste Angelegenheit betrachtet. Beginnen Sie erst gar nicht damit, wenn Sie nicht kaufen wollen.

Russische Boxkamera

KUNST UND ANTIQUITÄTEN

ALLE GEGENSTÄNDE aus der Zeit vor 1945 sowie Gold, Silber, Juwelen und Pelze sind strikten Ausfuhrkontrollen unterstellt. Kunstgegenstände, inklusive zeitgenössischer Aquarelle, sind ebenso betroffen wie ältere Bücher. Alle Koffer werden auf dem Flughafen durchleuchtet, deshalb ist es also zwecklos, eine Ikone unter einer Metallabdeckung zu verstecken. In der Praxis ignoriert man nichtgerahmte Drucke und Aquarelle. Wenn es sich nicht um ein seltenes Exemplar handelt, können Sie auch ein Buch exportieren. Eine Exportgenehmigung für Bücher und für Kunstgegenstände erhält man beim **Kulturministerium**. Dieser Vorgang kann sehr schwerfällig und kompliziert sein und hängt vom Wert ab. Man sollte dies lieber der Kunstgalerie oder dem Künstler überlassen. Deren Kontakte können den langen Prozess beschleunigen. Wenn Sie nicht ganz

Schild eines Antiquariats

EXPORTGENEHMIGUNG

Kulturministerium
Министерство культуры
Ministerstwo kultury
Malaya Morskaya Uliza 17.
Karte 6 D1. ☎ *311 5196.*
○ *Mo–Fr 11–17 Uhr.*

Das Kaufhaus DLT

offensichtlich den Zoll umgehen wollten, erlaubt man Ihnen, alle nicht exportfähigen Objekte jemandem zu übergeben, der in Russland wohnt. Sonst wird der Gegenstand am Flughafen gelagert, wofür Sie beim Abholen eine Gebühr bezahlen müssen. Objekte, die dort über ein Jahr liegen, werden ebenso konfisziert wie solche, die offensichtlich geschmuggelt werden sollten. Wertvolle Stücke werden einem Museum überlassen.

Kaufhäuser

Bekannt als *uniwermag*, »Universalladen«, haben sich russische Kaufhäuser aus den alten Ladenzeilen, die tatsächlich Reihen von Kiosken verschiedener Eigentümer waren, entwickelt. Diese Form ist bei den heutigen Kaufhäusern erhalten geblieben. Sie werden noch immer als Komplex von Abteilungen und Boutiquen betrieben, wie sie im Westen in den letzten zwanzig Jahren aufgekommen sind. Kein Besucher St. Petersburgs sollte **Gostiny Dwor** *(siehe S. 108 f.)*, das älteste und größte Einkaufszentrum der Stadt, oder **Passasch** *(siehe S. 48)*, etwas kleiner und elitärer, auslassen. Trotz vieler Importgüter und relativ hoher Preise für heimische Produkte ist es sich, den Leuten beim Kaufen zuzuschauen. **DLT**, auch im Stadtzentrum, ist deutlich westlicher orientiert und schon wegen seines Jugendstil-Gebäudes interessant. Wenn Sie vor Ihrer Rückreise noch Rubel loswerden möchten, ist **Moskowski Uniwermag** auf dem Weg zum Flughafen empfehlenswert.

Märkte und Basare

Viele Einheimische kaufen ihre Lebensmittel auf einem der elf über die Stadt verstreuten Bauernmärkte *(rynok)*. Zentral, nahe dem Newski Prospekt, liegt der **Kusnelschny Rynok**, auf dem man Blumen, Obst, Gemüse, leckeren selbstgemachten Frischkäse und Honig, den man kosten darf, anbietet. Vor dem Eingang verkaufen alte Frauen im Herbst Pilze, im Winter Wollsocken, im Sommer Blumen, eingelegte Gurken, getrockneten Fisch und Krimskrams wie alte Schuhe und Familienkristall. Die Preise hier sind zwar etwas höher als im Einkaufszentrum, dafür können Sie handeln.

Heutzutage ist der Hof im **Apraxin-Markt** *(siehe S. 111)* bekannt für den Handel mit Alkohol, Zigaretten und Kleidung, vor allem türkischen Lederjacken.

Flohmärkte werden von der Stadtverwaltung leider als imageschädigend für die Stadt angesehen und sind so ständig zum Umzug gezwungen. Die Händler tauchen unermüdlich auf den wichtigsten Lebensmittelmärkten wieder auf.

Souvenir-Aquarelle kauft man das ganze Jahr über auf dem **Wernissasch**-Markt, der

Souvenirs gibt es auf dem Touristenmarkt vor der Erlöserkirche

im Freien vor der Katharinenkirche *(siehe S. 48)* stattfindet. Der **Rynok Suwenirow**, ein kleiner Touristenmarkt nahe der Erlöserkirche *(siehe S. 100)*, bietet die besten und billigsten *Matrjoschka*-Puppen *(siehe S. 189)*. Hier finden Sie auch handgefertigte Schachspiele, Uhren, Pelzhüte, alte Kameras, T-Shirts und Militaria – also alles, was das Touristenherz begehrt.

Frauen bieten ihre Waren vor dem Kusnetschny-Markt feil

Museumsläden

Souvenirs von guter Qualität wie Schmuck, *matrjoschka*-Puppen, Drucke oder Bücher findet man in Museen. Die **Eremitage** *(siehe S. 84 ff)* bietet Kopien von Drucken und Objekten sowie Bücher über die Stadt und ihre Kunst in ihrem Hauptladen an. Das **Russische Museum** *(siehe S. 104 ff)* bringt Tücher, Schmuck, Textilien, Poster und Kunstkarten zu Sonderausstellungen heraus. Einige weitere Läden, die sich zum Teil im Hauptgebäude, zum Teil im Stroganow-Palast und Michailow-Palast befinden, bieten ebenfalls Kunstbücher an. Museumsläden haben auch ein großes Angebot an Büchern. Weitere Läden befinden sich in der **Peter-Paul-Festung** *(siehe S. 66 f)* und in den Palästen von **Pawlowsk**, **Peterhof** und **Zarskoje Selo** *(siehe S. 146 ff)*.

Was kauft man in St. Petersburg?

Verzierte Holzschachtel

IN ST. PETERSBURG findet man leicht interessante und schöne Souvenirs. In der Sowjetunion förderte der Staat das traditionelle Kunsthandwerk, so dass viele alte Handwerke noch heute ausgeübt und vielfältige Produkte gefertigt werden, angefangen von kleinen, preiswerten Spangen bis hin zu kostspieligeren Palecher Dosen, Samowaren und bearbeiteten Halbedelsteinen. Beliebte Mitbringsel sind auch Lacktabletts und -gefäße, Schachspiele, Holzspielzeug und *matrjoschka*-Puppen sowie alte Sowjetembleme und natürlich die nationalen Spezialitäten Wodka und Kaviar.

Samowar
Samoware zum Kochen von Teewasser gibt es in vielen Größen (siehe S. 179).

Wodka und Kaviar
Wodka ist in unzähligen Sorten, klar und aromatisiert (etwa Zitrone oder Chili) erhältlich (siehe S. 178). Er passt besonders gut zu schwarzem und rotem Kaviar (ikra), wozu häufig Blini (siehe S. 176) serviert werden.

Malachitei

Bernsteinring

Halbedelsteine
Aus Malachit, Bernstein, Jaspis und Marmorarten aus dem Ural stellt man verschiedene Produkte her – von Schmuck über Schachspiele bis hin zu Intarsienarbeiten.

Aromatisierter Wodka   **Klarer Wodka**   **Roter Kaviar**   **Schwarzer Kaviar**

Holzspielzeug
Die einfach geschnitzten Holzspielsachen (bogorodskije), oft beweglich, sind eine reizende Geschenkidee.

Matrjoschka-Puppen
Die Puppen in unterschiedlichen Varianten können ineinander gesteckt werden. Am hübschesten sind die traditionellen, äußerst beliebt sind auch die, die politische Persönlichkeiten darstellen.

Schachspiel
Attraktive Schachspiele werden aus allen möglichen Materialien hergestellt, auch aus Malachit. Dieses schöne Holzschach wurde im gleichen Stil wie die traditionellen Matrjoschka-Puppen bemalt.

LACKARBEITEN

Bemalte Gegenstände aus Holz oder Pappmaché werden überall verkauft. Die exquisiten, handbemalten Palecher Schachteln können teuer sein; erschwinglicher sind die mit Ikonen bemalten Eier und die typisch roten, schwarzen und goldenen Gefäße.

Palecher Schachtel
Schon im 18. Jahrhundert malte man Miniaturen auf Gegenstände aus Pappmaché. Künstler in Palech, Fedoskino, Mstjora und Cholui stellen die handbemalten Kostbarkeiten heute noch her. Die Motive basieren auf Märchen und Legenden.

Bemaltes Holzei

Schale mit Löffel
Die bunt bemalten Pappmachégefäße und -löffel aus Chochloma sind mit einer harten Lackschicht überzogen, vertragen jedoch kein kochendes Wasser.

Handbemaltes russisches Tablett

Saiten — Wirbel

Russisches Tuch
Dieses farbenfrohe traditionelle Wolltuch hält wunderbar die Kälte des russischen Winters ab. Die als Massenware produzierten, meist in großen Kaufhäusern verkauften Tücher aus Polyester sind weniger wärmend.

Traditionelle Musikinstrumente
Die russische Volksmusik verwendet viele verschiedene Instrumente. Diese einem Psalterium ähnliche gusli spielt man, indem man mit beiden Händen die Saiten zupft. Weitere Instrumente sind Balalaika und garmon, eine Art Ziehharmonika.

Sowjetandenken
Andenken aus der Sowjetära sind alte Banknoten, Münzen, Taschenuhren und Ausrüstungsgegenstände der Roten Armee, wie Gürtelschnallen und Anstecker. Beliebt sind auch Armbanduhren mit Karikaturen von KGB-Agenten.

Gschel-Vase
Keramiken mit dem charakteristischen blau-weißen Muster stammen aus Gschel, einer Stadt bei Moskau. Das Angebot von Figurinen bis zu Geschirr ist bei Russen und Besuchern beliebt.

Taschenuhr — **Anstecker mit Sowjetsymbolen** — **Ledergürtel der Roten Armee**

Einkaufen in St. Petersburg

Die grossen Kaufhäuser im Stadtzentrum führen alles von Wodka bis zu Pelzen in guter Qualität. Kleinere Läden auf und um den Newski Prospekt bieten Ihnen die Möglichkeit, Menschenmassen zu entgehen, und sind zudem oft günstiger. In einer Stadt, die sich ihrer Intellektuellen rühmt, sind gerade Bücher und Kunstgegenstände angemessene Exportartikel. Auch Sowjetmemorabilien erfreuen sich inzwischen großer Beliebtheit.

Wodka und Kaviar

Der Kauf von Wodka ist nur in einem seriösen Geschäft zu empfehlen. Billigere Marken sind zuweilen sehr stark, eine Menge illegalen Wodkas wird von kleineren Händlern verkauft. Die Kaufhäuser **Gostiny Dwor** und **Jelissejew** sind sehr verlässlich. Die **Liwis**-Läden haben ebenfalls ein gutes Angebot. Zu den besseren heimischen klaren Wodkamarken zählen Smirnow und Sinopskaja *(siehe S. 178)*.

Kaviar guter Qualität kauft man am besten in der Fischabteilung von Jelissejew oder **Ryba**. Manchmal ist der Kaviar ganz frisch und wird in ein mitgebrachtes Gefäß gefüllt. Weitere gute Supermärkte sind **Bestran** und **Prima**, 24 Stunden geöffnet. **Kusnetschny** und **Apraxin Dwor** sind die Märkte mit den günstigsten Lebensmitteln der Stadt; das Verfallsdatum auf den Kaviardosen sollte man stets prüfen. Im Sommer kauft man am besten nur gekühlte Ware.

Souvenirs und Kunsthandwerk

Im Sommer, wenn die Händler nahe den Sehenswürdigkeiten ihre Stände aufbauen, wird die Stadt von *matrjoschka*-Puppen, Schals und bemalten Gegenständen überschwemmt. Im Winter sind nur der **Rynok Suwenirow** und der **Wernissasch**-Markt geöffnet. Museumsläden bieten Souvenirs und Kunsthandwerk an, manche (wie in der Eremitage) auch Kunstbücher. Der kleinste Souvenirladen, **Rossijski Juwelirny Dom**, ist wohl auch der beste, **Chudoschestwennyje Promysly** hat aber die größere Auswahl. Die städtische Porzellanfabrik stellt schönes Porzellan, besonders Kaffeetassen, her und hat einen eigenen Laden, **Farfor**. Porzellan, Glas und Kristall lokaler Produzenten bekommt man bei **Farfor**, **Chrustal**, **Steklo**.

Sowjetmemorabilien

Artefakte aus der Sowjetzeit werden oft speziell für den Touristenmarkt hergestellt. Originales Propagandamaterial bekommt man bei **Sekunda**.

Der **Rynok Suwenirow** hat ebenfalls Armeezubehör. Orden sind als Mitbringsel besonders beliebt, da leicht und gut zu transportieren. Der kleine Laden im ersten Stock der Buchhandlung **Dom Wojennoi Knigi** verkauft sie günstig. Hier und im **Antikwariat** gibt es auch alte Kameras aus den 1920er bis 1970er Jahren.

Kunst und Antiquitäten

Trotz der Exportbeschränkungen für Kunst und Antiquitäten sollte man doch berücksichtigen, was nicht unter die Bestimmungen fällt, wie ein kleines Aquarell, ein moderner Druck oder ein Teeservice der 1860er Jahre an den Ständen von **Apraxin Dwor**. Läden wie **Russkaja Starina**, **Terzija** und **Rapsodija** sind auf Urlauber zugeschnitten; **Peterburg Antikwariat** hat etwas für jeden, allerdings vergleichsweise teuer. Kaufen Sie teure, den Exportbestimmungen unterliegende Objekte nur, wenn Sie sicher sind, dass Sie die nötigen Papiere bekommen *(siehe S. 202)*. Alle Bilder bedürfen einer Exportgenehmigung, in der Regel besorgen diese die Galerien. Schauen Sie sich einmal bei **Anna** oder **Sojus Chudoschnikow** um. Die interessanteste Galerie ist **Borei** mit Ausstellungen und Performances.

Bücher

Die St. Petersburger betrachten ihre Stadt als intellektuelles Zentrum mit einer großen literarischen und künstlerischen Vergangenheit. In der Innenstadt gibt es viele Buchhandlungen, die auch Drucke, antiquarische Bücher und Antiquitäten verkaufen. Die besten und berühmtesten sind **Dom Knigi** *(siehe S. 47)* und **Knischnaja Lawka Pissatelei**. Alte und neue Kunstbücher findet man bei **Iskusstwo**, **The Art Shop** und **Bukwojed**. **Anglia** führt neue englischsprachige Klassiker und Thriller aus zweiter Hand. Beim Stöbern in Antiquariaten wie **Staraja Kniga** und **Na Liteinom** entdeckt man interessante alte Drucke, Literatur und Reiseführer. Fremdsprachige Publikationen sind meist überteuert. **Sewernaja Lira** führt Noten für jede Art von Musik sowie Instrumente, CDs bzw. Schallplatten und Bücher.

Mode und Accessoires

Kleider, Schuhe und andere Accessoires werden meist importiert, die großen Modenamen kommen aus dem Ausland. Viele ortsansässige Modedesigner haben ihre eigene Boutique, z. B. **Tatjana Parfjonowa Modny Dom**, deren Kleider bereits vom Russischen Museum *(siehe S. 104ff)* ausgestellt wurden.

Schmuck von lokalen Künstlern aus Halbedelsteinen und Bernstein kann man bei **Kristall** und in Läden wie **Samozwety** und **Juwelirny** erwerben. Eine nordrussische Spezialität ist Niello-Silberschmuck mit den typischen Motiven und schwarzen Verzierungen.

Das große Angebot an Pelzen variiert sehr im Preis. Die besten kommen von **Pelzsalon** und **Lena**. In Kaufhäusern kann man das ganze Jahr über die traditionellen russischen Mützen kaufen.

LÄDEN UND MÄRKTE

AUF EINEN BLICK

KAUFHÄUSER

DLT
ДЛТ
Bolschaja Konjuschennaja
Uliza 21/23.
Karte 6 E1.
W www.dlt.ru

Gostiny Dwor
Гостиный двор
Newski Prospekt 35.
Karte 6 F2.

**Moskowski
Uniwermag**
Московский универмаг
Moskowski Prospekt 205.

Passasch
Пассаж
Newski Prospekt 48.
Karte 6 F1.

MÄRKTE UND BASARE

Andrejewski Rynok
Андреевский рынок
Bolschoi Prospekt,
Wassiljewski-Insel.
Karte 5 A1.

Anna
Newski Palace Hotel,
Newski Prospekt 57.
Karte 7 B2.

Apraxin Dwor
Апраксин двор
Sadowaja Uliza.
Karte 6 E2.

Kusnetschny Rynok
Кузнечный рынок
Kusnetschny Pereulok 3.
Karte 7 A3.

Rynok Suwenirow
Рынок сувениров
Gribojedow-Kanal an der
Erlöserkirche.
Karte 2 E5.

Wernissasch
Вернисаж
Newski Prospekt 32–34.
Karte 6 E1.

LÄDEN

Anglia
Англия
Nabereschnaja Reki Fontanki 40.
Karte 7 A2.

Ananow
Ананов
(Juwelier)
Newski Prospekt 31.
Karte 6 E1.

Antikwariat
Антиквариат
(Antiquitäten)
Newski Prospekt 51.
Karte 7 B2.

The Art Shop
(Kunstbücher)
Newski Prospekt 52.
Karte 6 F1.

Borei
Борей
(Kunst)
Liteiny Prospekt 58.
Karte 7 A1.

Bure Salon
Салон Буре
(Uhren)
Newski Prospekt 23.
Karte 6 E1.

Bukwojed
Буквоед
(Bücher)
Newski Prospekt 13.
Karte 6 D1.

Dom knigi
Дом книги
(Bücher)
Newski Prospekt 28.
Karte 6 E1.

**Dom Wojennoi
Knigi**
Дом военной книги
(Militärbücher, Kameras,
Memorabilien)
Newski Prospekt 20.
Karte 6 E1.

Farfor
Фарфор
(Porzellan)
Newski Prospekt 160.
Karte 7 C2.

**Farfor, Chrustal,
Steklo**
Фарфор, Хрусталь,
Стекло
(Porzellan, Kristall, Glas)
Newski Prospekt 64.
Karte 7 A2.

Pelzsalon
Салон меховых
изделий
Bolschaja Morskaja
Uliza 34.
Karte 6 D2.
Zagorodny 22.
Karte 7 A23.

Iskusstwo
Искусство
(Kunstbücher)
Newski Prospekt 16.
Karte 6 D1.

Chudoschestwennyje Promysly
Художественные
промыслы
(Souvenirs)
Newski Prospekt 51.
Karte 7 B2.

**Knischnaja Lawka
Pissatelei**
Книжная лавка
писателей
(Bücher)
Newski Prospekt 66.
Karte 7 A2.

Kristall
Кристалл
(Schmuck)
Newski Prospekt 34.
Karte 6 E1.

Lena
Лена
(Pelze)
Newski Prospekt 50.
Karte 6 F1.
W www.lenafur.ru

Liwis
(Wodkaverkauf)
Uliza Plechanowa 2.
Karte 6 E2.
Uliza Schukowskowo 27.
Karte 7 B1.
Uliza Belinskowo 6.
Karte 7 A1.

Na Liteinom
На Литейном
(Antiquitäten)
Liteiny Prospekt 61 (im
Hof).
Karte 7 A2.

**Peterburg
Antikwariat**
Петербург Антиквариат
(Antiquitäten)
Newski Prospekt 54.
Karte 6 F1.

Rapsodija
Рапсодия
(Antiquitäten)
Bolschaja Konjuschennaja
Uliza 13.
Karte 2 E5.

**Rossijski Juwelirny
Dom**
Российский
Ньведирный дом
(Souvenirs, Schmuck)
Newski Prospekt 27.
Karte 6 E1.

Russkaja Starina
Руссдя Старина
(Antiquitäten)
Newski Prospekt 20.
Karte 6 E1.

Ryba
Рыба
(Lebensmittel)
Newski Prospekt 21.
Karte 6 E1.

Samozwety
Самоцветы
(Souvenirs, Schmuck)
Michailowskaja Uliza 4.
Karte 6 F1.

Sekunda
Секунда
(Sowjetmemorabilien)
Liteiny Prospekt 61 (im
Hof).
Karte 7 A2.

Sewernaja Lira
Северная лира
(Musiknoten, Instrumente,
Bücher)
Newski Prospekt 26.
Karte 6 E1.

**Sojus
Chudoschnikow**
Союз художников
(Kunst)
Bolschaja Morskaja
Uliza 38.
Karte 6 D2.

Staraja kniga
Старая книга
(Antiquarische Bücher,
Antiquitäten, Drucke)
Newski Prospekt 3.
Karte 6 D1.

**Tatjana Parfjonowa
Modny Dom**
Татьяна Парфёнова
модный дом
(Kleidung)
Newski Prospekt 51.
Karte 7 B2.

Terzija
Терция
(Antiquitäten)
Italjanskaja Uliza 5.
Karte 6 E1.

Jelissejew
Елисеевский гастроном
Jelissejewski gastronom
(Lebensmittel)
Newski Prospekt 56.
Karte 6 F1.

Juwelirny
Ньведирный
(Schmuck)
Newski Prospekt 69.
Karte 7 B2.

UNTERHALTUNG

ST. PETERSBURG WARTET mit einem beeindruckenden und facettenreichen Unterhaltungsangebot auf. Ballett, Oper, klassische Musik und Theater erreichen höchstes Niveau. Darüber hinaus gedeiht das pulsierende Nachtleben mit unzähligen Rock- und Jazzklubs, Bars, Diskotheken, Nachtklubs und Kasinos.

Tourneen internationaler Künstler führen vermehrt nach St. Petersburg, sodass Populäres gleichberechtigt neben Untergrundmusik, -theater und -kino existiert. Die St. Petersburger Sinfonieorchester und das Mariinski-Ballett *(siehe S. 119)* sind weltweit berühmt und oft auf Tournee. Auf dem Newski Prospekt hört man Straßenmusik – heimische Akkordeonklänge oder auch peruanische Musik. Während der Weißen Nächte im Juni *(siehe S. 51)* gibt es viele Festivals an diversen Veranstaltungsorten. Zu dieser Jahreszeit ist die Stadt mit Klängen klassischer Musik sowie mit Rock, Pop und Jazz erfüllt.

Volkstänzerin

Der prachtvolle goldene Saal des Jussupow-Theaters

Allgemeine Informationen

ES IST NICHT EINFACH, in St. Petersburg auf dem Laufenden zu sein, da alle Veranstaltungen kurzfristig organisiert werden. Sogar Programme von Hauptspielstätten wie dem Mariinski-Theater ändern sich kurzfristig.

Veranstaltungskalender finden Sie auf Englisch in der Freitagsausgabe der *St Petersburg Times*, die zweimal wöchentlich erscheint, und in der Monatszeitschrift *Pulse (siehe S. 209)*. Die Programmauswahl orientiert sich an Jugendlichen. Beide Publikationen liegen gratis in Hotels, Bars und Läden aus. Informationen über Ausstellungen, Theateraufführungen und andere Ereignisse bieten ein monatlich erscheinender Veranstaltungskalender in russischer Sprache und die Website *www.petersburgcity.com*. Anzeigen für klassische Konzerte und Theater finden Sie auch an Kartenschaltern und -kiosken *(teatralnaja kassa)*. Viele Theater und Konzertsäle schließen im Juli, August und einige Zeit im September, da die Truppen auf Tournee gehen. Dann treten Gastensembles aus Moskau und dem Ausland auf. Kleine, vom ausländischen Publikum abhängige Theater wie das Jussupow-Theater *(siehe S. 120)* und das Eremitage-Theater *(siehe S. 84)* spielen den ganzen Sommer über. Matineen beginnen gegen 12 Uhr, Abendvorstellungen meist um 19 Uhr (18.30 Uhr im Mariinski-Theater).

Plakate des Mariinski-Theaters

Kartenverkauf

IN RUSSLAND KAUFT MAN Karten persönlich und zahlt bar. Verkaufsstellen für Theaterkarten gibt es überall; hier können Karten eine Woche im Voraus erworben werden. Es hängt auch ein Programm (auf Russisch) aller Theater- und klassischen Musikaufführungen für zehn Tage aus. Öffnungszeiten sind in der Regel von 10 bis 13 und von 16 bis 19 Uhr, für die Schalter in den Theatern von 11 bis 15 und von 16 bis 18 Uhr. Letztere verkaufen Karten einen Monat im Voraus. Die Philharmonie *(siehe S. 194)* bietet Karten für eine Konzertserie an.

Wer nicht Russisch spricht, lässt sich die Karten am besten durch die Hotelrezeption oder über **Cosmos** bzw. **Mir**, deren Mitarbeiter Deutsch und Englisch sprechen, buchen. Einige Bühnen wie das Mariinski-Theater *(siehe S. 119)* und das Mussorgski-Theater für Oper und Ballett *(siehe S. 98)* haben unterschiedliche Preise für Ausländer und Russen. Wenn Russisch sprechende Ausländer versuchen, mit einer nur für Russen gültigen Karte eine Aufführung zu besuchen, können sie zurückgewiesen werden. Für ausverkaufte Vorstellungen des Mariinski-Theaters bekommt man oft noch Karten am Veranstaltungstag. Leider gibt es gefälschte oder überteuerte Schwarzmarktkarten.

Eintrittskarte für eine Theatervorstellung

UNTERHALTUNG

Spektakuläre Aufführung des berühmten Balletts *Dornröschen*

VERKEHRSMITTEL IN DER NACHT

Die Metro wird um Mitternacht geschlossen, Busse fahren bis 0.15 Uhr (selten nach 23 Uhr). Kein öffentliches Verkehrsmittel fährt nachts. Nehmen Sie ein Taxi, doch nicht vor Hotels oder Bars wartende Privattaxis, die viel teurer sind als die offiziellen gelben *(siehe S. 219)*.

UNTERHALTUNG FÜR KINDER

Für Kindern gibt es in St. Petersburg nur wenige öffentliche Einrichtungen. Theater wie das **TJuZ** und das **Saserkalje** führen auf Russisch Stücke für Kinder auf, selten auf Englisch oder Deutsch. An Neujahr spielen einige Bühnen auch englische Stücke.

Zirkus macht Kindern immer Spaß. Man hat die Wahl zwischen dem an der Fontanka und dem an der Metro-Station Awtowo. Achten Sie auf Poster und Ankündigungen in Zeitungen.

Klassische Konzerte bietet die **Kinderphilharmonie**; zwei Puppentheater haben viele Märchen und kurze Stücke in ihrem Repertoire. Alternativ zeigt das **Innentheater** Kostüme und Spezialeffekte.

DIE WEISSEN NÄCHTE

Es gibt mindestens vier oder fünf Festivals mit dem Namen »Weiße Nächte« *(siehe S. 51)*. Das ursprüngliche mit internationaler Reputation ist das Festival der klassischen Musik, heute als »Stars der Weißen Nächte« bekannt, das Sonderaufführungen im Mariinski- *(siehe S. 119)* und anderen Theatern bietet. Karten für Konzerte und Ballett verteuern sich auf das Doppelte.

Auch Jazz- und Kunstfestivals finden im Juni unter diesem Namen statt.

Eine Gruppe von Straßenmusikanten und ihr Publikum

DER RUSSISCHE ZIRKUS

Zirkusse gibt es in Russland seit Anfang des 19. Jahrhunderts, aber erst in den Jahren 1876/77 wurde für Gaetano Cinisellis italienischen Zirkus der erste feste Bau in Russland errichtet. St. Petersburgs Zirkus befindet sich noch heute an der alten Stelle. Er wurde 1963 modernisiert und führt die Tradition der Artistik und der Tierdressur fort, die den russischen Zirkus so berühmt gemacht haben.

Akrobaten in St. Petersburgs Zirkus

AUF EINEN BLICK

NÜTZLICHE ADRESSEN

Zentraler Theaterkartenverkauf
Newski Prospekt 39. **Karte** 6 F1.
📞 310 4240.

Kartenkioske
Foyer der Eremitage. **Karte** 2 D5.
Ploschtschad Ostrowskowo. **Karte** 6 F2. Gostiny Dwor (Ecke Uliza Lomonossowa). **Karte** 6 F2. Metro-Station Gostiny Dwor. **Karte** 6 F1.

Cosmos
Wassilijewsy-Insel, 2-Ja linija 35.
Karte 1 A5. 📞 327 7256.
🌐 www.guide.spb.ru

MIR Travel Company
Newski Prospekt 11. **Karte** 6 D1.
📞 325 7122. 🌐 www.mirtc.ru

PROGRAMM IM INTERNET

🌐 www.petersburgcity.ru

UNTERHALTUNG FÜR KINDER

Kinderphilharmonie
Детская Филармония
Detskaja Filarmonija
Dumskaja Uliza 1/3. **Karte** 6 E2.
📞 315 3993.

Zirkus
Цирк
Zirk
Nabereschnaja Reki Fontanki 3.
Karte 7 A1. 📞 210 4411.

Innentheater
Интерьерный театр
Interjerny teatr
Newski Prospekt 104.
Karte 7 B2. 📞 273 1454.

Großes Puppentheater
Большой театр кукол
Bolschoi teatr kukol
Uliza Nekrassowa 10. **Karte** 7 B1.
📞 273 6672.

Marionettentheater
Театр марионеток
Teatr marionetok
Newski Prospekt 52. **Karte** 6 F1.
📞 311 2156.

TJuZ
Театр юных зрителей
Teatr junych sritelej
Pionerskaja Ploschtschad 1. **Karte** 6 F4. 📞 112 4102.

Saserkalje
Зазеркалье
Uliza Rubinschteina 13.
Karte 7 A2. 📞 164 1895.

Musik und darstellende Künste

BEI EINER FÜR IHRE Traditon des Balletts und der klassischen Musik weltberühmten Stadt verwundert die große Vielfalt des kulturellen Angebots nicht. Ein Abend im Mariinski-Theater ist während eines Aufenthalts in St. Petersburg ein absolutes Muss, doch um die ganze kulturelle Bandbreite kennenzulernen, lohnt sich ein Besuch anderer Theater, Musiksäle und Kirchen. Klassische Musik ist sehr beliebt, die erstklassigen St. Petersburger Orchester sind auf der ganzen Welt gefragt. Darüber hinaus locken Kirchenchöre, die lebendige Atmosphäre von Volkskabaretts und die vielen anderen Festivals *(siehe S. 50ff)*.

BALLETT

EINIGE DER WELTBESTEN Tänzer brachte das **Mariinski-Ballett** *(siehe S. 119)* hervor. Die Hauptruppe ist ein Großteil des Jahres auf Tournee, tritt aber im Winter in St. Petersburg auf. Highlight des Jahres ist die Weihnachtsaufführung des *Nussknackers*, an der auch Kinder der Waganowa-Ballettschule *(siehe S. 110)* mitwirken.

Die Tänzer des Mariinski-Theaters tanzen auch im **Eremitage-Theater** und im **Mussorgski-Theater für Oper und Ballett**. Das **Rimski-Korsakow-Konservatorium** *(siehe S. 120)* zeigt zahlreiche Inszenierungen, oft mit ausländischen Gasttänzern.

Neben dem traditionellen Ballett ist Boris Eifmans moderne Kompanie sehr populär. In letzter Zeit ist Waleri Michailowskis ausschließlich männliches Muschtschkoi-Ballett mit Aufführungen von Klassikern wie *Schwanensee* erfolgreich. Die Aufführungen finden im **Großen Oktober-Konzertsaal** statt.

OPER

TSCHAIKOWSKYS OPER *Eugen Onegin*, Mussorgskis *Boris Godunow* und Prokofjews *Liebe zu den drei Orangen* sind Dauerbrenner im Repertoire. Am **Mussorgski Theater für Oper und Ballett** und am **Mariinski-Theater** werden Opern in der Originalsprache gespielt. Waleri Gergijews überzeugende künstlerische Leitung hat gegenüber den vergangenen Jahren neue Maßstäbe gesetzt.

Das intimere **Eremitage-Theater** (18. Jh.) und das **Jussupow-Theater** führen leichtere Opern auf.

KLASSISCHE MUSIK

DIE KOMPONISTEN Tschaikowsky, Schostakowitsch, Mussorgski und Rimski-Korsakow lebten in St. Petersburg, wo ihre Musik bis heute unglaublich beliebt ist.

Der **Große** *(siehe S. 98)* und der **Kleine Saal der Philharmonie** *(siehe S. 48)* sowie die **Akademische Kapelle** *(siehe S. 112)* sind historische Konzertsäle. Im ersteren spielt das berühmte Sinfonieorchester von St. Petersburg. Russische Emigranten wie der Geiger Gidon Kremer und ausländische Dirigenten wie Claudio Abbado und der verstorbene Sir Georg Solti gastierten hier regelmäßig.

Die Eremitage hat ihr eigenes Orchester mit Konzerten im **Eremitage-Theater** *(siehe S. 84)* und internationalen Tourneen. Der **Menschikow-Palast** *(siehe S. 62)* besitzt einige gut restaurierte Tasteninstrumente, darunter eine englische Orgel aus dem 18. Jahrhundert, auf der Konzerte gegeben werden.

KIRCHENMUSIK

DIE STIMMEN EINES orthodoxen Chors, die sich über die Phrasen des Priesters legen, gehören zu den eindrucksvollsten Klängen Russlands. Professionelle Sänger der Akademischen Kapelle singen oft in Kirchenchören. Die besten hört man Samstag abends und Sonntag morgens in den Gottesdiensten der **Dreifaltigkeitskathedrale** im Alexandr-Newski-Kloster *(siehe S. 130)*, der **Christi-Verklärungs-Kathedrale** *(siehe S. 127)* und der **Kasaner Kathedrale** *(siehe S. 111)*. Religiöse Musik hört man auch in der **Smolny-Kathedrale** *(siehe S. 128)*.

FOLKLORE

DER LOKALE Fremdenverkehrsverband und einige Veranstalter werben für Konzerte und russischen Volkstanz. Es gibt ausgezeichnete Ensembles mit Balalaikas und Akkordeons, Mädchen mit roten Tüchern und wirbelnden Kosakentänzern. Die besten Auftritte finden im **Belosselski-Beloserski-** und im **Nikolajewski-Palast** statt.

Viele Restaurants bieten Volkskabarett, manchmal sehr kitschig oder derb. Authentische russische Volkslieder trägt das kleine Ensemble im Restaurant Podworje *(siehe S. 184)* in Pawlowsk vor.

STRASSENMUSIK

DER PROZESS DER Demokratisierung hatte den unerwarteten Effekt, dass viele informelle Aktivitäten wie Straßenmusik auf einmal erlaubt waren und hochtalentierte Musiker auf der Straße ihr Können zeigten. In den zwei Unterführungen des Newski Prospekt am Gostiny Dwor spielen immer Straßenmusikanten, während in vielen Metro-Stationen ältere Frauen russische Balladen singen.

THEATER

SEIT SOWJETZEITEN ist das wichtigste Theater der Stadt, das **Große Dramentheater** (Bolschoi dramatitscheski teatr), eines der Aushängeschilder am russischen Theaterhimmel. Das **Alexandrinski-Theater** *(siehe S. 110)* mit der ältesten Truppe in Russland hat ein breiteres Repertoire als das Große Dramentheater.

In den letzten Jahren gelangte das **Maly-Theater** unter der Leitung von Lew

Dodin zu internationalem Ruhm, obwohl alle Werke in russischer Sprache aufgeführt werden. Produktionen bekannter Stücke wie *Der Kirschgarten* sind in jedem Fall interessant. Auch das **Komissarschewskaja-, Liteiny-** und **Akimow-Theater** haben einen guten Namen.

Kino

Die meisten Kinos zeigen heute amerikanische Kassenschlager. Fast alle ausländischen Filme sind synchronisiert, nur noch selten tauchen welche mit russischen Untertiteln auf. Einige wenige Filmtheater wie das **Dom Kino** zeigen gelegentlich unsynchronisierte Filme in englischer Sprache. Jedes Jahr finden mehrere Filmfestivals, oft mit Filmen in Originalsprache, statt. Die Zeitung *The St Petersburg Times* berichtet ausführlich über alle Events, etwa das Festival der Festivals *(siehe S. 51).*

Auf einen Blick

Karten

Wenn nicht anders angegeben, werden Karten an Kiosken oder in den Theatern verkauft.

Ballett und Oper

Eremitage-Theater
Эрмитажный театр
Ermitaschny teatr
Dworzowaja Nabereschnaja 34. **Karte** 2 E5. ✆ 279 0226. (Karten nur an Kiosken und in Hotels.)

Mussorgski-Theater für Oper und Ballett
Театр оперы и балета имени Мусоргского
Teatr opery i baleta imeni Musorgskowo
Ploschtschad Iskusstw 1. **Karte** 6 E1.
✆ 318 1978. ● Ende Juli–Aug. W www.mussorgsky.narod.ru

Mariinski-Theater
Мариинский театр
Mariinski teatr
Teatralnaja Ploschtschad 1. **Karte** 5 B3. ✆ 114 5264.
● Ende Juli–Aug.
W www.mariinsky.ru

Großer Oktober-Konzertsaal
Большой концертный зал Октябрьский
Bolschoi konzertny sal Oktjabrski
Ligowski Prospekt 6.
Karte 7 C1. ✆ 275 1300

Rimski-Korsakow-Konservatorium
Консерватория имени Римского-Корсакова
Konserwatorija imeni Rimskowo-Korsakowa
Teatralnaja Ploschtschad 3. **Karte** 5 C3. ✆ 312 2519.

Jussupow-Theater
Юсуповский театр
Jussupowski teatr
Jussupowski Dworez, Nabereschnaja Reki Moiki 94.
Karte 5 B3. ✆ 314 9883.

Klassische Musik

Akademische Kapelle
Академическая Капелла
Akademicheskaya Kapella
Nab Reki Moyki 20.
Karte 2 E5. ✆ 314 1058.

Menschikow-Palast
Меньшиковский дворец
Menschikowski dworez
Uniwersitetskaja Nabereschnaja 15. **Karte** 1 B5.
✆ 213 1112.

Großer Saal der Philharmonie (Schostakowitsch-Saal)
Большой зал филармонии имени Шостаковича
Bolschoi sal filarmonii imeni Schostakowitscha
Michailowskaja Uliza 2.
Karte 6 F1. ✆ 110 4257.

Kleiner Saal der Philharmonie (Glinka-Saal)
Малый зал филармонии имени Глинки
Maly sal filarmonii imeni Glinki
Newski Prospekt 30.
Karte 6 F1. ✆ 311 8333.

Kirchenmusik

Christi-Verklärungs-Kathedrale
Спасо-Преображенский собор
Spasso-Preobraschenski sobor
Preobraschenskaja Ploschtschad 1. **Karte** 3 B5. ✝ *tägl. 10 u. 18 Uhr.*

Dreifaltigkeits-kathedrale
Свято-Тройтски собор
Swjato-Troitski sobor
Alexandr-Newski-Kloster, Ploschtschad Alexandra Newskowo. **Karte** 8 E4.
✝ *tägl. 10 u. 18 Uhr.*

Kathedrale Unserer Lb. Frau von Kasan
Собор Казанский Богоматери; *Sobor Kasanskoi Bogomateri*
Kasanskaja Ploschtschad 2.
Karte 6 E1.
✝ *tägl. 9 u. 19.30 Uhr.*

Smolny-Kathedrale
Смольный собор
Smolny sobor
Ploschtschad Rastrelli 3.
Karte 4 F4. ✆ 278 5596.

Volksmusik

Belosselski-Beloserski-Palast
Дворец Белосельских-Белозерских
Dworez Belosselskich-Beloserskich
Newski Prospekt 41. **Karte** 7 A2. ✆ 315 5236.

Nikolajewski-Palast
Николаевский дворец
Nikolajewski dworez
Ploschtschad Truda 4.
Karte 5 B2. ✆ 312 5500.

Theater

Akimow-Komödientheater
Театр комедии имени Акимова
Teatr komedii imeni Akimowa
Newski Prospekt 56.
Karte 6 F1. ✆ 312 4555.

Alexandrinski-Theater
Александринский театр
Aleksandriinskiy teatr
Ploschtschad Ostrowskowo 2. **Karte** 6 F2.
✆ 312 1545.

Großes Dramentheater
Большой драматически театр
Bolschoi dramatitscheski teatr
Nabereschnaja Reki Fontanki 65. **Karte** 6 F2.
✆ 310 9242.

Komissarschewskaja-Theater
Театр имени Комиссаржевской
Teatr imeni Komissarschewskoi.
Italjanska Uliza 19. **Karte** 6 F1. ✆ 311 3102.

Liteiny-Theater
Театр на Литейном
Teatr na Liteinom
Liteiny Prospekt 51. **Karte** 7 A1. ✆ 273 5335.

Maly-Theater
Малый драматический театр
Maly dramatitscheski teatr
Uliza Rubinschteina 18.
Karte 7 A2. ✆ 113 2078.

Molodjoschny-Theater
Молодёжный театр
Molodjoschny teatr
Nabereschnaja Reki Fontanki 114. **Karte** 3 A5.
✆ 316 6564.

Kino

Aurora
Аврора
Newski Prospekt 60.
Karte 7 A2. ✆ 327 0770.

Kristal-Palas
Кристалл-Палас
Newski Prospekt 72.
Karte 7 A2. ✆ 272 2382.

Dom Kino
Дом Кино
Uliza Karawannaja 12.
Karte 7 A1. ✆ 314 0638.

Live-Musik und Nachtleben

ST. PETERSBURG war das Herz der sowjetischen Untergrund-Rockszene, die beste russische Popmusik hat hier ihren Ursprung. Rock-, Rockabilly- und Jazzklubs entstanden in verlassenen Bunkern und Kinos überall in der Stadt. Die meisten präsentieren eine Mischung von Live-Musik an einem Abend, alternativen Modenschauen oder Avantgardefilmen am anderen. Die Nachtklubszene, die von Techno und Mainstream beherrscht wird, zieht allmählich aus den Bunkern in große Säle, die die Neureichen anziehen. Nur in den großen Klubs und Kasinos werden Kreditkarten akzeptiert.

ROCKMUSIK

UNTER DEM SOWJETREGIME galt der Leningrader Rock als rebellisch, ohne offensichtlich politisch zu sein. Heute ist der Text wichtiger geworden, doch die russische Rock verdankt viel der Vergangenheit, auch wenn er die neuesten westlichen Trends aufnimmt.

Die Stilvielfalt ist groß und reicht von Pop bis zu Hard Rock. **Moloko** und **Manhattan** sind günstige Klubs mit Live-Musik und guter Atmosphäre, **Polygon** ist bei Hard-Rock-Fans beliebt.

Mit der Eröffnung des **Money Honey Saloon** bildeten sich gehäuft Rockabilly-Gruppen. **Jimi Hendrix** ist ein anderer Rock-Treffpunkt, der rund um die Uhr geöffnet ist. Rock- und Popkonzerte finden im **Oktjabrski Konzertny Sal**, **Jubileiny Dworez Sporta** und **SKK** statt.

JAZZ

LANGE ZEIT wurde die Jazzszene von David Goloschtschokin dominiert, der die **Dschas-Filarmonik Choll** begründete, in der Tanzen oder Sprechen untersagt ist. Als junge Musiker hinzukamen, veranlasste die zunehmende Konkurrenz Goloschtschokin zur Eröffnung des **Ellingtonowski Sal**, der eher einem entspannten westlichen Jazzklub ähnelt. Bei Improvisation und innovativem Jazz sowie Acid-Jazz und Blues ist der **JFC Jazz Club** richtungsweisend. Die Musiker, die dem Klub zum Erfolg verhelfen, gastieren auch anderswo. Im **Dschasklub kwadrat** treffen sich junge Musiker zu Jam-Sessions. Im Sommer sieht man an der Ecke Newski Prospekt/Michailowskaja Uliza die beste Swing-Band.

BARS

IN VIELEN BARS wie **Shamrock**, dem mexikanischen **La Cucaracha**, **Mollie's Irish Bar** oder dem **Manhattan** kann man Live-Musik hören. Das **Bistro Sadko** im Grand Hotel Europa war eine der ersten offiziellen Bars, in der neue Gruppen spielten. In letzter Zeit trat sie durch viele neue Rockklubs in den Hintergrund, führt aber mit gelegentlicher Live-Musik ihre Tradition fort.

Das **Liwerpul** bietet das pure Beatles-Erlebnis. Alle auftretenden Bands spielen ausschließlich Beatles-Songs.

Zwei Veranstaltungsorte, die weder Bar noch Kunstklub sind, nehmen einen speziellen Platz in der Unterhaltungsszene ein. **Fish Fabrique**, in der Künstlerkolonie mit dem Namen Puschkinskaja Dessjat, ist ein Trinkklub mit gelegentlichen Konzerten, ein Filmklub und Lieblingskneipe für Punks, Rocker und andere Jugendliche. **Idiot**, nach Dostojewskis Roman benannt, wurde schnell zu einer von Intellektuellen und ausländischen Künstlern bevorzugten Bar. Sofakissen und Bücherstapel laden tagsüber zum Entspannen und abends zu einer Dichterlesung ein.

Korsar und **Tschaika** veranstalten regelmäßige Jazzabende; im lauten **Tribunal**, in dem sich junge Cliquen treffen, gibt es gelegentlich Disko-Nächte.

NACHTKLUBS UND DISKOTHEKEN

KLEINERE KLUBS wie das alternative **Gribojedow** spielen die neuesten europäischen Hits, sind Schauplatz von Ereignissen wie Modenschauen. **Klub Port** geht mit einem Videosaal und einer Kunstgalerie noch einen Schritt weiter.

Newskije Melodii ist ein riesiger Unterhaltungskomplex mit Kasinos, Restaurants und Nachtklubs. **La Page** (La Pliasch), Treffpunkt für die Pop- und TV-Elite, ist eine große Diskothek inmitten von Hochhäusern der Außenbezirke. Einer der angesehensten Klubs, **Hollywood Nites**, bietet seriöse Aufführungen und eines der besten Kasinos. Das **Metro**, hauptsächlich für junge Aufsteiger, spielt House, Techno und russische Tanzmusik. Das **Mama** ist besonders für seine Drum & Bass-Musik bekannt, der **Havana Club** für seine Latino-Abende. Das **Saigon** buhlt mit seiner Geschichte als Treffpunkt der Dissidentenmusiker in den 1970er Jahren und bietet progressive und Avantgardemusik. Der »erotische« **Klub Monro** bietet Video- und Peep-Shows sowie russische und andere Popmusik.

In der Schwulenszene ist der **Klub 69** ein etablierter Treffpunkt. Da diese Szene eng mit der Kulturszene verwoben ist, werden Veranstaltungen oft auf den Samstagsausstellungen in der Neuen Akademie der bildenden Künste in der Puschkinskaja Uliza Nr. 10 angekündigt.

KASINOS

TROTZ IHRES SCHLECHTEN Rufs als Treffpunkt der lokalen Unterwelt sind die großen Kasinos heute sicher und korrekt. **Premier** im Titan-Kino bietet Roulette und Kartenspiele und ermöglicht genauso wie das **Olympia**, der **Astoria Club** und **Hollywood Nites** einen problemfreien Besuch. Premier und Olympia haben beide ausgezeichnete Restaurants und kochen ebenso wie viele andere Kasinos der Stadt wirklich gut.

Auf einen Blick

Rock

Jimi Hendrix
Liteiny Prospekt 33.
Karte 3 A5.
📞 279 8813.
🕐 0–24 Uhr.

Moloko
Молоко
Perekupnoi Pereulok 12.
Karte 8 D3.
📞 274 9467.
🕐 Mi–So 19–23.30 Uhr.

Money Honey Saloon
Apraxin dwor 14.
Karte 6 E2.
📞 310 0549.
🕐 10–5 Uhr, Shows 19.30–24 Uhr.

Oktjabrski Konzertny Sal
Октябрьский концертный зал
Ligowski Prospekt 6.
Karte 7 C1.
📞 275 1273.

Poligon
Полигон
Lesnoi Prospekt 65.
📞 245 2720

SKK
СКК
Prospekt Jurija Gagarina 8.
📞 378 1710.

Jubileiny Dworez Sporta
Юбилейный дворец спорта
Prospekt Dobroljubowa 18. **Karte** 1 B3.
📞 119 5615.

Jazz

Ellingtonowski Sal
Эллингтоновский зал
Sagorodny Prospekt 27.
Karte 6 F3.
📞 164 8565.
🕐 Di–So 19–23 Uhr.

Dschas-Filarmonik Choll
Джаз-Филармоник холл
Sagorodny Prospekt 27.
Karte 6 F3. 📞 164 8565.
🕐 Mi–So 19–23 Uhr.

JFC Jazz Club
Schpalernaja Uliza 33.
Karte 3 C4.
📞 272 9850.
🕐 tägl. 19–23 Uhr.

Red Chub
Рыжий Чуб
Ryzhiy Chub
Uliza Nekrassowa 37.
Karte 7 B1.
📞 279 1852.
🕐 tägl. 12–5 Uhr.

Bars

Manhattan
Маихеттен
Nab Reki Fontanki 90.
Karte 6 E3.
📞 113 1945.
🕐 tägl. 12–5 Uhr.

Bistro Sadko
Grandhotel Europa, Michailowskaja Uliza 1/7.
Karte 6 F1.
📞 329 6000.
🕐 tägl. 12–1 Uhr.

La Cucaracha
Nabereschnaja Reki Fontanki 39. **Karte** 7 A2.
📞 110 4006.
🕐 So–Do 12–1 Uhr, Fr, Sa 12–5 Uhr.

Fish Fabrique
Puschkinskaja Uliza 10, 5. Stock. **Karte** 7 B2.
📞 164 4857.
🕐 tägl. 15–2 Uhr.

Idiot
Nabereschnaja Reki Moiki 82. **Karte** 5 C2.
📞 315 1675.
🕐 tägl. 11–1 Uhr.

James Cook
Schwedski per 2.
Karte 6 E1.
📞 312 3200.

Korsar
Корсар
Bolschaja Morskaja Uliza 14. **Karte** 6 D1.
📞 318 4184.
🕐 So–Do 11–2 Uhr, Fr, Sa 11–5 Uhr.

Liwerpul
Ливерпуль
Uliza Majakowskowo 16.
Karte 7 B1.
📞 279 2054.
🕐 So–Do 11–2 Uhr, Fr, Sa 11–5 Uhr.

Mollie's Irish Bar
Uliza Rubinschteina 30.
Karte 7 A3.
📞 319 9768.
🕐 tägl. 11–2 Uhr
(Di–Do, So Live-Musik).

Shamrock
Uliza Dekabristow 27.
Karte 5 B3.
📞 318 4625.
🕐 tägl. 12–2 Uhr
(Mo, Sa, So Live-Rockmusik).

Tribunal
Ecke Angliskaja Nabereschnaja/Projesd Dekabristow.
Karte 5 C1.
📞 311 1690.
🕐 tägl. 16–6 Uhr.

Tschaika
Чайка
Nabereschnaja Kanala Gribojedowa 14.
Karte 6 E1.
📞 312 4631.
🕐 tägl. 11–3 Uhr.

Nachtklubs und Diskotheken

Klub 69
Клуб 69
2-ja Krasnoarmeiskaja Uliza 6.
Karte 6 D5.
📞 259 5163.
🕐 Di–So 13–6 Uhr.

Gribojedow
Грибоедов
Woroneschskaja Uliza 2A.
Karte 7 B4.
📞 164 4355.
🕐 Mi–Mo 18–6 Uhr.

Havana Club
Гавана Клуб
Moskowski Prospekt 21.
Karte 6 B5.
📞 259 1155
🕐 21–6 Uhr.

Hollywood Nites
Newski Prospekt 46.
Karte 6 F1.
📞 325 7474.
🕐 tägl. 22–6 Uhr.

La Plage
Ла Пляяж
La Pljasch
Prospekt Kosygina 17.
📞 525 6313
🕐 Mi–So 22–6 Uhr.

M 111
Moskowski Prospekt 111.
Karte 6 D3.
📞 320 4400.
🕐 22–6 Uhr

Mama
Malaja Monetnaja Uliza 3b.
Karte 2 E2.
📞 232 3137.

Metro
Метро
Ligowski Prospekt 174.
📞 166 0204.
🕐 tägl. 22–6 Uhr.

Klub Monro
Клуб Монро
Nabereschnaja Kanala Gribojedowa 8.
Karte 6 E1.
📞 312 1331.
🕐 Di–So 12–23 Uhr, Mo 17–23 Uhr.

Newskije Melodii
Невские Мелодии
Swerdlowskaja Nabereschnaja 62.
📞 227 1596.
🕐 tägl. 22–6 Uhr.

Port
Порт
Pereulok Antonenko 2 (im Hof).
Karte 6 D2.
📞 314 2609.
🕐 tägl. 15–6 Uhr.

Saigon
Newski Prospekt 7–9.
Karte 6 D1.
📞 314 7377

Kasinos

Klub Astorija
Клуб Астория
Malaja Morskaja Uliza 20.
Karte 6 D1.
📞 313 5020.
🕐 tägl. 16–6 Uhr.

Olympia Club
Клуб Олимпия
Klub Olympiya
Liteiny Prospekt 14.
Karte 7 A1.
📞 327 6700.
🕐 tägl. 12–8 Uhr.

Premier
Премьер
Newski Prospekt 47.
Karte 7 A2.
📞 103 5370.
🕐 0–24 Uhr.

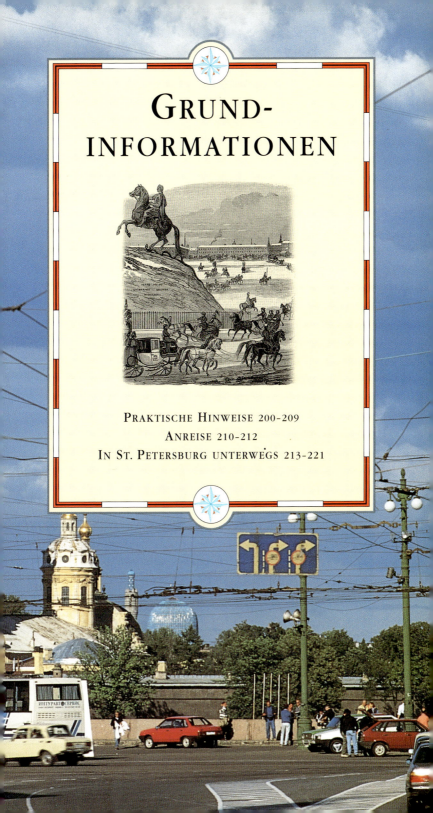

Grund-informationen

Praktische Hinweise 200-209
Anreise 210-212
In St. Petersburg unterwegs 213-221

PRAKTISCHE HINWEISE

STRASSENSCHILDER UND -KARTEN von St. Petersburg sind nicht so schwer zu entziffern, wie es bei der ersten Berührung mit der kyrillischen Schrift erscheint. Nicht nur sind Hotels, Restaurants und andere Serviceeinrichtungen sehr hilfsbereit, sondern es werden in letzter Zeit vermehrt Hinweisschilder auf Sehenswürdigkeiten und Läden in englischer Sprache aufgestellt. Es gibt keine der anderswo üblichen Fremdenverkehrsbüros in der Stadt. Informationsstellen und auch Wechselstuben findet man oft in Hotels und anderen von Urlaubern besuchten Orten der Stadt. Zunächst wirkt Alltägliches befremdend, doch mit Geduld und Entschlossenheit wird schließlich alles möglich, vom internationalen Telefongespräch und Geldwechsel bis zu einer ärztlichen Behandlung im Notfall.

Die Telekommunikation verbessert sich, die Preise gleichen sich zunehmend dem westlichen Standard an oder übertreffen ihn sogar.

Logo der Mir Travel Company

Rezeption im Grand Hotel Europa

INFORMATION

HOTELS SIND FÜR Reisende in St. Petersburg die wichtigste Informationsquelle. Im Europa, im Sheraton Newski Palace und im Hotelschiff Peterhof bietet die Rezeption einen Reise- und Buchungsservice. Hotels unter russischer Leitung haben ein Büro mit ähnlichen Dienstleistungen, obwohl die Beratung oft nur mittelmäßig ist. Die Büros von **Cosmos** und **Mir** geben zuverlässig und kostenlos Auskunft, buchen Unterkunft und Tickets. Englischsprachige Zeitungen *(siehe S. 209)* informieren über Veranstaltungen und Öffnungszeiten, desgleichen die Website www.petersburgcity.com.

Logo der Cosmos

AUSFLÜGE

HOTELS KÖNNEN Gruppenführungen und -ausflüge in mehreren Sprachen buchen. Neben Stadttouren und Kanalfahrten gibt es Tagesausflüge zu den Palästen in den Vororten und nach Nowgorod. **Cosmos** und **Mir** bieten gute Touren auf Deutsch und Englisch an. Von der Stadt organisierte Führungen, beginnend bei der Admiralität *(siehe S. 83)*, am Schlossplatz und beim Rusca-Portikus am Newski Prospekt *(siehe S. 48)*, sind oft auf Russisch, ebenso die Flussfahrten *(siehe S. 218)*. An Sommerwochenenden starten von der Peter-Paul-Festung *(siehe S. 66f)* Helikopterflüge. Gruppen ab 20 Teilnehmern buchen über **Baltic Airlines**.

EINTRITTSPREISE

EINTRITTSGELDER für Museen und Theater, vor allem für die Eremitage *(siehe S. 84ff)*, das Russische Museum *(siehe S. 104f)* und das Mariinski-Theater *(siehe S. 119)* sind für Ausländer etwas höher als für Russen, aber noch in der europäischen Norm. Für Studenten und Kinder gibt es Ermäßigungen. Kreditkarten werden nirgendwo akzeptiert. Der Kartenverkauf ist oft weit vom Eingang entfernt. Orientieren Sie sich am касса-Schild.

Ein Helikopter nimmt Fluggäste bei der Peter-Paul-Festung an Bord

ÖFFNUNGSZEITEN

DIE MEISTEN Sehenswürdigkeiten sind durchgehend von 10 oder 10.30 bis 18 Uhr geöffnet, mit einem wöchentlichen Ruhetag und einem Reinigungstag im Monat. Genaueres erfährt man telefonisch. Parks, auch die beiden Paläste, öffnen meist von 8 bis 20 Uhr, länger während der Weißen Nächte.

ОТКРЫТО
Geöffnet *(otkryto)*

ЗАКРЫТО
Geschlossen *(sakryto)*

KIRCHENBESUCH

DER BESUCH EINES orthodoxen Gottesdienstes ist ein faszinierendes Erlebnis. Da dieser mehrere Stunden dauert, kann man auch zwischendurch kommen. Man sollte eine Spende geben und die Kleiderordnung beachten: Shorts sind nicht erlaubt, Männer sollten die Hüte absetzen, Frauen Schultern und Ausschnitt mit einem Tuch, den Kopf mit Hut oder Kopftuch bedecken. In Kirchen dürfen Frauen Hosen tragen, in Klöstern auf keinen Fall. Die

Hauptgottesdienste finden Samstag abends, Sonntag morgens und an kirchlichen Feiertagen statt. Kirchen sind meist von frühmorgens bis spätabends geöffnet. Der Beginn der Gottesdienste ist in der Freitagsausgabe der *St Petersburg Times* (siehe S. 209) nachzulesen.

Freunde begrüßen sich auf der Straße

SPRACHE

DAS IM RUSSISCHEN verwendete kyrillische Alphabet wurde nach dem Mönch Kyrill (9. Jh.) benannt. Die scheinbare Ähnlichkeit zwischen den kyrillischen und lateinischen Schriftzeichen kann irreführen. Manche sind gleich, andere sehen ähnlich aus, stehen aber für verschiedene Laute. Es gibt unterschiedliche Systeme der Übertragung in lateinische Buchstaben.

Die meisten Einheimischen, die mit Besuchern Kontakt haben, sprechen etwas Englisch oder Deutsch und sind hilfreich. Man freut sich über ein paar russische Wörter *(siehe S. 252ff)* und betrachtet dies als Zeichen von Respekt.

UMGANGSFORMEN

AUCH WENN DIE Umgangsformen unter Jugendlichen immer lockerer werden, hält man sich nach wie vor an das formelle »Sie« *(uy)* und das informelle »Du« *(ty)*.

In öffentlichen Verkehrsmitteln erwartet man von jungen Männern, dass sie Kindern und Ältern ihren Platz überlassen.

Rauchen ist in Kinos, Museen, Theatern und öffentlichen Verkehrsmitteln verboten.

Die Russen trinken und rauchen gern und sprechen häufig einen Toast aus. Wenn Sie bei einer russischen Familie eingeladen sind, sollten Sie unbedingt auf die Gastgeberin *(sa chosjaiku)* und den Gastgeber *(sa chosjaina)* anstoßen. Freunde begrüßen sich mit Handschlag oder einem Kuss, oder sagen schlicht *privet* (Hi).

Hausnummer und kyrillischer Straßenname

BEZAHLUNG

DER RUBEL IST die einzig gültige Währung *(siehe S. 207)*. Große Hotels geben Preise in US-Dollar an, doch Barzahlung ist nur in Rubel erlaubt. Kreditkarten werden in einigen Restaurants und den meisten Hotels akzeptiert, aber selten in Läden, außer solchen, die Importwaren zu einem höheren Preis als in anderen Läden verkaufen.

Trinkgeld gibt man nach Ermessen, Kofferträger am Flughafen oder Bahnhof fordern oft überzogene Summen. Geben Sie nach Gutdünken etwa einen Dollar.

ADRESSEN

RUSSISCHE ADRESSEN werden in folgender Reihenfolge angegeben: Postleitzahl, Stadt, Straßenname, Haus- und Wohnungsnummer, Name.

Nach 1917 wurden viele Straßen und Sehenswürdigkeiten umbenannt, um sowjetische Helden zu ehren. Seit nach einem Referendum 1991 die Stadt ihren ursprünglichen Namen wiederangenommen hat, gab man vielen Straßen die alten Namen zurück, andere Umbenennungen werden noch diskutiert. Die Umgebung der Stadt heißt auch weiterhin Leningrader Region. Viele verwenden beide Bezeichnungen, und niemanden stört es.

ÖFFNUNGSZEITEN DER BRÜCKEN

Wenn die Newa von Anfang April bis Mitte November schiffbar ist, sind die Brücken zwischen 2 und 5 Uhr nachts hochgeklappt. Die Zeiten gelten nur als ungefähre Werte.

Dworzowy Most: 1.35–2.55 u. 3.15–4.50 Uhr
Troizki Most: 2–4.40 Uhr
Most Leitenanta Schmidta: 1.40–4.55 Uhr
Liteiny Most: 1.50–4.40 Uhr
Birschewoi Most: 2.10–4.50 Uhr
Tutschkow Most: 2.10–3.05 u. 3.35–4.45 Uhr
Bolschejochtinski Most: 2.10–4.55 Uhr
Most Alexandra Newskowo: 2.30–4.55 Uhr
Most Wolodarski: 2.10–3.45 u. 4.15–5.45 Uhr

Die Dworzowy Most (Schlossbrücke) zur Wassiljewski-Insel, für Schiffe geöffnet

Informationsbüro mit reichhaltiger Literatur

VISUM

EIN VISUM BENÖTIGT jeder Besucher Russlands. Reiseveranstalter beantragen das Visum für Sie, Individualreisende müssen dies selbst tun. Lässt man dies gegen eine geringe Gebühr durch ein Reisebüro erledigen, spart man Zeit und in den meisten Fällen sogar Geld. Man kann auch persönlich bei der russischen Botschaft vorsprechen. Die erforderlichen Dokumente erfragen Sie am besten im Voraus telefonisch, da sich die Anforderungen ständig ändern.

Man muss entweder eine gebuchte Unterkunft oder eine Einladung (Visumsbefürwortung) von einem Reiseunternehmen, Geschäftspartner oder einer Einzelperson in Russland vorweisen können. **Cosmos** oder die **Mir Travel Company** können Ihnen eine Einladung per Fax zusenden. Private Einladungen können nicht gefaxt und Visa müssen von **OWIR** (Registrierungsabteilung) ausgestellt werden (Dauer: ein Monat).

Die Kosten betragen zwischen 30 Euro für ein Kurzzeit-Einzelvisum und bis zu 270 Euro für Mehrfach-Geschäftsvisa. In der Regel dauert die Ausstellung zehn Tage, aber gegen Extragebühr erhalten Sie Ihre Unterlagen innerhalb eines Tages. In Russland können Visumsverlängerungen nur von der einladenden Organisation gewährt werden. Bleibt man länger als im Visum erlaubt, wird einem die Ausreise verwehrt, bis man die Verlängerung eingeholt oder eine nicht geringe Strafgebühr bezahlt hat.

EINREISE UND ZOLL

PASS UND VISUM werden bei der Einreise streng kontrolliert. Einreisende müssen eine Zollerklärung ausfüllen. Das ausgefüllte Formular muss ebenso wie ein Ausreiseformular beim Verlassen Russlands abgegeben werden. Grundsätzlich gibt es keine Devisenbeschränkung bei der Einreise, doch sollten Sie bei der Ausreise weniger ausländische Währung besitzen. Russisches Geld darf nicht ausgeführt werden.

Wertgegenstände wie Diamanten und Computer müssen im Zollformular angegeben und auch wieder ausgeführt werden, sonst wird Einfuhrzoll erhoben. Bei Ein- und Ausreise werden alle Gepäckstücke durchleuchtet. Die Ausfuhr von Kunstgegenständen und Antiquitäten *(siehe S. 186)* wird besonders streng überwacht, kleinere Mengen von Konsumgütern dagegen kann man ohne Probleme ausführen.

REGISTRIERUNG

ALLE EINREISENDEN müssen sich innerhalb von drei Tagen bei **OWIR** registrieren und ihr Visum stempeln lassen. Hotels erledigen dies automatisch für ihre Gäste, aber Individualreisende müssen die OWIR-Zweigstelle aufsuchen, die die Einladung bestätigt hat. Bei der gleichen Stelle wird eine Verlängerung beantragt. Bei einer Nichtregistrierung wird eine Strafgebühr fällig, und man hindert Sie so lange an der Ausreise, bis die Papiere in Ordnung sind.

BOTSCHAFTEN UND KONSULATE

WER SICH LÄNGER als drei Monate in Russland aufhalten möchte, sollte sich bei seiner Botschaft oder dem Konsulat melden.

Ist ein Krankenhausaufenthalt nötig, wird man beraubt oder ist man aus anderen Gründen auf Hilfe angewiesen, findet man hier in jedem Fall die nötige Unterstützung, einen Dolmetscher oder zumindest Rat. Man stellt Ihnen einen neuen Pass aus oder versorgt Sie im Notfall außerdem mit Geld für die Heimreise.

BEHINDERTE REISENDE

IN ST. PETERSBURG gibt es nur wenige Einrichtungen für Behinderte. Die öffentlichen Verkehrsmittel sind unzugänglich, Eingänge haben Stufen und enge Türen, zudem gibt es kaum Fahrstühle.

STUDENTEN

MIT EINEM internationalen Studentenausweis besucht man Museen günstiger und erhält Ermäßigungen bei Zugfahrten und Flügen, wenn diese über **Sinbad Travel** im St. Petersburg International Youth Hostel *(siehe S. 168)* gebucht werden.

St. Petersburgs internationale Jugendherberge

Mit Kindern unterwegs

Die Russen lieben Kinder. Reisende mit Kindern sind gern gesehen und werden in der Regel mit Komplimenten überhäuft. Ältere russische Damen machen häufig Eltern auf vermeintliche Erziehungsfehler aufmerksam.

Es gibt viele Parks in der Stadt, während der Schulferien werden überall in der Stadt Spielplätze eingerichtet. Museen und öffentliche Verkehrsmittel sind für Kinder unter fünf Jahren kostenlos. Schulkinder bekommen in Museen einen Preisnachlass.

Herrentoilette

Damentoilette

Kinder in einer aufblasbaren Hüpfburg auf dem Schlossplatz

Toiletten

Viele Cafés und Bars haben keine Toiletten, die unhygienischen öffentlichen Toiletten meidet man lieber. Man kann ein Hotel aufsuchen oder eine Toilette gegen Bezahlung in einem Laden benutzen. Beim Bezahlen bekommt man Toilettenpapier ausgehändigt.

Fotografieren

Anders als zu Sowjetzeiten gibt es kaum noch Beschränkungen für das Fotografieren in der Öffentlichkeit. In Museen muss man eine Gebühr für die Erlaubnis zum Fotografieren oder zum Filmen bezahlen. Stative und Blitzlichter sind in der Regel verboten.

Elektrizität

Die Netzspannung beträgt 230 Volt. Man braucht zweipolige Stecker, doch in manche alte Steckdose passt kein moderner europäischer Stecker mit dickeren Polen. Adapter kann man überall in St. Petersburg kaufen.

Zeit

St. Petersburg richtet sich ganzjährig nach Moskauer Zeit und ist der Mitteleuropäischen Zeit (MEZ) um zwei Stunden voraus. Wie in anderen europäischen Ländern wird auch hier zur Sommerzeit von Ende März bis Ende Oktober die Uhr um eine Stunde vorgestellt.

Sprache

Die Menschen in St. Petersburg sind weitaus freundlicher und hilfsbereiter, als das viele Besucher erwarten. Wenn Sie wenigstens ein paar Wörter Russisch parat haben (»danke«, »bitte«), dann hilft man Ihnen gerne und detailliert, Ihr Ziel zu finden und sich zurechtzufinden. Junge Leute sprechen immer öfter Englisch, unter den älteren finden sich ab und zu welche, die eine skandinavische Sprache oder gar Deutsch beherrschen.

Russischer Zweipolstecker

Auf einen Blick

Information und Führungen

Cosmos
Wassiljewsky-Insel,
2-ja Linija 35.
Karte 1 A5. 327 7256.
www.guide.spb.ru

MIR Travel Company
Newski Prospekt 11.
Karte 6 D1. 325 7122.
www.mirtc.ru

Visa

OWIR
Krylowa Pereulok 5.
Karte 6 F2.
315 7936.
Mo–Fr 10–18 Uhr.
Uliza Kirotschnaja 4.
Karte 3 B5.
278 3486.

Botschaften und Konsulate

Deutschland
119285 Moskau,
Mosfilmowskaja 56.
(095) 937 95 00.
FAX (095) 938 23 54.
www.deutschebotschaft-moskau.ru

191123 St. Petersburg,
Uliza Furschtadtskaja 39.
Karte 3 B4. 320 2400.
FAX 327 3117.

Österreich
119034 Moskau, Starokonjuschenny Pereulok 1.
(095) 502 95 12.
FAX (095) 937 42 69.
www.aussenministerium.at/moskau

191123 St. Petersburg,
Furschtadtskaja Uliza 43.

Karte 3 B4. 275 0502.
FAX 275 1170.

Schweiz
101000 Moskau, Ogorodnoi Slobody Pereulok 2/5.
(095) 258 38 30.
FAX (095) 200 17 28.
www.eda.admin.ch/moskow

191025 St. Petersburg,
Marata Uliza 11.
Karte 6 F4. 112 3922.
FAX 325 9106.

Russische Botschaften

Deutschland
Behrenstr. 66, 10117 Berlin
(Konsularabteilung)
(030) 22 65 11 84.
FAX (0190) 77 33 13.
www.russische-botschaft.de

Österreich
Reisnerstr. 45–47,
1030 Wien.
(01) 712 12 29.
FAX (01) 712 33 88.
www.austria.mid.ru

Schweiz
Brunnadernstrasse 37,
3006 Bern.
(031) 352 05 67.
FAX (031) 352 64 60.
http://home.datacomm.ch/rusbotschaft

Studenten

St Petersburg International Youth Hostel
3-ja Sowjetskaja Uliza 28.
Karte 7 C2. 329 8018.
www.ryh.ru

Sindbad Travel
3-ja Sowjetskaja Uliza 28.
Karte 7 C2. 327 8384.
www.sindbad.ru

Sicherheit und Gesundheit

Trotz weltweiter Medienberichte über die Mafia ist St. Petersburg relativ sicher. Man ist allenfalls von Kleinkriminalität betroffen, der man mit genügend Vorsicht entgehen kann. Kopieren Sie Ihren Pass und Ihr Visum, notieren Sie die Nummern Ihrer Reiseschecks und Ihrer Kreditkarte, führen Sie außerdem Ihre russische Adresse bei sich. Eine Auslandsreise-Krankenversicherung ist unbedingt nötig, da die Krankenversorgung deutlich schlechter ist als im Westen und Arztdienste in der Muttersprache oder ein Rücktransport sehr teuer ist. Die meisten Arzneien bekommt man problemlos, spezielle Medikamente sollte man aus dem Heimatland mitbringen.

Persönliche Wertsachen

Besucher Russlands tun gut daran, eine Auslandsreise-Krankenversicherung abzuschließen. In St. Petersburg selbst sollte man gewisse Vorsicht walten lassen und keine größeren Geldmengen offen zeigen, Geld in einem nicht sichtbaren Geldgürtel verbergen sowie Pass, Flugtickets und Wertsachen im Hotelsafe lassen. Hotels mit westlichem Standard gelten als sicher, aber man sollte immer Wertsachen im Safe deponieren. Reiseschecks *(siehe S. 207)* sind zwar versichert, ihre Gebühren sind aber hoch, abhanden gekommene Schecks sind schnell »gewaschen«. Ignorieren Sie die Zigeuner, die sich auf dem Newski Prospekt treffen. Halten Sie auf keinen Fall an, und achten Sie auf Ihre Wertsachen. Einen Diebstahl melden Sie aus versicherungstechnischen Gründen bei der Polizei. Da es selten einen Dolmetscher gibt, sollten Sie im Hotel Hilfe erbitten.

Persönliche Sicherheit

Die grösste Gefahr für Reisende stellen Taschendiebe und Räuber dar, die bei Gegenwehr nicht vor Gewalt zurückschrecken. Wie in anderen Ländern auch sollte man ihnen bei Gewaltandrohung geben, was sie verlangen.

Die Bedrohung, die von der russischen Mafia ausgeht, wird von den Medien wohl überbewertet; sie hat kaum Kontakt zu Urlaubern, die zudem in der Regel nicht so wohlhabend wie russische Geschäftsleute sind.

Alleinreisende Frauen werden selten sexuell belästigt. Sie sollten jedoch Bettlern aus dem Weg gehen und nicht nachts allein ein Taxi nehmen.

Gefahr droht Besuchern hauptsächlich von seiten der Autofahrer, die Fußgänger mitunter als reines Ärgernis betrachten, sowie von Kanaldeckeln, die instabil oder brüchig sind.

Verkehrspolizist bei einer Fahrzeugkontrolle

Polizei

Mehrere Arten von Polizeieinheiten existieren nebeneinander. Die Uniformen ändern sich mit den Wetterverhältnissen, im Winter kommen Pelzmützen und lange Mäntel hinzu.

Die Miliz *(milizija)* trägt dunkelblaue Uniformen und ist häufig bewaffnet. Ihre Uniform ähnelt der der Eingreiftruppe OMON und ist nur an den Abzeichen zu unterscheiden.

Krankenwagen in St. Petersburg

Neue Volvos (oben) ersetzen Ladas (unten) als Polizeiautos

Feuerwehr im Zentrum von St. Petersburg

Ganz unabhängig ist die Verkehrspolizei, deren Uniformen auf Brust und Schulter ein Abzeichen (ДПС, DPS) haben. Sie dürfen jedes Auto zur Kontrolle der Fahrzeugpapiere anhalten.

Sowohl Miliz als auch Verkehrspolizei bessern ihr niedriges Gehalt mit Geldbußen für Bagatelldelikte auf, wie das Überqueren von Straßen während der Rot-

Polizist der *milizija*

phase. Am besten ist es, man bezahlt die geringe »Buße« (in der Regel nicht mehr als 50 bis 100 Rubel).

APOTHEKEN

DIE BESTEN APOTHEKEN *(apteky)* liegen am Newski Prospekt. Sie verkaufen viele Arzneiimporte, einige mit russischen Erläuterungen, andere in Originalsprache. Rezepte sind selbst für sonst rezeptpflichtige Medikamente nicht nötig. Die Verkäufer haben eine Apothekerausbildung und können Alternativen vorschlagen. Wenn Sie besondere Medikamente brauchen, etwa Insulin, sollten Sie ausreichend Vorrat mitbringen.

MEDIZINISCHE VERSORGUNG

WENN SIE KRANK werden, bitten Sie am besten im Hotel um Hilfe. Normalerweise hat das Hotel einen eigenen Arzt. Mehrere Unternehmen, vor allem **Emergency Medical Consulting** und **American Medical Center**, sind auf Ausländer spezialisiert. Sie erledigen alles von Zahnbehandlung über Röntgen, Geburtsvorsorge bis zum Krankenrücktransport. Ihre Rechnungen sind hoch, doch sind sie im Umgang mit ausländi-

schen Krankenversicherungen versiert. Etwas günstiger ist der **Klinikkomplex** mit Deutsch sprechenden russischen Ärzten. Wer sofort ärztliche Hilfe braucht, begibt sich in die Ambulanz der **Traumaklinik des Zentraldistrikts**, nahe dem Newski Prospekt. Man spricht hier nicht Deutsch, näht aber Wunden und gibt Injektionen. Wenn Sie in ein Krankenhaus eingeliefert werden und mehr medizinische Hilfe brauchen, wenden Sie sich an Ihr Konsulat oder an die genannten Zentren. Sie veranlassen Ihre Verlegung oder überwachen Ihre Behandlung. Der Besuch eines guten Zahnarztes kann empfindlich teuer werden. Das American Medical Center ist gut und wird auch von den Versicherungen anerkannt. Ebenfalls zu empfehlen ist der **Dental Palace**, der gute Dienste bietet, aber dessen Kosten in der Regel nicht erstattet werden.

Apotheke

GESUNDHEITSVORSORGE

BESUCHER SOLLTEN nur in Flaschen abgefülltes Wasser trinken. Leitungswasser kann Schwermetalle und Parasiten enthalten, die Magenbeschwerden verursachen.

Russisches Essen verursacht selten Magenprobleme. Vermeiden Sie Obst und ungekochtes Gemüse sowie im Straßenverkauf erhältliche Fleischpasteten.

In letzter Zeit ist Diphtherie verstärkt aufgetreten, eine Impfung ist anzuraten. Besorgniserregend ist der Anstieg von durch Geschlechtsverkehr übertragbaren Krankheiten wie Syphilis und HIV.

Schild einer Apotheke *(apteka)*

MÜCKEN

MÜCKEN *(komaty)* treten vermehrt von Juni bis Ende September auf. Russische Gegenmittel sind nicht sehr wirksam, rüsten Sie sich besser zu Hause aus. Sprays, Riechöle oder Verdunster, die Chemikalien erhitzen, sind nachts empfehlenswert, besonders am Finnischen Meerbusen und in den Wäldern.

AUF EINEN BLICK

NOTDIENSTE

Feuerwehr *(poschar)*
(01.

Polizei *(milizija)*
(02.

Ambulanz *(skoraja pomoschtsch)* (03.

MEDIZINISCHE DIENSTE

American Medical Center
Nab. Reki Moiki 78. **Karte** 5 C2.
(140 2090. 24 Std.

Klinikkomplex
Ao Poliklinitscheski komplex
Moskowski Prospekt 22.
Karte 6 D5.
(316 6272. 24 Std.

Zahnarzt
Millionnaja Uliza 10. **Karte** 2 E5.
(314 1459 oder 325 7500.

Medizinische Notfallbehandlung
Moskowsi Prospekt 78.
(325 0880 (24 Std.).

Traumaklinik des Zentraldistrikts
Traumpunkt pri poliklinike n. 35
Malaja Konjuschennaja Uliza 2.
Karte 6 E1.
(311 4396. 24 Std.

APOTHEKEN

Newski Prospekt 66.
(314 5654.

Newski Prospekt 83.
(277 5962.

24-Stunden-Apotheke
Newski Prospekt 22.
(314 5401.

Zagorodny Prospekt 21.
(315 2743.

Währung und Geldwechsel

ST. PETERSBURG findet allmählich Anschluss an das Zeitalter der Kreditkarten. In Hotels und in einigen Restaurants und Läden akzeptiert man die gängigsten Kreditkarten. Überall sonst zahlt man bar in Rubel, die einzig legale Währung. Es gibt viele Wechselstuben, bei denen man für Devisen (US-Dollar sind die beliebtesten), Reiseschecks oder Kreditkarten zu unterschiedlichen Gebühren Rubel bekommt. Da die Wechselkurse der Banken recht günstig sind, sollte man auf keinen Fall auf der Straße tauschen. Was zunächst vorteilhaft erscheint, entpuppt sich leicht als Betrug.

GELDWECHSEL

RUBEL SIND AUSSERHALB Russlands nicht erhältlich, aber in St. Petersburg gibt es zahlreiche Wechselstuben, so am Flughafen. Manche haben 24 Stunden lang geöffnet. Beim Geldwechsel muss man einen Pass vorlegen. Jede sichtbare Beschädigung einer Banknote – Einrisse, Wasser- oder Tintenflecken – macht sie in Russland ungültig und für den Umtausch ungeeignet. Nehmen Sie also einwandfreie, nur nach 1997 gedruckte Banknoten mit.

Mit Abschluss des Umtauschs erhalten Sie eine detaillierte Empfangsbestätigung. Diese müssen Sie gut aufbewahren, um sie an die Einreisezollerklärung (siehe S. 202) zu heften und bei der Ausreise dem Zoll vorzulegen.

Russisches Wechselbüro (obmen waljuty)

BANKEN UND WECHSELSTUBEN

KEINE AUSLÄNDISCHE BANK hat Schalterverkehr. Die verlässlichsten russischen Banken sind die **Inkombank** und die **Promstroibank**. Es gibt viele Wechselstuben und Zweigstellen von Banken, die Bargeld wechseln sowie Bargeld auf Scheck- und Kreditkarten auszahlen. Größere Zweigstellen nehmen Reiseschecks. Wechselstuben haben lange Öffnungszeiten: die der Inkombank in den Hotels Europa und Corinthia Newski Palace sind, mit kurzer Pause in der Nacht, fast 24 Stunden geöffnet.

Bei westlichen Banken kann man schnell, sicher, aber auch relativ teuer Bargeld überweisen. Diesen Service bieten die Büros der Western Union über die Promstroibank, Most-bank und American Express.

KREDITKARTEN

AUF EINE KREDITKARTE erhält man in größeren Banken und an Geldautomaten, die es überall in der Stadt gibt, Bargeld – Rubel oder US-Dollar. Die Kommission beträgt zwischen zwei und fünf Prozent, zuzüglich der Gebühren des Kartenunternehmens. Visa ist die am meisten verbreitete Karte, seltener werden MasterCard, Diners Club und American Express akzeptiert. Die Bargeldautomaten der **Alfabank** nehmen Visa und MasterCard. Bargeldauszahlung in Rubel ist wegen geringerer Gebühren am günstigsten. Die Notrufnummern der Kreditkarten-Unternehmen in Russland:
American Express 70 95 254 2111; **Diners Club** 912 0009; **MasterCard** 1636 722 7111; **Visa** 001 410 581 3836.

Bargeldautomat

AUF EINEN BLICK

BANKEN

Alfabank
Альфабанк
Nab kanala Gribojedowa 6/2.
Karte 6 E1. ☎ 329 8064.
◯ Mo-Sa 8.30-19.30,
So 11-17 Uhr.
🌐 www.alfbank.ru

American Express
Malaja Morskaja Uliza 23.
Karte 6 D1. ☎ 326 4500.
◯ Mo-Fr 9-17 Uhr.

Sberbank
Сбербанк
Dumskaja Uliza 1. **Karte** 6 F2.
◯ Mo-Sa 10-14, 15-20 Uhr,
So 11-17 Uhr.
🌐 www.nwsbrf.ru

Most-bank
Мост-банк
Newski Prospekt 27.
Karte 6 E1. ◯ tägl. 9.30-13,
14-19.30 Uhr.

Promstroibank
Промстройбанк
Newski Prospekt 38.
Karte 6 F1. ◯ tägl. 9.30-13,
15-19 Uhr (So bis 18 Uhr).

GELDAUTOMATEN

Hotel Astoria
Гостиница Астория
Bolschaja Morskaja Uliza 39.
Karte 6 D2.
💳 VISA, MasterCard.

Grandhotel Europa
Гранд Отель Европа
Empfangshalle Erdgeschoss,
Michailowskaja Uliza 1/7.
Karte 6 F1.
💳 VISA.

WÄHRUNG UND GELDWECHSEL

REISESCHECKS

BANKEN BERECHNEN mindestens drei Prozent für das Einlösen von Reiseschecks (nur Banken wie **Promstroibank** und **Most-bank**). Am günstigsten sind Schecks von American Express, für die bei Einlösen im American-Express-Büro eine Gebühr von nur zwei Prozent erhoben wird. Als Zahlungsmittel für Waren und Dienstleistungen können Reiseschecks in US-Dollar, Euro und Britischen Pfund nur in größeren Hotels verwendet werden.

RUSSISCHE WÄHRUNG

DER RUBEL (geschrieben рубль, abgekürzt p oder руб) ist die russische Währung. Die größeren Nennwerte sind Banknoten, auf denen russische Städte abgebildet sind; die niedrigeren Einheiten, wie Kopeken – 100 Kopeken sind ein Rubel –, gibt es nur als Münzen.

Das Bild der Banknoten wechselte häufig in den letzten Jahren. 1998 wurde der Rubel wegen höherer Kaufkraft und geringerer Inflation neu bewertet, neue Noten wurden herausgegeben. Aus 1000 alten wurde ein neuer Rubel.

Banknoten
Neue Banknoten gibt es als 10-, 50-, 100-, 500- und 1000-Rubel-Scheine. Achten Sie darauf, dass Sie nur Noten erhalten, die nach 1997 gedruckt wurden.

10 Rubel

50 Rubel

100 Rubel

500 Rubel

1000 Rubel

Münzen
Die Neubewertung des russischen Rubel 1998 machte die geliebte, aber wenig gebrauchte Kopeke wieder zum Zahlungsmittel. Traditionell besteht ein Rubel immer aus 100 Kopeken. Heute gibt es neben 1-, 2-, 5-Rubel-Münzen auch neue Münzen für 1, 5, 10 und 50 Kopeken. Alle Münzen, die vor der Neubewertung in Umlauf waren, sind wertlos, und Sie können jederzeit ihre Annahme verweigern.

1 Rubel   **2 Rubel**   **5 Rubel**

1 Kopeke   **5 Kopeken**   **10 Kopeken**   **50 Kopeken**

Kommunikation

Internationale Ferngespräche

TELEKOMMUNIKATION ist die größte Wachstumsbranche in Nordwestrussland. Das veraltete Telefonsystem wurde mit Satelliten, Digitalisierung und weltweiter Direktwahl auf den neuesten Stand gebracht. Auch das Angebot an Zeitungen, Zeitschriften und Fernsehkanälen hat enorm zugenommen. Leider halten die örtlichen Telefonnetze und die Postzustellung nicht mit der Entwicklung Schritt, aber es gibt viele günstige und effiziente Alternativen.

WICHTIGE TELEFONNUMMERN

- Vorwahl Russland: 007
- Vorwahl St. Petersburg: 812 (007812 aus dem Ausland)
- Auskunft für St. Petersburg: 09.
- Es gibt keine Auskunft für internationale Telefonnummern.
- Anmeldung von Ferngesprächen: 07.
- Anmeldung von internationalen Gesprächen: 315 0012.
- Auslandsgespräche:
  Deutschland: Wählen Sie 8 (Signal) 10 49, dann die Ortskennzahl ohne 0 plus Anschlussnummer.
  Österreich: Wählen Sie 8 (Signal) 10 43, dann die Ortskennzahl ohne 0 plus Anschlussnummer.
  Schweiz: Wählen Sie 8 (Signal) 10 41, dann die Ortskennzahl ohne 0 plus Anschlussnummer.

TELEFON UND HANDY

DIE BLAUEN BCL-Satellitentelefone gibt es am Flughafen, in Geschäftszentren, Hotelfoyers und einigen Restaurants. Hierfür braucht man Kreditkarten oder BCL-Telefonkarten.

Das lokale Telefonnetz ist ebenso gut, aber günstiger. Telefonzellen sind grün und befinden sich an Straßen und in einigen Metro-Stationen.

Im **Zentralen Telegrafenamt** gibt es zahlreiche internationale und lokale Telefone. Auslandsgespräche kann man mit Telefonkarte direkt von einem Telefon des lokalen Netzes führen. Mit der Karte erwirbt man eine Anzahl von Einheiten. Es gibt sie an Kiosken und auf Postämtern. Auslandsgespräche kosten mindestens 100 Einheiten (zwischen 22 und 8 Uhr sowie an Wochenenden billiger). Münztelefone sind fast aus dem Stadtbild verschwunden. Von ihnen kann man nur Ortsgespräche führen. Achten Sie darauf, dass Sie vor dem Wählen ein Freizeichen hören. Werfen Sie dann 1-, 2- oder 5-Rubel-Stücke ein, und wählen Sie. An allen Telefonen sind Anleitungen in englischer Sprache. Ortsgespräche von Privattelefonen sind gratis. Notrufe können kostenlos abgesetzt werden: Wählen Sie 01 für die Feuerwehr, 02 für die Polizei und 03 für den Notarzt.

GSM-Telefone funktionieren in der Regel in Russland, dafür sorgen Roaming-Partner wie MTS. Bei der Einreise müssen Sie ein Formular ausfüllen, in dem Sie die Handy-Nummer, der Handy-Typ und die Seriennummer des Handys angeben müssen. Das Formular sollten Sie stets bei sich tragen.

Russisches Postemblem

POSTDIENSTE

DAS STAATLICH BETRIEBENE Postsystem ist generell unzuverlässig und außer zum Versenden von Postkarten kaum zu empfehlen. Effizient und preiswert sind **Westpost** und **Post International**, die Normal-, Express-, Kurier- und Postlagerdienste anbieten. Für Karteninhaber nimmt auch American Express *(siehe S. 206)* postlagernde Sendungen an. Die Hotels Europa und Corinthia Newski Palace *(siehe S. 173)* unterhalten einen billigen und sehr schnellen Postdienst (etwa zwei US-Dollar pro Brief). Die regulären Postämter in

GEBRAUCH EINES KARTENTELEFONS

2 Warten Sie auf die Anzeige »Karte eingeben«.

3 Führen Sie die Karte in den Schlitz ein, und lassen Sie sie dort während des Gesprächs.

1 Nehmen Sie den Hörer ab.

4 Wenn Ihre Karte akzeptiert wird, wählen Sie die Nummer. Sobald Ihr Anruf angenommen wird, drücken Sie die Taste mit dem Stern.

5 Hängen Sie den Hörer nach Gesprächsende ein, und entnehmen Sie Ihre Karte erst nach Aufforderung.

Russische Telefonkarte

KOMMUNIKATION

Westpost am Newski Prospekt

den Hotels und das **Hauptpostamt** *(siehe S. 122)* verkaufen Briefmarken, Postkarten, Briefumschläge und Telefonkarten für Ortsgespräche. In der Innenstadt gibt es viele Briefkästen mit der Aufschrift почта *(Potschta)*. Touristen benutzen die kleinen blauen Briefkästen, die gelben sind nur für Ortssendungen.

Fax, Telex, Telegramm und E-Mail

Viele Stadthotels und das **Hauptpostamt** bieten Fax-, Telex- und Telegrammdienste, das **Zentrale Telegrafenamt** verschickt Telegramme in fremden Sprachen. Von **Post International** kann man Faxe und E-Mails senden. Zugang zum Internet gibt es in Klubs wie dem **Cafe Max** und dem **Quo Vadis?** sowie im **Informationszentrum der Russischen Nationalbibliothek**, wo Besucher von St. Petersburg auf eine Datenbank Zugriff haben.

Kurierdienste

St. Petersburg ist mit Kurierdiensten gut versorgt. **DHL**, **Federal Express** und **TNT** bringen Sendungen in drei Tagen ins europäische Ausland. Lokale Firmen wie **Westpost** und **Post International** sind langsamer, aber günstiger. Westpost liefert in einem Tag nach Moskau. Was nicht aus Papier ist, muss den Zoll passieren (+ 1 Tag).

Fernsehen und Radio

Fernsehsendungen in russischer Sprache sind in der Mehrzahl synchronisierte Serien. Um 8.30 Uhr zeigt Kanal 6 NBC-Nachrichten auf Englisch. Die beste Nachrichtensendung auf russisch sendet NTV. Die meisten Hotels haben Satellitenfernsehen mit westlichen Programmen. Die besten englischsprachigen Radiosendungen bietet auf Kurzwelle BBC World Service.

Zeitungen und Zeitschriften

Man bekommt drei Zeitungen und Zeitschriften in englischer Sprache, die gratis in allen Hotels, großen Restaurants und Fast-food-Ketten ausliegen. *The St Petersburg Times* erscheint mit internationalen Nachrichten, Sport und lokalen Neuigkeiten zweimal wöchentlich. Die Freitagsausgabe veröffentlicht einen Veranstaltungskalender und Kritiken. Die monatlich erscheinende *Pulse* enthält ebenfalls einen Veranstaltungskalender. *Neva News* ist ein Stadtplan beigelegt. Ausländische Zeitungen gibt es zu hohen Preisen in den Hotels.

Englischsprachige Publikationen

Auf einen Blick

Telefondienste

Zentrales Telegrafenamt
Международная телефонная станция
Meschdunarodnaja telefonnaja stanzija
Bolschaja Morskaja Uliza 3/5.
Karte 6 D1.
☎ 070 079.
◷ tägl. 9–21 Uhr.

Handy-Dienste

Megafon
Мегафон
Artilleriskaja Uliza 1.
Karte 3 B5.
☎ 329 4747.

MTS
МТС
Uliza Puschkinskaja 12.
Karte 7 B2.
☎ 324 2424.

Postdienste

Hauptpostamt
Главпочтамт
Glawpotschtamt
Potschtamtskaja Uliza 9.
Karte 5 C2.
☎ 312 8302. ◷ Mo–Sa 9–20 Uhr, So 10–18 Uhr.
● Feiertage

Post International
Newski Prospekt 34.
Karte 6 E1.
☎ 318 4472.
FAX 219 4473.
◷ Mo–Fr 10–19 Uhr, Sa 11–17 Uhr.

Postamt Nr. 11
Почтовое отделение 11
Potschtowoje otdelenije 11
Newski Prospekt 40–42.
Karte 6 F1.
☎ 311 1462.
◷ Mo–Fr 9–20 Uhr, Sa 9–15 Uhr.

Westpost
Newski Prospekt 86.
Karte 7 B2.
☎ 275 0784.
FAX 275 0806.
◷ Mo–Fr 9.30–20 Uhr, Sa 12–20 Uhr.

Internetcafés

Café Max
Кафе Макс
Newski Prospekt 90–92.
Karte 6 E1.
☎ 273 8402.
◷ 24 Std. tägl.

Informationszentrum der Russischen Nationalbibliothek
Информационно-Сервисный Центр Российская библиотека
Sadowaja Uliza 20.
Karte 5 A5.
☎ 310 9676.
◷ Mo–Sa 10–19 Uhr.

Quo Vadis?
Кво Вадис
Newski Prospekt 24.
Karte 6 E1.
☎ 311 8011.
◷ 24 Std. tägl.

Kurierdienste

DHL International Centre
Hotel Newski Palace,
Newski Prospekt 57.
Karte 7 B2.
☎ 325 6100.
FAX 325 6116.
◷ Mo–Fr 7–23 Uhr, Sa 7–17 Uhr.

DHL International Centre
Ismailowski Prospekt 4.
Karte 5 C5.
☎ 326 6400.
FAX 326 6410.
◷ Mo–Fr 9–19, Sa 10–16 Uhr.

Anreise

Nach einem gravierenden Rückgang der Besucherzahlen Anfang der 1990er Jahre gewinnt St. Petersburg seine Popularität als Reiseziel zurück. Da gleichzeitig vermehrt Geschäftsreisen unternommen werden, steigt auch die Zahl der Flüge und anderer Verkehrsverbindungen. Fliegen rangiert in der Beliebtheitsskala bei Gruppen- und Individualreisenden ganz oben, gefolgt von Bahnreisen von Moskau und Helsinki aus. Unabhängiges Reisen ist in Russland schwierig und teuer, günstiger sind da Pauschalreisen. Es gibt viele Veranstalter, die Touren mit versierten Reiseleitern anbieten – oft gekoppelt mit Moskau. Da die Zahl der Touristen insgesamt noch recht gering ist, sind Pauschalreisen nicht gerade billig. Preisvergleiche fördern manch gutes Angebot zutage, vor allem Pauschalreisen in der Nebensaison.

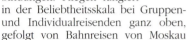

Landung einer Aeroflot-Maschine in St. Petersburg

Pulkowo 2, der internationale Flughafen von St. Petersburg

Anreise mit dem Flugzeug

Der internationale Flughafen Pulkowo 2 wird von fast allen großen europäischen Städten, so auch Berlin, München, Frankfurt am Main, Wien und Zürich, angeflogen. Zu den nach St. Petersburg fliegenden Gesellschaften zählen nicht nur die russische **Pulkovo** (Aeroflot selbst bietet von Deutschland keine Flüge nach St. Petersburg an), sondern allgemein die großen europäischen, amerikanischen und asiatischen Fluggesellschaften, wie **Austrian Airlines**, **British Airways**, **Finnair**, **KLM Lufthansa**, **SAS** und **Sabena**. Von den großen europäischen Städten aus fliegen die Gesellschaften zum Teil mehrmals täglich St. Petersburg an.

Bei der Landung müssen Fluggäste zuweilen ihren Weiterflug bestätigen. Dies kann bei der eigenen Fluggesellschaft erledigt werden oder bei der **Zentralen Flugagentur** am Newski Prospekt.

St. Petersburgs Flughäfen

Internationale Flüge landen auf dem Flughafen **Pulkowo 2**, der zwar unlängst modernisiert wurde, aber immer noch vergleichsweise klein und einfach ist. Beide Terminals, Ankunft wie Abflug, haben kleine Duty-free-Shops.

In der Ankunftshalle gibt es auch eine Wechselstube. Die meiste Zeit verbringt man nach der Landung an den Gepäckbändern; Abflüge an Wochenenden sind hektisch, in der Hochsaison sollte man mindestens 90 Minuten vor Abflug am Flughafen sein.

Pulkowo 1 ist für Inlandsflüge reserviert. Das Gebäude aus den 1970er Jahren ist eng und düster, aber Ausländer und Geschäftsreisende aus oder nach Moskau benutzen eine separate Ankunfts- und Abflughalle mit einem eigenen Eingang, ohne Verbindung zum Hauptgebäude.

Fahrt in die Stadt

Beide Flughäfen liegen ca. 17 Kilometer südlich des Stadtzentrums. Die großen Hotels haben einen Flughafendienst, der einzelne Touristen für 45 US-Dollar abholt. Dieser Service, den man auf die Hotelrechnung setzen lassen kann, sollte schon bei der Zimmerbuchung angefordert werden. Die Luxustaxis, die am Flughafen warten, unterbieten den Hotelservice um etwa 5 US-Dollar, während die normalen gelben Taxis – selten am internationalen Flughafen zu

Shuttle-Limousine des Grandhotel Europa (siehe S. 181)

Gewöhnliches gelbes Taxi vor dem Inlandsflughafen Pulkowo 1

Der Bus NR. 13 von Pulkowo 2 zur Moskowskaja-Metro-Station

Minibus oder *marschrutnoje taxi*

Bahnfahrten

Bahnfahrten sind von Finnland, Moskau oder generell innerhalb des Landes recht günstig. Studenten erhalten in der Regel aber kaum Ermäßigungen.

Es gibt täglich zehn Züge von und nach Moskau, die am **Moskauer Bahnhof** anbeziehungsweise abfahren, sowie zwei Zugverbindungen zwischen Helsinki und dem **Finnischen Bahnhof** (siehe S. 126). Wer genügend Zeit und Lust hat, macht sich mit dem Zug über Berlin, Warschau oder Prag zu einer einmaligen Reise auf, was allerdings viel teurer ist als ein Flug und zudem sehr zeitaufwändig. Die angenehmen und komfortablen Züge sind gewöhnlich pünktlich, doch zuweilen ziemlich überfüllt. Diebstahl ist leider an der Tagesordnung, daher sollten Sie äußerst aufmerksam sein und Wertgegenstände sicher verwahren. Eventuell braucht man ein Transitvisum, wie für die Ukraine. Die einfachste Route führt über Weißrussland, das russische Visa bei Transitreisen akzeptiert – jeder Russlandbesucher braucht ein Visum (siehe S. 202).

Fahrkartenschalter des Zentralen Fahrkartenverkaufs

Züge aus Osteuropa kommen am **Witebsker** oder am **Warschauer Bahnhof** an und fahren auch wieder von dort ab. Fahrkarten für Züge ab St. Petersburg sollte man am besten beim **Zentralen Fahrkartenverkauf** erwerben.

Taxis an den Bahnhöfen verlangen oft überhöhte Preise, aber die Anbindung an das öffentliche Verkehrsnetz der Stadt ist recht gut.

finden – mit einem Fahrpreis von 10 bis 15 Dollar in Rubel erheblich billiger sind. Allerdings sollten Sie von Fahrten mit privaten Taxis unbedingt Abstand nehmen.

Reisende mit einem kleinen Budget, die schon im Flughafen Geld gewechselt haben, können den Bus Nr. 13 (von Pulkowo 2) oder Nr. 39 (von Pulkowo 1) zur Metro-Station Moskowskaja nehmen. Minibusse, als *marschrutnoje taxi* oder Routentaxi bekannt, nehmen die gleiche Route und sind etwas teurer (siehe S. 219).

Außenansicht des Finnischen Bahnhofs; hier kommen die Züge aus Helsinki an

---

Reisen zwischen Moskau und St. Petersburg

Viele Touristen fliegen nach Moskau und verlassen das Land von St. Petersburg oder umgekehrt. Die Zugfahrt zwischen den beiden Städten – täglich verkehren zehn Züge – ist ausgesprochen beliebt. Zehn Stunden dauert eine Fahrt am Tag, nachts nur achteinhalb. Die Preise richten sich nach dem Zug – der *Rote Pfeil* ist der teuerste – und der Platzwahl. Man kann wählen zwischen Zwei-Personen-Abteil, Vier-Personen-Abteil, Großraumabteil oder *sidjaschtschy*. Alle außer *sidjaschtschy* sind Schlafwagen. Tagsüber ist letzterer komfortabler als das Großraumabteil. Die Einzelfahrpreise bewegen sich zwischen 70 US-Dollar in Rubel für ein Zwei-Personen-Abteil und 11,50 US-Dollar für *sidjaschtschy*. Nicht immer enthalten ist Bettwäsche, die beim Kartenkauf zusätzlich berechnet wird. Man kann unterwegs Essen kaufen, besser nimmt man sich aber Vorräte mit.

Reguläre Flüge zwischen den beiden Städten dauern etwa 50 Minuten. Sie werden von Aeroflot und Privatfirmen wie Pulkowo und Transaero angeboten. Ein einfacher Flug kostet für Ausländer etwa 65 US-Dollar, ein Business-Ticket 122 US-Dollar. Tickets werden am Flughafen oder von der **Zentralen Flugagentur** verkauft. Darüber hinaus kann man mit dem Schiff von oder nach Moskau reisen (siehe S. 212) – eine durchaus reizvolle Alternative.

St. Petersburg–Moskau-Schild in einem Abteil

Zwei-Personen-Abteil im komfortablen *Roten Pfeil*

Einer der Reisebusse von Finnord

Anreise per Bus

Die komfortablen Reisebusse von und nach Helsinki sind eine günstige Alternative zur Zugreise. **Finnord** bietet eine Tagesfahrt und eine Nachtfahrt in jede Richtung an.

Die Reise dauert etwa acht Stunden. Reisebusgesellschaften benutzen nicht nur die Busbahnhöfe, sondern lassen Sie an verschiedenen Stellen in der Stadt aussteigen. Endhaltestelle von Finnord ist das Pulkowskaja Hotel. Vorausbuchungen sind bei diesen Busunternehmen ratsam, da viele Russen die Fahrten zu Einkäufen in Lappeenranta oder in Helsinki nutzen.

Anreise per Schiff

Die Anreise per Schiff ist eine sehr interessante und neue Art der Reise nach St. Petersburg. Da die Fähren und Personenschiffe nur unregelmäßig verkehren, sollte man sich bei einem Reisebüro nach Einzelheiten erkundigen.

Fähren aus Skandinavien machen im Fährhafen, im Westen der Wassiljewski-Insel, fest. Die Trolleybusse Nr. 10 und Nr. 7 fahren von hier ins Zentrum oder zur Metro-Station Primorskaja.

Im Sommer gibt es auf der Wolga durch den Ladogasee wunderbare Fahrten von Moskau nach St. Petersburg. Auf der zweiwöchigen Reise bekommt man viele Sehenswürdigkeiten und so manches mehr von Russland zu sehen. Diese Schiffe machen in der Regel im **Flussterminal** von St. Petersburg fest, zu Fuß zehn Minuten von der Metro-Station Proletarskaja entfernt. Die Schiffahrtsgesellschaften betreiben Busse ins Stadtzentrum.

Luxusliner kommen im Frachthafen, fünf Kilometer südwestlich der Innenstadt, an. Da der Zugang zum Hafen stark eingeschränkt ist, werden Besucher mit exklusiven Sonderbussen in die Stadt befördert.

Fähre am Kai für Seeschiffe im westlichen Teil der Wassiljewski-Insel

---

Auf einen Blick

FLUGHAFEN-INFORMATION

Pulkowo 1
Пулково 1
☏ 104 3822.

Pulkowo 2
Пулково 2
☏ 104 3444.

FLUGGESELLSCHAFTEN

Zentrale Flugagentur
Newski Prospekt 7/9.
Karte 6 D1. ☏ 315 0072 (international).
☏ 311 8093 (Inland und GUS).

Austrian Airlines
Newski Prospekt 32.
Karte 7 B2.
☏ 331 2005.
☏ 324 3244 (Pulkowo 2).
☏ 05 17 89 (Österreich).
W www.aua.com

Finnair
Malaja Konjuschennaja 1.
Karte 6 D2.
☏ 303 9898.
W www.finnair.com

KLM
Malaja Morskaja Uliza 23.
Karte 7 A3.
☏ 346 6868.
W www.klm.com

Lufthansa
Newski Prospekt 32.
Karte 7 A3.
☏ 320 1000.
☏ 325 91 40 (Pulkowo 2).
☏ 01805-838 42 67 (Deutschland).
W www.lufthansa.com

Malev Hungarian Airlines
Wosnessensky Prospekt 7.
Karte 7 A3.
☏ 315 5455.
☏ 104 3243 (Pulkowo 2).
W www.malev.hu

SAS
Newski Prospekt 57.
☏ 325 3255.
☏ 104 3244 (Pulkowo 2).
W www.sas.se

Transaero
Liteiny Prospekt 48.
Karte 7 A1. ☏ 279 1974.

ZÜGE

Zugauskunft
☏ 055.

Zentraler Kartenverkauf
Центральные железно
Zentralnyje schelesno
Nabereschnaja Kanala Gribojedowa 24.
Karte 6 E2. ☏ 162 3344.

Finnischer Bahnhof
Финляндский вокзал
Finljandski woksal
Ploschtschad Lenina 6.
Karte 3 B3.

Moskauer Bahnhof
Московский вокзал
Moskowski woksal
Ploschtschad Wosstanija.
Karte 7 C2.

Witebsker Bahnhof
Витебский вокзал
Witebski woksal
Sagorodny Prospekt 52.
Karte 6 E4.

Warschauer Bahnhof
Варшавский вокзал
Warschwaski woksal
Nabereschnaja Obwodnowo Kanala 118.

REISEBUSSE

Finnord
Italjanskaja Uliza 37.
Karte 6 F1.
☏ 314 8951.

SCHIFFE

Fährhafen für Seeschiffe
Морской пассажирский вокзал
Morskou passaschirski woksal
Ploschtschad Morskoi Slawy.
☏ 322 6052.

Flussterminal
Речной вокзал
Retschnoi woksal
Prospekt Obuchowskoi Oborony 195.
☏ 262 0239/8994.

In St. Petersburg unterwegs

Obwohl der öffentliche Nahverkehr gut und preiswert ist, lernt man St. Petersburg am besten zu Fuß kennen. Beim Betrachten des Stadtplans fällt auf, dass die Anlage der Stadt einem klaren Schema folgt, das die Orientierung erleichtert. Ist man vom Gehen müde, kann man auf einer Bootsfahrt die Stadt von der Flussseite erkunden. Der Newski Prospekt ist eine der Hauptverkehrsadern, hier laufen viele wichtige Straßen zusammen. Metro sowie Straßenbahn-, Bus- und Trolleybuslinien führen von hier in alle Himmelsrichtungen. Man kann den Newski Prospekt zum Ausgangspunkt für Fahrten zu allen möglichen Punkten der Stadt machen.

Selbst ein Auto zu fahren, ist aufgrund der schlechten Straßenverhältnisse, der aggressiven Fahrweise der Russen und des allzu wachsamen Auges des Gesetzes nicht zu empfehlen.

Fußgängerüberweg

Zu Fuss

In einigen Gebieten, vor allem an der Uferpromenade des Palastufers, liegen die Sehenswürdigkeiten so nah beieinander, dass öffentliche Verkehrsmittel überflüssig werden. Andere Sehenswürdigkeiten sind bis zu 20 Minuten zu Fuß vom nächsten Verkehrsmittel entfernt, aber es bietet sich ohnehin oft an, das letzte Stück zu Fuß zurückzulegen. Abgesehen davon, dass es praktisch ist, kann man so wunderbar die Atmosphäre und die faszinierende Architektur dieser Stadt in sich aufnehmen.

Sobald die Sonne hervorkommt, strömen sommers wie winters die Leute aus allen Richtungen in die Parks. Die Einheimischen sind passionierte Spaziergänger, sei es den Newski Prospekt entlang oder an der Newa um 2 Uhr nachts während der Weißen Nächte *(siehe S. 51)*. Der Sommergarten *(siehe S. 95)* und der Michailow-Garten waren schon immer sehr beliebt bei den Petersburgern. Längere Spaziergänge vorbei an architektonisch interessanten Gebäuden kann man auf der Stein- und der Jelagin-Insel *(siehe S. 136 f)* mit ihren Residenzen und Datschas unternehmen, von denen viele aus dem frühen 20. Jahrhundert stammen. Ein romantischer Bummel abseits des Stadtverkehrs führt entlang der Moika und dem Gribojedow-Kanal *(siehe S. 134 f)*. Südlich des Newski Prospekt machen die majestätischen Gebäude nach und nach kleineren Wohnblocks aus dem 19. Jahrhundert Platz, die an der Uferseite von Baumreihen, Plätzen und schattigen Innenhöfen geschmückt sind.

Autofahrer haben für Fußgänger nicht viel übrig, so dass der Verkehr bei den Spaziergängen sehr störend ist. Benutzen Sie unbedingt die Fußgängerunterführungen oder Fußgängerüberwege an Ampeln. Überwege ohne Ampeln werden durch ein blaues Fußgängerschild signalisiert. Autofahrer sind hier nicht verpflichtet anzuhalten. Wenn Sie die Straße an einer Stelle überqueren, an der keine Fußgängermarkierungen eingezeichnet sind, kann es leicht passieren, dass Sie eine Geldbuße zahlen müssen *(siehe S. 205)*. Die wenigen Radfahrer, die man auf der Straße sieht, neigen dazu, alle Verkehrsregeln zu ignorieren, und stellen eine zusätzliche Gefahr für den unaufmerksamen Fußgänger dar. Auf den Hauptstraßen nennen dunkelblaue Straßenschilder den Namen der Straße auf Russisch und auf Englisch. Sonst sind die Schilder weiß mit schwarzen kyrillischen Zeichen. Viele Karten, so auch die in den *Neva News (siehe S. 209)*, geben die Namen der Hauptstraßen in Kyrillisch und in Transkription wieder. Das kann sich als sehr nützlich erweisen, wenn Sie einen Passanten nach dem Weg fragen. Über **Cosmos** und **Mir Travel Company** *(siehe S. 203)* kann man geführte Stadtrundgänge buchen.

Der idyllische Michailow-Garten *(siehe S. 104 ff)*

Wegweiser für Straßen und zu größeren Geschäften

Straßenschild am Newski Prospekt

Fußgängerunterführung

Metro

Blaues Metro-Schild

Steile Rolltreppen zum Bahnsteig

Da oberirdische Verkehrsmittel im Stadtzentrum am nützlichsten sind, wird die Metro (wie die U-Bahn in St. Petersburg genannt wird) vorwiegend als Verbindung zu den Vororten benutzt. Als Kulturerbe sollten Sie die Metro-Stationen, die Stalin als »Paläste für das Volk« sah, auf jeden Fall ansehen. Die Metro ist sicher und bis nach Mitternacht in Betrieb. Fahren Sie am späten Abend, dann sind nicht mehr so viele der fast zwei Millionen täglichen Metro-Benutzer unterwegs. Die Stationen werden nur in Kyrillisch angezeigt. Da es bloß vier Linien gibt, findet man sich aber leicht zurecht.

Die Metro-Station Ploschtschad Wosstanija

Die Metro als Sehenswürdigkeit

Die besten Architekten der Sowjetunion beauftragte man mit dem Entwurf der Metro-Stationen. Die Wände wurden mit Tausenden Tonnen von Marmor, Granit und Kalkstein verziert. Skulpturen, Mosaiken und Kronleuchter gab man bei Künstlern in Auftrag. Die Eröffnung der ersten Linie mit acht Stationen erfolgte 1955. Sie verbindet die Ploschtschad Wosstanija mit den damals neuen Wohnkomplexen der Stalin-Ära im Südwesten und der größten Industrieanlage der Stadt, der Kirow-Fabrik. Die perfekte Umsetzung des Stils und der Ideale des Stalinismus machen diese Linie besonders sehenswert. Die Station Kirowski Sawod ist ein den Arbeitern gewidmeter Tempel. Die Krönung stellt Awtowo mit ihrem Stil- und Detailreichtum bis hin zu geformten Säulen aus Glas dar.

Die Metro hat heute 59 Stationen jeden Stils, vom düsteren Gedenkstättenambiente der Station Ploschtschad Muschestwa (1975) nahe dem Piskarowskoje-Friedhof *(siehe S. 126)* bis zur Vulgarität von Udelnaja (1980er Jahre) und der Sterilität von Sadowaja (1992).

Das Metro-Netz

Die Metro ist unabdingbar für das Erreichen der entfernteren Hotels und des Flughafens. Die vier Linien verlaufen von den Vororten durch das Zentrum mit Schnittpunkten an sechs Hauptstationen. Sie fahren in Minutenabständen, spätabends eine fünf Minuten. Obwohl die Zugänge um Mitternacht geschlossen werden, fahren im Zentrum noch zehn Minuten später Züge ab. Es gibt keine echten Stoßzeiten, die Metro ist eher den ganzen Tag überfüllt – ein positiver Sicherheitsaspekt. Auf den Bahnsteigen ist kein Personal, aber man kann eine Aufsichtsperson im Schalter unten am Fuß der Rolltreppen um Hilfe bitten.

Wegen des ausgedehnten Wasserstraßennetzes liegen die Bahnsteige tief unter der Erde und sind nur über lange Rolltreppen zu erreichen. Bleiben Sie rechts, damit eilige Passanten überholen können.

Immer neue Stationen kommen hinzu, zuletzt Krestowski Ostrow und Staraja Derewnja auf der gelben Linie. Bauliche Probleme auf der roten Linie haben zur Schließung zwischen Lesnaja und Ploschtschad Muschestwa geführt. Ein Bus fährt stattdessen.

Hinweisschild mit den Stationen einer Linie in Kyrillisch

Schild am Umsteigebahnhof mit Stationen der anderen Linie

Unterwegs mit der Metro

Wenn man mit der Metro fahren möchte, sollte man einen Metro-Plan in kyrillischer Schrift und ihrer Transkription bei sich haben. Die Hinweisschilder sind nur auf Kyrillisch, Wandkarten in den Schalterhallen und Zügen sind selten geworden. Auf dem Bahnsteig gibt es nur ein Schild auf der Wand am Gleis – Sie können so nichts lesen, wenn ein Zug am Bahnsteig hält oder Sie selbst im Zug sind.

Mosaiken und ungewöhnliche Glassäulen in der reichverzierten Station Awtowo

METRO

Hinweisschild mit Stationen und Umsteigebahnhöfen der Metro

Vielbefahrene Stationen im Zentrum haben eine durch Sicherheitstüren von den Zügen getrennte Halle. Hält der Zug an, öffnen sich die Türen. In dieser Halle finden Sie eine Karte der Linie, die Sie gerade befahren. Andere Stationen haben Bahnsteige, in denen die Karte sich jenseits der Schienen befindet.

Bevor sich die Zugtüren schließen, ruft der Fahrer: *Ostoroschno. Dweri sakrywajutsja* (Vorsicht, Türen schließen!). Die Ansage vor der nächsten Haltestelle nennt deren Namen und die Möglichkeit umzusteigen, gefolgt vom Namen der folgenden Station. Man sollte die Stationen für den Fall, dass man die Ansage nicht versteht, immer mitzählen.

Beim Umsteigen folgen Sie den Hinweisschildern переход (*perechod* – Übergang). Technologitscheski Institut ist eine Ausnahme: Hier halten sowohl die beiden südwärts fahrenden als auch die nordwärts fahrenden Linien an parallel verlaufenden Bahngleisen. Um in die gleiche Richtung zu fahren, brauchen Sie nur die Halle zu durchqueren.

Ausgänge sind mit выход (*wychod*) gekennzeichnet. Manche Stationen, wie Moskowskaja (zum Flughafen) und Gostiny Dwor, haben zwei oder mehrere Ausgänge in einigem Abstand zueinander.

FAHRKARTEN

D<small>AS GEBRÄUCHLICHSTE</small> Zahlungsmittel in der Metro ist die Münze (*scheton*), nur an Metro-Stationen erhältlich, aber auch in einigen öffentlichen Telefonen zu verwenden (siehe S. 208). Es gibt auch Magnetkarten für zehn oder mehr Fahrten. Auf der roten Linie kaufen Sie sich für die Überbrückung des fehlenden Streckenabschnitts mit dem Bus eine Transitmagnetkarte (*transitny*) für die einfache Fahrt, damit sie Ihre Metro-Fahrt fortführen können.

METRO-NETZ ST. PETERSBURG

LEGENDE

– – – Linie außer Betrieb

Metro-Münze

Oben, am Kopf der Rolltreppen, befinden sich Entwerter, die meisten nehmen Magnetkarten und Münzen. Die Karten werden mit dem Magnetstreifen nach oben eingeführt. Wenn Sie versuchen, ohne Bezahlung an einer Maschine vorbeizukommen, wird der Durchgang automatisch gesperrt. Auf der äußerst rechten Seite werden andere Fahrkarten kontrolliert; hier können Sie auch ihre Metro-Münzen einwerfen. Ihre Magnetkarten können Sie hier nicht benutzen.

Magnet-Monatskarten für die Metro und alle anderen öffentlichen Verkehrsmittel gelten für 70 Fahrten mit der Metro und unbegrenzt viele mit anderen Verkehrsmitteln während eines Kalendermonats. Man erwirbt sie zwischen dem 10. und dem 20. eines Monats; sie gelten dann bis zum 15. des Folgemonats. Die Karten werden jenseits der Barrieren nicht mehr kontrolliert.

Monatskarten, gültig für alle öffentlichen Transportmittel

Straßenbahn, Bus und Trolleybus

Schild an einer Straßenbahnhaltestelle

Oberirdische Verkehrsmittel sind besonders während der Stoßzeiten überfüllt, doch immer noch am besten für kurze Fahrten innerhalb der Stadt geeignet. Das Stadtzentrum ist von einem Gewirr von Straßenbahn- und Trolleybusoberleitungen und Schienen durchzogen. Jedes Transportmittel hat Vor- und Nachteile. Trolleybusse fahren häufig eine günstige Route, sind aber überfüllt; Straßenbahnen fahren nicht entlang den Hauptrouten und sind laut, dafür nicht so voll; Busse fahren nicht so häufig. Die Vororte sind oft nur mit Bussen zu erreichen. Tagsüber hat man kaum die Chance, einen Sitzplatz zu ergattern. Bessere Fahrtakte haben die bequemeren, aber teureren privat betriebenen Busse und Minibusse.

Straßenbahnhaltestelle vor dem Mariinski-Theater

An einer Straßenbahnhaltestelle

Strassenbahnen

Strassenbahnen bieten eine hervorragende Möglichkeit, St. Petersburg zu sehen. Auch findet man hier eher einen Sitzplatz, da sie weniger voll sind als Trolleybusse. Haltestellen erkennt man an rot-weißen Schildern, die über den Schienen befestigt sind. Nur auf breiten Straßen außerhalb des Zentrums liegen die Haltestellen auf Verkehrsinseln, ansonsten wartet man auf dem Bürgersteig. Während des Halts muss der übrige Verkehr die Fahrgäste die Straße überqueren lassen. Es gibt aber immer Fahrer, die nicht warten können: Seien Sie also auf der Hut. An einigen Kreuzungen muss der Fahrer Weichen stellen und steigt zu diesem Zweck aus dem Vorderausgang aus. Besteigen oder verlassen Sie in diesem Fall niemals die Bahn.

Schild für Bushaltestelle mit Namen und Busnummer

Busse und Minibusse

Busse verkehren hauptsächlich in den Vororten alle 20 Minuten oder seltener. In der Stadt erkennt man Bushaltestellen an weißen Schildern am Straßenrand oder an Häuserwänden mit dem roten Buchstaben »A« für *autobus*. Sie ersetzen die alten gelben Schilder. Viele Routen werden heute zu-

Allgemeine Information

Strassenbahnen, Busse und Trolleybusse fahren ab 5.30 Uhr. Der Zeittakt ist tagsüber unregelmäßig, sehr lang nach 23 Uhr und endet gegen Mitternacht. Nur wenige Buslinien hängen ihren Fahrplan aus. Jedes Verkehrsmittel hat eigene Haltestellen, die zuweilen sehr weit auseinander liegen.

Schlangestehen ist unüblich, beim Einsteigen entsteht ein wildes Gedränge. Einsteiger befinden sich vorn, in der Mitte und hinten. Die ersten acht Sitze sind für Behinderte, Senioren und Fahrgäste mit Kindern reserviert, die auch beim Ein- und Ausstieg Vortritt haben. Ein Schaffner verkauft Fahrkarten. Kurz vor einer Haltestelle werden die am Ausgang stehenden Passagiere oft gefragt: *Wy wychodite?* (Steigen Sie aus?), was soviel bedeutet wie »Können Sie bitte beiseite treten?«. Wenn es sehr voll ist, sollten Sie sich rechtzeitig einen Weg zum Ausgang bahnen und auf Drängelei gefasst sein.

Der Trolleybus Nr. 10 fährt von der Ploschtschad Wosstanija durchs Zentrum und über die Wassiljewski-Insel *(siehe S. 56ff)* bis zur Metro-Station Primorskaja. Er eignet sich gut für eine Stadtrundfahrt. Andere schöne Routen befahren die Straßenbahn Nr. 28 vom Marsfeld *(siehe S. 94)* zur Metro-Station Tschernaja Retschka, der Bus Nr. 22 vom Smolny-Institut *(siehe S. 128)* via Isaaksplatz *(siehe S. 79)* und Mariinski-Theater *(siehe S. 119)* in den Südwesten sowie der Bus Nr. 46 vom Marsfeld den Kamennoostrowski Prospekt *(siehe S. 70)* entlang und auf die Steininsel *(siehe S. 136f)*.

Seitenansicht einer Straßenbahn

Trolleybus auf dem Newski Prospekt

Privater Bus auf der Wassiljewski-Insel

Fahrscheine und -ausweise

EIN EINHEITSPREIS gilt für alle Verkehrsmittel, unabhängig von der Länge der Fahrt. Fahrscheine kaufen Sie vor Erreichen der nächsten Haltestelle beim Schaffner (erkennbar an einer roten Armbinde, auf der Кондуктор steht) oder im privaten Bus beim Fahrer. Für große Gepäckstücke zahlt man extra. Strafgebühren werden an Ort und Stelle von Kontrolleuren in Zivil erhoben und dürfen nur etwa 100 Rubel ausmachen. Wenn Sie des Schwarzfahrens bezichtigt werden, müssen sich die Kontrolleure unbedingt ausweisen.

Bleibt man ein paar Wochen oder länger in St. Petersburg, kauft man sich am besten eine für alle Transportmittel, einschließlich der Metro *(siehe S. 214f)*, gültige Monats- oder Halbmonatskarte. Die Magnet-Monatskarte *jediny bilet* ist vom 16. eines Monats bis zum 15. des nächsten gültig und kann jeweils vom 10. bis zum 20. erworben werden. Halbmonatskarten gelten vom 1. bis zum 15.; es gibt sie vom Monatsletzten bis zum 5. des Folgemonats. Man kann auch für jedes einzelne Transportmittel eine Monatskarte erwerben. Fahrausweise sind auch gültig für Fahrten nach Zarskoje Selo und Pawlowsk, aber nicht Peterhof, Gattschina oder Oranienbaum *(siehe S. 220f)*.

sätzlich von privaten, mit einem »T« vor der Liniennummer und einem »K« für Express gekennzeichneten Bussen oder Minibussen befahren. Die Fahrpreise betragen das Zwei- bis Dreifache der normalen Busse und werden beim Fahrer beim Ein- oder Ausstieg entrichtet. Man kann diese Busse jederzeit zum Ein- oder Aussteigen anhalten.

Trolleybusse

TROLLEYBUSSE (Oberleitungsbusse) verkehren am häufigsten auf der Hauptverkehrsader der Stadt, dem Newski Prospekt. Ihre Routen und Haltestellen liegen günstig, sie sind aber immer voll. Häufig werden Fahrscheinkontrollen durchgeführt.

Ihre Haltestellen erkennt man an kleinen blau-weißen, an Drähten aufgehängten Schildern mit den Busnummern, auf Hauptstraßen an den an Hauswänden befestigten Hinweistafeln. Auf ihnen steht ein blauer Buchstabe auf weißem Hintergrund, einem flachen »M« ähnlich, der aber ein kyrillisches »T« für *trolleibus* ist.

Hinweistafel für einen Trolleybus

Die Stromabnehmer sind allgemein bekannt als »Hörner« *(roga)* oder »kleine Schnurrbärte« *(ussiky)*. Gelegentlich verlieren sie den Kontakt zur Oberleitung, und der Trolleybus kommt mit einem Ruck zum Stehen. Dann muss der Fahrer sie wieder befestigen.

Fahrgäste warten auf dem Newski Prospekt nahe der Ploschtschad Wosstanija auf den Trolleybus

Kanal- und Flussfahrten

Wassertaxi

ST. PETERSBURGS ZAHLREICHE natürliche Wasserstraßen wurden ausgebaut und erweitert, um das von Peter dem Großen geliebte Amsterdam zu imitieren. Man könnte sagen, St. Petersburg wetteifert mit Amsterdam um den Titel »Venedig des Nordens«.

Rundfahrten für jeden Geschmack und jede Gruppenstärke beginnen an den Brücken am Newski Prospekt. Besonders für Besucher, die nicht gut zu Fuß sind, bieten sie eine Gelegenheit, mehr von der Stadt zu sehen. Bestandteil jeder Fahrt sind die breite Fontanka mit den klassizistischen Palästen, die belaubte Moika mit ihren eisernen Brücken und der Gribojedow-Kanal. Nehmen Sie sich etwas zu essen und zu trinken sowie einen warmen Pullover mit, und entspannen Sie sich.

> **AUF EINEN BLICK**
>
> **St. Petersburger Büro für Stadtrundfahrten**
> Apraxin Dwor Bulwar 4.
> Karte 6 E2. (*312 0527.*
> **MIR Travel Company**
> Newski Prospekt 11.
> Karte 6 D1. (*325 7122.*
> **Russkije Kruizy**
> Newski Prospekt 51.
> Karte 7 B2. (*325 6120.*
> **Taxireservierungen**
> (*100 0000.*

FAHRTEN AUF DER NEWA

VIELE BOOTE BEFAHREN die Newa zwischen dem Finnischen Meerbusen und dem Flussterminal *(retschnoi woksal)*. Die einstündigen Fahrten finden zwischen 10 und 22 Uhr stündlich statt. Ausländer zahlen mehr als Einheimische, aber die Karten sind nicht teuer und können am Landungssteg oder an Bord gekauft werden. Die Fahrt beginnt am Landungssteg gegenüber dem Ehernen Reiter auf dem Dekabristenplatz und nahe dem Haupteingang zur Eremitage *(siehe S. 75)*.

Diese Fahrten stellen weniger eine Gelegenheit zu Besichtigungen als einen netten Zeitvertreib dar. Man bekommt Getränke und Snacks, abends auf einigen Booten Alkohol.

Bootstouren mit Luxusgastronomie können für bis zu zehn Personen im Voraus gebucht werden. **MIR** und **Russkije Kruizy** bieten verschiedene Routen auf der Newa und den Kanälen der Stadt an.

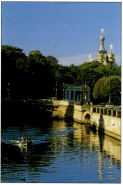

Kanalfahrt auf der Moika

ALLGEMEINE INFORMATION

DAS WETTER SPIELT eine große Rolle für Beginn und Ende der Kanalfahrten. Die meisten Boote fahren täglich von Mitte Mai bis Ende September. Die Routen ändern sich wegen Sanierungsarbeiten an den Uferbefestigungen aus Granit, Teilstrecken sind dann nicht passierbar.

Der Finnische Meerbusen ist ein Tidengewässer und beeinflusst die Newa und landeinwärts führende Wasserwege. Wenn starke Winde die Wasserpegel ansteigen lassen, entfallen zuweilen alle Fahrten.

KANALFAHRTEN MIT FÜHRUNG

GROSSE, ÜBERDACHTE Ausflugsboote legen zwischen 11.30 und 20 Uhr alle 30 Minuten von der Anitschkow-Brücke am Newski Prospekt *(siehe S. 49)* ab. Beim Kiosk am Ufer erwirbt man eine Fahrkarte für die nächste Fahrt. Sind die Warteschlangen lang, erhält man auch Karten für spätere Fahrten. Die Fahrt führt in 70 Minuten über die Moika, den Gribojedow-Kanal und die Fontanka. Bei entsprechendem Wetter wird auch die Newa befahren, von wo aus man einen tollen Blick auf die Stadt hat.

Kartenverkauf auf der Anitschkow-Brücke

Touristen zahlen etwa 5 US-Dollar in Rubel, etwas mehr als die Russen. Die Erläuterungen während der Fahrt sind nur auf Russisch. Große Gruppen sollten an den Kiosken oder per Telefon im Voraus buchen, vor allem in den Schulferien. Fahrten mit Erläuterung in deutscher Sprache können in jedem größeren Hotel gebucht werden.

Wenn es heiß ist, kann es in den Booten sehr stickig werden. Zuweilen wird die Sicht auch durch die verkratzten Acrylfenster behindert. Auf dem Heck der Boote gibt es eine Aussichtsplattform mit besserer Sicht, für die Sie aber einen Aufpreis bezahlen müssen. Nehmen Sie etwas zu trinken und zu essen mit.

Ausflugsboot auf der Newa, im Hintergrund die Eremitage und das Palastufer

Wassertaxis am Kai des Gribojedow-Kanals nahe der Kasaner Brücke

WASSERTAXIS

Wassertaxis ähneln privaten Motorbooten und können vier bis zehn Personen befördern. Während der Weißen Nächte fahren sie bis in die späte Nacht.

Auf kleine Boote warten Sie am Landungssteg auf der Nordseite der Polizeibrücke, wo der Newski Prospekt *(siehe S. 46ff)* die Moika überquert, oder an der Metro-Station Gostiny Dwor am Gribojedow-Kanal nahe der Kasaner Brücke. Größere Boote sollte man einige Stunden im Voraus buchen.

Preise sind Verhandlungssache, liegen aber zwischen 30 und 50 US-Dollar, je nach Bootsgröße und Route, die Sie zu fahren wünschen. Die einstündige Fahrt führt über Binnenwasserwege, aber in eineinhalb Stunden kann man auch die Newa überqueren, die Peter-Paul-Festung *(siehe S. 66f)* umrunden und hat einen schönen Blick auf die Sehenswürdigkeiten am Ufer. Viele Bootsführer können die meisten auf Englisch benennen, manche geben ein paar Informationen. Auf vorherige Nachfrage bekommt man eventuell einen Deutsch sprechenden Führer. Bei einer kleinen Vorauszahlung können Boote im Voraus gebucht werden. Es gibt aber so viele, dass man auch spontan eines mieten kann. Auch im Sommer sollte man warme Kleidung mitbringen, denn in den offenen Booten kann es, besonders nachts, kalt werden. Für jeden Passagier gibt es eine Decke an Bord. Man kann sich frei bewegen, sofern kein Sicherheitsrisiko entsteht. Die Bootsführer sind recht unempfindlich, was knallende Korken und andere Feiergeräusche angeht.

Wassertaxi auf der Moika an der Polizeibrücke

Taxis

St. Petersburgs offizielle gelbe Taxis werden allmählich durch private ohne Taxameter ersetzt. Die Einheimischen nutzen die billigere Alternative und halten ein *tschastnik*, einen vorbeifahrenden Privatwagen, an.

Ein gelbes St. Petersburger Taxi

OFFIZIELLE TAXIS

Die auffällige gelbe Taxiflotte hat in letzter Zeit von privaten Taxiunternehmen mit modernen Importwagen harte Konkurrenz bekommen. Die Privattaxis, die in der Regel vor der Fahrt aufgerundete Beträge verlangen, dominieren auf bestimmten Straßen um die großen Hotels, Restaurants, Bars und den Flughafen. Um Geld zu sparen, sollte man etwas entfernt ein gelbes Taxi nehmen.

Gleichgültig, welches Taxi Sie benutzen, nennen Sie Ihr Ziel immer, bevor Sie einsteigen. Die Taxis müssen Sie nicht befördern und können auch wegfahren, wenn sie nicht in Ihre Richtung fahren wollen. Die Fahrpreise sind relativ niedrig.

Neuere gelbe Taxis haben moderne Taxameter, die den Preis anzeigen. Ältere sind unzuverlässig oder einfach abgeschaltet. Ersparen Sie sich Ärger, und handeln Sie den Preis vor der Fahrt aus. Fühlen Sie sich übervorteilt, besprechen Sie dies mit dem Fahrer.

In manchen Gegenden ist kaum ein Taxi zu bekommen. Bestellen Sie eines telefonisch, oder hoffen Sie auf eine Mitfahrgelegenheit in einem *tschastnik*.

PRIVATAUTOS

Seit Jahren halten die Russen Privatautos für eine Mitfahrgelegenheit an. Von ihnen gibt es viele, und sie sind oft billiger als die offiziellen Taxis. So wird jedes Mal, wenn Sie die Hand ausstrecken, um ein Taxi zu stoppen, ein Privatauto halten. Die Autos entsprechen sicher nicht immer unseren Vorstellungen, doch sind ihre Fahrer oft williger als die Taxifahrer, Gepäck mitzunehmen, abgesehen davon, dass die Preise meist deutlich niedriger liegen. Steigen Sie nie in einen Wagen ein, in dem mehrere Personen sitzen. Nachts allein ist weder eine Fahrt in einem offiziellen Taxi noch einem Privatauto empfehlenswert.

Wie bei einem Taxi nennen Sie vor Fahrtantritt Ihr Ziel und einigen sich über den zu bezahlenden Preis.

Ein Privatauto wird auf der Straße angehalten

Die Umgebung von St. Petersburg

AM WOCHENENDE IM SOMMER und auch im Winter fahren viele zu ihrer Datscha oder in die Wälder, um hier Obst und Gemüse zu ernten, Langlauf zu fahren oder eine der früher herrschaftlichen Sommerresidenzen zu besichtigen. Busse und Nahverkehrszüge verkehren das ganze Jahr häufig und sind das beste Transportmittel zu den Gegenden außerhalb der Stadt, mit Ausnahme von Peterhof, das man mit einem Tragflächenboot über den Finnischen Meerbusen erreicht. Besucher bevorzugen Reisebusse, doch mit einiger Planung kann man sich auch auf eigene Faust bewegen.

Fahrgäste beim Einstieg am Witebsker Bahnhof

Innenansicht eines Nahverkehrszugs

NAHVERKEHRSZÜGE

SIE SIND BESONDERS praktisch, um außerhalb der Stadt gelegene Sehenswürdigkeiten zu besichtigen. Fahrkarten kauft man am Schalter *(prigorodnaja kassa)* im Bahnhof, in dem auch ein Fahrplan aushängt. Rückfahrkarten sind nicht billiger als Einfachfahrten. Rauchen ist verboten. Zwischen 10 und 12 Uhr gibt es oft eine Unterbrechung im Fahrplan.

Jugendstil-Architektur im Witebsker Bahnhofsrestaurant

ANREISE NACH ZARSKOJE SELO UND PAWLOWSK

ZÜGE nach Zarskoje Selo *(siehe S. 150ff)* und Pawlowsk *(siehe S. 156ff)* fahren alle 20 Minuten vom **Witebsker Bahnhof**. Einst baute man die Linie für die Zarenfamilie: Der Bahnhof ist beispielhaft für die Jugendstil-Architektur. Die Schalter befinden sich im Hauptgebäude rechts. Nach 25 Minuten erreichen die Züge erst Zarskoje Selo (Detskoje Selo), dann Pawlowsk.

Vom Bahnhof Detskoje Selo fahren die Busse Nr. 382 und 371 nach Zarskoje Selo nahe dem Palast. Der Bahnhof von Pawlowsk liegt gegenüber dem Parkeingang. Man braucht eine halbe Stunde zu Fuß zum Palast. Es fahren auch die Busse Nr. 370, 383 oder 493. Die Busse Nr. 370 und Nr. 545 pendeln zwischen Pawlowsk und Detskoje Selo. Hier sind die städtischen Einzel- und Monatskarten gültig. Von der Ploschtschad Pobedy, südlich der Metro-Station Moskowskaja, fährt der Bus Nr. 287 nach Zarskoje Selo.

ANREISE NACH PETERHOF UND ORANIENBAUM

NAHVERKEHRSZÜGE nach Peterhof *(siehe S. 146ff)* und Oranienbaum *(siehe S. 144f)* fahren alle 20 Minuten vom **Baltischen Bahnhof** ab. Züge nach Oranienbaum haben Kalischtsche oder Oranienbaum selbst als Endpunkt.

Wollen Sie nach Peterhof, steigen Sie in Nowy Petergof (40 Minuten Fahrt) vom Zug in Bus Nr. 348, 350, 351, 352 oder 356 zum Palast (10 Minuten).

Im Sommer eine Fahrt mit dem Tragflächenboot, etwa 12 US-Dollar in Rubel pro Fahrt, sicherlich die schönste Alternative.

Oranienbaum, der erste Halt jenseits des Finnischen Meerbusens, kommt nach einer Stunde in Sicht. Gehen Sie rechts aus dem Bahnhof heraus und 200 Meter zur Hauptstraße. Direkt gegenüber liegt der Eingang zum Park. Von hier sind es fünf Minuten zu Fuß bis zum Palast.

ANREISE NACH GATTSCHINA

ZÜGE NACH Gattschina *(siehe S. 145)* fahren vom **Baltischen Bahnhof** etwa halbstündlich ab und brauchen eine Stunde. Gegenüber dem Bahnhof von Gattschina führt eine Straße zum Platz vor dem Palast. Auch vom **Warschauer Bahnhof** fahren Züge ab, kommen aber an einem anderen Bahnhof an. Man kann auch den Bus Nr. 431 und regulär verkehrende Minibusse, die südlich der Metro-Station Moskowskaja starten, nehmen. Auf dieser Strecke sind die städtischen Fahrkarten nicht gültig.

Anreise nach Repino und zum Finnischen Meerbusen

Nach Repino *(siehe S. 144)* und zum Finnischen Meerbusen fahren alle 20 Minuten Züge vom **Finnischen Bahnhof**. Karten kauft man im Hauptgebäude. Nehmen Sie keinen Zug nach Beloostrow oder Krugowoi. In Repino überqueren Sie die Hauptstraße, gehen hinunter zum Meer und links auf die Asphaltstraße bis nach Penaty. Der Bus Nr. 411 fährt von der Metro-Station Tschornaja Retschka auch nach Repino und hält direkt vor Penaty.

Reisebus Nr. 948 nach Nowgorod

Anreise nach Nowgorod

Der Reisebus Nr. 948 fährt alle zwei Stunden vom **Busbahnhof** nach Nowgorod *(siehe S. 160 ff)*. Schneller als die Busfahrt ist am Wochenende eine Zugreise. Der Wochenendzug fährt um 17.20 Uhr am **Moskauer Bahnhof** ab und braucht zweieinhalb Stunden. Er kehrt gegen 11 Uhr zurück.

Mit dem Tragflächenboot nach Peterhof

Ein Tragflächenboot legt vor der Eremitage an

Die schönste Art, zum zaristischen Sommerpalast von Peterhof zu gelangen, ist die 45minütige Fahrt über den Finnischen Meerbusen mit dem Tragflächenboot. Es fährt von Anfang Juni bis Anfang Oktober vom Landungssteg vor der Eremitage *(siehe S. 75)* ab, wo auch ein Fahrplan aushängt. In der Regel fahren die Boote ab 9.30 Uhr jede halbe Stunde. Das letzte kehrt um 18 Uhr zurück. Kaufen Sie die Rückfahrkarte bei Ankunft in Peterhof. Mit ihr können Sie den gebührenpflichtigen unteren Park kostenlos betreten, um wieder zum Boot zu gelangen.

Autofahren in St. Petersburg

Mietwagen sind in Russland noch nicht sehr verbreitet. Zur Zeit kann man Autos und Minibusse fast nur mit Fahrer mieten, beispielsweise von **Cosmos**. **Hertz** und **Europcar** bieten als einzige den Service ohne Fahrer, allerdings zu sehr viel höheren Preisen als in Europa. Die wenigen Touristen, die tatsächlich ein Fahrzeug lenken, müssen einiges beachten. Obligatorisch sind ein internationaler Führerschein, eine internationale Versicherung und Papiere, die Sie zum Führen des Fahrzeugs bevollmächtigen: eine amtliche Zulassung oder ein Mietvertrag auf Ihren Namen oder eine beglaubigte Vollmachtsurkunde des Eigentümers in russischer Sprache. Die Verkehrspolizei *(siehe S. 205)* kann Sie auch für Bagatelldelikte bestrafen, für ein verschmutztes Nummernschild, das Fehlen der Erste-Hilfe-Ausrüstung oder für schwerere Vergehen wie Alkohol am Steuer (die Promillegrenze liegt bei Null). Für die Polizisten sind die Geldbußen ein Nebenverdienst, und es ist reine Glückssache, ob man angehalten wird. Fahren Sie defensiv, denn Einheimische kümmern sich nicht unbedingt um die Verkehrsregeln. Biegen Sie auf einer Hauptstraße nie links ab, solange dies nicht von einem Linksabbiegerschild angezeigt wird.

Winterbereifung ist erforderlich, da Schneeketten auf Straßenbahnschienen beschädigt werden. Die Handbremse ist nicht zu benutzen, da sie oft einfriert.

Bleifreies Benzin ist kaum erhältlich. Benzin mit weniger als 98 Oktan sollten Sie nicht tanken. Parken in weiten Teilen des Stadtzentrums ist gebührenpflichtig. Da mit Autodiebstählen gute Geschäfte gemacht werden, sollte man auf den ganztägig bewachten Parkplätzen vor den Hotels Newski Palace und Europa *(siehe S. 173)* parken.

Die kyrillischen Buchstaben bedeuten »Stopp«

Auf einen Blick

Zug- und Busbahnhöfe

Zugauskunft
℡ 055.

Baltischer Bahnhof
Балтийский вокзал
Baltiski woksal
Nab Obwodnowo Kanala 120.

Busbahnhof
Автобусный вокзал
Awtobusny woksal
Nab Obwodnowo Kanala 36.
Karte 7 C5. ℡ 166 5777.

Finnischer Bahnhof
Финляндский вокзал
Finljandski woksal
Pl Lenina 6. **Karte** 3 B3.

Moskauer Bahnhof
Московский вокзал
Moskowski woksal
Pl Wosstanija. **Karte** 7 C2.

Witebsker Bahnhof
Витебский вокзал
Witebski woksal
Sagorodny pr 52. **Karte** 6 E4.

Warschauer Bahnhof
Варшавский вокзал
Warschawski woksal
Nab Obwodnowo Kanala 118.

Autoverleih

Cosmos *siehe S. 203.*

Hertz
Pulkowo 1, Ankunftshalle.
℡ 324 3242. FAX 324 3240.

Europcar
Pulkowo 2.
℡ 103 5104 u. 380 1662.

STADTPLAN

DIE KARTE UNTEN zeigt die Gebiete St. Petersburgs, die der *Stadtplan* abdeckt. Alle Sehenswürdigkeiten, Hotels, Restaurants, Geschäfte und Unterhaltungsstätten sind mit den Koordinaten der Karten in diesem Abschnitt versehen. Alle wichtigen Sehenswürdigkeiten sind zur besseren Auffindung markiert. Die Zeichen in den Karten sind ebenfalls auf dieser Seite erklärt. Der *Stadtplan* gibt die kyrillische Schreibweise und deutsche Transkription der Namen wieder. Die kyrillische Schreibweise wird in den Karten nur für Hauptstraßen verwendet. Angegeben sind die wiedereingeführten alten russischen, nicht die sowjetischen Straßennamen. Sehenswürdigkeiten sind unter ihrem deutschen Namen aufgeführt.

Pause vor der Kasaner Kathedrale

0 Kilometer 1

LEGENDE

- Wichtige Sehenswürdigkeit
- Sehenswürdigkeit
- Anderes Gebäude
- Bahnhof
- Metro-Station
- Straßenbahnhaltestelle
- Trolleybushaltestelle
- Busbahnhof
- Fähranlegestelle
- Taxistand
- Krankenhaus
- Polizei
- Orthodoxe Kirche
- Kirche
- Synagoge
- Moschee
- Post
- Eisenbahn
- Einbahnstraße
- «45 Hausnummer (Hauptstraße)

MASSSTAB

0 Meter 300

Kartenregister

2-i Lutsch, Uliza 2-Й ЛУЧ, УЛИЦА		8 F5
1-ja Krasnoarmeiskaja Uliza 1-Я КРАСНОАРМЕЙСКАЯ УЛИЦА		6 D5
1-ja Sowetskaja Uliza 1-Я СОВЕТСКАЯ УЛИЦА		7 C2
2-ja Krasnoarmeiskaja Uliza 2-Я КРАСНОАРМЕЙСКАЯ УЛИЦА		6 D5
2-ja i 3-ja linii 2-Я И 3-Я ЛИНИИ		1 A4
2-ja Sowetskaja Uliza 2-Я СОВЕТСКАЯ УЛИЦА		7 C2
3-ja Krasnoarmeiskaja Uliza 3-Я КРАСНОАРМЕЙСКАЯ УЛИЦА		6 D5
3-ja Sowetskaja Uliza 3-Я СОВЕТСКАЯ УЛИЦА		7 C2
4-ja Krasnoarmeiskaja Uliza 4-Я КРАСНОАРМЕЙСКАЯ УЛИЦА		6 D5
4-ja i 5-ja linii 4-Я И 5-Я ЛИНИИ		1 A4, 5 A1
4-ja Sowetskaja Uliza 4-Я СОВЕТСКАЯ УЛИЦА		7 C1
5-ja Krasnoarmeiskaja Uliza 5-Я КРАСНОАРМЕЙСКАЯ УЛИЦА		6 D5
5-ja Sowetskaja Uliza 5-Я СОВЕТСКАЯ УЛИЦА		7 C1
6-ja i 7-ja linii 6-Я И 7-Я ЛИНИИ		1 A5, 5 A1
6ja Sowetskaja Uliza 6-Я СОВЕТСКАЯ УЛИЦА		7 C1
7-ja Sowetskaja Uliza 7-Я СОВЕТСКАЯ УЛИЦА		7 C1
8-ja Krasnoarmeiskaja Uliza 8-Я КРАСНОАРМЕЙСКАЯ УЛИЦА		5 C5
8-ja Sowetskaja Uliza 8-Я СОВЕТСКАЯ УЛИЦА		8 D1
9-ja Krasnoarmeiskaja Uliza 9-Я КРАСНОАРМЕЙСКАЯ УЛИЦА		5 C5
9-ja linija 9-Я ЛИНИЯ		5 A1
9-ja Sowetskaja Uliza 9-Я СОВЕТСКАЯ УЛИЦА		8 D1
10-ja Krasnoarmeiskaja Uliza 10-Я КРАСНОАРМЕЙСКАЯ УЛИЦА		5 B5
10-ja Sowjetskaja Uliza 10-Я СОВЕТСКАЯ УЛИЦА		8 D1
11-ja linija 11-Я ЛИНИЯ		5 A1
13-ja Krasnoarmeiskaja Uliza 13-Я КРАСНОАРМЕЙСКАЯ УЛИЦА		5 C5

ABKÜRZUNGEN & BEZEICHNUNGEN

ul	Uliza	Straße
pl	Ploschtschad	Platz
pr	Prospekt	Boulevard
per	Pereulok	Gasse
		Weg
	Most	Brücke
	Sad	Park
	Schosse	Straße

A

Admirala Laserewa, Nabereschnaja АДМИРАЛА ЛАЗАРЕВА, НАБЕРЕЖНАЯ		1 A1
Admiralteiskaja Nabereschnaja АДМИРАЛТЕЙСКАЯ НАБЕРЕЖНАЯ		5 C1
Admiralteiski Projesd АДМИРАЛТЕЙСКИЙ ПРОЕЗД		6 D1
Admiralteiski Prospekt АДМИРАЛТЕЙСКИЙ ПРОСПЕКТ		5 C1
Admiralteiskowo kanala, Nabereschnaja АДМИРАЛТЕЙСКОВО КАНАЛА, НАБЕРЕЖНАЯ		5 B2
Admiralität		5 C1
Akademie der Künste		5 B1
Akademika Lebedewa, Uliza АКАДЕМИКА ЛЕБЕДЕВА, УЛИЦА		3 B2
Akademika Sacharowa, Ploschtschad АКАДЕМИКА САХАРОВА, ПЛОЩАДЬ		1 B5
Akademische Kapelle		2 E5
Alexandr-Newski-Kloster		8 E4
Alexandra Newskowo, Most АЛЕКСАНДРА НЕВСКОГО, МОСТ		8 F3
Alexandra Newskowo, Ploschtschad АЛЕКСАНДРА НЕВСКОГО, ПЛОЩАДЬ		8 E3
Alexandra Newskowo, Uliza АЛЕКСАНДРА НЕВСКОГО, УЛИЦА		8 E3
Alexandrowski park АЛЕКСАНДРОВСКИЙ ПАРК		2 D3
Andreaskathedrale		1 A5
Angliskaja Nabereschnaja АНГЛИЙСКАЯ НАБЕРЕЖНАЯ		5 B2
Angliski Most АНГЛИЙСКИЙ МОСТ		5 B5
Angliski Prospekt АНГЛИЙСКИЙ ПРОСПЕКТ		5 A3
Anitschkow Most АНИЧКОВ МОСТ		7 A2
Anitschkow-Palast		7 A2
Antonenko, Pereulok АНТОНЕНКО, ПЕРЕУЛОК		6 D2
Apraxin-Markt		6 E2
Apraxin Pereulok АПРАКСИН ПЕРЕУЛОК		6 E3
Aptekarski Pereulok АПТЕКАРСКИЙ ПЕРЕУЛОК		2 E5
Armenische Kirche		6 F1
Arsenalnaja Nabereschnaja АРСЕНАЛЬНАЯ НАБЕРЕЖНАЯ		3 B3
Arsenalnaja Uliza АРСЕНАЛЬНАЯ УЛИЦА		3 C1
Artilleriemuseum		2 D3
Artilleriskaja Uliza АРТИЛЛЕРИЙСКАЯ УЛИЦА		3 B5
Astoria, Hotel		6 D2
Atamanskaja Uliza АТАМАНСКАЯ УЛИЦА		8 D5
Atamanski Most АТАМАНСКИЙ МОСТ		8 D5

B

Bakunina, Prospekt БАКУНИНА, ПРОСПЕКТ		8 D2
Bankowski Most БАНКОВСКИЙ МОСТ		6 E2
Bankowski Pereulok БАНКОВСКИЙ ПЕРЕУЛОК		6 E2
Barmalejewa, Uliza БАРМАЛЕЕВА, УЛИЦА		1 C1
Barotschnaja Uliza БАРОЧНАЯ УЛИЦА		1 A1
Baskow Pereulok БАСКОВ ПЕРЕУЛОК		3 B5, 7 C1
Bataiski Pereulok БАТАЙСКИЙ ПЕРЕУЛОК		6 E5
Belinskowo, Most БЕЛИНСКОГО, МОСТ		7 A1
Belinskowo, Uliza БЕЛИНСКОГО, УЛИЦА		7 A1
Birschewaja linija БИРЖЕВАЯ ЛИНИЯ		1 B5
Birschewaja Ploschtschad БИРЖЕВАЯ ПЛОЩАДЬ		1 C5

KARTENREGISTER

Birschewoi Most	БИРЖЕВОЙ МОСТ	1 C4
Birschewoi Pereulok БИРЖЕВОЙ ПЕРЕУЛОК		1 B4
Birschewoi Projesd	БИРЖЕВОЙ ПРОЕЗД	1 C5
Blagojewa, Uliza	БЛАГОЕВА, УЛИЦА	1 C3
Blochina, Uliza	БЛОХИНА, УЛИЦА	1 B3
Bobruiskaja Uliza	БОБРУИСКАЯ УЛИЦА	3 B1
Bolschaja Konjuschennaja Uliza БОЛЬШАЯ КОНЮШЕННАЯ УЛИЦА		6 E1
Bolschaja Monetnaja Uliza БОЛЬШАЯ МОНЕТНАЯ УЛИЦА		2 D2
Bolschaja Morskaja Uliza БОЛЬШАЯ МОРСКАЯ УЛИЦА		5 B2
Bolschaja Moskowskaja Uliza БОЛЬШАЯ МОСКОВСКАЯ УЛИЦА		7 A3
Bolschaja Podjatscheskaja Uliza БОЛЬШАЯ ПОДЬЯЧЕСКАЯ УЛИЦА		5 C4
Bolschaja Possadskaja Uliza БОЛЬШАЯ ПОСАДСКАЯ УЛИЦА		2 E2
Bolschaja Puschkarskaja Uliza БОЛЬШАЯ ПУШКАРСКАЯ УЛИЦА		1 C2
Bolschaja Rasnotschinnaja Uliza БОЛЬШАЯ РАЗНОЧИННАЯ УЛИЦА		1 A1
Bolschaja Zelenina Uliza БОЛЬШАЯ ЗЕЛЕНИНА УЛИЦА		1 A1
Bolschejochtinsky Most БОЛЬШЕОХТИНСКИЙ МОСТ		4 F5
Bolschoi Prospekt (Petrogradskaja) БОЛЬШОЙ ПРОСПЕКТ		1 B3, 1 C1
Bolschoi Prospekt (Wassiljewski-Insel) БОЛЬШОЙ ПРОСПЕКТ		1 A5, 5 A1
Bolschoi Sampsonijewski Prospekt БОЛЬШОЙ САМПСОНИЕВСКИЙ ПРОСПЕКТ		3 A1
Bontsch-Brujewitscha, Uliza БОНЧ-БРУЕВИЧА, УЛИЦА		4 F5
Borodinskaja Uliza БОРОДИНСКАЯ УЛИЦА		6 F3
Borowaja Uliza	БОРОВАЯ УЛИЦА	7 A4
Botkinskaja Uliza БОТКИНСКАЯ УЛИЦА		3 A2
Boizowa, Pereulok БОЙЦОВА, ПЕРЕУЛОК		6 D4
Bronnizkaja Uliza	БРОННИЦКАЯ УЛИЦА	6 E5

C

Charkowskaja Uliza ХАРЬКОВСКАЯ УЛИЦА		8 D3
Chersonskaja Uliza	ХЕРСОНСКАЯ УЛИЦА	8 D2
Chersonski Projesd ХЕРСОНСКАЯ ПРОЕЗД		8 E3
Chrustalnaja Uliza ХРУСТАЛЬНАЯ УЛИЦА		8 F5

D

Degtjarnaja Uliza	ДЕГТЯРНАЯ УЛИЦА	8 D2
Degtjarny Pereulok ДЕГТЯРНЫЙ ПЕРЕУЛОК		4 E5, 8 D1
Dekabristenplatz		5 C1
Dekabristow, Projesd ДЕКАБРИСТОВ, ПРОЕЗД		5 C1
Dekabristow, Uliza ДЕКАБРИСТОВ, УЛИЦА		5 A3
Derptski Pereulok ДЕРПТСКИЙ ПЕРЕУЛОК		5 B5
Diwenskaja Uliza	ДИВЕНСКАЯ УЛИЦА	2 E2
Dmitrowski Pereulok ДМИТРОВСКИЙ ПЕРЕУЛОК		7 B2
Dnepropetrowskaja Uliza ДНЕПРОПЕТРОВСКАЯ УЛИЦА		7 C5
Dobroljubowa, Prospekt ДОВРОЛЮБОВА, ПРОСПЕКТ		1 B3
Dostojewskowo, Uliza ДОСТОЕВСКОГО, УЛИЦА		7 A4
Dostojewski-Museum		7 B3
Dreifaltigkeitsbrücke		2 E4
Dreifaltigkeitsplatz ТРОИЦКАЯ ПЛОЩАДЬ		2 E3
Drowjanaja Uliza	ДРОВЯНАЯ УЛИЦА	5 B5
Drowjanoi Pereulok ДРОВЯНОЙ ПЕРЕУЛОК		5 A4
Dumskaja Uliza	ДУМСКАЯ УЛИЦА	6 E2
Dworjanowaja Nabereschnaja ДВОРЦОВАЯ НАБЕРЕЖНАЯ		2 D5
Dworzowaja Ploschtschad ДВОРЦОВАЯ ПЛОЩАДЬ		6 D1
Dworzowy Most	ДВОРЦОВЫЙ МОСТ	1 C5
Dschambula, Pereulok ДЖАМБУЛА, ПЕРЕУЛОК		6 F3

E

Eherne Reiter, Der	5 C1
Eisenbahnmuseum	6 D4
Englischer Kai	5 B2
Eremitage	2 D5
Evangelische Kirche	6 E1

F

Fabergé-Haus		6 D1
Feodossiskaja Uliza ФЕОДОСИЙСКАЯ УЛИЦА		4 F1
Finnischer Bahnhof		3 B3
Finski Pereulok ФИНСКИЙ ПЕРЕУЛОК		3 B2
Fonarny Most	ФОНАРНЫЙ МОСТ	5 C2
Fonarny Pereulok ФОНАРНЫЙ ПЕРЕУЛОК		5 C2
Furschtatskaja Uliza ФУРШТАТСКАЯ УЛИЦА		3 B4

G

Gagarinskaja Uliza ГАГАРИНСКАЯ УЛИЦА		3 A4
Galernaja Uliza	ГАЛЕРНАЯ УЛИЦА	5 A2
Gasowaja Uliza	ГАЗОВАЯ УЛИЦА	1 B1
Gattschinskaja Uliza ГАТЧИНСКАЯ УЛИЦА		1 B1
Gimnasitscheski Pereulok ГИМНАЗИЧЕСКИЙ ПЕРЕУЛОК		1 A2
Glinjanaja Uliza	ГЛИНЯНАЯ УЛИЦА	8 D5
Glinka-Kapelle (Akademische Kapelle)		2 E5
Glinki, Uliza	ГЛИНКИ, УЛИЦА	5 B3
Gluchaja Selenina Uliza ГЛУХАЯ ЗЕЛЕНИНА УЛИЦА		1 A1
Gluchooserskoje Schosse ГЛУХООЗЕРСКОЕ ШОССЕ		8 D5
Gontschamaja Uliza	ГОНЧАРНАЯ УЛИЦА	7 C2
Gorochowaja Uliza	ГОРОХОВАЯ УЛИЦА	6 D1
Gorstkin Most	ГОРСТКИН МОСТ	6 E3
Gostiny Dwor		6 F2
Grafski Pereulok ГРАФСКИЙ ПЕРЕУЛОК		7 A2

Grandhotel Europa		6 F1	Kamennoostrowski Prospekt КАМЕННООСТРОВСКИЙ ПРОСПЕКТ	2 D1
Graschdanskaja Uliza ГРАЖДАНСКАЯ УЛИЦА		6 D3	Kanonerskaja Uliza КАНОНЕРСКАЯ УЛИЦА	5 B4
Gretscheskaja Ploschtschad ГРЕЧЕСКАЯ ПЛОЩАДЬ		7 C1	Karawannaja Uliza КАРАВАННАЯ УЛИЦА	7 A1
Gretscheski Prospekt ГРЕЧЕСКИЙ ПРОСПЕКТ		7 C1	Kasachy Pereulok КАЗАЧИЙ ПЕРЕУЛОК	6 E4
Gribojedowa, Nabereschnaja kanala ГРИБОЕДОВА, НАБЕРЕЖНАЯ КАНАЛА		5 A4	Kasaner Kathedrale	6 E1
Griwzowa, Pereulok ГРИВЦОВА, ПЕРЕУЛОК		6 D2	Kasanskaja Ploschtschad КАЗАНСКАЯ ПЛОЩАДЬ	6 E2
Grodnenski Pereulok ГРОДНЕНСКИЙ ПЕРЕУЛОК		3C5	Kasanskaja Uliza КАЗАНСКАЯ УЛИЦА	6 D2
			Kasanski Most КАЗАНСКИЙ МОСТ	6 E1
H			Kasarmenny Pereulok КАЗАРМЕННЫЙ ПЕРЕУЛОК	2 F1
Hauptpostamt		5 C2	Kawalergardskaja Uliza КАВАЛЕРГАРДСКАЯ УЛИЦА	4 E4
Haus Peters des Großen		2 F3	Kirillowskaja Uliza КИРИЛЛОВСКАЯ УЛИЦА	8 E1
I			Kirochnaja Uliza КИРОЧНАЯ УЛИЦА	3 B5
Ilitscha, Pereulok	ИЛЬИЧА, ПЕРЕУЛОК	6 E4	Kirow-Museum	2 D1
Ingenieurshaus		2 D3	Kirpitschny Pereulok КИРПИЧНЫЙ ПЕРЕУЛОК	6 D1
Ingenieursschloss		2 F5	Klimow Pereulok КЛИМОВ ПЕРЕУЛОК	5 B5
Inschenernaja Uliza ИНЖЕНЕРНАЯ УЛИЦА		6 F1	Klinitscheskaja Uliza КЛИНИЧЕСКАЯ УЛИЦА	3 A2
Inschenerni Most ИНЖЕНЕРНАЯ МОСТ		2 F5	Klinski Prospekt КЛИНСКИЙ ПРОСПЕКТ	6 E5
Ioannowski Most ИОАННОВСКИЙ МОСТ		2 E3	Kolokolnaja Uliza КОЛОКОЛЬНАЯ УЛИЦА	7 A2
Isaakskathedrale		5 C2	Kolomenskaja Uliza КОЛОМЕНСКАЯ УЛИЦА	7 B3
Isaaksplatz		5 C2	Kolpinskaja Uliza КОЛПИНСКАЯ УЛИЦА	1 B2
Ispolkomskaja Uliza ИСПОЛКОМСКАЯ УЛИЦА		8 D3	Komissara Smirnowa, Uliza КОМИССАРА СМИРНОВА, УЛИЦА	3 A1
Issaakijewskaja Ploschtschad ИСААКИЕВСКАЯ ПЛОЩАДЬ		5 C2	Kommandantenhaus	2 D4
Ischorskaja Uliza	ИЖОРСКАЯ УЛИЦА	1 B2	Komsomola, Uliza КОМСОМОЛА, УЛИЦА	3 C3
Ismailowski Most ИЗМАЙЛОВСКИЙ МОСТ		5 C4	Kondratjewski Prospekt КОНДРАТЬЕВСКИЙ ПРОСПЕКТ	4 D2
Ismailowski Prospekt ИЗМАЙЛОВСКИЙ ПРОСПЕКТ		5 C5	Konnaja Uliza КОННАЯ УЛИЦА	8 D2
Ismailowski Sad ИЗМАЙЛОВСКИЙ ПРОСПЕКТ		5 C5	Konnogwardeiski bulwar КОННОГВАРДЕЙСКИЙ БУЛЬВАР	5 B2
Italjanskaja Uliza ИТАЛЬЯНСКАЯ САД		6 D4	Konny Pereulok КОННЫЙ ПЕРЕУЛОК	2 E2
			Konstantina Saslonowa, Uliza КОНСТАНТИНА ЗАСЛОНОВА, УЛИЦА	7 A4
J			Konstantinogradskaja Uliza КОНСТАНТИНОГРАДСКАЯ УЛИЦА	8 D4
Jablotschkowa, Uliza	ЯБЛОЧКОВА, УЛИЦА	1 C3	Konjuschennaja Ploschtschad КОНЮШЕННАЯ ПЛОЩАДЬ	2 E5
Jakobstadtski Pereulok ЯКОБШТАДТСКИЙ ПЕРЕУЛОК		5 C5	Korolenko, Uliza КОРОЛЕНКО, УЛИЦА	3 B5
Jakubowitschа, Uliza ЯКУБОВИЧА, УЛИЦА		5 B2	Korpusnaja Uliza КОРПУСНАЯ УЛИЦА	1 A1
Jaroslawskaja Uliza ЯРОСЛАВСКАЯ УЛИЦА		4 E5	Kotowskowo, Uliza КОТОВСКОГО, УЛИЦА	2 E1
Jefimowa, Uliza	ЕФИМОВА, УЛИЦА	6 E3	Kowenski Pereulok КОВЕНСКИЙ ПЕРЕУЛОК	7 B1
Jelissejew		6 F1	Krasnoi Swjasi, Uliza КРАСНОЙ СВЯЗИ, УЛИЦА	3 C5
Jussupow-Palast		5 B3	
Jussupowski Sad	ЮСУПОВСКИЙ САД	6 D3	Krasnosselskaja Uliza КРАСНОСЕЛЬСКАЯ УЛИЦА	1 B2
Jegipetski Most	ЕГИПЕТСКИЙ МОСТ	5 B5	Krasnowo Kursanta, Uliza КРАСНОГО КУРСАНТА, УЛИЦА	1 A2
Jegorowa, Uliza	ЕГОРОВА УЛИЦА	6 D5	
Jewgenjewskaja Uliza ЕВГЕНЬЕВСКАЯ УЛИЦА		8 D2	Krasnowo Textilschtschika, Uliza КРАСНОГО ТЕКСТИЛЬЩИКА, УЛИЦА	4 F5
			Krasny Most КРАСНЫЙ МОСТ	6 D2
K			Krementschugskaja Uliza КРЕМЕНЧУГСКАЯ УЛИЦА	8 D4
KaIuschski Pereulok КАЛУЖСКИЙ ПЕРЕУЛОК		4 E4		

Kreuzer Aurora	2 F3
Krjukowa kanala, Nabereschnaja КРЮКОВА КАНАЛА, НАБЕРЕЖНАЯ	5 B2
Kronwerkskaja Nabereschnaja КРОНВЕРКСКАЯ НАБЕРЕЖНАЯ	2 D3
Kronwerkskaja Uliza КРОНВЕРКСКАЯ, УЛИЦА	2 D2
Kronwerkski Most КРОНВЕРКСКИЙ МОСТ	2 D4
Kronwerkski Prospekt КРОНВЕРКСКИЙ ПРОСПЕКТ	1 C3
Kropotkina, Uliza КРОПОТКИНА, УЛИЦА	1 C2
Krylowa, Pereulok КРЫЛОВА, ПЕРЕУЛОК	6 F2
Kschessinskaja, Villa	2 E3
Kuibyschewa, Uliza КУЙБЫШЕВА, УЛИЦА	2 E3
Kulibina, Ploschtschad КУЛИБИНА, ПЛОЩАДЬ	5 A4
Kunstkammer	1 C5
Kurskaja Uliza КУРСКАЯ УЛИЦА	7 A5
Kusnetschny Pereulok КУЗНЕЧНЫЙ ПЕРЕУЛОК	7 A3
Kutusowa, Nabereschnaja КУТУЗОВА, НАБЕРЕЖНАЯ	2 F4, 3 A4
Kwarengi, Pereulok КВАРЕНГИ, ПЕРЕУЛОК	4 F4

L

Labutina, Uliza ЛАБУТИНА, УЛИЦА	5 B4
Lachtinskaja Uliza ЛАХТИНСКАЯ УЛИЦА	1 B1
Ladygina, Pereulok ЛАДЫГИНА, ПЕРЕУЛОК	5 B5
Lasaretny Pereulok ЛАЗАРЕТНЫЙ ПЕРЕУЛОК	6 E4
Lebjaschjewo kanala, Nabereschnaja ЛЕБЯЖЬЕВО КАНАЛА, НАБЕРЕЖНАЯ	2 F5
Leitenanta Schmidta, Most ЛЕЙТЕНАНТА ШМИДТА, МОСТ	5 B1
Leitenanta Schmidta, Nabereschnaja ЛЕЙТЕНАНТА ШМИДТА, НАБЕРЕЖНАЯ	5 A1
Lenina, Ploschtschad ЛЕНИНА, ПЛОЩАДЬ	3 B3
Lenina, Uliza ЛЕНИНА, УЛИЦА	1 B1
Lermontowski Prospekt ЛЕРМОНТОВСКИЙ ПРОСПЕКТ	5 B3
Leschtukow Most ЛЕШТУКОВ МОСТ	6 F3
Lesnoi Prospekt ЛЕСНОЙ ПРОСПЕКТ	3 B1
Letni Sad ЛЕТНИЙ САД	2 F5
Leutnant-Schmidt-Brücke	5 B1
Lewaschowski Prospekt ЛЕВАШОВСКИЙ ПРОСПЕКТ	1 A1
Ligowski Prospekt ЛЕВАШОВСКИЙ ПРОСПЕКТ	7 B4
Lisy Tschaikinoi, Uliza ЛИЗЫ ЧАЙКИНОЙ, УЛИЦА	1 C3
Liteiny Most ЛИТЕЙНЫЙ МОСТ	3 A3
Liteiny Prospekt ЛИТЕЙНЫЙ ПРОСПЕКТ	3 A5, 7 A1
Literaturcafé	6 E1
Lodeinopolskaja Uliza ЛОДЕЙНОПОЛЬСКАЯ УЛИЦА	1 B1
Lomonossowa, Most ЛОМОНОСОВА, МОСТ	6 F3
Lomonossowa, Ploschtschad ЛОМОНОСОВА, ПЛОЩАДЬ	6 F2
Lomonossowa, Uliza ЛОМОНОСОВА, УЛИЦА	6 F2
Lwa Tolstowo, Uliza ЛЬВА ТОЛСТОГО, УЛИЦА	2 D1
Lwiny Most ЛЬВИНЫЙ МОСТ	5 C3

M

Majakowskowo, Uliza МАЯКОВСКОГО УЛИЦА	3 B5, 7 B1
Makarenko, Pereulok МАКАРЕНКО, ПЕРЕУЛОК	5 C4
Makarowa, Nabereschnaja МАКАРОВА, НАБЕРЕЖНАЯ	1 A4
Malaja Grebezkaja Uliza МАЛАЯ ГРЕБЕЦКАЯ УЛИЦА	1 B2
Malaja Konjuschennaja Uliza МАЛАЯ КОНЮШЕННАЯ УЛИЦА	6 E1
Malaja Monetnaja Uliza МАЛАЯ МОНЕТНАЯ УЛИЦА	2 E1
Malaja Morskaja Uliza МАЛАЯ МОРСКАЯ УЛИЦА	6 D1
Malaja Possadskaja Uliza МАЛАЯ ПОСАДСКАЯ УЛИЦА	2 E2
Malaja Puschkarskaja Uliza МАЛАЯ ПУШКАРСКАЯ УЛИЦА	1 C2
Malaja Rasnotschinnaja Uliza МАЛАЯ РАЗНОЧИННАЯ УЛИЦА	1 B2
Malaja Sadowaja Uliza МАЛАЯ САДОВАЯ УЛИЦА	6 F1
Malaja Selenina Uliza МАЛАЯ ЗЕЛЕНИНА УЛИЦА	1 A1
Malodetskosselski Prospekt МАЛОДЕТСКОСЕЛЬСКИЙ ПРОСПЕКТ	6 E5
Maloochtinski Prospekt МАЛООХТИНСКИЙ ПРОСПЕКТ	8 F2
Maly Prospekt МАЛЫЙ ПРОСПЕКТ	1 B2
Manege der Gardekavallerie	5 C2
Maneschny Pereulok МАНЕЖНЫЙ ПЕРЕУЛОК	3 B5
Marata, Uliza МАРАТА, УЛИЦА	6 F4, 7 A4
Mariinski Projesd МАРИИНСКИЙ ПРОЕЗД	4 D5
Mariinski-Theater	5 B3
Marinemuseum	1 C5
Markina, Uliza МАРКИНА УЛИЦА	1 C2
Marmorpalast	2 E4
Marsfeld МАРСОВО ПОЛЕ	2 F5
Marsowo pole МАРСОВО ПОЛЕ	2 F5
Marstall МАРСОВО ПОЛЕ	2 E5
Masterskaja Uliza МАСТЕРСКАЯ УЛИЦА	5 A3
Matwejewa Pereulok МАТВЕЕВА ПЕРЕУЛОК	5 B3
Melnitschnaja Uliza МЕЛЬНИЧНАЯ УЛИЦА	8 F5
Mendelejewskaja Uliza МЕНДЕЛЕЕВСКАЯ УЛИЦА	1 C5
Menschnikow-Palast	1 B5, 5 B1
Michailowa, Uliza МИХАЙЛОВА УЛИЦА	3 C2
Michailowskaja Uliza МИХАЙЛОВСКАЯ УЛИЦА	6 F1
Michailowski Sad МИХАЙЛОВСКИЙ САД	2 F5, 6 F1
Millionnaja Uliza МИНЕРАЛЬНАЯ УЛИЦА	2 E5
Mineralnaja Uliza МИНЕРАЛЬНАЯ УЛИЦА	3 C1
Minski Pereulok МИНСКИЙ ПЕРЕУЛОК	5 B3
Mira, Uliza МИРА, УЛИЦА	2 D2
Mirgorodskaja Uliza МИРГОРОДСКАЯ УЛИЦА	8 D3

Mitschurinskaja Uliza МИЧУРИНСКАЯ УЛИЦА		2 E2
Mjasnaja Uliza	МЯСНАЯ УЛИЦА	5 A4
Mjasnikowa, Uliza	МЯСНИКОВА, УЛИЦА	5 C4
Mochowaja Uliza МОХОВАЯ УЛИЦА		3 A4, 7 A1
Moissejenko, Uliza МОИСЕЕНКО, УЛИЦА		8 D1
Monastyrki, Nabereschnaja Reki МОНАСТЫРКИ, НАБЕРЕЖНАЯ РЕКИ		8 E5
Montschegorskaja Uliza МОНЧЕГОРСКАЯ УЛИЦА		1 B2
Moschaiskaja Uliza МОЖАЙСКАЯ УЛИЦА		6 E5
Moskatelny Pereulok МОСКАТЕЛЬНЫЙ ПЕРЕУЛОК		6 E2
Moskowski Prospekt МОСКОВСКИЙ ПРОСПЕКТ		6 D3
Mutschnoi Pereulok МУЧНОЙ ПЕРЕУЛОК		6 E2
Mytninskaja Nabereschnaja МЫТНИНСКАЯ НАБЕРЕЖНАЯ		1 C4
Mytninskaja Uliza МЫТНИНСКАЯ УЛИЦА		8 D2
Mytninski Pereulok МЫТНИНСКИЙ ПЕРЕУЛОК		1 C3

N

Narodny Most	НАРОДНЫЙ МОСТ	6 E1
Neftjanaja doroga	НЕФТЯНАЯ ДОРОГА	7 C5
Nekrassowa, Uliza	НЕКРАСОВА, УЛИЦА	7 B1
Nesterowa, Pereulok НЕСТЕРОВА, ПЕРЕУЛОК		1 B3
Neu-Holland		5 B2
Newa-Tor		2 E4
Newski Prospekt НЕВСКИЙ ПРОСПЕКТ		6 D1, 7 A2
Nikolaus-Marine-Kathedrale		5 C4
Nikolskaja Ploschtschad НИКОЛЬСКАЯ ПЛОЩАДЬ		5 C4
Nikolsky Pereulok НИКОЛЬСКИЙ ПЕРЕУЛОК		5 C4
Nowgorodskaja Uliza НОВГОРОДСКАЯ УЛИЦА		4 E5, 8 E1
Nowoadmiralteiskowo kanala, Nabereschnaja НОВОАДМИРАЛТЕЙСКОГО КАНАЛА, НАБЕРЕЖНАЯ		5 A2
Nowokameny Most НОВОКАМЕННЫЙ МОСТ		7 B5

O

Obuchowskaja Ploschtschad ОБУХОВСКАЯ ПЛОЩАДЬ		6 D4
Obuchowski Most	ОБУХОВСКИЙ МОСТ	6 D4
Obuchowskoi Oborony, Prospekt ОБУХОВСКОЙ ОБОРОНЫ, ПРОСПЕКТ		8 F4
Obwodnowo kanala, Nabereschnaja ОБВОДНОГО КАНАЛА, НАБЕРЕЖНАЯ		6 F5, 7 A5
Odesskaja Uliza	ОДЕССКАЯ УЛИЦА	4 E4
Ofizerski Pereulok ОФИЦЕРСКИЙ ПЕРЕУЛОК		1 A3
Oranienbaumskaja Uliza ОРАНИЕНБАУМСКАЯ УЛИЦА		1 B1
Ordinarnaja Uliza	ОРДИНАРНАЯ УЛИЦА	1 C1
Orenburgskaja Uliza ОРЕНБУРГСКАЯ УЛИЦА		3 A2
Orlowskaja Uliza	ОРЛОВСКАЯ УЛИЦА	4 D3
Orlowski Pereulok ОРЛОВСКИЙ ПЕРЕУЛОК		7 C2
Oserny Pereulok	ОЗЕРНЫЙ ПЕРЕУЛОК	7 C1
Ostrowskowo, Ploschtschad ОСТРОВСКОГО, ПЛОЩАДЬ		6 F2
Otschakowskaja Uliza	ОЧАКОВСКАЯ УЛИЦА	4 E4

P

Panteleimonowski Most ПАНТЕЛЕЙМОНОВСКИЙ МОСТ		2 F5
Paradnaja Uliza	ПАРАДНАЯ УЛИЦА	4 D5
Pawlogradski Pereulok ПАВЛОГРАДСКИЙ ПЕРЕУЛОК		7 B5
Penkowaja Uliza	ПЕНЬКОВАЯ УЛИЦА	2 F3
Perekupnoi Pereulok ПЕРЕКУПНОЙ ПЕРЕУЛОК		8 D3
Pestelja, Uliza	ПЕСТЕЛЯ, УЛИЦА	3 A5
Peter-Paul-Kathedrale		2 D4
Peterstor		2 E3
Petra Welikowo, Most ПЕТРА ВЕЛИКОГО, МОСТ		4 F5
Petrogradskaja Nabereschnaja ПЕТРОГРАДСКАЯ НАБЕРЕЖНАЯ		2 F1
Petrowskaja Nabereschnaja ПЕТРОВСКАЯ НАБЕРЕЖНАЯ		2 E3
Petrosawodskaja Uliza ПЕТРОЗАВОДСКАЯ УЛИЦА		1 B1
Petschatnika Grigorjewa, Uliza ПЕЧАТНИКА ГРИГОРЬЕВА, УЛИЦА		7 A4
Pewtscheski Most	ПЕВЧЕСКИЙ МОСТ	2 E5
Pewtscheski Pereulok ПЕВЧЕСКИЙ ПЕРЕУЛОК		2 E2
Pinski Pereulok	ПИНСКИЙ ПЕРЕУЛОК	2 F2
Pionerskaja Ploschtschad ПИОНЕРСКАЯ ПЛОЩАДЬ		6 F4
Pionerskaja Uliza	ПИОНЕРСКАЯ УЛИЦА	1 A2
Pirogowa, Pereulok ПИРОГОВА, ПЕРЕУЛОК		5 C2
Pirogowskaja Nabereschnaja ПИРОГОВСКАЯ НАБЕРЕЖНАЯ		2 F1, 3 A2
Pissarewa, Uliza	ПИСАРЕВА, УЛИЦА	5 A3
Platz der Künste		6 F1
Plutalowa, Uliza	ПЛУТАЛОВА, УЛИЦА	1 C1
Podjesdnoi Pereulok ПОДЪЕЗДНОЙ ПЕРЕУЛОК		6 F4
Podkowyrowa, Uliza ПОДКОВЫРОВА, УЛИЦА		1 C1
Podolskaja Uliza	ПОДОЛЬСКАЯ УЛИЦА	6 E5
Podresowa, Uliza	ПОДРЕЗОВА, УЛИЦА	1 C1
Poljustrowski Prospekt ПОЛЮСТРОВСКИЙ ПРОСПЕКТ		4 F1
Polosowa, Uliza	ПОЛОЗОВА, УЛИЦА	1 C1
Poltawskaja Uliza ПОЛТАВСКАЯ УЛИЦА		7 C3
Potjomkinskaja Uliza ПОТЕМКИНСКАЯ УЛИЦА		3 C4
Potschtamtskaja Uliza ПОЧТАМТСКАЯ УЛИЦА		5 C2
Potschtamtski Most ПОЧТАМТСКИЙ МОСТ		5 C2
Potschtamtski Pereulok ПОЧТАМТСКИЙ ПЕРЕУЛОК		5 C2
Powarskoi Pereulok ПОВАРСКОЙ ПЕРЕУЛОК		7 B2
Pozelujew Most	ПОЦЕЛУЕВ МОСТ	5 B3
Pratschetschny Pereulok ПРАЧЕЧНЫЙ ПЕРЕУЛОК		5 C2

Prawdy, Uliza ПРАВДЫ, УЛИЦА		7 A3
Preobraschenskaja Ploschtschad ПРЕОБРАЖЕНСКАЯ ПЛОЩАДЬ		3 B5
Predtetschenski Most ПРЕДТЕЧЕНСКИЙ МОСТ		7 B5
Prjadilny Pereulok ПРЯДИЛЬНЫЙ ПЕРЕУЛОК		5 B5
Professora Iwaschenzewa, Uliza ПРОФЕССОРА ИВАШЕНЦЕВА, УЛИЦА		8 D3
Professora Katschalowa, Uliza ПРОФЕССОРА КАЧАЛОВА, УЛИЦА		8 F5
Proletarskoi Diktatury, Ploschtschad ПРОЛЕТАРСКОЙ ДИКТАТУРЫ, ПЛОЩАДЬ		4 E4
Proletarskoi Diktatury, Uliza ПРОЛЕТАРСКОЙ ДИКТАТУРЫ, УЛИЦА		4 E4
Pskowskaja Uliza ПСКОВСКАЯ УЛИЦА		5 A4
Pudoschskaja Uliza ПУДОЖСКАЯ УЛИЦА		1 B1
Puschkarski Pereulok ПУШКАРСКИЙ ПЕРЕУЛОК		2 D2
Puschkinskaja Uliza ПУШКИНСКАЯ УЛИЦА		7 B3
Puschkin-Museum		2 E5

R

Radischtschewa, Uliza РАДИЩЕВА, УЛИЦА		3 C5, 7 C1
Rasjesschaja Uliza РАЗЪЕЗЖАЯ УЛИЦА		7 A3
Rastrelli, Ploschtschad РАСТРЕЛЛИ, ПЛОЩАДЬ		4 E4
Reki Fontanki, Nabereschnaja РЕКИ ФОНТАНКИ, НАБЕРЕЖНАЯ		2 F4, 5 A5, 7 A1
Reki Moiki, Nabereschnaja РЕКИ МОЙКИ, НАБЕРЕЖНАЯ		2 E5, 5 A3
Reki Prjaschki, Nabereschnaja РЕКИ ПРЯЖКИ, НАБЕРЕЖНАЯ		5 A3
Rentgena, Uliza РЕНТГЕНА, УЛИЦА		2 D1
Repina, Ploschtschad РЕПИНА, ПЛОЩАДЬ		5 A4
Repina, Uliza РЕПИНА, УЛИЦА		1 B5
Resnaja Uliza РЕЗНАЯ УЛИЦА		1 A1
Rewelski Pereulok РЕВЕЛЬСКИЙ ПЕРЕУЛОК		5 B5
Rimski-Korsakow-Konservatorium		5 B3
Rimskowo-Korsakowa, Prospekt РИМСКОГО-КОРСАКОВА, ПРОСПЕКТ		5 A4
Rischski Prospekt РИЖСКИЙ ПРОСПЕКТ		5 A5
Robespjera, Nabereschnaja РОБЕСПЬЕРА, НАБЕРЕЖНАЯ		3 B4
Romenskaja Uliza РОМЕНСКАЯ УЛИЦА		7 B4
Ropschinskaja Uliza РОПШИНСКАЯ УЛИЦА		1 B2
Rostrasäulen		1 C5
Rubinschteina, Uliza РУБИНШТЕЙНА, УЛИЦА		7 A2
Rusowskaja Uliza РУЗОВСКАЯ УЛИЦА		6 E5
Russisches Museum		6 F1
Rybazkaja Uliza РЫБАЦКАЯ УЛИЦА		1 B2
Rylejewa, Uliza РЫЛЕЕВА, УЛИЦА		3 B5

S

Sablinskaja Uliza САБЛИНСКАЯ УЛИЦА		1 C2
Sacharjewskaja Uliza ЗАХАРЬЕВСКАЯ УЛИЦА		3 B4
Sacharny Pereulok САХАРНЫЙ ПЕРЕУЛОК		3 A1
Sadowaja Uliza САДОВАЯ УЛИЦА		2 F5, 5 A5
Sagorodny Prospekt ЗАГОРОДНЫЙ ПРОСПЕКТ		6 E4, 7 A3
Samkowaja Uliza ЗАМКОВАЯ УЛИЦА		2 F5
Sampsonijewski Most САМПСОНИЕВСКИЙ МОСТ		2 F2
Saperny Pereulok САПЕРНЫЙ ПЛОЩАДЬ		3 B5
Saratowskaja Uliza САРАТОВСКАЯ УЛИЦА		3 A2
Schamschewa, Uliza ШАМШЕВА УЛИЦА		1 C2
Schdanowskaja Nabereschnaja ЖДАНОВСКАЯ НАБЕРЕЖНАЯ		1 A2
Schdanowskaja Uliza ЖДАНОВСКАЯ УЛИЦА		1 A2
Scheremetjew-Palast		7 A1
Schewtschenko, Ploschtschad ШЕВЧЕНКО, ПЛОЩАДЬ		5 B1
Schlossplatz		6 D1
Schpalernaja Uliza ШПАЛЕРНАЯ УЛИЦА		3 A4
Schtigliz-Museum		3 A5
Schtschepjanoi Pereulok ЩЕПЯНОЙ ПЕРЕУЛОК		5 C4
Schtscherbakow Pereulok ЩЕРБАКОВ ПЕРЕУЛОК		7 A2
Schukowa, Uliza ЖУКОВА УЛИЦА		4 F1
Schukowskowo, Uliza ЖУКОВСКОГО, УЛИЦА		7 B1
Schwedski Pereulok ШВЕДСКИЙ ПЕРЕУЛОК		6 E1
Semjonowski Most СЕМЕНОВСКАЯ МОСТ		6 E3
Sennaja Ploschtschad СЕННАЯ ПЛОЩАДЬ		6 D3
Serkalny Pereulok ЗЕРКАЛЬНЫЙ ПЕРЕУЛОК		8 F5
Serpuchowskaja Uliza СЕРПУХОВСКАЯ УЛИЦА		6 E5
Sini Most СИНИЙ МОСТ		5 C4
Sinopskaja Nabereschnaja СИНОПСКАЯ НАБЕРЕЖНАЯ		4 F5, 8 E2
Smeschinsky Most СМЕЖНИЙ МОСТ		6 D2
Sjesdowskaja i 1-ja linija СЪЕЗДОВСКАЯ И 1-Я ЛИНИИ		1 A4
Sjesschinskaja Uliza СЪЕЗЖИНСКАЯ УЛИЦА		1 B3
Smolnaja Nabereschnaja СМОЛЬНАЯ НАБЕРЕЖНАЯ		4 E2
Smolnowo, Alleja СМОЛЬНОГО, АЛЛЕЯ		4 F4
Smolnowo Sad СМОЛЬНОГО САД		4 F4
Smolnowo, Uliza СМОЛЬНОГО, УЛИЦА		4 F3
Smolny-Kloster		4 F4
Smolny-Institut		4 F4
Smolny Projesd СМОЛЬНЫЙ ПРОЕЗД		4 F4
Smolny Prospekt СМОЛЬНЫЙ ПРОСПЕКТ		4 F5
Sodtschewo Rossi, Uliza ЗОДЧЕГО РОССИ, УЛИЦА		6 F2
Sojusa Petschatnikow, Uliza СОЮЗА ПЕЧАТНИКОВ, УЛИЦА		5 A4

Soljanoi Pereulok СОЛЯНОЙ ПЕРЕУЛОК			3 A4
Sommergarten			2 F4
Sommerpalast			2 F4
Soologitscheski Sad ЗООЛОГИЧЕСКИЙ САД			2 D3
Sowetski Pereulok СОВЕТСКИЙ ПЕРЕУЛОК			6 D5
Sozialistitscheskaja Uliza СОЦИАЛИСТИЧЕСКАЯ УЛИЦА			7 A4
Spassky Pereulok СПАССКИЙ ПЕРЕУЛОК			6 D2
Sredni Prospekt	СРЕДНИЙ ПРОСПЕКТ		1 A5
Srednjaja Koltowskaja Uliza СРЕДНЯЯ КОЛТОВСКАЯ УЛИЦА			1 A1
Srednjaja Podjatscheskaja Uliza СРЕДНЯЯ ПОДЬЯЧЕСКАЯ УЛИЦА			5 C3
Starorusskaja Uliza СТАРОРУССКАЯ УЛИЦА			8 D2
Stawropolskaja Uliza СТАВРОПОЛЬСКАЯ УЛИЦА			4 E4
Stoljarny Pereulok СТОЛЕЯРНПЙ ПЕРЕУЛОК			6 D3
Strelninskaja Uliza СТРЕЛЬНИНСКАЯ УЛИЦА			1 C2
Stremjannaja Uliza	СТРЕМЯННАЯ УЛИЦА		7 A2
Stroganow-Palast			6 E1
Suworowskaja Ploschtschad СУВОРОВСКАЯ ПЛОЩАДЬ			2 F4
Suworowski Prospekt СУВОРОВСКИЙ ПРОСПЕКТ			4 D5, 7 C2
Swenigorodskaja Uliza ЗВЕНИГОРОДСКАЯ УЛИЦА			6 F4, 7 A4
Swerdlowskaja Nabereschnaja СВЕРДЛОВСКАЯ НАБЕРЕЖНАЯ			4 D2
Swerinskaja Uliza ЗВЕРИНСКАЯ УЛИЦА			1 B3
Swetschnoi Pereulok	СВЕЧНОЙ ПЕРЕУЛОК		7 A3
Sytninskaja Uliza СЫТНИНСКАЯ УЛИЦА			2 D2

T

Tambowskaja Uliza	ТАМБОВСКАЯ УЛИЦА		7 B5
Tatarski Pereulok ТАТАРСКИЙ ПЕРЕУЛОК			1 C3
Taurischer Palast			4 D4
Tawritscheskaja Uliza ТАВРИЧЕСКАЯ УЛИЦА			4 D5
Tawritscheski Pereulok ТАВРИЧЕСКИЙ ПЕРЕУЛОК			4 D4
Tawritscheski Sad	ТАВРИЧЕСКИЙ САД		4 D4
Teatralnaja Ploschtschad ТЕАТРАЛЬНАЯ ПЛОЩАДЬ			5 B3
Teatralny Most ТЕАТРАЛЬНЫЙ МОСТ			2 F5
Teleschnaja Uliza	ТЕЛЕЖНАЯ УЛИЦА		8 D3
Tiflisskaja Uliza ТИФЛИССКАЯ УЛИЦА			1 C5
Tjuschina, Uliza	ТЮШИНА, УЛИЦА		7 A5
Torgowy Pereulok ТОРГОВЫЙ ПЕРЕУЛОК			6 F3
Transportny Pereulok ТРАНСПОРТНЫЙ ПЕРЕУЛОК			7 B4
Troizki Most	ТРОИЦКИЙ МОСТ		2 E4
Troizki Prospekt ТРОИЦКИЙ ПРОСПЕКТ			5 C45
Trubezkoi-Bastion			2 D4
Truda, Ploschtschad	ТРУДА, ПЛОЩАДЬ		5 B2
Truda, Uliza	ТРУДА, УЛИЦА		5 B2
Tschapajewa, Uliza	ЧАПАЕВА, УЛИЦА		2 F1
Tschechowa, Uliza	ЧЕХОВА, УЛИЦА		7 B1
Tschernomorski Pereulok ЧЕРНОМОРСКИЙ ПЕРЕУЛОК			5 C1
Tschernjachowskowo, Uliza ЧЕРНЯХОВСКОГО, УЛИЦА			7 B5
Tschernyschewskowo, Prospekt ЧЕРНЫШЕВСКОГО, ПРОСПЕКТ			3 B4
Tschernyschewskowo, Sad Imeni ЧЕРНЫШЕВСКОГО, САД ИМЕНИ			8 D2
Tschaikowskowo, Uliza ЧАЙКОВСКОГО, УЛИЦА			3 A4
Tschkalowski Prospekt ЧКАЛОВСКИЙ ПРОСПЕКТ			1 A2
Tulskaja Uliza	ТУЛЬСКАЯ УЛИЦА		4 E5
Turgenewa, Ploschtschad ТУРГЕНЕВА ПЛОЩАДЬ			5 B4
Tutschkow Most	ТУЧКОВ МОСТ		1 A4
Tutschkow Pereulok	ТУЧКОВ ПЕРЕУЛОК		1 A4
Twerskaja Uliza	ТВЕРСКАЯ УЛИЦА		4 D4

U

Uljany Gromowoi, Pereulok УЛЬЯНЫ ГРОМОВОЙ, ПЕРЕУЛОК			7 C1
Uniwersitetskaja Nabereschnaja УНИВЕРСИТЕТСКАЯ НАБЕРЕЖНАЯ			1 C5, 5 B1

W

Watutina, Uliza	ВАТУТИНА, УЛИЦА		4 D1
Wereiskaja Uliza	ВЕРЕЙСКАЯ УЛИЦА		6 E5
Winterpalast			2 D5
Witebskaja Uliza	ВИТЕБСКАЯ УЛИЦА		5 A4
Wladimirskaja Ploschtschad ВЛАДИМИРСКАЯ ПЛОЩАДЬ			7 A3
Wladimirski Prospekt ВЛАДИМИРСКИЙ ПРОСПЕКТ			7 A2
Wodoprowodny Pereulok ВОДОПРОВОДНЫЙ ПЕРЕУЛОК			4 D4
Wolchowski Pereulok ВОЛХОВСКИЙ ПЕРЕУЛОК			1 B4
Wolodi Jermaka, Uliza ВОЛОДИ ЕРМАКА, УЛИЦА			5 A4
Wolokolamski Pereulok ВОЛОКОЛАМСКИЙ ПЕРЕУЛОК			7 A4
Wolynski Pereulok ВОЛЫНСКИЙ ПЕРЕУЛОК			6 E1
Woroneschskaja Uliza ВОРОНЕЖСКАЯ УЛИЦА			7 A5
Woronzow-Palast			6 F2
Woskowa, Uliza	ВОСКОВА, УЛИЦА		1 C2
Wosnessenski Prospekt ВОЗНЕСЕНСКИЙ ПРОСПЕКТ			5 C4
Wosstanija, Ploschtschad ВОССТАНИЯ, ПЛОЩАДЬ			7 C2
Wosstanija, Uliza ВОССТАНИЯ, УЛИЦА			3 C5, 7 C1
Wwedenskaja Uliza ВВЕДЕНСКАЯ УЛИЦА			1 C2
Wwedenskowo kanala, Nabereschnaja ВВЕДЕНСКОГО КАНАЛА, НАБЕРЕЖНАЯ			6 E4
Wwedenskowo kanala, Uliza ВВЕДЕНСКОГО КАНАЛА, УЛИЦА			6 F5
Wyborgskaja Uliza ВЫБОРГСКАЯ УЛИЦА			3 A1

Z

Ziolkowskowo, Uliza	ЦИОЛКОВСКОГО, УЛИЦА		5 A5
Zirkus			7 A1
Zoologisches Museum			1 C5
Zwölf Kollegien			1 C5

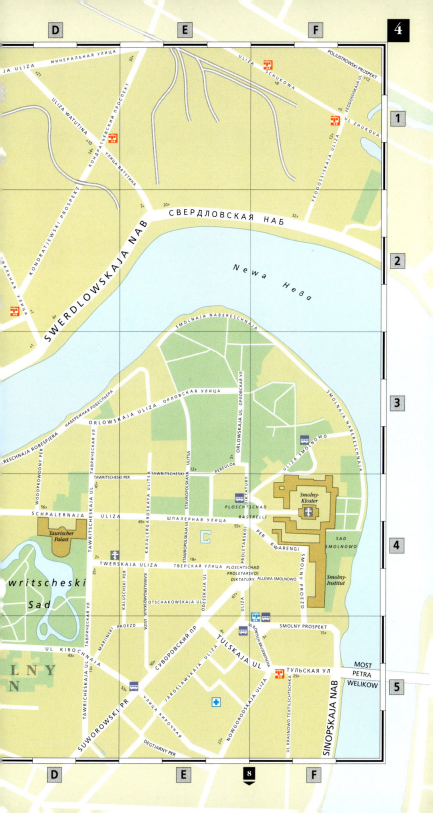

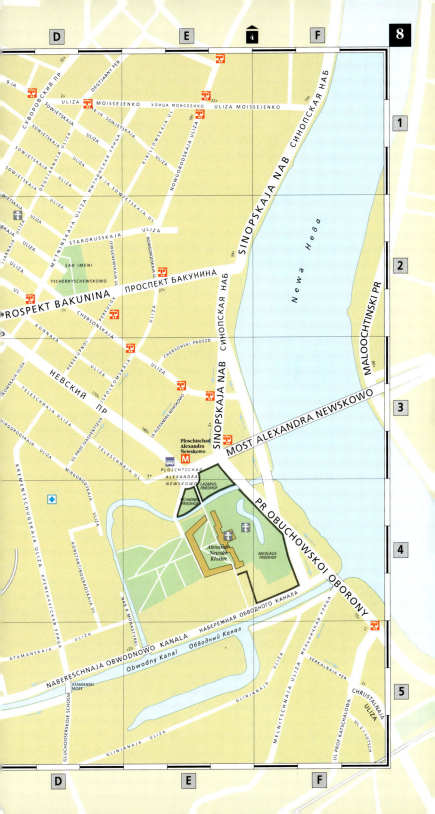

Textregister

Gefettete Seitenzahlen beziehen sich auf den Haupteintrag.

1913 (Hotel) 182
7–40 (Hotel) 182

A

Abamelek-Lasarew, Fürst 134
Abbado, Claudio 194
Abrahams Opfer (Rembrandt) 86
Achatpavillon (Zarskoje Selo) 152
Achmatowa, Anna 44, **129**
  Anna-Achmatowa-Museum 41, 129
  »Biwak der Komödianten« 134
  Porträt von Natan Altman 43
Adam, Jegor
  Brückenpassage 35
  Sängerbrücke 37, 112
Adamini, Domenico 134
Adamini-Haus 134
Admiralität **78**
  Detailkarte 77
Admiralität (Zarskoje Selo) 152
Admiralitätsgarten 46
Adressen 201
Aeroflot-Büro 46
Ägyptische Brücke 37
  Highlights: Brücken und Wasserstraßen 34
Aiwasowski, Iwan 106
Akademie der Künste 19, 40, **63**
Akademie der Wissenschaften 25
  Detailkarte 58
Akademische Kapelle **112**, 195
Akimow-Komödientheater 195
Akwarel 180
Alexander I., Zar
  Alexander-Säule 83
  Alexanderpalast (Zarskoje Selo) 153
  Gonzaga-Kamee 88
  Jelagin-Insel 126
  Kamennoostrowski-Palast 136
  Lyzeum (Zarskoje Selo) 153
  Napoleonische Kriege 22
  Rossi, Carlo 110
Alexander II., Zar
  Attentatsversuch 135
  Erlass zur Gleichstellung 23
  Erlöserkirche 100
  Ermordung 26, 92, 100, 134
  Grab 68f
  Winterpalast 93
Alexander III., Zar 26
  Anitschkow-Palast 109
  Erlöserkirche 100
  Fabergé-Eier 82
  Gattschina 145
  Russisches Museum 104
  Statue 94
Alexanderpalast (Zarskoje Selo) 153
Alexandersäule 83
Alexandr-Newski-Brücke 37
Alexandr-Newski-Kloster **130f**, 195
Alexandra, Zarin (Gemahlin von Nikolaus I.) 148
Alexandra-Park (Peterhof) 148
Alexandrinski-Theater 110, 195
Alexandrowski-Park 70
Alexei, Zar 17
Alexei, Zarewitsch
  Peter-Paul-Festung 66
  Trubezkoi-Bastion 69

Alfabank 206
Alkohol 178f
Altes Zollhaus 180
Altman, Natan 43
Ambulanz 204, 205
Amenemhet III., Pharao 88f
Amenophis III., Pharao 63
American Express 206
American Medical Center 205
Ananove 191
Andreaskathedrale **63**
Andrei Wladimirowitsch, Großfürst 72, 121
Andrejewski Rynok 191
Andropow, Juri 30, 31
Angelico, Fra 90
Angleterre (Hotel) 173
Anglia (Laden) 191
Anikuschin, Michail 101, 131
Anitschkow, Michail 109
Anitschkow-Brücke 37
  Highlights: Brücken und Wasserstraßen 35
  Statuen 49
Anitschkow-Palast 49, **109**, 110
Anna (Laden) 191
Anna, Zarin 19
Anna-Achmatowa-Museum 41, **129**
Anthès, Georges d' 83, 113
Antikwariat 191
Antiquitäten
  Exportgenehmigungen 186f
  Läden 190
Antwerpen 185
Aphrodite 182
Apotheken 205
Apothekerinsel 136
Apraxin, Familie 111
Apraxin-Markt **111**, 191
Apyschkow, Wladimir 136
Araktschejew, Fürst Alexei 135
Architektur
  Jugendstil 65, **71**
Archiv des Kriegsministeriums
  Detailkarte 66
Argunow, Fjodor 129
Aristow, Leonid 82
Armenische Kirche 48, **108**
Artilleriemuseum 41, **70**
Asija 185
Assignatenbank 135
Astoria Hotel **79**, 170, 173
  Detailkarte 77
  Geldautomaten 206
Aufhebung der Leibeigenschaft (1861) 23
Aufklärung 24f
Aurora (Kino) 195
Aurora siehe Kreuzer Aurora
Ausflüge 200
Austerlitz, Schlacht von (1805) 22
Austeria (Restaurant) 180
Austrian Airlines 212
Autos
  Autofahren 221
  Autovermietung 221
  Privatautos 219
Avantgarde 29, 107

B

Bach, Robert 120
Bachmatow, Iwan 162
Bagdad (Café) 185

Bagrationi (Restaurant) 183
Bakst, Léon 45, 107
  Ballets Russes 119
  Bildnis von Sergej Diaghilew 104
Ballett **194**, 195
  Ballett in St. Petersburg 118
  Ballets Russes 107, 118, **119**
  »Die Welt der Kunst« 26
  Tänzer und Choreographen 45
  Zaristische Ballettschule 110
Baltic Airlines 203
Baltischer Bahnhof 221
Balzac, Honoré de 94
Bankbrücke 37
  Highlights: Brücken und Wasserstraßen 35
Banken 206
Banknoten 207
Baranowski, Gawriil
  Buddhistischer Tempel 137
  Jelissejew 71, **109**
Barbazan 183
Barbizon, Schule von 91
Barclay de Tolly, Michail
  Statue 111
Barrikada-Kino 46
Bars 183, **196**, 197
  Öffnungszeiten 175
Basare 187,191
Baschenow, Wassili 101
Basquiat, Jean-Michel 94
Beauharnais, Josephine 88
Beethoven, Ludwig van 101
Behinderte Reisende **202**
  Hotels 167
  Restaurants 175
Behrens, Peter 76, 79
Belagerung von Leningrad (1941-44) 27
  Denkmal der Verteidiger Leningrads 41
  Eremitage 85
  Piskarjowskoje-Friedhof 126
  Siegesdenkmal 131
Belosselski-Beloserski-Palast 49, 195
Bely, Andrei 44
Benua, Alexandr 117
  Ballets Russes 119
  »Die Welt der Kunst« 45, 107
Benua, Leonti 104,112
Benua-Haus
  Detailkarte 117
Benzin 221
Beresta 182
Beresta Palace (Hotel) 173
Bergholz, Olga 126
Bernini, Gian Lorenzo 47
Bessel und Co. 49
Bibliotheken
  Bibliothek der Akademie der Wissenschaften 59
  Puschkin-Museum 113
  Russische Nationalbibliothek 48
Bildnis von E. J. Nelidowa (Lewizki) 106
Bildnis von Sergej Diaghilew (Bakst) 104
Birschtube 185
Bistro Sadko 197
Blank, Iwan 149
»Blaue Reiter, Der« 107
Blok, Alexander 44, 134
»Blutsonntag« (1905) 26, 73, 83

TEXTREGISTER

Bogoljubow, Wenjamin 116
Bogoljubski, Fürst Andrei 161
Bolschaja Morskaja Uliza 122
Bolschaja Selenina Uliza Nr. 28 71
Bolschewiken
  Finnischer Bahnhof 126
  Russische Revolution 27
  Smolny-Institut 128
  Villa Kschessinskaja 72
Bolschoi Prospekt (Wassiljewski-Insel) **62**
Bonazza, Giovanni 149
Bootshaus (Peter-Paul-Festung)
  Detailkarte 67
Borei 191
Borodin, Alexandr 44
Borodino, Schlacht von (1812) 23
Botanischer Garten 136
Botschaften **202**, 203
Boucher, François 91
Braunstein, Johann 148
Brenna, Vincenzo
  Ingenieursschloss 101
  Gattschina 145
  Pawlowsk 156, 157, 158, 159
Breschnew, Leonid 30, 53
  Tod 31
Brest-Litowsk, Friedensvertrag von (1917) 29
Bristol (Bar) 185
British Airways 212
Brjullow, Alexandr
  Evangelische Kirche 112
  Hauptquartier der Wache 83
  Isaakskathedrale 80
  Leutnant-Schmidt-Brücke 34, **63**
  Marmorpalast 94
  Winterpalast 93
Brjullow, Karl 161
  Der letzte Tag von Pompeji 105, 106
  Isaakskathedrale 81
Brodsky, Joseph 44
Brücken **34**ff
  Dreifaltigkeitsbrücke 65
  Leutnant-Schmidt-Brücke **63**
  Öffnungszeiten 201
  Panteleimonbrücke 99
  Sängerbrücke 37, 112, 135
  Brückenpassage
  Highlights: Brücken und Wasserstraßen 35
Brullo, Nikolai 122
Buchhandlungen 190
Buddhistischer Tempel 137
Bukvojed 191
Burez Salon 191
Bürgerkrieg (1918-20) 27, 29
Busbahnhof 2 221
Busse 216f
  Busreisen 212
Byron, Lord 113

C

Cafés 174
  Kleine Mahlzeiten und Imbisse 183ff
  Öffnungszeiten 175
Cameron, Charles
  Chinesisches Dorf (Zarskoje Selo) 152
  Pawlowsk 25, 156, 157, 158, 159
  Zarskoje Selo 150, 151, 152

Cameron-Galerie (Zarskoje Selo) 152
Camping 168, **169**
Canova, Antonio 90
Caravaggio, Michelangelo da
  Der Lautenspieler 90
Cat (Bar) 185
Caviar Bar 181
Cézanne, Paul 91, 107
Chabrol, Vincent 35
Chagall, Marc 45
  Der Zirkus 45
  Russisches Museum 104, 107
Chardin, Jean-Baptiste
  Stilleben mit den Attributen der Künste 91
Chinesischer Palast (Oranienbaum) 141, 144
Chinesisches Dorf (Zarskoje Selo) 152
Choreographen **45**, 118
Christi-Verklärungs-Kathedrale **127**, 190
Christi-Verklärungs-Kirche (Nowgorod) 162
Chruschtschow, Nikita 30
Chudoschestwennyje promysly 191
Ciniselli, Giuseppe 193
Cocteau, Jean 43
Corinthia Newski Palace Hotel 171, 173
Corot, Camille 91
Corps des Pages 111
Cosmos 166, 168, 193, 202, 203, 213, 221
Cottage-Palast (Peterhof) 148
Cox, James 85
Cranach, Lucas d. Ä.
  Venus und Cupido 90
Csardas 180

D

Daddy's Steak Room 185
Dante Alighieri 113
Danzas, Konstantin 83
Daschkowa, Fürstin Jekaterina 110
Datscha 50, 51
  Wohnen auf einer Datscha 169
Davidov's 181
Dawidow, Iwan 149
Degas, Edgar 91
Dekabristenaufstand (1825) **23**, 111
  Kommandantenhaus 69
Dekabristenplatz 78
  Detailkarte 76
Delacroix, Eugène 91
Demerzow, Fjodor 135
Demidow (Restaurant) 183
Demidow, Pjotr 122
Demjanowa ucha 180
Demut-Malinowski, Wassili 83, 105
Denisow-Nikolajew (Laden) 185
Denkmäler
  Denkmal der Verteidiger Leningrads 41
  Denkmal für Rimski-Korsakow 116
  Siegesdenkmal **131**
Desserts 177
Detinez 183, 185
DHL International Centre 209
DHL International Express 209
Diaghilew, Sergej 43, 45
  Baksts Porträt 104

Ballets Russes 119
»Die Welt der Kunst« 107
Taurischer Palast 128
Diderot, Denis
  Katharina die Große 24, 91
  Mjatlew-Haus 79
Diskotheken **196**, 197
DLT 191
Dolgorukow, Familie 136
Dom Knigi 47, 135, 191
Dom Wojennoi Knigi 191
Donskoi, Fürst Dmitri 17
Dostojewski, Fjodor **123**, 135
  Dostojewski-Museum 41, **130**
  Grab 131
  Ingenieursschloss 101
  Inhaftierung 69
  Literaturcafé 83
  Malaja Morskaja Uliza 82
  Schuld und Sühne 43, 44
Dreifaltigkeit (Rubljow) 163
Dreifaltigkeitsbrücke 37, 65
  Highlights: Brücken und Wasserstraßen 35
Dreifaltigkeitskathedrale 130
Dreifaltigkeitsplatz **73**
Dreißigjähriger Krieg 149
Dschas Filarmonik choll 197
Duma-Turm 48
Duncan, Isadora 79
Dyck, Anthonis van 90, 130

E

E-Mail 209
Ea Haere Ia Oe (Gauguin) 87, 91
Eherne Reiter, Der (Falconet) 75, **78f**
  Detailkarte 76
eherne Reiter, Der (Puschkin) 37, 69, **78**
Eifman, Boris 194
Einkaufen **186**ff
  Bezahlung 186
  Bücher 190
  Handeln 186
  Kaufhäuser 187, 191
  Kunst und Antiquitäten 186f, 190
  Märkte und Basare 187, 191
  Mode und Accessoires 190
  Museumsläden 187
  Öffnungszeiten 186
  Souvenirs und Kunsthandwerk 190
  Sowjet-Memorabilien 190
  Was kauft man in St. Petersburg? 188f
  Wodka und Kaviar 190
Eintrittspreise 200
Eisenbahn *siehe* Züge
Eisenbahnmuseum 41, **123**
El Greco 90
Elektrizität 203
Elisabeth, Zarin (Frau von Alexander I.) 157
Elisabeth, Zarin **19**
  Anitschkow-Palast 49, 109
  Christi-Verklärungs-Kathedrale 127
  Monplaisir (Peterhof) 148
  Peterhof 146
  Smolny-Kloster 128
  Tod 22

Zarskoje Selo 141, 150, 152
Winterpalast 92
Ellingtonowski sal 197
Engel mit dem Goldhaar (Ikone) 106
Englischer Kai 121
Eremitage 40, **84ff**
  Antike Kunst 88
  Europäische Kunst des 19. und 20. Jahrhunderts 91
  Flämische, niederländische und deutsche Kunst 90
  Französische und englische Kunst 90f
  Grundrissplan 86f
  Highlights: Paläste und Museen 38
  Italienische und spanische Kunst 90
  Orientalische Kunst 88f
  Prähistorische Kunst 88
  Russische Kunst 89
  Winterpalast 92f
Eremitage (Peterhof) 148
Eremitage (Zarskoje Selo) 152
Eremitage-Theater 34, 195
Erlöserkirche **100**, 134
  Detailkarte 98
Erster Weltkrieg 26f
Essen und Trinken
  Gesundheitsvorsorge 205
  Kleine Mahlzeiten und Imbisse 183ff
  Was isst man in St. Petersburg? 176f
  Was trinkt man in St. Petersburg? 178f
  siehe auch Restaurants
Europcar 221
Evangelische Kirche 47, **112**
Ewige Flamme 94
Ewropa (Restaurant) 182
Exportgenehmigungen
  Kunst und Antiquitäten 186f

F

Fabergé 82
  Fabergé-Eier **82**
  Fabergé-Haus **82**
Fabergé, Agathon 82
Fabergé, Carl 82
Fabergé, Gustav 82
Facettenpalast (Nowgorod) 160
Fahrkarten 217
  U-Bahn 215
Fähren 212
  Fährhafen 212
Falconet, Etienne-Maurice 91
  Der Eherne Reiter 22, 75, 76, **78f**
Farfor 191
Farfor, Chrustal, Steklo 191
Faschoutdinow, Emil 45
Fax 209
Feiertage 53
Felten, Juri
  Armenische Kirche 48, 108
  Große Eremitage 84
  Kirche Johannes' des Täufers 136
  Kleine Eremitage 85
  Knarrende Laube (Zarskoje Selo) 152

Peterhof 147
Sommergarten 95
Tscheschme-Kirche 130
Tscheschme-Palast 130
Feofan Grek 162
Fernsehen 209
Festival der Festivals 51
Festivals **50ff**
  Stars der Weißen Nächte 193
Feuerwehr 205
Film *siehe* Kino
Filonow, Pawel 45
Finnair 212
Finnischer Bahnhof **126**, 212, 221
Finnischer Meerbusen 141
  Anreise 221
  Schiffsfahrten 218
  Tragflächenboot 22i
Finnord 212
Fish Fabrique 197
Flottentag 51
Flughäfen 210, 212
Flugreisen **210f**, 212
  Reisen zwischen Moskau und St. Petersburg 211
Flüsse 36
  Flussfahrten 218f
  Entlang den Wasserstraßen St. Petersburgs 134f
Flussterminal 212
Fokin, Michail 45
  Ballets Russes 119
  Ballett in St. Petersburg 118
  Haus am Theaterplatz 117
Folklore 194, 195
Follenweiders Villa 137
Fomin, Iwan 134, 137
Fontana, Giovanni-Maria
  Menschikow-Palast 62
  Oranienbaum 144
Fontana, Ludwig
  Grand Hotel Europa 98, 101
Fontänen
  Peterhof 149
Fontanka 36, 125
  Kanalfahrten 218
Fotografieren 203
Fragonard, Jean Honoré 90f
Franchioli, Enrico 119
Freilichtmuseum für Holzbaukunst (Nowgorod) 162
Friedhöfe
  Lazarusfriedhof 131
  Piskarjowskoje-Friedhof 126
  Tichwiner Friedhof 131
Friedrich Wilhelm I., König von Preußen 151
Friedrich, Caspar David 91
Frühling in St. Petersburg 50
Frühstückspensionen 169
Führungen 200
Futurismus 107

G

Gabriadse, Reso
  Vogelstatue 99
Gagarin, Juri 30
Gagarina, Fürstin 122
Galerien *siehe* Museen und Galerien
Gardekavallerie 79
Gärten *siehe* Parks und Gärten
Gattschina 141, **145**

Anreise 220
Tagesausflüge 184
Gaudí, Antonio 71
Gauguin, Paul 91
  Ea Haere Ia Oe 87, 91
Gauswald, Jewgenija 137
Gaweman, Adolf 62
Ge, Nikolai 109
»Geheimes Haus« 66, 69
Geisler, Michail 122
Geldautomaten 206
Geldwechsel 206
Generalstabsgebäude 135
Gergijew, Waleri 194
Geschichte **17ff**
Gesundheitsvorsorge 204, 205
Getränke
  Was trinkt man in St. Petersburg? 178f
Giorgione 90
Glasnost 30
Glinka, Michail 44
  Akademische Kapelle 112
  Grab 131
  Porträt von Repin 44
  Statue 120
Godunow, Boris, Zar 17
Gogen, Alexander von 71
  Villa Kschessinskaja 71, 72
Gogh, Vincent van 91
Gogol, Nikolai 42, 44
  Alexandrinski-Theater 110
  Malaja Morskaja Uliza 82
  Newski Prospekt 108
  Puschkins Datscha (Zarskoje Selo) 153
  Swerkow-Haus 135
Golowin, Alexandr 119
Gontscharowa, Natalija (Malerin) 107
  Der Radfahrer 40, 107
Gontscharowa, Natalija (Puschkins Frau) 83
  Puschkin-Museum 113
  Puschkins Datscha (Zarskoje Selo) 153
Gorbatschow, Michail 30, 31
Gorki, Maxim
  Porträt von Repin 144
Gostiny Dwor 15, **96ff**
  Erlöserkirche **100**
  Karte 97˙
  Platz der Künste 98f
  Russisches Museum **104ff**
  Stadtteilkarte 97
Gostiny dwor (Kaufhaus) 48, **108**, 191
Graf Suworow 181
Grand Hotel Europa **101**, 171, 173
  Geldautomaten 206
  Detailkarte 98
Greuze, Jean-Baptiste 91
Gribojedow, Alexandr 47
Gribojedow (Nachtklub) 197
Gribojedow-Kanal 36, 47
  Kanalfahrten 218
  Entlang den Wasserstraßen St. Petersburgs 134f
Grigorjew, Boris
  Meyerhold-Porträt 107
Gril Master 185
Grin krest 185
Große Kaprice (Zarskoje Selo) 152

TEXTREGISTER

Große Marstallbrücke 134
Großer Oktober-Konzertsaal 195
Großer See (Zarskoje Selo) 152
Großes Dramentheater 195
Großes Puppentheater 193
Großfürstengruft 69
  Detailkarte 67
Gushe 185
Guslisti, Boris 122

H

Handeln 186
Hanska, Gräfin Eveline 94
Hauptpostamt **122**, 209
Haus der Mode 47, 135
Haus des Buches 71
Haus Peters des Großen 41, **73**
Havana Club 197
Heine, Heinrich 113
Herbst in St. Petersburg 52
Hermann, Josef 80
Hertz 221
Herzen-Universitätsherberge 168
Hitler, Adolf 79
Hochzeit Kaiser Konstantins, Die (Rubens) 93
Holiday Hostel 168
Holländische Kirche 47, 135
Hollywood Nites 196, 197
Hotel Desson-Ladoga 172
Hotels **166ff**
  Ausstattung 166
  Behinderte Reisende 167
  Beliebte Hotels 170f
  Jugendherbergen 168f
  Kinder 167
  Lage der Hotels 166
  Preise 166f
  Preisgünstige Hotels 168
  Reservierung 166, 168
  Sicherheit 167
  Zusätzliche Kosten 167
Hotelschiff Peterhof 170, 173
Houdon, Jean-Antoine 91
  Statue von Voltaire 87
Hygienemuseum
  Detailkarte 99

I

Idealnaja Tschaska 185
Idiot (Bar) 197
Ikonen **163**
  Russisches Museum 106
Ikonostase 163
Imperial (Restaurant) 182
Ingal, Wladimir 116
Inkombank 206
Innentheater 193
Insektenschutzmittel 205
Institut für russische Literatur
  Detailkarte 59
Internationaler Frauentag 50, 53
Isaak von Dalmatien 76
Isaakskathedrale 23, 75, **80f**
  Detailkarte 76
Isaaksplatz **79**
  Detailkarte 76f

Issajewa, Wera 126
Iskusstwo 191
Iwan I., Zar 17
Iwan III., Zar 17, 161
  Nowgorod 160
Iwan IV. «der Schreckliche», Zar 17
  Nowgorod 160
Iwan V., Zar 18, 19
  Strelitzenaufstand 20
Iwan VI., Zar 69
Iwanow, Wiktor
  Lenin-Porträt 28
Iwanstor 68
  Detailkarte 67

J

Jacot, Paul 101,135
James Cook 197
Jaroslaw der Weise 161
Jaroslaw-Hof (Nowgorod) 161
Jazz 196, 197
  Dsches-Filarmonik choll 197
  The White Nights Swing, Jazzfestival 51
  JFC Jazz Club 197
Jefimow, Nikolai 77
Jegorow, Pjotr 95
Jelagin-Insel
  Spaziergang über die Jelagin- und Steininsel 136f
Jelagin-Palast 40, **126**
  Spaziergang über die Jelagin- und Steininsel 137
Jelissejew 49, **109**, 191
Jelissejew, Pjotr 109
Jelzin, Boris 30, 31
  Verfassungstag 53
Jessenin, Sergej 79
Jimi Hendrix (Rock-Klub) 197
Johanniterorden 159
Jubileiny dworez sporta 197
Jugendstil 65, **71**
  Jelissejew 109
  Kamennoostrowski Prospekt 70
  Villa Kschessinskaja 72
Jurjew-Kloster 162
Jussupow, Familie 116,120
Jussupow, Fürst Felix 111, 121
Jussupow-Palast 40, **120**
  Detailkarte 116
Jussupow-Theater 195

K

Kabakow, Ilja 94
Kafe Sankt-Peterburg 185
Kafe Tscharodeika 185
Kafe Wena 185
Kalif 180
Kalter Krieg 27
Kamennoostrowski-Palast 136
Kamennoostrowski Prospekt **70**
  Jugendstil 71
Kamennoostrowski-Theater 136
Kamenski, Walentin 131
Kanäle **34ff**
  Bootsfahrten 218f
  Entlang den Wasserstraßen St. Petersburgs 134f
Kandinsky, Wassily 39, 104, 107
Karl XII., König von Schweden
  Schlacht von Poltawa 18, 21, 68

Karsawina, Tamara 119
Karten
  Beliebte Hotels in St. Petersburg 170f
  Entwurf der neuen Stadt 20f
  Großraum St. Petersburg 12f, 125
  Highlights: Brücken und Wasserstraßen 34f
  Highlights: Paläste und Museen 38f
  Isaaksplatz 76f
  Kartenteil 222ff
  Newski Prospekt 46ff
  Palastufer 75
  Peter-Paul-Festung 66f
  Petrogradskaja 65
  Platz der Künste 98f
  Russische Föderation 10f
  Sennaja Ploschtschad 115
  Entlang den Wasserstraßen St Petersburgs 134f
  Spaziergänge in St. Petersburg 133
  Spaziergang`über die Jelagin- und Steininsel 136f
  St. Petersburger Persönlichkeiten 42f
  St. Petersburg und Umgebung 11
  Strelka 58f
  Theaterplatz 116f
  Tichwiner Friedhof 131
  U-Bahn 215
  Umgebung von St. Petersburg 142f
  Wassiljewski-Insel 57
  Zarskoje Selo 153
  Zentrum von St. Petersburg 14f
Kasinos **196**, 197
Katharina I., Zarin 19, **21**
  Andreaskathedrale 63
  Fürst Menschikow 62
  Sommerpalast 95
  Zarskoje Selo 150
Katharina II. «die Große» 19, **22**, **24f**, 93, 108
  Alexanderpalast (Zarskoje Selo) 153
  Anitschkow-Palast 109
  Denkmal 110
  Der Eherne Reiter (Falconet) 78, 79
  Eremitage 84, 85, 86, 87, 88, 90 , 91
  Gattschina 145
  Gribojedow-Kanal 36
  Haus Peters des Großen 73
  Marmorpalast 94
  Monplaisir (Peterhof) 148
  Oranienbaum 144
  Pawlowsk 156,158, 159
  Peterhof 147
  Smolny-Kloster 128
  Sommergarten 95
  Statue 49
  Taurischer Palast 128
  Tscheschme-Palast 130
  Voltaires Bibliothek 110
  Zarskoje Selo 141, 150, 152
Katharinenpalast *siehe* Zarskoje Selo
Katharinenpark (Zarskoje Selo) 152

Kathedrale Unserer Lieben Frau von
  Kasan 33, 47, **111**
Kirchenmusik 195
Entlang den Wasserstraßen
  St. Petersburgs 135
Kathedrale
  Andreaskathedrale **63**
  Christi-Verklärungs-Kathedrale
    127
  Dreifaltigkeitskathedrale 130
  Isaakskathedrale
    23, 75, 76, **80f**
  Kathedrale Unserer Lieben Frau
    von Kasan 33, 47, **111**
  Nikolauskathedrale
    (Nowgorod) 161
  Nikolaus-Marine-Kathedrale
    115, 117, **120**
  Peter-Paul-Kathedrale 19, 41,
    67, **68f**
  Smolny-Kathedrale 128, 195
  Sophienkathedrale (Nowgorod)
    141, **160**, 161
  siehe auch Kirchen
Kaufhäuser **187**, 191
Kaviar
  Läden 190
  Was isst man in St. Petersburg?
    176
Kavkaz Bar (Restaurant) 180
Kawos, Albert
  Mussorgski-Theater für Oper
    und Ballett 101
  Bolschaja Morskaja Uliza 122
  Hauptpostamt 122
  Kamennoostrowski-Theater
    136
  Mariinski-Theater 119
Kelch 82
Kendimen 197
Kerenski, Alexandr 29, 145
Khlebosolye 185
Kiew 17
Kinder 203
  Hotels 167
  Restaurants 175
  Unterhaltung 193
Kinderphilharmonie 193
Kino 195
  Festival der Festivals 51
  Leningrader Filmstudios 70
  Regisseure 45
Kinoteatr Leningrad 195
Kinoteatr Spartak 195
Kiprenski, Orest 45
Kirchen (allgemein)
  Besuch 200f
  Musik **194**, 195
Kirchen
  Armenische Kirche 48, **108**
  Christi-Verklärungs-Kirche
    (Nowgorod) 162
  Erlöserkirche 98, **100**, 134
  Evangelische Kirche 47, **112**
  Holländische Kirche 47, 135
  Katharinenkirche 48
  Kirche der heiligen Frauen
    (Nowgorod) 161
  Kirche der drei Heiligen 63
  Kirche Johannes' des Täufers
    136
  Mariä-Erscheinungs-Kirche
    (Nowgorod) 162
  Mariä-Verkündigungs-Kirche
    130

Palastkirche (Zarskoje Selo) 153
Paraskewa-Pjatniza-Kirche
  (Nowgorod) 161
Prokopiuskirche (Nowgorod)
  161
Theodor-Stratilates-Kirche
  (Nowgorod) 162
Tscheschme-Kirche 130
siehe auch Kathedralen
Kirow, Sergej 70
  Ermordung 27, 41, 72, 129
  Kirow-Museum **72**
Kirow-Ballett *siehe* Mariinski-
  Ballett
Kirow-Museum 41, **72**
Kirow-Theater *siehe* Mariinski-
  Theater
Klangwege 52
Klassische Musik **194**, 195
Kleidung
  Kirchenbesuch 200
  Läden 190
Kleine Marstallbrücke 37, 134
Klenze, Leo von 84
Klima 50ff
Klinikkomplex 205
KLM 212
Klodt, Pjotr 80
  Anitschkow-Brücke 35, 49
  Denkmal für Nikolaus I. 77, 79
  Grab 131
  Statue von Iwan Krylow 95
Klöster
  Alexander-Newski-Kloster
    130f, 195
  Jurjew-Kloster 162
  Smolny-Kloster 128
Klub Astorija 197
Klub Monro 197
Klub Port 197
Klub 69 197
Knarrende Laube (Zarskoje Selo)
  152
Kneipen **184**,185
Kneller, Sir Godfrey 91
Knischnaja lawka pissatelei 191
Kochubey 182
Königliche Porzellanmanufaktur 25
Kokorinow, Alexandr 63
Kolokolnikow, Fedot 120
Kolokolnikow, Menas 120
Komissarschewskaja-Theater 195
Kommandantenhaus 41, **69**
  Detailkarte 66
Kommunikation **208f**
Kommunismus
  Russische Revolution 28f
Konstantin, Großherzog 23
Konsulate **202**, 203
Koreakrieg (1950–54) 30
Korsar 185, 197
Kosaken
  Russische Revolution 28
Kosinzew, Grigori 42, 45, 70
Koslowski, Michail 149
Kosmonautentag 50
Kramskoi, Iwan 106
  Grab 131
Kreatyur 185
Krankenhäuser 205
Kreditkarten 201, **206**
  Hotels 166
  Läden 186
  Restaurants 174
Kremer, Gidon 194

Kreml (Nowgorod) 141, **160f**
Krestowka 136
Krestowski-Insel 136,137
Kreuzer *Aurora* **73**
  Russische Revolution 29, 41
Kriminalität 204
Kristall 191
Kristal-Palas 195
Krjukow-Kanal 36
Krokodil 182, 185
Kronschtadter Aufstand (1921) 27
Kropotkin, Fürst Pjotr 69
Krunk 182
Krylow, Iwan
  Grab 131
  Statue 95
Kschessinskaja, Matilda 45, **72**
  Ballettschuhe 118
  Villa Kschessinskaja 72
Kubakrise (1962) 30
Kulturministerium 186f
Kunst
  Bildende Künstler **45**
  Exportgenehmigungen 186f
  Ikonen **163**
  Läden 190
  siehe auch Museen und
    Galerien
Kunsthandwerk 190
Kunstkammer 41, **60f**
  Detailkarte 58
Kurierdienste 209
Kusnetschny Rynok 191
Kutusow, Michail
  Grab 111
  Sieg über Napoleon 23, 111
  Statue 111
Kyrill, Heiliger 17, 201
Kyrillisch 201

L

La Chandeleur 185
La Cucaracha 197
Lackarbeiten 189
Ladogasee 141
Laika 30
Laima 185
Lampi, Johann 158
Landé, Jean-Baptiste 110, 118
Landgüter
  Gattschina **145**
  Oranienbaum **144f**
  Pawlowsk **156ff**
  Peterhof **146ff**
  Zarskoje Selo **150ff**
Landskrona 183
La Plage 197
Larionow, Michail 107
Lasarew, Ioakim 108
La Strada 181
Laternenbrücke 37
Lautenspieler, Der (Caravaggio) 90
Lazarusfriedhof 131
Le Blond, Jean Baptiste
  Fontänen in Peterhof 149
  Großer Palast (Peterhof) 146,
    147
  Peterhof-Park 148
Le Français (Bistro) 182
Lehrertag 52
Lemaire, François 80
Lena (Laden) 191
Lenin, Wladimir 61, 94
  Finnischer Bahnhof 126

Neue Ökonomische Politik 27
Panzerwagen 70
Porträt 28
Russische Revolution 28, 83
Smolny-Institut 128, 129
Statue 126,129
Villa Kschessinskaja 72
Was tun? 26
Leningrader Filmstudios (Lenfilm) 70
Leonardo da Vinci
Madonna Litta 86, 90
Lermontow, Michail 83
Lesnoi 185
letzte Tag von Pompeji, Der (Brjullow) 105, 106
Leutnant-Schmidt-Brücke 37, **63**
Highlights: Brücken und Wasserstraßen 34
Lewinson, Jewgeni 126
Lewitan, Issaak 107
Lewizki, Dmitri 45, 161
Bildnis von E. J. Nelidowa 106
Lichtenstein, Roy 94
Lidwal, Fjodor
Grand Hotel Europa 101
Hotel Astoria 79
Kamennoostrowski Prospekt 70, 71
Lissitzky, El 107
Liszt, Franz 129
Liteiny-Brücke 37
Liteiny-Theater 195
Literaturcafé 46, **83**, 181
Entlang den Wasserstraßen St. Petersburgs 135
Liwerpul 197
Lobanow-Rostowski-Palast
Detailkarte 77
Locke, John 91
Lomonossow
siehe Oranienbaum
Lomonossow, Michail 45
Denkmal 58
Grab 131
Oranienbaum 145
Statuen 25, 61
Lomonossow-Brücke 37
Highlights: Brücken und Wasserstraßen 35
Lorrain, Claude 90
Löwenbrücke 37
Detailkarte 117
Highlights: Brücken und Wasserstraßen 34
Lucchini, Giovanni 60
Ludwig XVI., König von Frankreich 158
Ludwig, Irene 94
Ludwig, Peter 94
Lufthansa 212
Lumière, Brüder 70
Lwow, Fürst 29
Lwow, Nikolai 122
Ljalewitsch, Marijan 47
Lyzeum (Zarskoje Selo) 41, 153

M

M 111 197
Madonna Litta (Leonardo da Vinci) 86, 90
Mahl im Kloster, Das (Perow) 105
Malaja Morskaja Uliza 82

Malewitsch, Kasimir 45
Russisches Museum 104, 107
Staatliches Kunstinstitut 79
Supremus Nr. 56 29
Malyschew, Ignati 100
Maly-Theater 195
Mama (Diskothek) 197
Mamontow, Sawwa 107
Manege der Gardekavallerie **79**
Detailkarte 76
Mann mit verschränkten Armen (Picasso) 91
Manhattan (Bar) 197
Mariä-Erscheinungs-Kirche (Nowgorod) 162
Marie Antoinette, Königin von Frankreich 159
Marienpalast 79
Kartenteil 77
Mariinski-Ballett 118, 194
Mariinski-Theater **119**, 195
Detailkarte 116
Marija Alexandrowna, Zarin 119
Marija Fjodorowna, Zarin **159**
Anitschkow-Palast 109
Fabergé-Eier 82
Jelagin-Insel 126
Pawlowsk 141,156,157, 158, 159
Marija Pawlowna, Großherzogin 94
Marija, Großherzogin (Tochter von Nikolaus I.) 77
Marinemuseum 41, **60**
Detailkarte 59
Marionettentheater 193
Märkte **187**,191
Apraxin-Markt **111**
Nikolausmarktt 117
Rundmarkt 134
Marly-Palast (Peterhof) 148
Marmorbrücke (Zarskoje Selo) 152
Marmorpalast 40, **94**
Marsfeld **94**
Marstall **113**,134
Martini, Simone 90
Martos, Iwan
Große Kaskade (Peterhof) 149
Zarskoje Selo 151
Matisse, Henri 91, 107
Der Tanz 87
Matissow domik 170, 172
Matrjoschka 191
Matrosskaja Tischina 183
Mattarnowy, Georgi 60
Matwejew, Andrei 106
Matwejew, Fjodor 106
McDonald's 185
Medizinische Versorgung 205
Megafon 209
Meister Pjotr 162
Meister von Flémalle 90
Melzer, Roman
Alexanderpalast (Zarskoje Selo) 153
Follenweiders Villa 137
Winterpalast 93
Mendelejew, Dimitri 45, 61
Menelaws, Adam 148
Menschikow, Fürst Alexandr 21, **62**
Bolschoi Prospekt 62
Menschikow-Palast 38, 40, **62**
Oranienbaum 144,145
Zwölf Kollegien 61

Menschikow-Palast 40, **62**
Highlights: Paläste und Museen 38
Klassische Musik 195
Mesenzewa, Galina 45
Mesmacher, Maximilian
Bolschaja Morskaja Uliza 122
Schtigliz-Museum 39, 127
Metechi 185
Method, Heiliger 17
Metro (Diskothek) 197
Meyerhold, Wsewolod 134
Porträt 107
Theatermuseum 110
Michail I., Zar 17, 161
Michail Alexandrowitsch, Großherzog 94
Michail Pawlowitsch, Großherzog 104
Michailow, Andrei 120
Michailow-Palast
Detailkarte 98
Highlights von St. Petersburg: Paläste und Museen 39
Russisches Museum 104
Michailowski, Waleri 194
Michailowski-Schloss 40, **101**
Michelangelo 90
Michetti, Niccolo 148
Mikeschin, Michail 110, 161
Detailkarte 99
Milano 180
Millionärsstraße **94**
Miloslawski, Familie 18
Minibusse 216f
Ministerium für Staatsbesitz
Detailkarte 77
Mir (Hotel) 172
Mir (Laden) 191
MIR Travel Company 166, 168, 193
Mirage (Kino) 195
Mjatlew-Haus 79
Mode 190
Moika 36
Kanalfahrten 218
Entlang den Wasserstraßen St. Petersburgs 134f
Mokko Club 185
Mollie's Irish Bar 197
Molodjoschny-Theater 195
Moloko 197
Monet, Claude 91
Money Honey Saloon 197
Mongolen 17
Monighetti, Ippolito
Jussupow-Palast 120
Zarskoje Selo 150, 152
Monplaisir (Peterhof) 148
Montferrand, Auguste de
Alexandersäule 83
Bolschaja Morskaja Uliza 122
Isaakskathedrale 79, 80, 81
Isaaksplatz 79
Morosow, Iwan 9
Moschee
Kamennoostrowski Prospekt 70
Moskau
Reisen zwischen Moskau und St. Petersburg 211
Moskauer Bahnhof 212, 221
Moskowski uniwermag 191
Moskwa (Hotel) 171, 172
Most-bank 206
Geldautomaten 206

Mothe, Vallin de la
   Akademie der Künste 63
   Gostiny dwor 109
   Jussupow-Palast 120
   Katharinenkirche 48
   Kleine Eremitage 85
   Neu-Holland 121
Mstislaw, Fürst 161
MTS 209
Mücken 205
Münze
   Detailkarte 66
Münzen 207
Murillo, Bartolomé Esteban 90
Museen und Galerien (allgemein) **38ff**
   Eintrittspreise 200
   Fotografieren 203
   Museumsläden 187
Museen und Galerien
   Akademie der Künste 40, **63**
   Anna-Achmatowa-Museum 41, **129**
   Artilleriemuseum 41, **70**
   Dostojewski-Museum 41, **130**
   Eisenbahnmuseum 41, **123**
   Eremitage 40, **84ff**
   Freilichtmuseum für Holzbaukunst (Nowgorod) 162
   Haus Peters des Großen 41, **73**
   Hygienemuseum 99
   Ingenieurshaus 41, 67, **68**
   Ingenieursschloss 40, 99, **101**
   Institut für russische Literatur 59
   Kirow-Museum 41, **72**
   Kommandantenhaus 41, 66, **69**
   Kreuzer *Aurora* 41, **73**
   Kunstkammer 41, 58, **60f**
   Lyzeum (Zarskoje Selo) 41
   Marinemuseum 41, 59, **60**
   Marmorpalast 40, **94**
   Menschikow-Palast 38, 40, **62**
   Museum der politischen Geschichte Russlands 39, 41, 72
   Museum des musikalischen Lebens 41, **129**
   Museum für Anthropologie und Ethnographie 41, 61
   Museum für Geschichte, Architektur und Kunst (Nowgorod) 161
   Peter-Paul-Kathedrale 41
   Puschkin-Museum 41, **113**, 13
   Repino 41, **144**
   Russisches Museum 39, 40, 94, 98, **104ff**
   Schtigliz-Museum 40, **127**
   Sommerpalast **95**
   Stroganow-Palast 40, **112**
   Theatermuseum 41, 110
   Trubezkoi-Bastion 41, 66, **69**
   Villa Kschessinskaja 71, **72**
   Winterpalast **92f**
   Zarskoje Selo 151
   Zoologisches Museum 41, 58, **60**
Musik
   Ballett **118**, **194**, 195
   Folklore **194**, 195
   Akademische Kapelle **112**
   Kirchenmusik **194**, 195
   Klangwege 52
   Klassische Musik **194**, 195
   Live-Musik und Nachtleben **196f**
   Museum des musikalischen Lebens 41, 129
   Musikalische Begegnungen in der Nordpalmyra 53
   Musikalischer Frühling in St. Petersburg 50
   Oper **194**, 195
   Rimski-Korsakow-Konservatorium 116, **120**
   Stars der Weißen Nächte, Festival der klassischen Musik 51
   Straßenmusik **194**, 195
   Virtuosi 2000 50
   Weiße Nächte, Rockfestival 51
   The White Nights Swing, Jazzfestival 51
Mussorgski, Modest 44
   Grab 131
   Klassische Musik 194
   Mariinski-Theater 119
   Oper 194
Mussorgski-Theater für Oper und Ballett 101, 195
   Detailkarte 98
Mutter (Petrow-Wodkin) 104

N

Na Liteinom 191
Na Zdorovye (Restaurant) 180
Nabokov, Vladimir 122
Nachtklubs **196**,197
Nahverkehrszüge 220f
Napoleon I., Kaiser 111, 159
   Alexandersäule 83
   Einmarsch in Russland 22, 23
   Kamennoostrowski-Palast 136
Napoleonische Kriege 22
Narodniky 23
Naryschkin, Familie 18
Naryschkin-Bastion
   Detailkarte 66
Neff 80
Nejelow, Ilja 152
Nejelow, Wassili 152
Nelidowa, E. J.
   Porträt 106
Neptun 172
Nesterow, Michail 100
Neue Börse
   Detailkarte 59
Neue Eremitage 84, 135
Neu-Holland 121
New Island (Restaurant) 180
Newa 36
   Flussfahrten 218
   Newa-Brücken 36f
Newa-Tor **69**
   Detailkarte 66
Newski Prospekt **46ff**, 97, **108**
Newski, Alexandr
   Alexandr-Newski-Kloster 130
   Grab 131
   Isaakskathedrale 80, 81
   Sarkophag und Denkmal 89
   Sieg über die deutschen Ordensritter 17
Newskije Melodii 197
Niederschläge 52
Nijinsky, Waslaw 45
   Ballets Russes 119
   Ballett in St. Petersburg 118

Nikitin, Iwan 106,151
Nikolai Nikolajewitsch, Großherzog 121
Nikolajew, Leonid 72
Nikolajewski-Palast 195
Nikolas, Wladimir 120
Nikolaus I., Zar
   Cottage-Palast (Peterhof) 148
   Dekabristenaufstand 23, 78
   Eremitage 84
   Isaaksplatz 79
   Smolny-Kloster 128
   Sommergarten 95
   Statue 77, 79
Nikolaus II., Zar 26, 69
   Alexanderpalast (Zarskoje Selo) 153
   Ermordung 29
   Fabergé-Eier 82
   Kschessinskaja, Matilda 72
   Russische Revolution 28
   Russisches Museum 104
   Winterpalast 93
Nikolauskathedrale (Nowgorod) 161
Nikolaus-Marine-Kathedrale 115, **120**
   Detailkarte 117
   Glockenturm 117,120
Nikolausmarkt
   Detailkarte 117
Noble Nest 182
North West GSM
Notrufnummern 205
Nowgorod 141,**160ff**
   Anreise 221
   Restaurants 182
   Tagesausflüge 184
Nowgoroder Schule 160, 161
   Ikonen 163
   Russisches Museum 106
Nurejew, Rudolf 45, 110
   Ballett in St. Petersburg 118
Nystad, Frieden von (1721) 19

O

Obwodnow-Kanal 36
Ochtinskaja 172
Öffnungszeiten 200
   Brücken 201
   Läden 186
   Restaurants 175
Oktjabrskaja 172
Oktjabrski konzertny sal 197
Olympia Club (Kasino) 197
Ontromes 185
Oper **194**, 195
Oranienbaum 40, 141, **144f**
   Anreise 220
   Tagesausflüge 184
Ordensritter 17
Orlow, Graf Alexei 24
Orlow, Graf Grigori 108
   Gattschina 145
   Marmorpalast 94
   Monplaisir (Peterhof) 148
Orthodoxe Kirche *siehe* Russisch-orthodoxe Kirche
Osner, Karl 84
Ostern 50, 53
Ostrowski, Alexandr 110
Ostrowskiplatz 110
Ottolina 185
OWIR 202, 203

P

Paläste **38ff**
  Alexanderpalast (Zarskoje Selo) 153
  Anitschkow-Palast 49, **109**, 110
  Belosselski-Beloserski-Palast 49, 195
  Cottage-Palast (Peterhof) 148
  Jelagin-Palast **126**, 137
  Jussupow-Palast 40, 116, **120**
  Kamennoostrowski-Palast 136
  Marly-Palast (Peterhof) 148
  Marmorpalast 40, **94**
  Menschikow-Palast 38, 40, **62**
  Michailowski-Palast 39, 98, 104
  Monplaisir (Peterhof) 148
  Oranienbaum 40, 141, **144f**
  Peterhof 40, 141, **146ff**
  Scheremetjew-Palast 125, **129**
  Sommerpalast 39, 40, **95**
  Stroganow-Palast 40, 47, **112**, 135
  Taurischer Palast **128**
  Tscheschme-Palast 130
  Winterpalast **92f**
  Woronzow-Palast **111**
  Zarskoje Selo 40, 141, **150ff**
Palastufer 15, **74ff**
  Eremitage **84ff**
  Isaakskathedrale **80f**
  Isaaksplatz 76f
  Stadtteilkarte 75
Panteleimonbrücke 37
  Detailkarte 99
Paraskewa-Pjatniza-Kirche (Nowgorod) 161
Parks und Gärten (allgemein)
  Öffnungszeiten 200
Parks und Gärten
  Admiralitätsgarten 46
  Alexandrowski-Park **70**
  Botanischer Garten 136
  Gattschina 145
  Katharinenpark (Zarskoje Selo) 152
  Oranienbaum 145
  Pawlowsk 156f
  Peterhof 146f, **148f**
  Siegespark 137
  Sommergarten **95**
  Taurischer Palast 128
  Zarskoje Selo 151
  Zentralpark für Kultur und Erholung 126
Parland, Alfred 100
Passasch 48, 191
Pass 202
Patio Pizza 185
Patouillard, René 35
Paul I., Zar
  Ermordung 22
  Gattschina 141, 145
  Ingenieursschloss 99, **101**
  Kasaner Kathedrale 111
  Mausoleum (Pawlowsk) 157
  Neptunfontäne (Peterhof) 149
  Pawlowsk 156, 158, 159
  Pawlowski-Garde 94
  Rossi, Carlo 110
  Taurischer Palast 128
Pawlow, Iwan 45, 61
Pawlowa, Anna 42, 45
  Ballets Russes 119
  Ballett in St. Petersburg 118

Pawlowsk 40, 141, **156ff**
  Anreise 220
  Grundrissplan 158
  Highlights: Paläste und Museen 38
  Privatgemächer 159
  Prunksäle 158f
  Südflügel 159
  Tagesausflüge 184
  Zweiter Weltkrieg 27
Pel, Alexandr 122
Pelzsalon (Laden) 191
Perestroika 30
Peretjatkowitsch, Marijan 46
Perow, Wassili 107
  Das Mahl im Kloster 105
Persönliche Sicherheit 204
Peter »der Große«, Zar **18f**, **20f**, 106, 107, 161
  Admiralität 78
  Alexandr-Newski-Kloster 130
  Apothekerinsel 136
  Bibliothek der Akademie der Wissenschaften 59
  Der Eherne Reiter (Falconet) 75, 76, 78f
  Eiche 136
  Eremitage 88, 89
  Grab 69
  Haus Peters des Großen 41, 73
  Kanäle 36
  Kunstkammer 58, 60f
  Marine 60
  Marly-Palast (Peterhof) 148
  Menschikow-Palast 62
  Monplaisir (Peterhof) 148
  Neu-Holland 121
  Peterhof 146, 147, 148, 149
  Peter-Paul-Kathedrale 68
  Peterstor 68
  Porträt von Nikitin 151
  Porträt von Weenix 62
  Preobraschenski-Garde 134
  Sommergarten 95
  Sommerpalast 39, 40, 95
  Stadttag 50
  Statuen 67, 99
  Strelitzenaufstand 20
  Wassiljewski-Insel 57
  Winterpalast 92
  Wodka 178
  Zarskoje Selo 151
  Zwölf Kollegien 61
Peter II., Zar 19, 69
Peter III., Zar 19, 148
  Ermordung 22
  Oranienbaum 144
  Prätendent Pugatschow 24
Peter-der-Große-Brücke 37
Peter-Paul-Festung
  Detailkarte **66f**
  Geschichte 18
Peterburg Antikwariat 191
Peterhof 40, 141, **146ff**
  Anreise 220
  Cottage-Palast 148
  Eremitage 148
  Fontänen 50, 149
  Highlights: Paläste und Museen 38
  Marly-Palast 148
  Monplaisir 148
  Tagesausflüge 184
  Detailkarte 67
Petipa, Marius 45

Ballett in St. Petersburg 118
  Grab 131
Petraschewski-Kreis 123
Petrodworez-Sanatorium 168
Petrogradskaja 15, **64ff**
  Jugendstil 71
  Peter-Paul-Festung **66f**
  Stadtteilkarte 65
Petrow-Wodkin, Kusma
  Mutter 104
Petrowski-Stadion 137
Philharmonie
  Großer Saal (Schostakowitsch-Saal) 43, 98, 194, 195
  Kleiner Saal (Glinka-Saal) 48
Picasso, Pablo
  Eremitage 91
  Mann mit verschränkten Armen 91
  Marmorpalast 94
  Russisches Museum 107
Pilze 52
Pimenow, Nikolai 80
Pimenow, Stepan 83, 110
Pineau, Nicolas 146
Piskarjowskoje-Friedhof **126**
Pissarro, Camille 91
Pizza chat (Pizza Hut) 185
Platz der Künste **101**
  Detailkarte 98f
Podworje 185
Polenow, Wassili 107
Poligon 197
Politische Gefangene 69
Polizei 204f
Polizeibrücke 135
Polowzow, Alexander
  Bolschaja Morskaja Uliza 122
  Schtigliz-Museum 127
  Steininsel, Herrenhaus 137
Poltawa, Schlacht von (1709) 19, 21
Popow, Alexandr 45
Post International 209
Postamt Nr. 11 209
Postdienste 208f
  Hauptpostamt 122
Postels, Fjodor von 71
Potjomkin, Fürst Grigori 25
  Ahitschkow-Palast 109
  Pfauenuhr 85
  Taurischer Palast 128
Potjomkin, Pjotr 91
Poussin, Nicolas 90
»Prager Frühling« 30
Preisgünstige Hotels 168
Premjer 197
Preobraschenski-Garde 134
Pribaltiskaja 170, 173
Priboi 185
Prokofjew, Sergej 119
  Oper 194
  Rimski-Korsakow-Konservatorium 116, 120
Promstroibank 206
Pugatschow-Aufstand (1773-75) 22, 24
Pulkovo (Fluggesellschaft) 210, 212
Pulkowo 212
Pulkowskaja 171, 172
Puppentheater 193
Puschka (Kneipe) 181
Puschkin (Stadt) *siehe* Zarskoje Selo

Puschkin, Alexandr 43, 44
  Brunnen in Zarskoje Selo 152
  Datscha (Zarskoje Selo) 153
  Der eherne Reiter
    23, 37, 69, **78**
  Literaturcafé 46, 83
  Lyzeum (Zarskoje Selo) 41
  Puschkin-Museum 39, 41, **113**,
    134
  Repins Porträt 144
  Statuen 101,153
  Tod 83
  Todestag 113
  Zarskoje Selo 153
Puschkin, Natalija *siehe*
  Gontscharowa, Natalija
Puschkin-Museum 41, **113**, 134
  Highlights: Paläste und
    Museen 39

Q
Quarenghi, Giacomo
  Akademie der Wissenschaften
    25, 58
  Alexanderpalast (Zarskoje Selo)
    153
  Anitschkow-Palast 109
  Englischer Kai 121
  Eremitage 84
  Grab 131
  Manege der Gardekavallerie 76
    79
  Neue Börse 59
  Rundmarkt 134
  Smolny-Institut 128
  Zarskoje Selo 152
Quarenghis Stände 49

R
Radfahrer, Der (Gontscharowa)
  40, 107
Radio 209
Radisson SAS Royal Hotel 173
Raffael 63, 84, 90, 130
Rapsodija 191
Rasputin, Grigori 26
  Ermordung 40, 72, **121**
  Jussupow-Palast 116, 120
  Tscheschme-Palast 130
Rastrelli, Bartolomeo Carlo
  Büste Peters des Großen 89
  Gostiny dwor 109
  Statue Peters des Großen 101
Rastrelli, Bartolomeo Francesco 19,
  93
  Katharinenpalast (Zarskoje
    Selo) 38
  Monplaisir (Peterhof) 148
  Peterhof 146, 147
  Smolny-Kloster 128
  Stroganow-Palast 112
  Winterpalast 85, 92
  Woronzow-Palast 111
  Zarskoje Selo 150, 152
Rasumowski, Alexei 49, 109
Rauchen 201
  Restaurants 175
Red Chub (Jazz-Klub) 197
Reed, John 79
Registrierung 202
Reiseinformationen **210ff**
  Autofahren 221
  Busse und Minibusse 216f

Fähren und Ausflugsboote 212
Fahrten in die Umgebung von
  St. Petersburg 220f
Flüge 210f
Kanal- und Flussfahrten 218f
Privatautos 219
Reisebusse 212
Straßenbahnen 216
Taxis 193, 219
Tragflächenboot 221
Trolleybusse 217
U-Bahn 214f
Umgebung von St. Petersburg
  142
Verkehrsmittel in der Nacht
  19
Versicherung 204
Wassertaxis 219
zu Fuß 213
Züge 211
Reiseschecks 204, 207
Rembrandt 90
  Abrahams Opfer 86
Renoir, Auguste 91
Repin, Ilja 42, 45, 106f
  Akademie der Künste 63
  Datscha 141
  Die Wolgatreidler 105
  Grab 144
  Porträt von Michail Glinka 44
  Repino 41, **144**
Repino 41, 144
  Anreise 221
  Tagesausflüge 184
Resanow, Alexandr 94
Residenz des Erzbischofs
  (Nowgorod) 160
Restaurants **174ff**
  Behinderte Reisende 175
  Bezahlung 174f
  Kinder 175
  Lage 174
  Nowgorod 182
  Öffnungszeiten 175
  Rauchen 175
  Reservierung 175
  Speisekarte 174
  Vegetarier 175
  Was isst man in St. Petersburg?
    176f
Restoran 180
Retur Camping 168
Revolution (1905) 26
  Dreifaltigkeitsplatz 73
  Schlossplatz 83
Revolution (1917) 26, **28f**
  Finnischer Bahnhof 126
  Kreuzer *Aurora* 73
  Smolny-Institut 128
  Villa Kschessinskaja 72
Reynolds, Sir Joshua 91
Ribera, José de 90
Rimski-Korsakow, Nikolai 44
  Denkmal 116
  Akademische Kapelle 112
  Grab 131
  Klassische Musik 194
  Rimski-Korsakow-
    Konservatorium 120
Rimski-Korsakow-Konservatorium
  120
  Ballett und Oper 195
  Detailkarte 116
Rinaldi, Antonio
  Marmorpalast 94

Oranienbaum 144
Tscheschme-Säule (Zarskoje
  Selo) 152
Rioni 182
Ritter am Scheideweg (Wasnezow)
  106, 107
Robert, Hubert 159
Rock **196**, 197
  Weiße Nächte, Rockfestival 51
Rodtschenko, Alexandr 107
Romanow-Dynastie 94
  Beginn 17
  Ende 27, 28
Rossi, Carlo **110**
  Anitschkow-Palast 109
  Dekabristenplatz 78
  Generalstabsgebäude
    83, 135
  Grab 131
  Jelagin-Palast 126, 136f
  Michailow-Palast 39, 98, 104
  Ostrowskiplatz 110
  Platz der Künste 98, 101
  Russische Nationalbibliothek
    110
  Schlossplatz 83
  Senat 76, 78
  Synode 76, 78
  Uliza Sodtschewo Rossi 110
Rossi's (Restaurant) 181
Rossiwski Juwelirny Dom 191
Rostrasäulen **60**
  Detailkarte 59
Rote Brücke 37
Rote Garde 28
Rowley, John 89
Rubens, Peter Paul 90, 93, 130
Rubinstein, Anton 44
  Rimski-Korsakow-
    Konservatorium 116,120
Rubljow, Andrei 162
  Dreifaltigkeit 163
  Russisches Museum 106
Rudnew, Lew 94
Rumjanzew, Nikolai 121
Rundmarkt 134
Rurik, Fürst 17
  Nowgorod 160, 161
Rus 172
Rusca, Luigi 48
Rusca-Portikus 48
Russisch-Japanischer Krieg
  (1904/05) 26
Russisch-orthodoxe Kirche
  Geschichte 17
  Ikonen 163
  Ikonostase 163
  Kirchenbesuch 200f
  Kirchenmusik 194
  Ostern 50, 53
  Weihnachten 53
Russische Föderation
  Karte 10f
Russische Nationalbibliothek
  48, 110
Russische Revolution *siehe*
  Revolution (1917)
Russischer Kitsch 180
Russisches Museum 40, **104ff**
  Detailkarte 98
  Grundrissplan 104f
  Highlights: Paläste und
    Museen 39
  Ikonen 106
  Kunst des 20. Jahrhunderts 107

Kunst von 1700–1860 106
Marmorpalast 94
Paläste und Museen 39
Volkskunst 107
Wanderaussteller und Fin de siècle 106f
Russkaja Starina 191
Russkije Kruizy 218
Russkije bliny 185
Ruysch, Frederik 60
Ryba 191

S

Saburow, Pjotr 88
Sacharow, Andrei (Architekt)
Admiralität 78
Akademie der Künste 63
Grab 131
Sacharow, Andrei 30f
Sadko's 181
Samowar **179**
Samozwety 191
Sängerbrücke 37, 112, 135
Sarudny, Iwan 67, 68
SAS 212
Saserkalje 193
Schädel, Gottfried 62, 144
Schaljapin, Fjodor 41
Alexandrowski-Park 70
Repins Porträt 144
Schebujew, Wassili 63
Scheremetjew, Boris 129
Scheremetjew, Familie
Museum des musikalischen Lebens 41
Scheremetjew-Palast 125, **129**
Schiffe
Bootsfahrten 36
Fähren und Schiffsfahrten 212
Kanal- und Flussfahrten 218f
Kreuzer Aurora 41, 73
Marinemuseum 59, 60
Tragflächenboot 221
Wassertaxis 219
Schiwago 80
Schlossbrücke 36
Schlossplatz **83**
Schlüsselburg-Festung 69
Schlüter, Andreas 95, 151
Schmidt, Karl 82
Schmidt, Pjotr
Leutnant-Schmidt-Brücke 37, 63
Schnee 52
Schostakowitsch, Dmitri 43, 44
Filmmusik 45
Klassische Musik 194
Mariinski-Theater 119
Rimsky-Korsakow-Konservatorium 116, 120
Siebte Sinfonie 27
Siegesdenkmal 131
Schröter, Viktor 119
Schtakenschneider, Andrei
Belosselski-Beloserski-Palast 49
Englischer Kai 121
Millionärsstraße 94
Pavillonsaal (Eremitage) 85
Schtigliz, Baron Alexandr 127
Schtigliz-Museum 40, **127**
Highlights: Paläste und Museen 39
Schtschedrin, Silwestr 45, 106
Schtschukin, Sergej 91
Schubin, Fedot 130, 149

Schustow, Smaragd 136
Schwabski domik 185
Schwanenkanal 36
Highlights: Paläste und Museen 35
Sechsflügeliger Seraph (Wrubel) 107
Sekunda 191
Senat 181
Sennaja Ploschtschad 15, **114ff**
Ballett in St. Petersburg 118
Markt 191
Stadtteilkarte 115
Theaterplatz 116f
Señor Pepe's Cantina 185
Serow, Wassili 161
Sever Nord 185
Sewernaja lira 191
Shakespeare, William 42, 113
Shamrock 197
Sherbank 206
Shinok 181
Sicherheit 204f
Hotels 167
Siegesdenkmal **131**
Siegespark 137
Silvester 53
Simni sal 180f
Sisley, Alfred 91
Sjusor, Pawel 47, 71
SKK 197
Sladojeschka 185
Slawen 17
Smolny-Institut **128f**
Smolny-Kathedrale 128,195
Smolny-Kloster 128
Smolny-Komplex 125
Sobtschak, Anatoli 31
Sojus chudoshnikow 191
Sokolow, Pawel 34, 152
Solti, Sir Georg 194
Sommer in St. Petersburg 51
Sommergarten **95**
Sommerpalast 40, **95**
Highlights: Paläste und Museen 39
Sonnenstunden 51
Sophia, Regentin 18
Sophienkathedrale (Nowgorod) 141, 160
Souvenirläden 190
Sowetskaja 170,173
Sowjetmemorabilien 190
Sozialdemokratische Arbeiterpartei 26
Sozrealismus 27
Spartak (Rock-Klub) 197
Spaziergänge **133ff**, 213
Entlang den Wasserstraßen St. Petersburgs 134f
Spaziergang über die Jelagin- und Steininsel 136f
Speisekarte 174
Speranski, Sergej 131
Sprache 201
Sputnik 30
St. Petersburg (Hotel) 171, 173
St. Petersburg International Youth Hostel 168, 203
St. Peterstor **68**
Stadttag 50
Stalin, Iossif 119, 125
Chruschtschows Abrechnung 30
Diktatur 27

Ermordung Kirows 41, 72
»Säuberungen« 27, 72, 129
U-Bahn-Stationen 214
Staraja Bashnija 183
Staraja derewnja 183
Staraja kniga 191
Staraja tamoschnja 180
Staroje kafe 185
Starow, Iwan
Dreifaltigkeitskathedrale 130
Taurischer Palast 128
Stars der Weißen Nächte, Festival der klassischen Musik 51
Stassow, Wassili
Christi-Verklärungs-Kathedrale 127
Kaserne der Pawlowski-Garde 94
Marstall 113
Literaturcafé 83
Smolny-Kloster 128
Steinbrücke 135
Steininsel
Spaziergang über die Jelagin- und Steininsel 136f
Stilleben mit den Attributen der Künste (Chardin) 91
Strada 185
Straßenbahnen 216
Straßenmusik **194**
Strawinsky, Igor 44
Ballets Russes 119
Strelitzenaufstand (1682) 18, **20**
Strelka
Detailkarte **58f**
Stroganow, Fürst Sergej 112
Stroganow-Palast 40, 47, **112**
Entlang den Wasserstraßen St. Petersburgs 135
Stroganowski Dwor 185
Studenten **202**, 203
Sunduk 182
Suprematismus 107
Supremus Nr. 56 (Malewitsch) 29
Surikow, Wassili 107
Swerkow-Haus 135
Symbolismus 107

T

Tag der Arbeit 53
Tag der Verteidiger des Vaterlandes 53
Tag des Sieges 50, 53
Taleon (Restaurant) 181
Tamanski, Pjotr 70
Tanz, Der (Matisse) 87
Tatjana Parfjonowa modny dom 191
Tatlin, Wladimir 79
Taurischer Palast **128**
Taurit, Robert 126
»Tausend Jahre Russland« (Denkmal, Nowgorod) 161
Taxis 193, **219**
Flughafen 211
Tbilissi (Café) 185
Tee 178,**179**
Telefon **208**
Hotels 167
Vorwahlnummern 208
Telegramm 209
Telex 209
Temperaturen 53

Terborch, Gerard 90
Teremok 185
Terzija 191
Theater **194f**
   Kamenoostrowski-Theater 136
   Theaterfestival der baltischen Staaten 52
   Theatermuseum 41, 110
Theaterbrücke 37, 134
Theaterplatz
   Detailkarte **116f**
Thomon, Thomas de
   Grab 131
   Marinemuseum 60
   Rostrasäulen 60
Tichwiner Friedhof 131
Tilsit, Frieden von (1807) 22
Tizian 63, 90
TJuZ 193
»Todestor« 66, 69
Toiletten 203
Tolstoi, Lew
   Krieg und Frieden 23, 111, 121
Torelli, Stefano 94
Torres 185
Touristeninformation 200, 203
Tragflächenboot 221
Traitteur, Georg von
   Bankbrücke 37, 135
   Kleine Marstallbrücke 35
   Löwenbrücke 37
   Theaterbrücke 35
Transaero 212
Trapesa 183, 185
Trauberg, Leonid 45, 70
Traumaklinik des Zentraldistrikts 205
Trezzini, Domenico
   Mariä-Verkündigungs-Kirche 130
   Peter-Paul-Festung 66
   Peter-Paul-Kathedrale 68
   Peterstor 67, 68
   Sommerpalast 95
Trezzini, Giuseppe
   Kirche der drei Heiligen 63
Tribunal 197
Trinitatis 51
Trinkgeld 201
   Restaurants 175
Triscorni, Paolo 77
Triumph Russlands, Der (Valeriani) 150
Troika 183
Trolleybusse 217
Trotzki, Leo 27
   Bürgerkrieg 123
   Ermordung 29
   Gefangenschaft 69
   Russische Revolution 28, 29
Trubezkoi-Bastion 41
   Detailkarte 66
Tschaika 197
Tschaikowsky, Peter 42, 44, 49
   Grab 131
   Klassische Musik 194
   Mariinski-Theater 119
   Oper 194
   Rimski-Korsakow-Konservatorium 116, 120
   Sechste Sinfonie 101
   Tod 82
Tschajew, Sergej 136
Tschechow, Anton 110
Tscheka 29

Tscherepanow 123
Tschernenko, Konstantin 30, 31
Tscheschme-Kirche **130**
Tscheschme-Palast 130
Tscheschme-Säule (Zarskoje Selo) 152
Tschewakinski, Sawwa
   Neu-Holland 121
   Nikolaus-Marine-Kathedrale 120
   Scheremetjew-Palast 129
   Zarskoje Selo 151
Tschitscherin, Nikolai 46
Tschopstiks 181
Türkenkriege 22
Türkisches Bad (Zarskoje Selo) 152
1913 Goda 180

U

U-Bahn 214f
Überschwemmungen 37, 69
Der eherne Reiter (Puschkin) 78
Uliza Sodtschewo Rossi 110
Umgangsformen 201
U Mimino 185
Unabhängigkeitstag 51
Unteres und Oberes Bad (Zarskoje Selo) 152
Unterhaltung **192ff**
   Ballett **194**, 195
   Festivals 50ff
   Folklore **194**, 195
   Information 192
   Kartenverkauf **192**
   Kino **195**
   Kirchenmusik **194**, 195
   Klassische Musik **194**, 195
   Live-Musik 196f
   Nachtleben 196f
   Oper **194**, 195
   Russischer Zirkus **193**
   Straßenmusik **194**, 195
   Theater **194f**
   Unterhaltung für Kinder **193**
   Verkehrsmittel in der Nacht **193**
   Weiße Nächte **193**

V

Valeriani, Giuseppe
   Der Triumph Russlands 150
Velazquez, Diego de Silva y 90
Venus und Cupido (Cranach) 90
Verfassungstag 53
Versicherungen 204
Villa Dolgorukow 136
Villa Kschessinskaja 71, 72
   Highlights: Paläste und Museen 39
Visum 202, 203
   Zugreisen 211
Vogelstatue (Gabriadse) 99
»Volkswille« (Geheimbund) 26, 135
Voltaire 22, 113
   Bibliothek 110
   Korrespondenz mit Katharina der Großen 24
   Statue 87
Von der Avantgarde zur Gegenwart 50

W

Waganowa, Agrippina 45
   Ballett in St. Petersburg 118
   Waganowa-Ballettschule 110
Währung 206f
»Wanderer« (*peredwischniky*) 45, 63, **106f**
Warhol, Andy 94
Warschauer Bahnhof 212, 221
Warschauer Pakt 30
Wasnezow, Viktor 107
   Erlöserkirche 100
   Ritter am Scheideweg 106, 107
Wasser
   Gesundheitsvorsorge 205
Wasserstraßen **34ff**
   Entlang den Wasserstraßen St. Petersburgs 134f
Wassertaxis **219**
Wassiljew, Alexandr 126
Wassiljewski-Insel 14, **56ff**
   Stadtteilkarte 57
   Strelka 58f
Watteau, Antoine 90
Wedgwood, Josiah
   Frosch-Service 91, 130
Weenix, Jan 62
Weihnachten 53
Wein **179**
Weiße Nächte, Rockmusikfestival 51
Weiße-Nächte-Festivals **51**, 193
»Welt der Kunst, Die« **26**, 45, 107
Wereschtschagin, Nikolai 89
Wernissasch 191
Westpost 209
Wetter 50ff
Weyden, Rogier van der 90
White Nights Swing, Jazzfestival 51
Winter in St. Petersburg 53
Winterkanal 36
   Highlights: Brücken und Wasserwege 34
   Entlang den Wasserstraßen St. Petersburgs 134
Winterpalast 40, 85, 87, **92f**
   Erstürmung 28f
Wist, Alexandr 63
Witali, Iwan 80, 81
Witebsker Bahnhof 212, 221
Witte, Graf Sergej 70
Wladimir, Großfürst 17
Wladimir Alexandrowitsch, Großherzog 94
Wladimir Kirilowitsch, Großherzog
   Grab 67
Wodka **178**
   Läden 190
Wolchow 160
Wolchow (Hotel) 173
Wolgatreidler, Die (Repin) 105
Woronichin, Andrei
   Akademie der Künste 63
   Grab 131
   Kasaner Kathedrale 47, 111
   Kentaurenbrücke (Pawlowsk) 156
   Pawlowsk 158,159
   Visconti-Brücke (Pawlowsk) 157
Woronzow, Fürst Michail 111
Woronzow-Palast **111**
Wright, Joseph 91

Wrubel, Michail 107
Sechsflügeliger Seraph 107
Wsewolod, Fürst 162

Z

Zahnarzt 205
Zaristische Ballettschule 45, 110, 118
Zarskoje Selo 40, 141, **150ff**
   Anreise 220
   Café 185
   Herbst in Zarskoje Selo 52
   Highlights: Paläste und Museen 38
   Karte 153
   Karneval 51
   Katharinenpark 152
   Tagesausflüge 184
   Zarskoje Selo (Stadt) 153
Zeit 203
Zeitungen und Zeitschriften 209
Zentraler Fahrkartenverkauf 212
Zentrale Flugagentur 212
Zentrale Steuerbehörde 49
Zentraler Theaterkartenverkauf 193
Zentrales Telegraphenamt 209
Zentralpark für Kultur und Erholung 126
Zhili-byli (Bar) 185
Zigeuner 204
Zirkus 193
   Detailkarte 99
Zirkus, Der (Chagall) 45
Zoll 202
Zoologisches Museum 41, 60
   Detailkarte 58
Züge 212
   Anreise per Zug 211
   Eisenbahnmuseum 41, **123**
   Nahverkehrszüge 220f
   Reisen zwischen Moskau und St. Petersburg 211
Zurbarán, Francisco 90
Zweiter Weltkrieg 27
   Denkmal der Verteidiger Leningrads 41
   Siegesdenkmal 131
   Tag des Sieges 50
   siehe auch Belagerung von Leningrad
Zwölf Kollegien **61**
   Detailkarte 58

Danksagung und Bildnachweis

DORLING KINDERSLEY bedankt sich bei allen, die bei der Entstehung dieses Buches mitgewirkt haben.

DIE AUTOREN

CHISTOPHER RICE promovierte an der Universität Birmingham in russischer Geschichte. Er besuchte mit seiner Frau Melanie, ebenfalls Schriftstellerin, Russland zum ersten Mal 1978; seitdem fuhren beide regelmäßig dorthin. Sie schrieben gemeinsam zahlreiche Reiseführer über St. Petersburg, daneben aber auch über Prag, Berlin und Istanbul. Von ihnen stammt auch der *Vis à Vis Moskau*.

CATHERINE PHILLIPS ist Kunsthistorikerin, die seit 1985 in Russland lebt und 1989 nach St. Petersburg zog. Sie berichtete in den ersten Jahren der Perestroika für britische und amerikanische Fernseh- und Radiosender über wichtige Ereignisse und schrieb die ersten Reiseführer über das neue Russland oder beriet bei ihrer Produktion. Heute übersetzt und lektoriert sie in erster Linie wissenschaftliche Texte und schreibt für Nachschlagewerke.

WEITERE AUTOREN

ROSE BARING begann mit 12 Jahren, Russisch zu lernen. Sie hat einen Master of Arts in Moderner Geschichte und lebt seit Anfang der 90er Jahre in London, Moskau und St. Petersburg. Von ihr stammen Reiseführer über St. Petersburg, Moskau und andere Reiseziele, darunter auch der *Vis à Vis Istanbul*.

ASSISTENZ

DER VERLAG dankt für die Unterstützung von Ian Wizniewski (Essen und Trinken), Walera Kazuba (Fotografiererlaubnisse), Marina Maidanjuk und Agency Information Resources (Recherche), Olexi Nesnow (Sprachberater), Julija Motowilowa von der St. Petersburger Tourismusbehörde und den Mitarbeitern von Peter TiPS sowie Sylvain Borsi von Nikita's Restaurant, London, der die Gerichte in St. Petersburg prüfte.

KORREKTAT

Stewart J. Wild.

REGISTER

Hilary Bird.

GRAFIK- UND REDAKTIONSASSISTENZ

Liz Atherton, Laurence Broers, Lucinda Cook, Dawn Davies-Cook, Claire Folkard, Freddy Hamilton, Paul Hines, Leanne Hogbin, Sam Merrell, Adam Moore, Fiona Morgan, Jane Oliver, Marianne Petrou, Luke Rozkowski, Alison Stace, Ingrid Vienings, Veronica Wood.

ERGÄNZENDE ILLUSTRATIONEN

Claire Littlejohn, John Woodcock.

ERGÄNZENDE FOTOGRAFIE

Victoria Buyvid, Andy Crawford, Erich Crichton, Neil Fletcher, Steve Gorton, Paul Miller, Ian O'Leary, Clive Streeter; KOMMERSANT Photo Agency: Jewgeni Pawlenko, Sergej Semjenow.

GENEHMIGUNG FÜR FOTOGRAFIEN

DER VERLAG bedankt sich bei allen für die freundlich gewährte Erlaubnis, in ihren Einrichtungen fotografieren zu können, darunter Museen, Paläste, Kathedralen, Kirchen, Restaurants, Hotels, Läden und Sehenswürdigkeiten, deren Aufzählung den Rahmen dieses Abschnitts sprengen würde.

BILDNACHWEIS

o = oben; ol = oben links; olm = oben links Mitte; om = oben Mitte; orm = oben rechts Mitte; or = oben rechts; mlo = Mitte links oben; ml = Mitte links, m = Mitte; mr = Mitte rechts; mlu = Mitte links unten; mu = Mitte unten; mru= Mitte rechts unten; ul = unten links; u = unten; um = unten Mitte; ulm = unten links Mitte; ur = unten rechts; d = Detail.

Der Verlag dankt den folgenden Personen, Institutionen und Bildarchiven für die freundliche Genehmigung zur Reproduktion ihrer Fotografien:

AISA, Barcelona: 180, 440, 55

(Einklinker), 106or; AKG, LONDON: 16, 170, 20ul/ml, 20/21m, 25ol, 26ml, 27m, 28ur; Erich Lessing 28ul, 29m, 37u, 42ml/ul/ur, 43ur, Staatliches Russisches Museum, St. Petersburg 105mru; ANCIENT ART & ARCHITECTURE COLLECTION: 45mr; APA: Jim Holmes 93ol; AXIOM: Jim Holmes 151u.

VALENTIN BARANOWSKI: 84ul, 85ol, 193o; IAN BAVINGTON-JONES: 130o; JURI BELINSKI: 31o; BRIDGEMAN ART LIBRARY, LONDON/NEW YORK: 151m; Forbes Magazine Collection 28/29m; Eremitage, St. Petersburg 21mu, 24/25m, 25ml, 86o/u, 87o/u, 88u, 89or/u, 90o/u, 91o/m, *Der Tanz*, Henri Matisse (1910) © Nachlass Henri Matisse/DACS 1998 87m; Privatsammlung *Propagandaplakate des 20. Jahrhunderts*, D. Moor © DACS 1998 29or; Russisches Museum, St. Petersburg, *Der Radfahrer*, Natalija Gontscharowa (1913) © ADAGP, Paris, and DACS, London, 1998 40u, *Prinzessin Olga Konstantinowa Orlowa,* Walentin Alexandrowitsch Serow (1911) 104mlu; Tretjakow-Galerie, Moskau 19o, *Der Zirkus*, Marc Chagall (1919) © ADAGP, Paris, and DACS, London, 1998 45ol.

CAMERA PRESS: Roxana Artacho 85ul; DEMETRIO CARRASCO: 2/3, 6u, 15u, 36o, 53ul, 80ul, 93mr/ur, 102/103; ZENTRALES STAATSARCHIV FÜR FOTOGRAFIE UND FILMDOKUMENTE, ST. PETERSBURG: 42o, 72m, 110m, 118ul; JEAN-LOUP CHARMET: 23o; CHRISTIE'S IMAGES: 82u; CORBIS: Dean Conger 52or; E. O. Hoppe/Bettmann 118mr; Bob Krist 193u; Library of Congress 28ol; Michael Nicholson 150o; Gianni Dagli Orti 8/9, 119ul; Steve Raymer 31mru, 118ur; Eremitage, St. Petersburg 24ul; Russisches Museum, St. Petersburg 25ul; COSMOS TRAVEL SERVICES: 200mu.

ET ARCHIVE: Bibliothèque Nationale, Paris 17ml; Eremitage, St. Petersburg 88o, 89ol; MARY EVANS PICTURE LIBRARY: 99 (Einklinker), 19u, 21ur, 22m, 23m, 24ml/ur, 25ur, 26o, 29ur, 62u, 139 (Einklinker), 159ul, 199 (Einklinker).

GIRAUDON: Russisches Museum, St. Petersburg 43mr, 105mr; Tretjakow-Galerie, Moskau 163mr. ROBERT HARDING PICTURE LIBRARY: 84ur; Michael Holford: 18m, 19m, 21ul; HULTON GETTY: 43or, 118ml, 121m, 178or.

INTERIOR ARCHIVE: Eritz von der Schulenburg 159m.

KATZ PICTURES: 165 (Einklinker); KEA PUBLISHING SERVICES: Erancesco Venturi 92 (alle); DAVID KING COLLECTION: 29ol, 30o, 45u, 69u, 129m.

PAUL MILLER: 51mr; MIR TRAVEL COMPANY: 200om.

NOVOSTI, LONDON: 20ur, 21ol, 26u, 27o, 30ml, 31m, 43ol, 50m, 51u, 78u, 163o.

ORONOZ, Madrid: 22o, 43ul.

PICTOR INTERNATIONAL: 81o; PLODIMEX AUSSENHANDELS GMBH, HAMBURG: 178mr/ul.

NATASCHA RASINA: 150u, 151o; REX FEATURES: W. Sichow/SIPA Press 30mr; ELLEN ROONEY: 53o, 79o, 83u, 138/39.

GREGOR M. SCHMID: 50ur; SCIENCE PHOTO LIBRARY: CNES, 1989, Distribution Spot Image 11mr; RUSSISCHES MUSEUM, ST. PETERSBURG: 7mr; *Blauer Bogen*, Wassily Kandinsky (1917) © ADAGP, Paris, und DACS, London, 1998 39ur; 93or, 104/ul/ur, 105ol, 106ol/u, 107 (alle), 110u.

TRAVEL LIBRARY: Stuart Black 85ur.

VISUAL ARTS LIBRARY: 44u; Eremitage, St. Petersburg, *Mann mit verschränkten Armen*, Pablo Picasso (1905) © Nachlass Picasso/DACS 1998 91u; 123m.

Umschlag vorne: DK PICTURE LIBRARY: Demetrio Carrasco um, mu; John Heseltine ul; POWERSTOCK: David Ball Haupzmotiv.
Umschlag hinten: DK PICTURE LIBRARY: Demetrio Carrasco o, u.
Rücken: POWERSTOCK: David Ball.

Alle anderen Bilder, Fotos und Karten:
© Dorling Kindersley London.
Weitere Informationen finden Sie unter:
www.dkimages.com.

Sprachführer

Dieses Buch verwendet das Transkriptionssystem des Dudens. Es ist leicht zu lesen und ermöglicht eine annähernd korrekte Aussprache im Deutschen. Alle Straßen- und Ortsnamen sowie die meisten Personen wurden nach diesem Prinzip umgeschrieben. Wenn für Namen eine verbreitete deutsche Schreibweise existiert, wurde diese verwendet – etwa Peter (nicht Pjotr) Tschaikowsky. Die Namen der russischen Herrscher wie etwa Peter der Große werden in ihrer deutschen Form wiedergegeben. Die im Buch verwendeten Transkriptionen können als Aussprachehilfe benutzt werden. Im Sprachführer finden Sie Transkriptionen der Wörter und Redewendungen, die man in Alltagssituationen, etwa beim Essen oder Einkaufen, verwenden kann.

Richtlinien zur Aussprache

Das kyrillische Alphabet besteht aus 33 Buchstaben, von denen einige keine Entsprechung im Deutschen haben. So gibt es etwa harte und weiche Vokale sowie weiche Zischlaute, die dem französichen »j« in »journal« vergleichbar sind. In der rechten Spalte des unten abgebildeten Alphabets wird mit Hilfe deutscher Wörter verdeutlicht, wie kyrillische Buchstaben ausgesprochen werden. Dabei hängt die Aussprache von der Stellung des Lauts im Wort ab, aber auch davon, ob die Silbe betont oder unbetont ist; ein unbetontes »o« wird zum Beispiel zu »a«. Im Auslaut (am Wortende) sind alle Konsonanten stimmlos.

Auf den folgenden Seiten finden Sie in der lnken Spalte die deutsche Bedeutung eines Worts oder einer Redewendung, in der rechten Spalte die kyrillische Schreibweise und deutsche Transkription. Eine Ausnahme bildet die Rubrik *Auf der Speisekarte*, in der aus praktischen Gründen die deutsche Übersetzung rechts aufgeführt wird.

Das kyrillische Alphabet

А а	a	k**a**nn
Б б	b	**b**acken
В в	w	**W**asser
Г г	g	**G**arten (Anm. 1)
Д д	d	**D**anke
Е е	e	**E**sel (Anm. 2)
Ё ё	jo	**Jo**ch (Anm. 3)
Ж ж	sch	Pa**ss**agier (stimmhaft)
З з	s	Ro**s**e
И и	i	**B**i**e**ne
Й й	i (i kratkoje)	Ma**i**
К к	k	**k**alt (Anm. 4)
Л л	l	wie engl. we**ll** (wie gelallt)
М м	m	**M**ond
Н н	n	**n**un
О о	o	S**o**nne (Anm. 5)
П п	p	**P**aul
Р р	r	**gerollt** (wie im Ital.)
С с	s	na**ss**
Т т	t	**T**itel
У у	u	M**u**tter
Ф ф	f	**F**ahrt
Х х	ch	a**ch**, i**ch**
Ц ц	z	**z**u
Ч ч	tsch	Ku**tsch**e
Ш ш	sch	**sch**on
Щ щ	schtsch	schtsch oder langes sch
ъ		(Härtezeichen, Anm. 6)
ы ы	y	zwischen in und ü, wie in **i**rre
ь		(Weichheitszeichen Anm. 6)
Э э	e	zwischen e und ä, wie in **E**rbe
Ю ю	ju	**ju**ng
Я я	ja	**Ja**hr (Anm. 7)

1) Г In den Genitivendungen -ego und -ogo immer »w« gesprochen (-ewo und -owo).
2) E In unbetonter Silbe wie in »bereit«, am Wortanfang immer und in betonten Silben meist »je«. Die Betonung wird üblicherweise nicht angegeben.
3) Ё Nach Zischlauten »o«; das Trema wird meist nicht geschrieben.
4) ъх in allen Fällen
5) In unbetonter Silbe »a« wie in **F**a**b**rik (siehe auch Anm. 2).
6) Das Weichheitszeichen präjottiert den folgenden Vokal (aus »e« wird z. B. »je«) und macht vorangehende Konsonanten weich (»l« wie bei Licht). Bei »k« am Wortende wird ein leichtes »s« (zwischen »s« und »ch«) angehängt; das seltenere Härtezeichen trennt z. B. bei Komposita Vorsilbe und Stamm phonetisch (vgl. im Deutschen ent-eignen).
7) Я ((kyrill. ja)): Wird in unbetonter Silbe zu »i« reduziert.

Notfälle

Hilfe!	Помогите! *Pomogite!*
Halt!	Стоп! *Stop!*
Lassen Sie mich in Ruhe!	Оставьте меня в покое! *Ostawtje menja w pokoje!*
Rufen Sie einen Arzt!	Позовите врача! *Posowite wratscha!*
Rufen Sie einen Krankenwagen!	Вызовите скорую помощь! *Wysowite skoruju pomaschtsch!*
Feuer!	Пожар! *Poschar!*
Rufen Sie die Feuerwehr!	Вызовите пожарных! *Wysowite poscharnych!*
Polizei!	Милиция! *Miliziya!*
Wo ist das nächste ...	Где ближайший ... *Gde blischaischi ...*
...Telefon?	...телефон? *... telefon?*
... Krankenhaus?	... больница? *... bolniza?*
... Polizeirevier?	... отделение милиции? *... otdelenije milizii?*

Wichtige Wörter

ja	Да *Da*
nein	Нет *Net*
Bitte	Пожалуйста *Poschaluista*
Danke	Спасибо *Spassibo*
Bitte sehr	Пожалуйста *Poschaluista*
Verzeihung	Извините *Iswinite*
Hallo	Здравствуйте *Sdrawstwuite*
Auf Wiedersehen	До свидания *Do swidanija*
Guten Morgen	Доброе утро *Dobroje utro*
Guten Tag	Добрый день *Dobry den*
Guten Abend	Добрый вечер *Dobry wetscher*
Gute Nacht	Спокойной ночи *Spokoinoi notschi*
Morgen (Tageszeit)	утро *utro*
Nachmittag	день *den*
Abend	вечер *wetscher*
gestern	вчера *wtschera*
heute	сегодня *sewodnja*
morgen	завтра *sawtra*
hier	здесь *sdes*

dort	там / *tam*
Was?	Что? / *Tschto?*
Wo?	Где? / *Gde?*
Warum?	Почему? / *Potschemu?*
Wann?	Когда? / *Kogda?*
jetzt	сейчас / *seitschas*
später	позже / *possche*
Darf ich ...?	можно? / *moschno?*
Es ist möglich/erlaubt	можно / *moschno*
Es ist nicht möglich/verboten	нельзя / *nelsja*

Nützliche Redewendungen

Wie geht es Ihnen?	Как дела? / *Kak dela?*
Danke, gut	Хорошо, спасибо / *Choroscho, spassibo*
Sehr erfreut	Очень приятно / *Otschen prijatno*
Wie komme ich nach ...?	Как добраться до...? / *Kak dobratsja do...?*
Könnten Sie mir bitte sagen, wann wir in ... ankommen?	Скажите, пожалуйста, когда мы приедем в...? / *Skaschite, poschaluista, kogda my prijedem w...?*
Ist es sehr weit?	Это далеко? / *Eto daleko?*
Sprechen Sie Deutsch?	Вы говорите по-немецкий? / *Wy goworite po-nemetzki?*
Ich versteh nicht	Я не понимаю / *Ja ne ponimaju*
Könnten Sie bitte langsamer sprechen?	Говорите медленнее / *Goworite medlenneje*
Könnten Sie das bitte wiederholen?	Повторите, пожалуйста / *Powtorite, poschaluista*
Ich habe mich verirrt	Я заблудился (заблудилась) / *Ja sabudilsja (m) ja sabludilas (w)*
Wie heißt ... auf Russisch?	Как по-русски...? / *Kak po-russki...?*

Nützliche Begriffe

groß	большой / *bolschoi*
klein	маленький / *malenki*
heiß (Wasser, Essen)	горячий / *gorjatschi*
heiß (Wetter)	жарко / *scharko*
kalt	холодный / *cholodny*
gut	хорошо / *choroscho*
schlecht	плохо / *plocho*
in Ordnung	нормально / *normalno*
nahe	близко / *blisko*
weit	далеко / *daleko*
oben	наверху / *nawerchu*
unten	внизу / *wnisu*
früh	рано / *rano*
spät	поздно / *posdno*
frei (nicht besetzt)	свободно / *swobodno*
kostenlos	бесплатно / *besplatno*
Kasse/Kartenvorverkauf	касса / *kassa*
Große Straße/Boulevard	проспект / *prospekt*
Brücke	мост / *most*
Uferstraße	набережная / *nabereschnaja*
große Straße, Schnellstraße	шоссе / *schosse*
Gasse, Weg	переулок / *pereulok*
Platz	площадь / *ploschtschad*
Straße	улица / *uliza*
Wohnung	квартира / *kwartira*
Stockwerk	этаж / *etasch*
Haus/Häuserblock	дом / *dom*
Eingang	вход / *wchod*
Ausgang	выход / *wychod*
Fluss	река / *reka*
Ferien-/Landhaus	дача / *datscha*
Schwimmbecken	бассейн / *bassein*
Stadt	город / *gorod*
Toilette	туалет / *tualet*

Telefonieren

Kann man von hier ins Ausland telefonieren?	Можно отсюда позвонить за границу? / *Moschno otsjuda poswonit sa granizu?*
Könnte ich bitte mit ... sprechen?	Позовите, пожалуйста...? / *Posowite, poschaluista*
Könnten Sie ihm/ihr bitte etwas ausrichten?	Вы можете передать ему/ей? / *Wy moschete peredat emu/ei?*
Meine Nummer ist ...	Мой номер... / *Moi nomer...*
Ich rufe später zurück	Я позвоню позже / *Ja poswonju possche*

Sehenswürdigkeiten

Schloss	замок / *samok*
Kathedrale	собор / *sobor*
Kirche	церковь / *zerkow*
Zirkus	цирк / *zirk*
wegen Reinigungsarbeiten geschlossen	санитарный день / *sanitarny den*
Renovierungsarbeiten	ремонт / *remont*
Ausstellung	выставка / *wystawka*
Festung	крепость / *krepost*

Galerie	галерея *galereja*	Fotoladen	фото-товары *foto-towary*
Garten	сад *sad*	Apotheke	аптека *apteka*
Insel	остров *ostrow*	Feinkostgeschäft	гастроном *gastronom*
Kreml/Befestigungsanlage	кремль *kreml*	Kaufhaus	универмаг *uniwermag*
Bibliothek	библиотека *biblioteka*	Florist	цветы *zwety*
Denkmal	памятник *pamjatnik*	Lebensmittelladen	бакалея *bakaleja*
Moschee	мечеть *metschet*	Friseur	парикмахерская *parikmacherskaja*
Museum	музей *musei*	Markt	рынок *rynok*
Palast	дворец *dworez*	Zeitungskiosk	газетный киоск *gasetny kiosk*
Park	парк *Park*	Postamt	почта *potschta*
Parlament	дума *duma*	Plattenladen	граммпластинки *gramplastinki*
Synagoge	синагога *sinagoga*	Schuhgeschäft	обувь *obuw*
Touristeninformation	пункт информации для туристов *punkt informazii dlja turistow*	Reisebüro	бюро путешествий *bjuro puteschestwi*
Zoo	зоопарк *soopark*	Bank	банк *bank*

EINKAUFEN

IM HOTEL

geöffnet	открыто *otkryto*	Haben Sie ein Zimmer frei?	У вас есть свободный номер? *U was jest swobodny nomer?*
geschlossen	закрыто *sakryto*		
Wieviel kostet das?	Сколько это стоит? *Skolko eto stoit?*	Doppelzimmer mit Doppelbett	номер с двуспальной кроватью *nomer s dwuspalnoi krowatju*
Ich würde gerne ... kaufen	Я хотел (хотела) бы купить ... *Ja chotel (chotela) by kupit ...*		
Haben Sie ...?	У вас есть ...? *U was jest ...?*	Zweibettzimmer	двухместный номер *dwuchmestny nomer*
Nehmen Sie Kreditkarten?	Кредитные карточки вы принимаете? *Kreditnye kartotschki wy prinimajete?*	Einzelzimmer	одноместный номер *odnomestny nomer*
		Badewanne	ванная *wannaja*
Wann öffnen/schließen Sie?	Во сколько вы открываетесь/закрываетесь? *Wo skolko wy otkrywajetes/sakrywajetes?*	Dusche	душ *dusch*
		Portier	носильщик *nossilschtschik*
		Schlüssel	ключ *kljutsch*
diese/r/s	этот *etot*		
teuer	дорого *dorogo*	## IM RESTAURANT	
billig	дёшево *djoschewo*	Bitte einen Tisch für zwei Personen	Стол на двоих, пожалуйста *Stol na dwoich, poschaluista*
Größe	размер *rasmer*		
weiß	белый *bely*	Ich möchte einen Tisch reservieren	Я хочу заказать стол *Ja chotschu sakasat stol*
schwarz	чёрный *tschorny*		
rot	красный *krasny*	Die Rechnung, bitte	Счёт, пожалуйста *Sstschot, poschaluista*
gelb	жёлтый *scholty*		
grün	зелёный *seljony*	Ich bin Vegetarier	Я вегетерианец (вегетерианка) *Ja wegeterianez (wegeterianka)*
dunkelblau	синий *sini*		
hellblau	голубой *goluboi*	Frühstück	завтрак *sawtrak*
braun	коричневый *koritschnewy*	Mittagessen	обед *obed*
## LÄDEN		Abendessen	ужин *uschin*
Bäckerei	булочная *bulotschnaja*	Kellner!	официант! *ofiziant!*
Buchhandlung	книжный магазин *knischny magasin*	Kellnerin!	официантка! *ofiziantka!*
Metzgerei	мясной магазин *mjasnoi magasin*	Tagesgericht	фирменное блюдо *firmennoje bljudo*

Vorspeisen	закуски *sakuski*	капуста *kapusta*	Kohl
Hauptgang	второе блюдо *wtoroje bljudo*	картофель *kartofel*	Kartoffel
Fleisch- und Geflügelgerichte	мясные блюда *mjasnyje bljuda*	квас *kwas*	süßes, leicht alkoholisches Getränk
Fisch- und Meeresfrüchtegerichte	рыбные блюда *rybnyje bljuda*	клубника *klubnika*	Erdbeeren
vegetarische Gerichte	овощные блюда *owoschtschnjye bljuda*	колбаса *kolbassa*	Salami
Nachspeise	десерт *dessert*	кофе *kofe*	Kaffee
Getränke	напитки *napitki*	красное вино *krasnoje wino*	Rotwein
Gemüse	овощи *owoschtschi*	креветки *krewetki*	Krabben
Brot	хлеб *chleb*	курица *kuriza*	Hühnchen
Weinkarte	карта вин *karta win*	лук *luk*	Zwiebel
blutig (Steak)	недожаренный *nedoscharenny*	малина *malina*	Himbeeren
durchgebraten (Steak)	прожаренный *proscharenny*	минеральная вода *mineralnaja woda*	Mineralwasser
Glas	стакан *stakan*	мороженое *moroschnoje*	Eiskrem
Flasche	бутылка *butylka*	мясо *mjasso*	Fleisch
Messer	нож *nosch*	огурец *ogurez*	Gurke
Gabel	вилка *wilka*	осетрина *ossetrina*	Stör
Löffel	ложка *loschka*	пельмени *pelmeni*	Fleisch- oder Fischklöße
Teller	тарелка *tarelka*	персик *persik*	Pfirsich
Salz	соль *sol*	печенье *petschenje*	Keks
Pfeffer	перец *perez*	печёнка *petschonka*	Leber
Butter	масло *maslo*	печёный *petschony*	gebacken
Zucker	сахар *sachar*	пиво *piwo*	Bier
		пирог *pirog*	Kuchen

AUF DER SPEISEKARTE

абрикос *abrikos*	Aprikose	пирожки *piroschki*	kleine gefüllte Teigtaschen
апельсин *apelsin*	Orange	помидор *pomidor*	Tomate
апельсиновый сок *apelsinowy sok*	Orangensaft	продукты моря *produkty morja*	Meeresfrüchte
арбуз *arbus*	Wassermelone	рыба *ryba*	Fisch
белое вино *beloje wino*	Weißwein	салат *salat*	Salat
бифштекс *bifschteks*	Steak	свинина *swinina*	Schweinefleisch
блины *bliny*	Pfannkuchen	сельдь *seld*	Hering
борщ *borschtsch*	Borschtsch (Rote-Bete-Suppe)	сосиски *sossiski*	Würstchen
варенье *warenje*	russische Sirupmarmelade	сыр *syr*	Käse
варёный *warjony*	gekocht	сырой *syroi*	roh
ветчина *wettschina*	Schinken	утка *utka*	Ente
вода *woda*	Wasser	фасоль *fassol*	Bohnen
говядина *gowjadina*	Rindfleisch	форель *forel*	Forelle
грибы *griby*	Pilze	чай *tschai*	Tee
груша *gruscha*	Birne	чеснок *tschesnok*	Knoblauch
гусь *gus*	Gans	шашлык *schaschlyk*	Schaschlik
джем *dschem*	Marmelade	яйцо *jaizo*	Ei
жареный *schareny*	gebraten/gegrillt	слива *sliwa*	Pflaume
икра *ikra*	schwarzer Kaviar	фрукты *frukty*	Obst
икра красная/кета *ikra krasnaja/keta*	roter Kaviar	яблоко *jabloko*	Apfel

Transport

Norden	север	sewer
Süden	юг	jug
Osten	восток	wostok
Westen	запад	sapad
Flughafen	аэропорт	aeroport
Flugzeug	самолёт	samoljot
Verkehrspolizei	ГАИ	GAI
Bus	автобус	awtobus
Busbahnhof	автобусная станция	awtobusnaja stanzija
Bushaltestelle	остановка автобуса	ostanowka awtobusa
Auto	машина	maschina
Flug	рейс	reis
Metro-Station	(станция) метро	(stanzija) metro
kein Eingang	нет входа	net wchoda
kein Ausgang	нет выхода	net wychoda
Parken	автостоянка	awtostojanka
Benzin	бензин	bensin
Eisenbahn	железная дорога	schelesnaja doroga
Bahnhof	вокзал	woksal
Rückfahrkarte	обратный билет	obratny bilet
Sitz	место	mesto
Vorortzug	пригородный поезд	prigorodny pojesd
geradeaus	прямо	prjamo
Taxi	такси	taxi
Fahrschein	билет	bilet
U-Bahn-Münze (Einzelfahrt)	жетон	scheton
links	налево	nalewo
rechts	направо	naprawo
Zug	поезд	pojesd
Straßenbahn	трамвай	tramwai
Trolleybus	троллейбус	trolleibus

Zahlen

1	один/одна/одно	odin/odna/odno
2	два/две	dwa/dwe
3	три	tri
4	четыре	tschetyre
5	пять	pjat
6	шесть	schest
7	семь	sem
8	восемь	wossem
9	девять	dewjat
10	десять	dessjat
11	одиннадцать	odinnadzat
12	двенадцать	dwenadzat
13	тринадцать	trinadzat
14	четырнадцать	tschetyrnadzat
15	пятнадцать	pjatnadzat
16	шестнадцать	schestnadzat
17	семнадцать	semnadzat
18	восемнадцать	wossemnadzat
19	девятнадцать	dewjatnadzat
20	двадцать	dwadzat
21	двадцать один	dwadzat odin
22	двадцать два	dwadzat dwa
23	двадцать три	dwadzat tri
24	двадцать четыре	dwadzat tschetyre
25	двадцать пять	dwadzat pjat
30	тридцать	tridzat
40	сорок	sorok
50	пятьдесят	pjatdessjat
60	шестьдесят	schestdessjat
70	семьдесят	semdessjat
80	восемьдесят	wossemdessjat
90	девяносто	dewjanosto
100	сто	sto
200	двести	dwesti
300	триста	trista
400	четыреста	tschetyresta
500	пятьсот	pjatsot
1000	тысяча	tyssjatscha
2000	две тысяч	dwe tyssjatsch
5000	пять тысяч	pjat tyssjatsch
1 000 000	миллион	million

Datum und Uhrzeit

eine Minute	одна минута	odna minuta
eine Stunde	час	tschas
eine halbe Stunde	полчаса	poltschassa
Tag	день	den
Woche	неделя	nedelja
Montag	понедельник	ponedelnik
Dienstag	вторник	wtornik
Mittwoch	среда	sreda
Donnerstag	четверг	tschetwerg
Freitag	пятница	pjatniza
Samstag	суббота	subbota
Sonntag	воскресенье	woskressenje

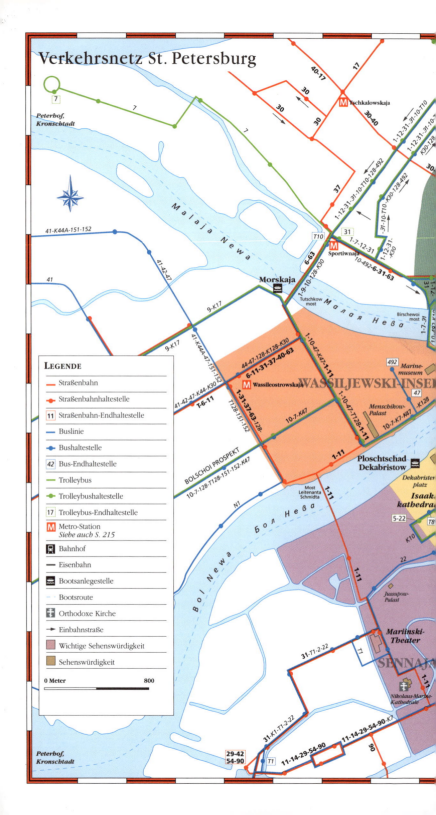